法律与文学

以中国传统戏剧为材料

苏 力 著

生活·讀書·新知 三联书店

Copyright © 2017 by SDX Joint Publishing Company.
All Rights Reserved.

本作品版权由生活·读书·新知三联书店所有。
未经许可,不得翻印。

图书在版编目(CIP)数据

法律与文学:以中国传统戏剧为材料/苏力著.—北京:生活·读书·新知三联书店,2017.5 (2022.11 重印)
(当代学术)
ISBN 978-7-108-05884-3

Ⅰ.①法… Ⅱ.①苏… Ⅲ.①法律-关系-文学-研究 Ⅳ.① D90-059

中国版本图书馆 CIP 数据核字(2017)第 013794 号

责任编辑	冯金红
装帧设计	宁成春
责任印制	李思佳
出版发行	生活·讀書·新知 三联书店
	(北京市东城区美术馆东街22号 100010)
网 址	www.sdxjpc.com
经 销	新华书店
印 刷	北京隆昌伟业印刷有限公司
版 次	2017年5月北京第1版
	2022年11月北京第3次印刷
开 本	635毫米×965毫米 1/16 印张 27.75
字 数	395千字
印 数	09,001-12,000册
定 价	88.00元

(印装查询:01064002715;邮购查询:01084010542)

当代学术

总　序

生活·读书·新知三联书店从1986年恢复独立建制以来，就与当代中国知识界同感共生，全力参与当代学术思想传统的重建和发展。三十年来，我们一方面整理出版了陈寅恪、钱锺书等重要学者的代表性学术论著，强调学术传统的积累与传承；另一方面也积极出版当代中青年学人的原创、新锐之作，力求推动中国学术思想的创造发展。在知识界的大力支持下，通过多年的努力，我们已出版众多引领学术前沿、对知识界影响广泛的论著，形成了三联书店特有的当代学术出版风貌。

为了较为系统地呈现中国当代学术的发展和成果，我们以上世纪八十年代以来刊行的学术成果为主，遴选其中若干著作重予刊行，其中以人文学科为主，兼及社会科学；以国内学人的作品为主，兼及海外学人的论著。

我们相信，随着当代中国社会的繁荣发展，中国学术传统正逐渐走向成熟，从而为百余年来中国学人共同的目标——文化自主与学术独立，奠定坚实的基础。三联书店愿为此竭尽绵薄。谨序。

生活·读书·新知三联书店
2017年3月

献给我的父亲和母亲

我用我们民族的母语写诗
母语中出现土地　森林
和最简单的火
有些字令我感动
但我读不出声
……
我是活在我们民族母语中的
一个象形文字
……

————梁小斌·《母语》

目 录

序   1

致谢   1

导 论

在中国思考法律与文学   3
    现状和回顾   4
    意义   14
    难题   19
    论域   26
    意义再探讨   29
    材料、进路和方法   31
    本书的结构   36

第一编 历史变迁

第一章   复仇与法律   43
    问题、学术背景与材料   43
    报复和复仇   48
    从报复到复仇,文明的发展   51
    残酷性的升级,群体问题   54

制度化的复仇,一种精制的文化	60
复仇制度的弱点和衰落	66
复仇的消亡?	73
复仇与刑法	76
附录:赵氏孤儿	81

第二章 制度变迁中的行动者 　　84

悲剧何在?	88
梁祝二人的年龄	92
早婚与包办婚姻	95
包办婚姻中的财富问题	100
悲剧因素之一:自然与社会	104
悲剧因素之二:常规与例外	106
悲剧之三:何时改变制度?	109
结语	112

第二编 "司法"制度

第三章 窦娥的悲剧 　　117

悲剧是如何发生的?	120
谁的话更可信?	126
证据问题	129
证据问题的背后	138
超自然证据和鬼魂的意义	147
小结	151

第四章 制度角色和制度能力 　　155

裁判者的双重制度角色	156

　　　　司法独立的论证　　　　　　　　　　　　　　　*165*
　　　　制度角色：官员和胥吏的能力　　　　　　　　　*171*
　　　　审判作为专门的技术知识　　　　　　　　　　　*177*
　　　　"官人清似水，外郎白如面"　　　　　　　　　　*186*

第五章　清官与司法的人治模式　　　　　　　　　　　　*191*
　　　　两种清官　　　　　　　　　　　　　　　　　　*192*
　　　　智慧的限度　　　　　　　　　　　　　　　　　*199*
　　　　勤政的限度　　　　　　　　　　　　　　　　　*207*
　　　　"司法"的人治模式　　　　　　　　　　　　　　*213*
　　　　严格责任制的有效性——一个理论分析　　　　　*217*
　　　　小结　　　　　　　　　　　　　　　　　　　　*223*
　　　　附录：《元曲选》中另外九出包公戏梗概　　　　*225*

第三编　法律"文化"

第六章　德主刑辅的政法制度　　　　　　　　　　　　　*231*
　　　　道德的世界　　　　　　　　　　　　　　　　　*233*
　　　　意识形态作为治理制度　　　　　　　　　　　　*239*
　　　　"不关风化体，纵好也枉然"　　　　　　　　　　*243*
　　　　例证：道德对戏剧素材的重塑　　　　　　　　　*251*
　　　　道德主义进路的批判　　　　　　　　　　　　　*261*
　　　　附录：中、西法学语境中的"法律道德性"　　　　*265*

第七章　戏剧空间与正义观之塑造　　　　　　　　　　　*272*
　　　　中国戏剧的叙事　　　　　　　　　　　　　　　*273*
　　　　传统戏剧的艺术空间之构建　　　　　　　　　　*283*
　　　　想起了《哈姆雷特》　　　　　　　　　　　　　*291*

另一种《窦娥冤》　　　　　　　　　　　297
　　　小结　　　　　　　　　　　　　　　　299

第四编　方法问题

第八章　这是一篇史学论文？　　　　　　　　303
　　　问题　　　　　　　　　　　　　　　　303
　　　文学与历史　　　　　　　　　　　　　308
　　　想象、理论与历史　　　　　　　　　　313
　　　诗史互证？　　　　　　　　　　　　　317

第九章　自然法、家庭伦理和女权主义？　　　323
　　　三种解读　　　　　　　　　　　　　　324
　　　什么样的自然？——情境化的解读　　　328
　　　最高的伦理？——历史变迁的解读　　　337
　　　为什么"女性"？——社会分工的解读　　345
　　　"中国的"解读？　　　　　　　　　　　351
　　　儒家的思路及其原生意义　　　　　　　357
　　　结语　　　　　　　　　　　　　　　　361

附　录

附录1　秋菊的困惑和山杠爷的悲剧　　　　　371
附录2　从文学艺术作品来研究法律与社会？　384
附录3　孪生兄弟的不同命运　　　　　　　　387

参考文献　　　　　　　　　　　　　　　　　399
索引　　　　　　　　　　　　　　　　　　　417

序

　　大约是1993年底或1994年初的一个深夜,留学刚回国不久的我住在北大26楼,一边写作,一边听着电影频道里播放的《秋菊打官司》……
　　秋菊的孩子已经生下来了,正欢天喜地忙着给孩子过百日;秋菊与村长事实上已经和解了……突然,电视中响起了秋菊那土土的陕北方言:"我只是讨一个说法,怎么把人给抓了呢?"一句话就让我转过身看起电影来了;第二天上午我又再一次观看了重播,一些先前略有感触但没有认真思考过的问题挤进了我的脑海。此后大约两年间,我又几次看了电视播放;几乎每一次都有一些细节引起了我的注意,给我一些新的启发。我总是不能忘记影片最后,独自伫立雪地中秋菊的那双困惑的眼睛。终于有一天,在一种冲动下,我在计算机上敲下了"我将从近年中国的两部颇为上座的、反映当代中国农村法制建设的电影谈起……"。仅仅几个小时,就完成了文章的初稿。数月后,略作改动,我把这篇文章交给了约稿的《东方》杂志的编辑。
　　这篇文章很快引起了不少人的关注。有支持,也有批评。但无论如何,这是一个中国的现实问题;否则的话,人们不会关心。如果说先前人们还更多是从理念上追求"法治"或"法制",对它的面目还是雾中看花,而这一次人们似乎从秋菊身上感受到了作为理念追求的"法律"或"法治"隐含了许多复杂的信息。直至今日,"秋菊"仍然是一个浓缩了很多当代中国基本法学理论问题的符号,众多学者的解说令这部电影成了有关当代中国法律与社会的一个经典文本。[1]

但也是这篇文章使我不小心走进了法学研究的一个新领域——法律与文学。尽管文章关注的是当代中国社会转型中法律的问题，但在写作《秋菊》一文时和写作其他论文一样，我总会思考一些研究的前提和方法问题，并在理论上做一些预辩。例如，为什么我可以借助显然是虚构的电影故事来讨论当代中国法律或法治建设的现实问题？这种讨论在多大程度上与现实相关（或不相关）？文学作品与生活究竟是什么关系？一个具体、特殊的故事能否以及为什么有可能提出具有一般性的理论问题？这个问题是如何提出来的？故事是怎样打动我的？是什么细节打动了我？为什么对这个故事人们曾作出不同的解释——最初许多法律人和社评人认为这个故事表明了中国农民法治意识的觉醒，而我看到的却是理想化的法律与社会生活的冲突？这种文学文本的开放性对于法学讨论有什么意义？乃至，为什么这篇并不深刻、论证也不细密的文章会受到读者更多关注？什么样的社会条件造成了这种现象？对于法律研究和论文写作有什么启发？说的更开一点，对于法律教学又能否有什么启发，以及是什么样的启发？思考的部分结果是一篇短文；在编辑《法治及其本土资源》一书时，作为《秋菊的困惑》一文的附录。更多的问题则继续留在思考中。

随着时间的推移，针对目前中国大学内法学研究方式的一些弱点和

---

[1] 许多学者都对该电影进行了独到的分析。请看，苏力："秋菊的困惑和山杠爷的悲剧"，发表时编辑改名为"现代法治的合理性和局限性"，《东方》1996年3期；冯象："秋菊的困惑"，《读书》1998年1期；凌斌："普法、法盲与法治"，《法制与社会发展》，2004年2期；赵晓力："要命的地方：《秋菊打官司》再解读"，《北大法律评论》6卷2辑，法律出版社，2005年；以及谌洪果："秋菊在路上——也说《秋菊打官司》"，http://www.dooranddoor.com/news/32/200567201237.htm。一些美国法学院教授曾告诉我，在讲授中国法律问题时，他们往往用《秋菊》作为基本材料；在一部有关美国电影与法律的著作中，一位美国法官也曾提到《秋菊打官司》（伯格曼、艾斯默：《影像中的正义：从电影故事看美国法律文化》，朱靖江译，海南出版社，2003年，页4）。关于该电影提出的法律实践和理论的问题，请看，苏力：《送法下乡》，中国政法大学出版社，2000年，页11，注16。

不足，我感到有必要写一本《法律与文学》的书。借助于年轻时对文学曾有过的爱好，以及当年在大学校园外"野路子出身"获得的对文学作品的敏感，我开始反复思考我所熟悉的一些文学作品。在同朋友的交谈中，也在教学过程中，基本观点和分析路数逐渐形成。1999年当去哈佛燕京学社作访问学者的机会来临时，我决定借此机会做一个相对系统的研究，写一部有关《法律与文学》的书。

看似容易成却难。即使是思考了多年，一旦要落在纸上，要形成一部思想逻辑融贯、风格基本一致的专著，而不是仅仅就几个问题一般地谈谈看法，就非常不容易了。它不仅涉及到对一些作品的分析，还势必涉及到一系列更广、更深的问题。例如，这一领域的构建——究竟法律与文学应当且可能研究哪些问题？在中国应当且可能研究哪些问题？其意义何在？如何限定或超越现有的主要由美国学者构建的法律与文学运动的边界，从而使得这一研究不仅是材料运用，而且要对这个领域有所贡献？虽然是交叉学科的研究，但如何不照搬其他学科（文学、历史）的研究成果，而力求从法律学科角度对文学以及相关历史研究也有所贡献或启发？甚或有没有这种可能：依据我在法学和社会科学知识上的比较优势，对文学甚或历史的研究也提出一些可能有意义的具体分析和论证？我所分析的问题或作品应如何贯穿起来？什么是全书的主题线索？我阅读分析的基本进路和方法是什么？其正当性和合理性是什么？不仅要将这些问题想或整理得比较清楚，更重要的是要将这些理论思考贯穿全书，而不是作为一个装饰甚或蛇足。我曾在不少法学的以及其他学科的研究著作中看见过那种"骨肉分离"的结构和文字，常常为作者以及作者使用的材料感到惋惜。在我看来，理论研究本身是一个将理论付诸实践问题，应当追求的是理论和材料的水乳交融，而不应站出来表白自己知道多少或某些理论命题。用王朔的话来说，我们已经有太多的"知道分子"。

既然理论研究是一个实践问题，因此更多的时候，最大的障碍还不是能否意识到并提出上述的问题，而是如何"中庸"的问题，即如何保持适度。例如，什么样的解说才不是过度的解说？在文学和历史之间，在此文本与彼文本之间，什么样的关联才是不牵强的，才是有说服力的，无论在证据上还是在理论论证上？而什么又是我所使用的那个"文本"？在多大程度上，理论的推论可以替代证据？在多大程度上，证据又可以印证假说？如果在某个具体的问题上，我的解说与传统的解说不一样，究竟是他人错了还是我自己错了，特别是当这个他人是公认的权威时？

我历来不是那么自信的。在本书初稿完成将近六年之后，我才敢将之交付出版社，就是一个证据。但我认为，无论在学术上还是社会实践上，这种不自信都不是一个弱点，甚或它是一个优点。它的核心在于你必须慎重地对待前人——其实就是他人——的智慧，因此有助于同情地理解和运用已有的学术累积，有助于开掘研究的深度。这既是自由主义的，也是保守主义的。但另一方面，我也认为，当有充分材料和论证支持时，即使是像我这样不入门的学者也应当尊重自己研究的结论（不是没有研究、未加论证的判断），不能搞"乡愿"，随大流，搞"政治正确"。这同样既是自由主义的，也是保守主义的。这些道理说起来都很容易，原则也很简单，难的是分寸和得当，令自己信服和问心无愧。而且，这种分寸感，这种"中庸"，并不是从道理上搞明白就可以做到的，而必须长期浸染于材料和思考，逐渐获得。这是一种"无言之知"（tacit knowledge），一种实践理性，只有从干中才能学到。

终于可以暂时结束这一旅程了。我将本书交给读者，不仅是法学界的，而且希望有文学或其他学界的，来评判乃至批判。可批评的地方一定不会少，跃跃欲试者也大有人在。但我并不忐忑不安，至少这不是此刻的主要心境。更多的是愉悦和自信，就如同当年作为测绘兵的我，登上峰巅，大汗淋漓，回首来路，瞭望群山时一样。

人需要一点自我欣赏，不只是为了生命的快乐，更为了明天的跋涉！

苏力
2000 年 8 月 19 日于北大蔚秀园
2006 年 4 月 5 日改定于北大蓝旗营

致　谢

　　本书的研究和写作得到了教育部跨世纪优秀人才研究基金以及北京大学985项目的资助；美国哈佛燕京学社提供的访问学者机会使本书初稿得以成形。

　　多年来，我曾经同许多学友谈论过本书的一些观点，从他们的批评、评论或鼓励中获得过启发。他们是陈兴良、陈瑞华、陈永生、邓峰、丁利、葛云松、贺卫方、强世功、梁根林、梁治平、刘星、刘燕、彭冰、沈岿、汪晖、吴志攀、张芝梅、张志铭、赵晓力、郑戈、朱苏人、邹斌（已故）等。北大法学院研究生王晴、凌斌等同学曾为本书的写作提供了一些协助，提出过一些意见，在此一并致谢。

　　必须感谢的还有当时担任北大法学院院长的吴志攀教授以及法学院的其他领导，他们分担了我的行政工作，使我在访问美国的九个月间得以集中精力和时间研究写作，包括本书的初稿。我还要感谢哈佛燕京学社及其社长杜维明教授，他对中国传统文化持久不懈的兴趣和支持使我得以以访问学者的身份成行。

　　我还要感谢与我同期在哈佛燕京学社访问的两位中国学者：复旦大学中文系的陈引驰博士和南开大学金融系的范晓云博士。他们都曾经受了我的"摧残"，听取了我对有关问题的唠叨。陈引驰博士阅读了本书最早的一章，从文学人的角度坦率地提出了他的看法以及对特定问题的关注；他对文学理论、文艺批评理论以及中国古典文史资料的熟悉都给了我很多帮助。范晓云博士则运用其专长的经济学知识对本书中运用的一些具有经济学意味的分析提出了非常珍贵的批评和建议。

在本书写作中，我最应感谢的是冯象博士。在我访美的九个月间，我们曾多次交谈，他广博深厚的文学理论、文学批评知识功底、法律功底以及严密的思维使我获益匪浅。本书的一些基本主题就来自同他交谈的启发。他曾最早阅读了本书的一章；我还同他仔细探讨了本书的基本结构，美国法律与文学的问题和局限，在中国研究法律与文学的可能、必要和意义以及哪些问题可能进入法律与文学的研究领域等。他的许多意见和观点都已以不同形式进入了本书的正文。他给予的鼓励和赞扬更增强了我这个文学门外汉的勇气。

本书的大部分曾作为论文发表于《北大法律评论》、《比较法研究》、《法商研究》、《法学》、《法学前沿》、《法学研究》、《法制与社会发展》、《国家检察官学院学报》、《政法论坛》、《中国社会科学》等杂志，我感谢这些杂志刊物的编辑。本书的主要内容曾多次在北大法学院的本科生、研究生中讲授，部分章节曾在北大法学院的学术工作坊以及各种研讨班发表过，也在一些高校做过学术讲演。许多听众和与会者曾提出一些批评，指出了一些疏漏。我在此表示感谢。还要感谢三联书店的舒炜，他的耐心等待使得我无法拖下去了。

自然我还应感谢我的妻子周云博士和女儿乐乐，她们陪伴我度过了在哈佛写作本书初稿的那一段黑白颠倒的日子。

最后，我要感谢我的父母。在我少年时期，他们并不愿意我喜好文学；但在文革后期，我在服役期间回家探望父母，偶尔提及自己业余时间自学写诗，他们，特别是我父亲，给了我很大的鼓励；1977年恢复高考后，他们又敦促和说服当时因迷恋文学而试图放弃北大法律系的我走进了北大。因此，无论是在文学还是在法律方面，没有他们当年的鼓励和督促，都不可能有今天这本书。我将此书献给我的母亲和我已故的父亲。

一如既往，本书所有的责任和错误都将是我个人的。

苏力
2000年8月19日初稿
2005年7月24日修定

导 论

在中国思考法律与文学

> 一柄没有喋血的剑
>
> 大概不能叫做"剑"
>
> 剑的真实饱满需要被杀者与它共同完成
>
> ——梁小斌·《说"剑"》

本书试图拓展当代中国法学理论研究的一个新领域——法律与文学。我将主要以中国的一些传统戏剧为材料,分析法律的或与法律相关的一些理论问题。

这意味着,本书的基本追求不是运用具有历史意味的文学材料来印证法律的历史,甚至也不是运用文学材料来注释甚或宣传某些当代的法律理念;而是力求在由文学文本构建的具体语境中以及构建这些文本的历史语境中冷静地考察法律的、特别是中国法律的一些可能具有一般意义的理论问题,希冀对一般的法律理论问题的研究和理解有所贡献。尽管运用的材料是文学的、历史的并因此是地方性的,我的根本关切却是当下的、现实的因此是一般性的。这种关切表现为,首先,我试图从理论逻辑上阐明——而不是传统的"讽喻"或暗示或影射——这些问题对于今天中国法律与秩序之建构形成的相关性;其次,在这一努力中,我希望创造中国的法律与文学研究作为法学理论研究的一个分支的可能,以及更一般地——与我先前的努力一致——创造在中国思考我们的、同时具有一般意义的理论问题的可能性。前者关注的是法律制度;而后者关注的是法律理论。

由于理论研究首先会涉及到对问题的建构或重构,因此本研究也就不只是一般地插足文学领域,而是希冀它也能为中国古代文学特别是戏剧研究带来某些新的刺激,创造某些新的可能性。本研究试图表明,文学研究或更一般意义上的人文研究有可能甚或应当同社会科学研究相结合,不局限于传统,从而在中国社会和知识转型时期为理解中国社会、为其他学科的发展提供仅仅是法律或仅仅是文学都不能提供的洞见。只有在这个意义上的交叉学科研究,才是有知识增量的研究,而不是作为学术装饰的那种"边缘学科"。

尽管研究的是法律与文学,本研究的基本理论框架、进路和方法却主要来自社会科学,主要是社会理论、经济学、人类学、社会学、政治学和社会生物学。我将力求避免和减少学术的行话,力求以一般人都可能理解的语言展示现代社会科学理论的强大解释力。理论思维和理论创新不必然同深奥的术语、晦涩的表达相联系,它可以、也完全应当(尽管不容易)化入对我们日常生活经验或熟悉的材料的感受和思考中,能够为更多的普通读者理解。

作为导论,本文将在回顾、分析国内外法律与文学研究现状的前提下,着重分析法律与文学作为法学理论研究的一些相关问题,包括其现状、问题、意义等;同时简单介绍和讨论本书所使用材料、方法以及结构等问题。

现状和回顾

从文学(广义的,但主要指叙事文学)来研究法律不是一件新鲜事。

在中国，至少自1990年代以来，法学界[1]就已经有些学者以不同的进路和方式触及到法律与文学的领域。其中在我看来比较有意义的有：贺卫方的论文《中国古代司法判决的风格与精神——以宋代为基本依据兼与英国比较》，[2]文章涉及了古代官吏"司法"判决书写作的文学色彩，特别是那种有明显文学追求甚或有"玩文学"之嫌疑的"花判"；梁治平的《法意与人情》，[3]以古代文人的笔记、小品、故事为材料，该书比较了中西法律文化差异，简单提出和阐发了一些与法律相关的问题；刘星首先在《南方周末》以一正为笔名发表的一系列西方法律故事，后来汇集成册出版，[4]这些故事的分析都相当细致，说理性强，文笔简洁明快，受到了读者的普遍好评；刘星的同事徐忠明则多年来一直坚持史学家的"以文证史"、"诗史互证"的路子，从中国古代文学作品中发掘、研究中国古代法律制度的史料，在中国的法律与文学研究中作出了持久的努力；[5]与徐的研究思路类似、但使用的材料有所不同，汪世荣从中国古代判词，包括文学作品中的判词，来研究中国传统的法律制度；[6]此外，强世功讨论女权主义的论文不仅涉及到中外三部经典文学作品中的女性形象，而且有

---

[1] 事实上，一些文学研究者也触及了法律与文学，例如对元代公案戏、包公戏或清官戏的一些研究。但是这些研究基本路子是文学的或史料的，因此，本文暂不讨论。关于元代戏剧中的有关法律的研究，可参看，张月中[主编]：《元曲通融》（上），山西古籍出版社，1999年，页687以下辑录的有关论文。

[2] 《中国社会科学》1990年6期，第203—219页。

[3] 《法意与人情》，海天出版社，1992年。

[4] 《西窗法语》，花城出版社，1998年。

[5] 例如，"从薛蟠打死张三命案看清代刑事诉讼制度"，《法学文集》（4），中山大学学报丛书，1992年；"从《乔太守乱点鸳鸯谱》看中国古代司法文化的特点"，《历史大观园》，1994年9期；"武松命案与宋代刑事诉讼制度浅谈"，《历史大观园》，1994年11期；《活地狱》与晚清州县司法研究"，《比较法研究》，1995年3期；"从明清小说看中国人的诉讼观念"，《中山大学学报》（社会科学版），1996年4期；"《窦娥冤》与元代法制的若干问题试析"，《中山大学学报》，1996年增刊；"包公杂剧与元代法律文化的初步研究（上）"，《南京大学法律评论》，1996年秋。这些以及其他论文汇编为《法学与文学之间》，中国政法大学出版社，2000年。他的另外一个有关法律与文学的研究是《包公故事：一个考察中国法律文化的视角》，中国政法大学出版社，2002年。

[6] 《中国古代判词研究》，中国政法大学出版社，1997年。

浓重的中外法律比较的色彩。[7]此外,近年来,在不同程度上进行了法律与文学之研究的还有余宗其、[8]凌斌、[9]余晓明、[10]赵晓力、[11]谌红果[12]等。总体而言,就文学作品讨论法律问题的日益增加。

回头来看,即用今天的眼光来重新构建和解释,这些著作或论文已经触及到了美国学者首先创设并界定的法律与文学领域的一切主要方面。贺文实际是讨论了"作为文学的法律",但侧重的是司法判决书的文本。刘作也大致属于"作为文学的法律",但范围比贺文更宽;他侧重把历史记载的整个法律事件作为一个相对完整的故事(文本)来研究。梁作、强文都更多涉及到"文学中的法律",但略微偏重于理论问题。同为研究"文学中的法律",徐之研究侧重的是法律史,注意开掘文学作品中可能用作法律史研究的信息;汪的判词研究则同时涉及了文学中的法律和作为文学的法律。

尽管在不同程度上已经触及了法律与文学,但就总体而言,上述著述,包括我的有关《秋菊打官司》一文,[13]都比较缺乏法律与文学的理论自觉;强文略有例外。例如,梁作虽然利用了中国古代笔记、故事这些在一定意义上可以说是文学的文本,但作者的短论常常流于杂感和随想,侧重于法律文化的讨论,与法律往往只有若即若离的联系。刘作相当善于从法律故事中提出具有法理学意义的问题,具有理论思考的概括力,但由

---

[7] "安提戈涅、窦娥与鲍西亚:文学中的法律——女权主义视角及其批评",《比较法研究》,1995年2期。
[8] 《法律与文学的交叉地》,春风文艺出版社,1995年;"两位美国法学家的文学论据的得与失——《法理学问题》和《美国法律史》管窥",《国外社会科学》,1998年4期;《法律与文学漫话》,华艺出版社,2001年;《中国文学与中国法律》,中国政法大学出版社,2002年;以及《外国文学与外国法律》,中国政法大学出版社,2003年。
[9] "普法、法盲与法治",《法制与社会发展》,2004年2期。
[10] "文学与法律之间——以《白毛女》的文本演替为例",《南京师范大学文学院学报》2004年1期。
[11] "要命的地方:《秋菊打官司》再解读",《北大法律评论》,法律出版社,2005年春。
[12] "秋菊在路上——也说《秋菊打官司》",http://www.dooranddoor.com/news/32/200567201237.htm;以及其他短文。
[13] 苏力:"现代法治的合理性和局限性",《东方》,1996年3期。

于报刊专栏的篇幅限制,未能深入分析。贺文涉及了、但其关注点并不在"作为文学的法律",自然就放过了其中可能隐含的一些问题。汪的研究同样有这个问题。徐的论文最关注法律与文学,但由于专业路径的影响,他更多从传统史学的角度进入法律与文学,关心的是开拓法律史研究的材料,未能从理论上考察这一领域,没有提出法学理论的问题。强文的理论思考则在女权主义和法律与文学这两个法学理论研究的分支之间游离,侧重于女权主义考察。[14]

这一时期,最值得注意的中国的法律与文学写作者也许是当时执教于香港大学法学院的冯象。由于他横跨两个专业的学术训练背景以及他年轻时的文学爱好,[15]使得他的每一篇作品都同时展示了深厚的法律理论和文学理论的功力,敏感的艺术感受力,乃至娴熟的叙述技巧。例如《生活中的美好事物永存不移》,[16]从作者的法律专长知识产权出发,讨论了文学艺术与广告的边界,甚至涉及到关于文学和广告的意识形态问题。又如在《秋菊的困惑与织女星文明》,[17]作者以小见大,进一步分析了"秋菊"困境的社会构成(为什么秋菊得不到村民的理解)和历史构成(秋菊是如何在现代化法治话语中变成"法盲"的),并且深刻地指出了现代资本主义法治话语的意识形态特征以及其中隐含的悖论;不仅如此,他还娴熟地用蒙太奇手法把秋菊同美国电影《接触》勾连起来,从时空上的无关创造出意义的相关,造成一种相当奇特的阅读效果,表现出一种在当代中国常规法律论文中所不见的叙事和论证方式。在冯的其他论文以及近年的《玻璃岛》和《政法笔记》中,[18]作者也都娴熟地运用了这类叙事方式。在这个意义上,冯象实际上已经涉及到当代法律与文学的另一个

---

[14] 这里的批评并非对这些研究的全面的学术批评,而仅仅是就其对法律与文学的研究之理论贡献的分析批评。
[15] 请看,《木腿正义》,中山大学出版社,1999 年,作者简介。
[16] 《读书》,1997 年 2 期。
[17] 原载于《读书》,1998 年 1 期,题目为《秋菊的困惑》。
[18] 《玻璃岛——亚瑟与我三千年》,三联书店,2003 年;《政法笔记》,江苏人民出版社,2004 年。

问题,即叙事(narrative)的问题,或"通过文学的法律"。他自己的专业——知识产权——至少有一部分就是"有关文学的法律"。冯象的长篇论文《法律与文学》[19]则在中国第一次系统、概括且全面地介绍了美国的法律与文学运动诸多问题;文章还进一步提出了他关于法律与文学的一系列比较系统的具有理论潜质但未展开论述的看法,其视野的开阔和深入,其叙事和论证的方式,甚至超出了目前美国的法律与文学运动勾勒的边界。

但冯象最重要的贡献其实还不在这些分析的深度和"技巧"方面。通过分析政法策略的转变,冯象在两个方面对法律与文学运动作出了——他本人未必自觉——界定领域的因此是开拓性的贡献。一是,主要基于中国的经验,特别是1966—1976年间"文革"的经验,他实际上提出了"作为法律的文学",即作为社会控制体制一部分并与"正式"法律制度互补的文学的道德教化作用。其二是,同样基于中国的、但是1980年代改革开放以来的有关知识产权纠纷的经验,他大大扩展了,事实上有可能重构,目前由美国学者研究界定的"通过文学的法律"这一次领域。在《政法笔记》,特别是《法盲与版权》等论文中,他仔细分析了"现代法治"是如何通过对版权和肖像权的回溯而进入中国当代社会,完成了或正在执行整个社会的政法策略转变。这是一种更有意义的通过文学的法律,与仅仅强调叙事的、通过文学的法律相比已经有了根本的但更有学术意义的变化。这两个命题都为法律与文学运动开拓了新的研究空间。

既然提到了美国的法律与文学运动,就不得不多说两句。法律与文学的题目在美国法学界早就有了,[20]但是作为一个法学运动或领域

---

[19] 《北大法律评论》,2卷2辑,法律出版社,2000年,页687—711。
[20] 早的,例如,著名美国法学家卡多佐1925年就曾发表题名《法律与文学》的论文,但讨论的是司法文件的文学风格、修辞等问题;见, Benjamin N. Cardozo, "Law and Literature," in *Selected Writings of Benjamin Nathan Cardozo*, ed. by Margaret E. Hall, Fallon Publications,1947;又如,庞德作导论的法律与文学选本, Amicus Curiae ed., *Law in Action*, *An Anthology of the Law in Literature*, Crown Publishers,1947.

或流派,却是自1970年代以来主要在美国法学院内发展起来的;目前,美国各主要法学院都设有法律与文学的课程,反映了这一运动的广泛影响。对这个运动,冯象博士已经作出了很好的概述,无须我在此再多说什么。在此,我只想交代一下这个运动对我的影响以及与本书的关系。

到目前为止,美国的法律与文学运动,细致分来,如同前面已经提到的,可以有四个分支,一是作为文学的法律(Law as literature),即将法律文本甚或司法实践都当作文学文本来予以研究。从这一进路看来,法律不过是另一种应当予以解释和理解的故事;[21]因此,也就可能运用各种文学理论包括解释理论来研究各类法律文本和法律实践。二是文学中的法律(law in literature),研究文学作品所反映表现出来的法律,思考其中的法学理论和实践问题。[22]三是有关文学的法律(law of literature),研究各种规制文学艺术产品(包括著作权、版权、出版自由、制裁淫秽文学书刊、以文学作品侵犯他人名誉权)的法律。以及四,1990年代后兴起的通过文学的法律(law through literature),由于看到了文学的感染力,有一些作者试图用文学的手段来讲述、讨论和表达法律的问题。[23]但一般说,学界也常常把第一和第四分支归为一类;因为若是作为理论问题来探讨,文学化的法律表达仍然可以归为作为文学的法律。第三分支则与传统的法律研究没有多大差别,不过是文学中的言论自由、侵权法等问题。据此,可以说,法律与文学运动中真正比较有意思的,主要有两大分支,即作为文学的法律(作品和理论),以及文

---

[21] Cf. Sanford Levinson, "Law as Literature," *Texas Law Review*, vol. 60, 1982, p. 373ff.; Daniel A. Farber and Suzanna Sherry, "Telling Stories Out of School: An Essay on Legal Narratives," *Stanford Law Review*, vol. 45, 1993, p. 807.

[22] 例如,Richard H. Wesberg, *The Failure of the Word: the Lawyer as Protagonist in Modern Fiction*, Yale University Press, 1984。

[23] 例如,Patricia J. Williams, *The Alchemy of Race and Rights*, Harvard University Press, 1991。由于此书作者同时又是女权主义者和少数族裔人士,因此,此书又被视为女权主义的著作和批判种族理论的著作。

学中的法律。[24]这两个方面都对本研究有所影响,前者对我的影响更早,但后者对我的启发更大。

先谈论前者。如同1970年代的许多青年一样,我曾爱好过文学。文学在一定意义上是对不可能之生活的一种弥补,它帮助我理解我当时甚或永远无法进入和理解的生活和人。但到了1980年代中期,由于专业的限制,对理论思辨爱好的增长;由于到美国留学、远离了中文的文学环境,我已逐渐放弃了年轻时的梦。留学期间,我首先接触到美国的法律专业训练,尽管我不喜欢它太过技术化,但是美国法学院的不尚空谈、反对宏大叙事的思维和技术训练却给了我很大影响。美国法学院流行的案例教学法,回头看来,在一定程度上就是围绕着故事和法律文本展开的解释。这种训练使我越出了传统的法律边界,看到了自己关心的法律与社会问题。但由此而来的判断是,文学和法律截然不同,并且很难兼容。

改变我的影响之一来自"作为文学的法律",特别是有关的解释理论。1980年代中后期,我对美国宪法和美国司法制度、特别是美国联邦最高法院的司法判决和解释很感兴趣。但我也时时困惑,联邦最高法院对美国宪法的解释总是令我难以捉摸。当时,从注重法条和概念的中国法学教育传统中训练出来的我不能真正理解美国的判例法传统,还是倾向于把法律视为文本,不能理解美国的宪法实践与宪法原始文本的关系其实并没有人们想象得那么大、那么紧,不理解支配宪法理论话语的主要是特定社会的法律话语实践,宪法文本含义因此是在美国司法实践中不断吸纳社会政治判断和伦理判断形成的;我不理解语词的社会标准含义不来自字典或词典,而来自社会实践。而当时,美国法学界和司法界正展开一场关于宪法文本的原始含义或本质含义是什么的大规模争论。

---

[24] 参看,Richard A. Posner, *Law and Literature*, 2nd ed., Harvard University Press, 1998(李国庆中译,中国政法大学出版社,2002年); Peter Brooks and Paul Gewirtz, *Law's Stories, Narritive and Rhetoric in the Law*, Yale University Press, 1996, p. 3;以及, Gary Minda, *Postmodern Legal Movements, Law and Jurisprudence at Century's End*, New York University Press, 1995, p. 150。冯象关于法律与文学的论文也是这样处理的,同前注19。

这场争论实际是一场政治力量的角逐,[25]但以学术的名目展开,各方都运用了大量的学术资源。作为一个不熟悉美国实际政治过程的外来者,我当时把这场有政治背景的学术争论或者用学术包装的政治斗争当成了一个纯学术问题,努力从理论上寻求某种解答。

就在这一寻找过程中,我遇到了作为文学的法律。这一分支的当时的核心观点之一大致是,文学作品的解释方法可能有助于法律的解释;例如文学作者的原意、理解者的再创造、理解者再创造的社会条件、语言问题等等。也是在这个探索和学习过程中,我逐渐接触了新批评、哲学阐释学、分析哲学以及与阐释学有关的社会学、人类学的理解解释方法。

但到1992年回国之前,我已经基本放弃了发现一种解释方法或解释学来保证法律解释的统一、准确的天真想法。这并不是说"作为文学的法律"的研究者没有提出一些有意义的命题,可以用作个人理解文本的指南,甚至准则;而是说,在政治利害不同的群体间,在政治倾向不同的学者间,甚至在因其他原因而判断不同的个体间,这些方法基本都没有用。因为即使有这种准则或指南,其运用也是使用者冷暖自知的,没有一个可以反复测试的"客观的"标准。特别是当文本解释涉及重大利害冲突时,你无法要求甚或迫使冲突双方得出一致的意见。法律解释因此更多是一个利益争夺的战场,而不是划分利益的标准。理想的解释状态要求所有的解释者都诚实、无偏私,却没有提供查验是否偏私的手段;它还要求人们的智力水平和知识程度一致,却又无法现实地提供这一前提。而且,如果人类真能具备了这样两个条件,我们还需要法官来裁断吗?至少可以不需要律师了。因此,进入了1990年代以后,美国这场围绕宪法的解释学运动就基本偃旗息鼓了。表面的或一方面的原因是争论双方都发现文学的解释方法对法律解释没有任何用处;但更重要的原因是,随着1980年代末以来联邦最高法院自由派大法官一个个因年高而退休,新任的大法官们就总体而言渐趋保守,已经不再需要围绕"解释"来做文章了,"解释"

---

[25] 请看,Sanford Levinson and Steven Mailloux, eds., *Interpreting Law and Literature, A Hermeneutic Reader*, Northwestern University Press, 1988,特别是第一编"政治与解释理论"。

的争论已经失去了其"现实意义"。理论的力量毕竟是有限的。许多问题都不是理论能解决的,而是靠时间和人事更替解决的,靠自然的力量。

尽管通过文学解释理论乃至阐释学或语言分析哲学获得正确解释方法的幻想已经破灭,但这种学术的经验(包括这种幻灭的经验)仍然给我的研究带来了很大的好处。毕竟我游历了——尽管是粗略地———些相关的领域。阐释学使我看到解释的多种可能性、解释中读者的重要性、读者的偏见(不具贬义)以及这种偏见的历史性,使我不仅看到文字、法条、书本,更看到了"文本"以及文本的历史、社会和政治构成。分析哲学使我更重视语言的用法和功用,重视语词使用的语境,而拒绝"正确的"语词和定义,理解了语词与其他符号之间的相通和互补。福柯的话语理论使我从另一个方面看到了语言的表征作用,权力与知识的关系,学术话语与命题的历史构成。但最重要的是,在这种经历中,这些理论对我来说已不再仅仅是概念和命题,不是文字的学术装饰,而成了对自己阅读和理解经验的一种提醒,它或多或少地融入了我的学术研究,促使我更多设身处地地去理解,使得我对事实、事件、权力、语境和文本都比以前更敏感——更宽容同时也更苛刻。这种能力的获得大大扩展了我的世界。

从根本上改变我对法律与文学之看法的主要是美国著名法学家、法官波斯纳的研究,特别是文学中的法律;并且主要是在1992年我回国以后。1993年起,我开始翻译波斯纳法官的《法理学问题》,[26]其中有一节专门讨论了法律与文学,另一节在讨论女权主义时也讨论了一些文学作品。他从法律的角度出发对一些西方经典文学作品进行了分析,从平凡的甚至是非法律的故事中提出了非常实际的法律问题和法学理论问题,使我大开眼界。他的另外几本重要著作也曾对文学作品做了细致的分析。除了书名为《法律与文学》的专著外,他在——例如——《正义/司法的经济学》中以荷马史诗为材料分析了古希腊社会的政治和法律制度,分析了古代传统社会的其他一些法律的或准法律的制度;在《超越法律》中

---

[26] 波斯纳:《法理学问题》,苏力译,中国政法大学出版社,1994年(2001年新版)。

他也不时分析了法律与文学。[27] 1997 年,为了编《波斯纳文集》,[28] 我部分翻译了他的《法律与文学》(1988 年版),更仔细地阅读了全书。这些阅读给了我重要影响,日益感受到文学作品对于理解法学理论问题,理解特定时代的法律制度问题的意义。

波斯纳是美国的法律与文学运动的核心人物之一,一个几乎绕不过去的人物。[29] 但严格说来,波斯纳并不是法律与文学的首倡者;相反,在一定意义上,他是一个批判者。他的《法律与文学》第一版副标题就是"一场误会"。第二版删除了这一断言,但他仍然对法律与文学的许多研究者以及基本命题持强烈的批评态度。但是,波斯纳的批判并不是一般的反对,不是站在圈外不着边际地拒绝,也不是用他另一擅长的法律经济学攻击他人的法律与文学(这种类型的批评在学界——不仅在中国——是常常发生的)。他是一种接触的(engaged)、参与的反对和批判。他充分利用了他对西方经典文学(在《法律与文学》的第二版中,他甚至讨论了一些美国当代流行文学作品)以及西方文学批评理论的熟悉和敏感(波斯纳本人本科毕业于耶鲁大学英国文学系,并且是最优秀的毕业生),同时充分调动他的法律家、法官、经济学家和社会学家的训练、知识、直觉和洞察,分析了大量文学作品,提出了他对这些作品的理解和解释,让自己的解释同其他学者的解释在"学术和思想的市场"中竞争。波斯纳的这种进路对我、对本研究以及本书的写作有最大的影响。

---

[27] Richard A. Posner, *Law and Literature*, *A Misunderstood Relation*, Harvard University Press, 1988, 此书 10 年后修订且扩展了, 且删去了副标题。又见, Richard A. Posner, *The Economics of Justice*, Harvard University Press, 1981 (《正义/司法的经济学》, 苏力译, 中国政法大学出版社, 2002 年); Richard A. Posner, *Overcoming Law*, Harvard University Press, 1995 (《超越法律》, 苏力译, 中国政法大学出版社, 2001 年)。

[28] 这本书未编成, 但转而编辑了 12 卷本的《波斯纳文丛》, 均由中国政法大学出版社出版 (2001—2005)。

[29] 波斯纳的《法律与文学》自 1988 年初版以来一直是法学院使用最多的教科书之一, 并且也是法律与文学运动中引证最多的著作之一。1998 年此书修改之后发行了第 2 版;封底上广告语称"波斯纳的《法律与文学》轻松实现了当年《华盛顿邮报》的预言, 该书'在未来的许多年中都会是精华读本'"。

波斯纳以古典自由派(libertarian)经济学家闻名于法学界,但在研究法律与文学以及其他的"法律与XX"中,[30]他分析问题的基本进路——在我看来——实际上与马克思的历史唯物主义具有某种程度的一致性或兼容性。他总是把文学作品的故事(或他的其他研究对象)放到特定社会、历史条件下予以考察,他高度重视实在的社会物质生活条件对于制度和人的行为的制约,只是他使用的术语更多受当代新制度经济学传统的影响;并且由于经济学训练的严格和文学训练的敏感,也由于高度关注现代社会科学研究的成果和技术,他的分析比传统的马克思主义政治经济学分析更为细致、严格和精细。在我看来,波斯纳的分析进路不仅在文学分析上而且在其他一些社会基本制度的研究上,都可以说是对马克思主义研究进路的一种改进和精致化;尽管在政治意识形态上,波斯纳是马克思主义的反对者。

概括说来,波斯纳对本研究的启发至少有两方面。一是波斯纳勾勒的法律与文学的领域。他使我重新审视法律与文学的关系,看到了一个新的领域,发现了一些可供法学理论研究的材料。另一则是他处理法律与文学的进路,注重制度,注重具体的社会历史语境,注意充分考察历史和社会条件的限制。

意义

了解美国的法律与文学使我看到了一个有待开拓的领域,但看到这一点并没有要求我一定进入这一领域。在当代中国,有待开发的领域太

---

[30] 波斯纳实在是一个多面手,他是法律经济学(即法律与经济学)运动的创始人,反垄断问题专家;他的其他独著包括,仅仅看书名就可以了,《法理学问题》(1990)、《性与理性》(1992)、《超越法律》(1995)、《衰老与老龄》(1995)、《联邦法院》(1988,1998)、《道德与法律理论的疑问》(1999)、《国家大事——克林顿莱温斯基案》(1999)、《法律理论的前沿》(2001)、《反托拉斯法》(2001)、《法律、实用主义和民主》(2004)、《大灾难》(2005)等,乃至于几年前,《纽约时报》就称他是"一个单人思想库"(an one-man think tank)。

多了,尤其在转型时期。而且,知识未必是力量,至少"知"本身不给人以行动的力量;相反,有些时候,知多了反倒可能使人丧失行动的力量——由于知带来的"怀疑",由于知带来的"看穿"等等。行动的力量一定是来自"知"之外,来自行动者认为有价值的什么东西,或者干脆说,来自行动者对自身利益的估量和追求,尽管这种个人利益可能与公共利益重合。因此,问题变成了,驱动我进入这一领域写作本书的利益何在?

首先是对于新知识、新领域、新学科的难以遏制的好奇,渴望挑战自我的学术创造力,以及超越自我时的愉悦。甚至包括,我不希望,有一天,中西方学者聚会讨论的法律与文学不过是西方的法律与西方的文学,或者更奇怪,是西方的学者讨论中国的法律与中国的文学。尽管这并没有什么不可以的,但多少年之后,人们也许会问,当时中国的法学家都上哪去了?

更直接的动机是我对当代中国法学理论研究现状和法学教育现状的不满,法律与文学研究则有可能从一个侧面扩展当代中国法学理论研究的领域,改变研究的方式。法学理论不应当仅仅是目前法理学教科书上的那种模样,没有谁规定法学理论一定要从概念上讨论法律的本质、社会性、渊源、分类、权利、义务这样的问题,或者一定要用现在这样的方式或概念说话。法学理论完全应当更生动一点,更多一些智识的挑战。它应当汲取当代社会生活和学术发展,提出新的命题和概念;它应当与部门法、与普通人的生活有更密切、更直接的关系;它甚至应当能为法学指出一些新的研究领域,提出基本问题;它应当有意思;它应当说当代中国人的话,而不是说外国人的话,或像外国人说中国话,或像古代人说当代的话。"天生我才必有用"。我不相信法学理论的基本问题或主要问题全都已经为我们的先辈或外国人发现了,而我们的任务仅仅是把他们嚼过的馍再嚼一遍,嚼得更精细一些或更圆润一些。

法律与文学提供了一种可能。它可能使人们摆脱对绝大多数中国人一般说来不太熟悉也不大习惯的抽象思维,可以让人们借助具体故事来理解法律的一般问题。故事的整体性有可能使人们更容易从整体把握和理解法律和社会的问题,可以看到法律与社会的相互关联和影响,迫使人们不仅仅关注抽象的、单独的条文和制度规定。在这个意义上,故事展示的世界甚至会比以分散、抽象的条文可能展示的世界更为真实和实在。它要求读者进入的是一个个具体的情境,必须直面具体的问题,而在这些问题上,法律原则可能发生冲突,甚或根本无法提供法律书本所允诺的那种完美的正义。读者必须综合、均衡、具体地思考回答问题,无法用一些永远正确的原则或大词予以回避;甚至有时他们必须作出可能出错的决定。它还可能培养人们对真实世界的敏感,对事实的敏感,对人的敏感,熟悉生活中的法律是如何运作的。它通过具体的故事看到概念的不足,命题的不足,理论的不足,就如同秋菊让我们看到"严格执法"的问题一样(尽管并不一定因此就否定这种严格执法)。它可以使我们想事多一根弦,做事少一根筋。

法律与文学不是要否定抽象的理论思维。相反,它可以帮助人们理解这些抽象的概念和命题是如何从具体的生活情境中生发出来的?这些命题凝结了人们什么样惨痛的经验和教训?哪些条件在当代中国社会中已经发生变化,因此某个老问题已不再是问题,或变成了假问题、没有意义的问题?我们又如何可能从具体案件、事件中提出新的理论命题?法律与文学的结合,因此,可以令法学理论变得更为生动和真切一点,将"情感和理智"结合起来,驱除因熟知某些永远正确的大词而产生的那种"傲慢与偏见"。

这种发展不仅对于今日中国社会更有用,而且也可以改善我们法学界的生活条件,内部的——如今有几个法律家或法学家感到法条研究本身(因此不是研究结束时的如释重负或随文章发表而到来的职称或稿费)是一种享受?以及外部的——它可以改善法律人在中外文学作品中和社会上令人厌恶的形象:"刀笔吏"、"讼棍"、"法学的幼稚"以及"第一件事就是处死所有的律师"(莎士比亚语)。

一如既往,我总是有一种渴望,从我们民族的生活中开掘出与我们的当下更直接相关的法学理论问题;并且我相信,如同我在其他文章中所言,产地的地方性和产品使用的世界性并不矛盾。[31]我希望这个研究足

---

[31] 苏力:"导论:研究中国基层司法",《送法下乡》,中国政法大学出版社,2000年。

以展示,即使在我们传统的社会中或戏剧中,哪怕是一些不起眼的或几乎已说滥了的故事中,其实也有许多复杂的、很有智识挑战且具有一般意义的理论问题,甚至不无可能对世界的学术发展有些许的贡献。正如我在本书扉页上引用的梁小斌的诗所言:"母语中[……]有些字令我感动/但我读不出声"。这就是我们许多人当下的生存状态。这里的"字"就是因我们自身的愚钝或迟钝加上缺乏自信而无法作为资源进入我们理论思考和话语的一些中国历史和现实的材料。我们不应当总是让那些感动过一个民族的"字"读不出声来。思想者和作者的任务就在于通过他/她的理论实践让这些已经失声的"字"重新响亮起来,进入我们的话语,但不仅仅是作为被批判的对象,不仅仅是作为西方学术的陪衬,而是要作为开放条件下独立的知识生产的资源和产品。

作为一门课程,法律与文学可以弥补中国目前特别是本科法学教育的某些欠缺。法学教育在中国曾长期比较落后,不仅缺乏学术的传统,受政治意识形态影响太大,而且由于长期没有一个法律实践的市场,法学缺少来自实践的刺激,因此必定缺少活力,只能在书斋中作概念推演和法条注释。进入1990年代以后,由于市场的挤压,法律职业界开始形成,开始累积了专业性的法律知识和技能,但还很不充分;并且由于法学院的教员(我本人就比较典型)大多都太看重可言说的"知识",没有或很少有法律实务的经验,或者只有比较简单的法律实务经验,或者对法律实务经验缺乏理论的概括和总结,或者因法律实务经验而鄙视法学理论,或者因为对法律实务过分投入而把法学教育当作副业,总之,法学教育直到目前基本上还是以法律概念、法条为主。法律职业累积的具有实践理性的知识还没有能够充分地进入法学教育。学生学到的法律理论、原则和规则往往是非语境的,常常是按照学术传统甚至教员或学生个人对这些概念的"私人经验"来界定的,而不是在法律实务的传统中界定的。这种状况长期阻碍了法学研究和法律教育的发展。甚至我们目前的案例教学,也很难改变这种状况。

而就教育对象而言,特别是本科生,他们太年轻,几乎全都是应届高中毕业,绝大多数都没有多少或者很少有社会经验;高中教育基本是灌输的,高考更是应试的;学生充满热情,思想相对简单,喜欢用诸如好坏善恶这种粗略的概念来划分人和事;他们中许多人也许知道作为人际关系之社会的复杂,但不理解作为制度集束之社会的复杂;他们年轻,生活在并且有理由生活在未来,他们理想主义(也就是唯心主义),血气方刚,总希望一个晚上就能改变社会,改变人,习惯用希望来改变世界;由于缺乏社会经历,他们甚至不认识自己。

　　针对这种情况,将中国法学本科教育界定为素质教育是适当的。但问题是,现在的教育已经不再完全受教学规划支配,而会受市场的影响,甚至支配。市场要求更专业化、更职业化的律师,这种要求已经在改变法学教育。就业的压力,统一司法考试,已经迫使一些法学院的教育发生了实际的偏移,正在改变学生的学习行为。

　　这种现象可以理解,但从长远来看,后果堪忧。如果没有良好的素质教育,仅仅为当下的市场所左右,很难想象能产生优秀的法官、律师和法学家,很难适应十年后或二十年后中国社会和市场的需要。如果我们不希望法学教育完全沦为律考培训,我们就必须在保证法学教育的同时适度融入人文的教育。这种基本或综合素质的培养,从长远来看,将不仅有利于他们的事业或学业,更有利于中国社会和法学的发展。对于像北大法学院这样的法学院,尤其应当为其学生提供更好的专业的和综合的教育,促成全社会法学教育和教育产品的进一步分工和分化。

　　在这种情况下,法律与文学的介入,有可能略微地弥补这一缺陷。首先,好的文学作品一般都反映了社会生活和人的性格的复杂性,阅读这样的作品,可以弥补年轻学生社会生活经验的不足。其次,阅读理解文学作品本身就可能增进学生的人文素质,培养他们对文字、细节和文本的语境和事件语境的敏感,对于这些文字所描述的人和事的敏感。第三,有助于培养学生从具体故事中提炼理论命题、理论思维的能力,修正那种从法条到法条、从概念到概念的学术进路。第四,由于文学作品解释的开放性,不具有终极的正确解释,它可以促进学生的创造性思维,促使学生主动介入。因此,第五,它有可能改变法学课程,特别是理论课程目前存在的沉闷、乏味、单调的倾向。

难题

尽管有这些好处和潜在的意义,并且有美国的法律与文学运动提供了思路、方法和模式,但是,法律与文学也有弱点。一个重要的弱点也许在于它是思考的、解释的,而不是行动的、实践的;而"重要的问题"——如马克思所言——"在于改造世界"。[32]这一点对于法律尤为重要。法律要求的是行动,是决断,而法律与文学不能提供这样决策帮助,不能提供行动的力量。它所提供的更多是理解,是法律人的素质要求。因此,对法律与文学研究和课程不能有不切实际的期望,因此它只能在目前略微弥补法学教育的不足。

这也许还不是它最主要的弱点,更重要的弱点在于,由于法律与文学本身的特点,它很难像法理学的其他流派引介到中国来。事实上,这个问题也关系到法律社会学和法律人类学,因此,应当多说两句。

近代以来,中国在引入西方法学研究成果时,常常是把西方的有关学者的背景及其著作介绍过来,将其理论观点和结论概括总结归纳为几条,再加上介绍者的未必着边际的评价(无论是赞赏还是批评),然后就完事了,科研就完成了。这种介绍并非完全没有意义,但基本上是一种知识性的介绍;它与介绍者本人,与中国的法学或法律实践都没有太多的关系,或者只有概念上的关系;读者常常无法感受这些引介的学说与自己以及自己生活的环境有什么关系。过去20年来中国法学界对美国的批判法学、法律经济学、女权主义、某些法律社会学流派和人物的介绍,除少数例外,基本都是停留在这个水平上。这种法学"移植"可以说从一开始,被移植的物种就已经死了。除了给学界的人增加了一两个新人名,留下几个新术语,几个耸人听闻的新命题,甚或几个可以随时给对手贴上以便于"批判"的新标签之外,对中国的法治和社会发展、中国的法学研究都没有实质性的影响。只要看看法学界的法律经济学、批判法学包括后现代主义法

---

[32] 《关于费尔巴哈的提纲》,《马克思恩格斯选集》卷1,人民出版社,1972年,页19。

学研究都可以看到这一点。[33]

然而,法律经济学、批判法学的一些领军人物毕竟还有一点比较系统、完整的理论,有用中国学者比较熟悉的、更为一般化的概念术语和表达方式完成的代表作,因此翻译、编译、转述或概括都还比较容易,[34]尽管各种错误也往往因此而发生。相比之下,法律与文学的"移植"就困难多了(与此有类似经历的还有法律社会学和法律人类学,这些学科都更强调对具体问题的研究)。美国的法律与文学研究者讨论的文学文本一般都是西方的经典,荷马、但丁、莎士比亚、狄更斯、陀思妥耶夫斯基、托尔斯泰、卡夫卡、弗罗斯特、乔伊斯之类的,这些作者对于大多数中国法律人来说,也许知道名字,但作品看得很少;并且由于文学作品的语境以及欣赏习惯,中国人看作品往往是看故事,而未必注意理解和把握作品提出的问题。有的甚至连作者都不熟悉。[35]这就使法律与文学很难进入中国。哪怕是一直高唱"同世界接轨"的政治正确的法学家,到了这里或这时,也会使用另一套政治正确的语言,认为"要考虑中国国情"。但这种话语很虚伪。这倒不仅因为它拒绝新的研究;而是,这种话语可以把言说者的无知或/和无能都装扮成一种"曾经沧海难为水"的远见卓识和胸有成竹——似乎他/她早已具体地考察过中国和他国的国情并得出了这个结论。

不过,这种话语确实间接地反映出一个非常现实的、无法回避的问

---

[33] 法学界的法律经济学研究,除了极个别的例外(例如,赵晓力:"中国近代农村土地交易中的契约、习惯与国家法",《北大法律评论》,1卷2辑,法律出版社,1999年,页427以下),基本都停留在理论层面的介绍或评价;到目前为止,比较有意义的法律经济学研究都来自中国的经济学家,特别是制度经济学研究。

[34] 但也未必。目前国内批判法学的研究主要都集中在罗伯特·昂格身上,而对批判法学的领军人物邓肯·肯尼迪就很少讨论。关键在于肯尼迪的主要著作是论文,并且往往不是用中国学者习惯的那种一般化的语言、似乎可以脱离具体语境和文本来理解的方式表述的。在我看来,这是肯尼迪的思想(而不是其名字)在中国长期受到冷落的根本原因。

[35] 举一个真实例子,某大学法学院图书馆就将陀思妥耶夫斯基的长篇小说《罪与罚》归入刑法类著作。

题,即在一个对西方文学经典并不熟悉的社会中,你很难甚至根本无法引入在美国发生的法律与文学运动,让它在中国生根。你总不能为了引进法律与文学,先给中国或中国法学界来一个西方文学的普及吧?![36]而且,与法律经济学、批判法学很不同,法律与文学并没有一个或至今还没有(以后有没有,也很难说)一个坚硬的理论内核,它仅仅是一个领域,还没有自己的稳定的理论体系和方法。它的研究主要基于对具体文学文本的讨论或具体文学批评理论的运用。在这样的情况下,如果要讨论"文学中的法律",首先涉及的就是讨论哪个文学中的法律。要讲文学作品中的合同,你不可能总是在中国讲夏洛克的合同吧!许多读者并不了解夏洛克是谁,未必知道《威尼斯商人》讲了一个什么故事。如同任何话语运作一样,法律与文学也需要一个格式化的或重新格式化了的运作空间。[37]要与当代中国人——哪怕是高级知识分子——讨论《哈姆雷特》或《远大前程》或《奥德赛》或《神曲》,是很难的。知识的地方性、理论实践的地方性在文学上表现得太突出了。在我看来,这是附着于西方经典文学文本的法律与文学运动长期没能真正进入中国的最根本原因。

相比之下,引介"作为文学的法律"似乎更难。因为这不仅需要了解西方的文学作品和有关的西方法律文本,还需要了解一整套西方的文学批评理论。如果说西方的经典文学作品至少还可以作为故事阅读一下,或作为某种学识和身份的标志因此对"知道分子"还有那么一点了解的价值,而这些文学批评和文学解释的理论对于一般的非文学专业人士来说几乎毫无价值。它们有的在法学界人士看甚至有些荒唐,例如"作者死了";而且高度抽象,玄之又玄。

不错,有许多文学批评家称这些理论为"游戏";但这恐怕只有对那些衣食无忧、自愿并乐于参与的人来说如此。对于当代中国的法律家甚或法学家来说,这种游戏无疑将是一种折磨,更不用说这种游戏往往要求他们放弃一些机会成本,一部分货币或非货币收益。如果说偶尔读一点

---

[36] 但文学若是包括了电影和电视剧,这个问题则可能大大减弱。
[37] 参见,苏力:《送法下乡》,同前注31,第6章。

西方文学还可以,但是要了解和运用西方的各种或某种文学批评和解释理论,把法律作为一种文学来欣赏和分析,实在是兴致不大。即使有些人有能力、也有兴致,至少目前还没有这样一个市场需求;而没有需求,就很难有多少产出。其实,哪怕是纯文学,离市场也并不是那么遥远,至少不像许多人想象得那么遥远。

即使把市场的因素抛开,我们也可以从上面的分析中看出,所谓理论研究本身更多是一个实践的问题,一个如何身体力行的问题。仅仅懂得美国法律与文学运动的理论和现状、甚或了解一些相关的命题和术语是不行的。这就好比有许多热心且很有理论水平的球迷或教练,他们的热情再高,理论上、战略上甚至战术上再头头是道,也无法替代中国男子足球队冲出亚洲。懂理论和能干事不完全是一回事。这就注定了,除了简单且必要的介绍之外,法律与文学——事实上任何学术理论流派——要真正进入中国,从一开始就必须是创造的,实践的。如果是研究"作为文学的法律",就必须研究中国的法律。

但是,这里有许多问题。

首先,中国是一个成文法的国家,因此,她既没有那么多可以作为故事并且是法律学界共同并长期关注的司法案例,也没有那种长期受共同关注而可以作为文学作品阅读的精彩司法意见。必须将加着重号的文字作一点解说。尽管所有的文学文本理解都涉及解释,都可以作不同解释,但是运用了或需要运用各种解释或文学批评理论的文本常常是一些因种种原因而被标注为"经典"的文本。用博尔赫斯的话来说,"古典作品是一个民族……长期以来决心阅读的书籍,仿佛它的全部内容像宇宙一般深邃、不可避免、经过深思熟虑,并且可以作出无穷无尽的解释。"[38]但是,博尔赫斯又说,"古典作品并不是一部必须具有某种优点的书籍;而是一部世世代代的人出于不同理由,以先期的热情和神秘的忠诚阅读的

---

[38] 博尔赫斯:"论古典",《博尔赫斯文集》,文论自述卷,王永年、陈众议等译,海南国际新闻出版中心,页7。

书".[39]只有在这些为许多人关注的文本上,才会显现出不同文学批评理论的争论;对于那些只有个别人或少数人关心的文本,随便你怎么阅读理解,也没有人有兴趣同你争论;而当不同人运用不同理论分析不同文本之际,就根本看不出理论的意义。在这个意义上,经典文本并不仅仅是这些文本中的文字本身,而且还有读者以及其他许多无法一一列数甚至莫名其妙的社会因素。

　　需要解释的法律文本其实也是如此。在英美的判例法传统的社会中,由于遵循先例的原则,法官和其他法律人(包括法学院学生)不得不长期关注一些重要的司法案件和上诉审的司法判决意见。遵循先例的原则和制度要求构建了这些长期受法律共同体关注的解释文本。在此基础上,法律人或法学人才有动力也才有可能将不同的文学批评理论运用于这些案例和判决意见。但在成文法国家,构建这种经典法律文本的制度因素不存在。尽管人们有时也会在一段时期关注某些案件和司法判决,但没有先例制度把某些判例固定下来,人们关注的判例和问题就必定是流变的;长期集中关注某个案例和司法判决既没有必要,也没有功用。在成文法国家,一般说来,除了法典外,没有英美法中那种可供解释的经典法律文本,进而也就没有可以作为有效运用不同文学解释和批评理论之前提的法律文本。

　　也许有人会说,美国宪法不也是成文法,是近代以来的第一部成文宪法吗?为什么美国的解释理论恰恰围绕着美国宪法展开?你怎么知道围绕中国的制定法,中国法律人不会诉诸文学的解释和批评理论?但是,我还是认为,中国的制定法现在不存在,将来也不大可能存在如同美国的宪法解释那种严重的解释问题,那么需要文学解释和批评理论的帮助。这不是说中国的制定法没有解释问题,或是我低估了中国法律的解释问题。而是说,由于种种制度条件,法律解释的问题在中国不具有如同其在美国宪法中那么大的司法意义。美国宪法极少修改,而社会却在不断变化,要用一个长期固定的文本解决不断出现的新案件,解释自然就成为一个至

---

[39] 博尔赫斯,同前注,页9。

关重要的问题,一个各方利益攸关的问题。相比之下,当代中国目前的制定法历史最长的也仅仅二十多年,并且立法机关修改法律比较频繁,比较便利,因此,法律解释的问题就不可能那么突出,那么必要。其次,虽然中国的法官或法院也"解释"法律,但更准确地说他们往往是运用权力直接"规定"或"具体化"其含义,而不是原来意义上的"解释"。[40]第三,美国的宪法中需要解释的文字都是非常一般性的语词或短语,例如"州际贸易"、"正当程序"、"同等保护",而这种语词因为其一般而具有很大的包容性;而在成文法传统的国家,特别是在当代中国司法中,还没有出现这样的司法实践问题。第四,法律的语词在一个文化多元的国家中含义才会变得模糊起来,需要更多的解释;[41]在中国这样一个同质性还比较高的社会,法律解释的任务就不那么重。由于这些条件,法律在中国社会,至少目前没有太大可能成为经典文本。

而且,即使可能,也许从总体上看也未必需要。这个判断是从实用主义进路得出的。法律解释的根本作用并不是一种纯智识的活动,不是为了解释而解释,而是要履行法律的社会功能。因此,如果一个社会中有适当的机制保证法律实现这一功能,那么法律解释就不会那么发达。比方说,由于欧洲国家(包括同为普通法传统的英国)的议会立法(包括立、改、废)要比美国国会更为积极,受到的制约更少,[42]我们就看到,欧洲国家法官或法院的司法判决书远不像美国法官的司法判决书那么文采、那么个性、那么有故事、那么有可能作为文学的法律文本。就总体而言,

---

[40] 中国的"司法解释",基本以一般规则的形式出现,实际是法律的细则;因此,有学者称其为"司法法"。而法官在个案判决中的解释,一般都不具有作为规则的法律效力。

[41] Richard A. Posner, *The Problems of Jurisprudence*, Harvard University Press, 1990.

[42] 关于英国的司法与立法机关之间关系的实证研究,请看, Patrick S. Atiyah, "Judicial-Legislative Relations in England," in *Judges and Legislators: Toward Institutional Comity* 129 (Robert A. Katzmann ed. 1988); William S. Jordan III, "Legislative History and Statutory Interpretation: The Relevance of English Practice," 29 *University of San Francisco Law Review* 1 (1994)。关于英国与欧洲国家的相似,请看 Richard A. Posner, *Law and Legal Theory in England and America*, Oxford University Press, 1996.

欧洲国家的法律解释理论和实践远不如美国丰富多彩,尽管美国学者所使用的法律解释理论的原产地往往是欧洲。中国目前的立法司法分工体制更类似欧洲的体制,在我看来,在这种体制下,作为文学的法律就很难产生出来。

于是,美国法律与文学运动的双股剑还没出手,"作为文学的法律"这一柄就在中国卷了口,剩下的一柄是"文学中的法律"。也许这比较容易?毕竟中国是一个文学传统悠久的国家!但是,我们还是不要为语词迷了眼,还是必须仔细考察一下。不错,中国是有久远的文学传统,但这并不自然而然地意味研究中国文学中的法律就容易了。首先一个问题是,什么文学?

如果同西方文学相比,中国的文学主流长期以来以抒情为主,抒情诗占了中国文学的主要部分,而创作的叙事文学相对说来比较少,且后起。抒情诗当然也可能成为文学中的法律的研究材料,特别是作为法律史研究的"诗史互证"的材料,在某些时候也可能作为法律文化的研究材料。但是,若是同叙事文学相比,用抒情诗作为法律与文学的研究材料,其不足是显然的。抒情诗主要是抒发作者的个人感触,主观性比较强,因此就反映时代和社会中的法律而言,就反映一个特定法律事件中错综复杂的社会关系和人物关系而言,有很大的不足。

因此,中国的法律与文学必须主要依据中国的叙事文学。但以小说、话本和戏剧为代表,这类作品发生相对晚近。中国一直到唐代才开始有话本,宋金元代以后戏剧才逐步发展起来,明清时期才有比较自觉的小说创作。当然中国还有其他类型的叙事作品,但往往同历史混在一起,例如《史记》、《汉书》,更早有《左传》、《战国策》等。这些"不纯粹"的作品,实际上也具有很强的文学性,有的甚至就是文学创造。[43] 法律与文学可以以这些作品作为研究素材。当然,当代中国叙事文学也提供了广泛的资源,只不过需要时间来界定一些"经典"文本。

---

[43] "在中国古代,文史固然不分,历史和小说也不太分得出来。小说和历史分家是司马迁以后的事。"唐德刚:《史学与文学》,华东师范大学出版社,1999年。

此外，上面已经提到，法律与文学的研究可以是多方面的。除了文学中的法律和作为文学的法律外，甚至法律对文学作品的知识产权保护、文学作品引发的名誉权诉讼乃至有关违法出版的色情文学读物等问题也都可以属于"法律与文学"的范畴。[44]而利用文学作品研究古代法律制度的真实(即"以诗证史")也完全是法律与文学的一种研究范式。毕竟，法律与文学是一个领域，而不是一种理论。

论域

然而，本书不打算在一般意义上讨论法律与文学，而是力求从中国古代文学作品中提炼出具有法学理论意义的问题，力求将理论法学的研究延伸到一个新的领域。换言之，尽管研究的材料是历史的、文学的，我的研究取向却是当代的和未来的。由于文学作品的阅读和欣赏是一种读者/观众参与甚至主导的经验活动，[45]我可以利用后来者所具有的距离优势以及作为法学家的特定信息优势从永远不会陈旧过时的文本中提炼出某些在今天才能理解的一般化的问题，而由于这种一般化，这些问题也就可能与当代和未来相关。事实上，在本研究中，尽管我分析的是古代社会的问题，我一直努力将这些事件、人物和问题放在其时代甚至其特定的位置，但是我的关注一直是当代的；我追求的并不是重现历史的真实或细节，而是这些戏剧故事中呈现的理论问题。从这一关注入手，我认为在三个主要的亚领域内，有可能展开法律与文学的研究，弥补先前的法律理论研究之不足。

首先是历史制度变迁。重大的制度变迁是人类历史上比较罕见的现象，它往往需要相当长的时段，上百年，甚至数百年，才得以完成。在这种转变中，个体即使身临其境也往往无法完全把握和理解；这不仅因为他/她的生命相对于这一变迁而言，过于短暂，更重要的是，生活在这种变迁

---

[44] 参看，Richard A. Posner, *Law and Literature*, 1998, 第 4 编。
[45] Stanley Fish, *Is There a Text in This Class?* Harvard University Press, 1980.

中,他/她很难作为旁观者拉开距离全景观地冷静考察这种转变。后来者尽管没有直接的切身感受,这是弱点,但他有当事人不可能具有的长处:他与历史的距离,他是那些已经成为历史的事件和人物的旁观者因此更少为直接的情感或利益所左右,以及一般说来,他有可能通过其他渠道获得更多相关的知识和信息。这种对历史变迁的把握,本来是历史学家的事。但是,这种把握实际上需要的又不仅仅是史料,而且更需要对于历史的构建,需要一种"大历史"观。但要通过阅读史料来构建这样一个大历史,一定需要社会理论;这不仅很难,会受到传统史学的质疑,并且很容易受到指责。相反文学作品或历史故事,由于其浓缩和象征性,反而可能为宏观理解和把握历史提供一种以史料为中心的传统史学难以替代的进路。在这种转变过程中,一些个体的命运,一个历史事件,有可能集中反映了伴随制度变迁的许多历史的信息,因此往往具有很强的戏剧性,容易成为文学的素材。这种状况在前现代的文学作品中可能尤为突出。细致考察理解这些作品,我们有可能看到并分析与制度变迁相关的一系列问题。

其次,通过文学可以研究一些具体法律制度的基本架构,甚至某些细节,理解这些具体制度所针对的常规社会问题,其存在的语境化的合理性(和不合理性)。这一点对于当代中国法学界格外重要。由于传统中国法学不发达,当代中国法学界关于一些制度的正当性和合理性论述往往来自纸面,往往重复的是西方话语。而"纸上得来终觉浅";其中有些与中国现实有相关性,而有些则完全是概念系统的演绎,或是制度外观的支离破碎的比较,对中国传统社会所要解决的问题以及制度发生的基本制约条件不理解,或者根本不愿理解。[46]文学作品则由于把法律制度同一些具体的典型案例相联系,因此有可能帮助我们走出概念法学、法条主义的困境,获得对一些古代具体制度的切身理解。

第三,还可以考察"作为法律的文学",即考察作为一般的文学与社

---

[46] 一个具有典型意义的例外是,张维迎、邓峰:"信息、激励与连带责任——对中国古代连坐、保甲制度的法和经济学解释",《中国社会科学》,2003年3期。

会的政治法律之间的相互依存关系和基本格局,进而考察文学作为一种社会控制在不同类型社会中所起的作用。如前所述,这个论域是冯象首先提出的,目前不见于美国法律与文学运动;[47]原因在于,在西方近代,由于法治传统和社会分工,法律被界定为是自给自足的,而且是涵盖一切的,而文学只是边缘,为了文学而文学,是娱乐,是社会消遣,最多也只是"反映现实"、"批判现实"而已。冯象指出,其实"文学"的功能远不限于此。诗人雪莱就曾强调"诗人是未被承认的世界立法者";广义的文学事实上总是具有某种塑造人们行为和思想的作用(否则,为什么西方国家也会有许多禁书呢?为什么会有影片分级制度呢?),尽管这一点在中国传统社会也许一直夸大了。

但恰恰因为这种"夸大",才使得"文学"的这一功能在中国传统社会非常明显,并延续至今。文学不仅承载了我们习惯赋予其褒义和中性意味的"文化",而且事实上一直承载着重大的正统意识形态传播和整合的作用,具有了某种社会控制的功能。正是在这个意义上,冯象认为,至少在1949—1978年间,中国社会最重要的"法律"文件不是宪法,甚至不是政府的行政命令,而是诸如毛主席的《在延安文艺座谈会上的讲话》、"老三篇"这样的一些文本,以及在这些思想指导下产生的用来"教育人民,打击敌人"的诸多文学艺术作品。[48]如今的中年以上的经历过"文革"的人,对此都会有切身的经验。只是改革开放以来,随着中国现代化发展,国家能力增强了,以法律治理的能力增强了,文艺的这种政治法律功能才似乎逐渐减弱,文艺开始日益变成娱乐。社会已经不大可能为一篇小说、一部电影而激动,正如王蒙十多年前所言,文学已经失去了轰动效应。诗人、作家也已经失去了灵魂工程师的美称,他/她们"躲避崇高",变成了"写手"、"码字的人"[49],甚至"过去作家中有许多流氓,现在的流氓则有许多是作家"(王朔语)。二十多年前考分最高的文科学生大都进入

---

[47] 冯象:《木腿正义》,同前注15,页24。
[48] 同上。
[49] 王蒙:"躲避崇高",《读书》,1993年1期。

了中文系,而如今则大都进了法学院、经济学院。正是(或也许是)在这一历史的现代化格局中,文学的话语衰落了,法治的话语凸现出来,变成了主流话语。这种转变,固然与执政党的政策转变有很大关系,但是,这主要不是一种治理策略的任意选择,而是一种新的历史条件下形成的政治、法律与文学的新格局。

同中国社会相比,这个问题在西方社会早已成为历史,文学的被放逐,以及法律家的被驯化,对于今天西方的法学家这不是一个现实存在的问题,因此,很自然,他/她们无法提出,甚至也未必想提出这个问题,因为提出这个问题不仅威胁"法治"的神话,而且现实地看,这也不能在同其主要敌手法律经济学的阵地争夺战中推进法律与文学的战线。因此,在美国的法律与文学研究领域中,这方面的研究基本是一片空白。

处于这样一个历史转型时期的中国法学家或是文学研究者,在这个意义上,占据了一种绝好的条件。亲身感受和观察这种并不会久存的历史转变,通过自己的创造性的智识努力,他/她们不仅可能通过考察法律与文学的格局变迁来理解中国的法律"文化",形成一种文化的制度解释,他/她们还可能通过自己的研究成果改变现在基本由美国法律与社会研究成果界定的这一领域的边界,拓展研究的边陲。

意义再探讨

法律与文学的研究不仅可能拓展法学、特别是法理学、法律社会学、法律史的研究,它也还可能对其他学科有所贡献,为其他学科的发展提供研究思路和相关成果。因此,可能具有一种正面的外在性。

这并非是一种幻想。首先,世间现有的知识体制并不是天生应当如此的,而是一种历史沉积所展示的格局。各学科知识的边界其实是很不清楚的,是一种人为划分。如果这一点成立,那么就没有理由认为法学只能"进口"其他学科知识,而没有能力向其他学科"出口"自己的某些产品(当然进出口这个比喻本身就有固化学科边界的意蕴)。鉴于中国传统学术中一直对制度性法律(不是组织机构和法条)的研究不够,对其实际功能和效用研究不够,因此在这种学术传统中所呈现的所谓中国传统文化是有相当缺陷的。当代中国法学完全应当,尽管目前还欠缺这种能力,却完全应当提供一条文化研究的制度进路,即从制度的角度分析中国文化形态。

葛兆光教授曾提出要研究一般思想史,[50] 其他学者也曾提出要注意大传统下的小传统,[51] 但是仅仅从思想史本身进入很难完成这种追求,必须要有其他学科的研究贡献。法律与文学的研究有可能提供一些研究成果。例如我在本书第5章中对传统戏剧的分析表明当时人们渴求智识意义上的清官;又比如,第7章分析了中国传统戏剧的叙事形式以及戏剧空间对于观众的正义观的塑造。尽管,这些研究结论还可以争论,但可能给其他学者某些启发,有助于一般思想史的研究,有助于对小传统的理解。

甚至法律与文学的研究对文学也会有启发。尽管法律家研究文学在某种意义上是外行,但是有时乱拳也会打死老师傅。由于法律家的法律训练以及他对制度的关注,尺有所短,寸有所长,他的知识有可能给文学研究带来新的视角。例如,我在本书中,就分析了为什么《史记》中赵氏孤儿的故事要比元杂剧《赵氏孤儿》更感人,更真切;以及为什么《汉书》中的东海孝妇的故事要比《窦娥冤》更动人。

辜正坤教授在一篇有关翻译的文章中曾分析指出,中国古代的悲剧有别于西方意义上的悲剧,是一种悲苦剧。[52] 他的分析很细致,有很强的说服力。但是,另一方面,我又不能完全同意他的观点。因为,我们现在已经知道,文学作品并不仅是作者的创造,也是读者的创造,是艺术欣赏传统的产物。[53] 如果从这一进路切入,进行反省,我们势必得出这样一个结论,即中国的悲苦剧有可能是中国读者或观众依据一定的思维、

---

[50] 葛兆光:"一般知识、思想与信仰世界的历史——思想史的写法之一",《读书》,1998年1期。

[51] 例如,梁治平:《国家与社会:清代习惯法》,中国政法大学出版社,1996年。

[52] 辜正坤:"外来术语翻译与中国学术问题",《北京大学学报》(社会科学版),1998年4期。

[53] 斯坦利·费什:《读者反应批评:理论与实践》,文楚安译,中国社会科学出版社,1998年。

欣赏模式的创造。如果换一个艺术欣赏的进路,中国传统的这些悲苦剧完全可能具有悲剧的性质。本书所采取的进路就力求重构某些悲苦剧的悲剧性理解。[54]对《梁祝》、《窦娥冤》的分析都表明,这些戏剧和西方的悲剧确有相通之处,都是个人同几乎无法改变的"命运"的抗争,而并非如同传统理解的那样,是因为有一两个小人、恶棍造成的,也不是某个人好心办了坏事;并且,这种悲剧如果不是落在戏剧主人翁身上,也会在其他人身上发生。如果这一努力是有意义的,那么,中国没有西方古典意义上的悲剧,这种说法也许是可以通过我们的重新阅读予以改变的。作品是悲剧还是悲苦剧甚或是言情剧(《梁祝》)不仅有作品的因素,而且有读者的因素,观众的因素,乃至艺术表演家的因素。过分强调文本本身的确定性,多少有点作者或文本决定论,或唯质主义(essentialism)。注意,这并不是批评辜正坤教授,而是希望通过这种分析唤起我们对艺术作品构成的另一面的注意。本书也是这样的一个努力。

材料、进路和方法

本书分析使用的主要材料是传统中国戏剧。

之所以使用戏剧作为材料,不仅因为戏剧是广义文学的组成部分,是叙事文学,而且有其他一些原因。首先,中国传统戏剧中一直有相当份量的公案剧,构成了一个在西方的戏剧中所不见、但为中国读者和观众熟悉的特殊文类。从人们熟悉的分类出发,便于启动法律与文学的研究。

其次,由于是表演的艺术,从理论上讲,戏剧可能比一般供阅读的叙事文学作品(甚至话本)与普通民众更为接近,至少在传统的识字率不高的社会是如此。而另一方面,由于戏剧必须依赖甚至迎合观众才能生存

---

[54] 然而,也许有人会质疑,我的这种努力的意义何在?难道仅仅是要证明中国悲苦剧与西方悲剧的相通和兼容?证明西方悲剧因素的普适性?非也。从文学作品的角度来看,我的目的仅在于拓展我们的文学文本意义的丰富性,扩展阅读理解的空间,延伸我们的视野,也许,这种努力有可能促成我们艺术欣赏能力的增长。

和发展,它可能更多受民众的影响。因此,在中国正统的以抒情文学为主导的文化传统中,至少从理论上看,戏剧有可能比史书故事或文艺家创作的文学作品更多反映民间文化,而不仅仅是精英文化。[55]

第三,由于其表演性,由于其演出的流动性,"冲州撞府",戏剧作品要比许多文字作品流传更为广泛,更为人们熟悉。事实上,只要比较一下"三言"、"两拍"同元杂剧在民众中的熟知程度就可以了解这一点了。读者熟悉作品会为法律与文学的分析创造了一个更好的前提条件,至少有时我不需要非常详细地介绍故事梗概,就可以展开分析。

第四,为了法律与文学研究的未来发展,我觉得从一开始就应注意不要把文学界定得过于狭窄。这个文学必须是一个更为宽泛的范畴,如果可能,应尽量包括艺术。比方说,由于戏剧是表演的艺术,研究时就不仅要考虑戏剧故事,而且要考虑戏剧的表演、角色、观众、舞台甚至脸谱等。一句话,我们必须突破具体的文学文本概念,真正理解作为哲学阐释学范畴的那个"文本"。戏剧的这一特点要求我们理解和重构戏剧发生的历史语境和艺术语境。而这种能力的训练对于法律、文学和历史等以狭义文本为中心的学科研究非常重要。此外,戏剧与现代的电影、电视剧、舞蹈的类似之处也大于与小说或诗歌的类似之处。分析戏剧的经验教训更容易延伸到分析电影等表演艺术作品。[56]

第五,便利。这个因素其实可能是我作出选择的更重要因素,尽管许多研究者都可能省略这个因素。就元杂剧而言,我们已经有古人和今人编辑的《元曲选》和《元曲选外编》,[57]已经汇集了流传至今的元代主要戏剧。前人的这种工作可以很便利地界定我的材料范围,我不必更多论

---

[55] 关于这一点,请看,廖奔:"冲州撞府:从瓦舍勾栏到庙会戏台——元杂剧活动方式考察",《元曲通融》(上),同前注1,页912以下;朱光荣:"论元杂剧繁荣的原因",《元曲通融》(上),同前注1,页383。

[56] 已有美国学者将这一研究范围扩大到了电影,请看,伯格曼·艾斯默:《影像中的正义:从电影故事看美国法律文化》,朱靖江译,海南出版社,2003年。

[57] [明]臧晋叔[编]:《元曲选》,4卷本,中华书局,1958年;隋树森[编]:《元曲选外编》,3卷本,中华书局,1959年。

辩为什么选择这些戏剧而不是另一些戏剧。利用前人和他人的材料编撰也是一种学术研究的分工,分工可以避免因个人选择的主观随意性而带来的偏颇结论。

我事实上不可能也没有能力对所有传统戏剧进行分析;而且也没有必要。因为我的目的并不是某一个时期的戏剧中的法律,而是力求从戏剧中发现一些具有理论意义的法律问题。这既是为了有效借助我现有的知识累积,而且只有这样也才可能在涉猎法律与文学的同时推进法学理论的研究,而不只是为了进入一个领域而把以前的都抛弃了。有所不为才能有所为。因此,我还必须对戏剧做出选择。

我首先的选择标准是,其中必须具有——在我看来——法学的理论问题;第二,要尽可能为普通中国观众熟悉的,例如《梁山伯与祝英台》、《窦娥冤》、《十五贯》、《赵氏孤儿》都符合这两个标准。第一个标准是力求一个戏剧隐含的问题有一定的普遍性,没有普遍性的问题不大可能引起今天读者的兴趣,也很难展开理论辨析,很难有理论的力量。按照这个标准,通常不被人们认为是与法律有关的戏剧《梁祝》就进入了这一名单,而通常被人们认为是法律戏剧的《秦香莲》则落选了。这不是说《秦香莲》之中没有法学理论的问题,只是说它的问题重要性在我看来远不如我选择的戏剧。如果两部戏剧提出的法理学问题基本相似,我将选择讨论其中的一个,另一个我将仅仅提及;目的在于节省读者的时间,同一个道理,没必要说两遍,开了窍的读者自己会分析其他戏剧。例如《窦娥冤》和《十五贯》都提出了关于证据、关于审判者局限性的问题,但是我选择以《窦娥冤》讨论这个问题,而用《十五贯》来谈论其他的问题。尽管我在文中会指出相互间的参照。

重视普通人熟悉的戏剧是因为这可以节省我自己的以及读者的"交易费用",以便争取更多的读者。现代社会中,人的机会成本都很高,没有几个人能耐心听你讲一个他完全不了解、似乎也没有什么必要了解的故事。作者必须尊重读者,不要总是以为自己的故事很精彩,其实外面的世界也很精彩。因此,利用读者现有的戏剧知识,既可能便利剧情介绍,也有利于读者理解。更重要的是,由于大部分读者都不会自己去阅读分析者提及的文本,因此为了保证文本的开放性,防止分析者的话语霸权,也最好是利用读者比较熟悉的文本。这样,读者完全可能用自己的知识、经验甚至常识对分析者试图解释的文本做出他/她自己的解释,比较自己的经验与分析者的分析,从而使一个文本成为活的文本。这将有利于法律与文学的发展。

这两个是最基本的标准,但是并不是唯一的标准。我还选择了其他几个读者可能相对陌生的文本,主要的理由是这些文本中蕴涵了一些其他剧本没有提出、但我认为非常重要的法理学问题,例如《包待制智赚灰阑记》和《张孔目智勘魔合罗》。

本研究分析的主要就是这六个剧本。但是为了说明其中涉及的一些问题,为了防止过度解释、牵强附会,我会比较多地参照其他元杂剧以及其他一些反映了类似问题的后代或现代戏剧(例如《红色娘子军》、《白毛女》中的复仇问题)。为了说明戏剧故事的某些变迁,我还引用了一些非戏剧的叙事文本(例如赵氏孤儿的故事、东海孝妇的故事、黄霸断案的故事)或不同版本(例如《十五贯》),力求用谱系学的方法展示社会生活对于文本和主题的塑造。为了比较,我甚至分析了少量为论证、说明问题所必需的西方的戏剧,例如《哈姆雷特》和《安提戈涅》等。

尽管以元杂剧作为主要材料,本书却并非研究元代戏剧中的法律,而是通过传统戏剧来研究传统中国社会中有关法律的一些理论问题。否则,读者完全有理由对我的文本使用提出疑问,即这样不分年代的使用戏剧文本以及其他文本是否过于随意。这不是问题。因为,我的分析单位是戏剧文本表现的传统中国社会的某种社会现象,而不是某个文本,或某一个朝代的戏剧文本。本书主要使用元杂剧仅仅是一种为了便利而已。

文学史研究的常规做法是将时段作为一个构建和限定材料、题目的天然框架,但是认真想一想,用时代作为文学的容器并不具有合理性,相反,这种合理性本身是需要论证的。同一作者在元末与在明初创作的戏剧究竟能有多大差别?其差别究竟来自于朝代,还是来自于题材,或是来自他的艺术趣味?这种差别对于我的分析的意义何在?除非我们相信在"宋"、"元"、"明"这样的朝代概念中有某种为这一朝代之文学所分享的神秘本质,我们无理由将时代或朝代作为基本的分析单位。许多研究都发现,许多元杂剧的剧本并非出自一个作者,而是一系列作者的共同产品,经历了各种形式的改编。无怪乎有外国学者质疑"我们读到的是'元'杂剧吗?"[58]并认为:"当我们阅读这些晚期的元杂剧剧本时,我们其实是在阅读无作者的文本。从这个意义上说,[……]将元杂剧作为中国文化本身的一种反映,而不是某个特定作家或时代的反映来研究可能是正确的"(着重号为引者所加)。[59]正因此,尽管我往往借助某个剧本作为某一章的分析素材,但是我的真正关注点更多是传统中国社会的戏剧文学中与法律相关的现象,例如复仇、婚姻、冤案、法律职业、清官、道德与法律以及戏剧的叙事等,而不是单个戏剧或某个朝代的戏剧或法律。

前面提到,目前的法律与文学是一个领域,而不是一个学科,因此,它至今没有自己独到的理论进路。然而理论研究不可能没有一个基本的进路。

从社会理论的基本框架而言,我在这一研究中主要依据的是马克思的历史唯物主义,即力图在社会生产力水平、经济基础、社会结构中考察文学作品中反映出来的法律制度的问题,考察法律与文学在社会中的关系格局。但是历史唯物主义框架过于宏大,在分析具体问题时,有时解释力不足。为弥补这一缺陷,我借助了1960年代以来经济学的一些理论,例如制度经济学理论、信息经济学理论的基本知识;此外我还借助了与制度经济学理论相通的社会生物学的某些发现和框架。尽管在一些学者眼里,历史唯物主义与现代西方经济学在政治导向上不同,但在我看来,上面提到的这些理论有一个共通之处,即强调人、制度受社会物质资源的制约,受社会的物质条件的制约,因此人和制度都具有历史性。这些理论都不那么强调观念、道德、个人品性的作用;尽管不否认其作用,却认为所有这些主观因素都不可能从天而降,都是在具体社会环境中发挥作

---

[58] 伊维德:"我们读到的是'元'杂剧吗?",宋耕、李国芳译,《文艺研究》2001年3期。
[59] 同上注。

用的。在这个意义上,这些理论可以兼容,有许多甚至结论都是一致的。

在分析问题上,我基本采用的是一种分析哲学的进路,不关心语词表述,而关心语词所提及的那个人、事的实际效用。我不作抽象的分析,而是力求将语词、概念、命题放在具体的环境下考察,看它是如何起作用的。在这个意义上,我又是坚持一种实用主义的态度。

在材料的处理上,我采取的是精读的方法,语境的方法。我力求注意区分戏剧作者和作品中言说者的区别,尽可能同情理解言说者以及作者的言词。我将剧本文字作为戏剧的一部分,考虑戏剧本身所要反映的那个故事,把戏剧人物的言行都视为具体环境的产物。我反对把戏剧人物视为作者的传声筒,反对把作品人物的言行直接同其生活的大时代直接关联,反对把戏剧人物及其言行作为社会生活某种观念或某一人物类型的象征,反对把作品中人物言行简单等同于戏剧作者对于社会问题的分析。我努力从某一特定角度切入,构建戏剧故事反映出来的具有一般性的问题,力求超越具体的人和事。我追求一种一般的解说(理论),而不是特例的解说。我力求从常识出发,把握戏剧中人物之间以及一般人物与社会更基本的力量(经济生活条件、社会结构、科学技术发展水平、制度)的复杂关系。我承认人的弱点,不过多追究个人的动机和道德,而是关注制度,将人们的言行更多视为特定制约条件下的一种理性的、尽管未必是有意识的选择。我力求发现人们的言说与其行动之间的矛盾,发现目前对这些文学作品和人物的通说与戏剧形象直观之间的矛盾,开掘其中可能的意味;但我力求公允,不以挑刺为目的,试图在矛盾中尽可能发现其内在的统一。

本书的结构

最后,我谈一谈本书的结构。我在前面提到的法律与文学对法学理论可能有所贡献的三个方面组成了本研究的核心三编;第四编的两章则是有关这一研究的方法论问题思考。

第一编的两章集中讨论制度变迁问题。第一章讨论复仇制度发生的历史条件、在传统社会中的作用、其制度要求（包括意识形态要求）及其弱点，由此探讨制度变迁的历史必然和逻辑。第二章借《梁祝》来探讨制度的历史变迁中个人力量的渺小和珍贵。我仔细分析了包办婚姻和媒妁之言的婚姻制度的历史合理性，同时也分析了梁、祝个人愿望的合理性。在这两种合理性的冲撞中，我们看到了一个历史的悲剧。我不简单指责这是制度的过错，而是通过分析，指出包括梁祝本人都在理智上支持这种制度，而且制度必须具有稳定性。我们在这里看到制度与激情的冲突，制度变迁与制度稳定之间的矛盾，以及由于信息问题，新制度无法事先完美设计，而只能通过人们的行动突破规范，完成制度创新。

第二编的三章集中讨论了"司法"制度。鉴于中国传统社会中，基层政府的案件审判很难用今天已经有了特定含义的司法概念来概括，因此，我给司法这个概念加了引号；在许多地方，我也使用了"审判"或"裁判"这个概念来替代人们更习惯使用的"司法"概念。在这三章中，我凸现了前一编已经隐含但未充分展开的对法律制度的道德主义研究和分析进路的批判，主要集中于科学技术、制度能力和制度角色以及清官之局限这三个方面。

在第三章，我重构了对《窦娥冤》的理解，指出窦娥的悲剧主要在于科学技术之不足而带来的信息缺乏。我试图论证一个有能力且有效的司法制度首先必须有科学技术的支持，没有科学，任何程序、任何好人都无法解决正确判断的问题，因此悲剧是必定的。

在第四章中，我主要分析了古代审判制度的缺陷，"司法"行政合一，以及缺乏专业分工，裁判者缺乏审判的技术和能力。我的分析提出了比较制度能力以及裁判者的比较制度角色的理论，认为这是一种更有说服力的支持司法独立的论证。我还分析了古代裁判者为什么缺乏审判的专业技术知识。

在第五章中，我首先辨析了两种清官戏，然后分别从清官的智慧以及清官的勤勉两个方面分析了这两个因素都不足以保证正确有效的审判。在传统的社会条件制约下，强调这些因素只会导致一种强调人治的"司法"制度。由于强调个人责任，这种制度在理论上有可能鼓励官吏清廉，但是在传统社会的信息费用极高的制约条件下,这种制度实践的实际后果更可能鼓励了官吏懒惰甚至贪污。

既然道德并不足以保证制度的有效公正运作,那么为什么古代社会还会强调德治,强调德主刑辅? 以及为什么出现这一格局? 这是第三编的主题:作为法律的文学。在第六章,我从分析戏剧大力宣扬道德这一现象入手,指出在传统社会中,由于国家财力、人力、资源和信息的限制,国家无法以法律有效治理国家,必须有一种政治法律意识形态作为辅助的制度来保证国家的治理,因此道德就在这种历史条件下成为当时的主导的政治法律意识形态,形成了德主刑辅的传统政治法律文化,形成了一种政法制度。戏剧这种相对平民化的艺术传播方式承载了法律制度的治理功能。文学由此成了一种广义上的法律。据此,我们可以看出,德治不是一种文化的选择,而是一种在特定制约下的被选择。

第七章则仔细探讨了中国传统戏剧的一些艺术表现形式,试图探讨戏剧与德主刑辅的制度兼容和相互补强,指出传统戏剧趋向于塑造了一种以实质正义为主导的正义观。这些研究也同近年来的社会规范研究或非正式制度研究连接起来了。[60]

第四编的两章讨论的问题都在一定的程度上超出了法律与文学的实质性研究,但只是延续了前三编一直隐含的有关法律与文学研究的方法论关注,只是更为具体和直接。第八章原本是本书第二章的一个说明性附录,曾提交给2002年夏天在北京香山召开的《新史学》研讨会,并在会议上引起了学者的争论。我将之修改补充,作为单独的一章,试图回答贯穿本研究的一个一般性问题,法律与文学研究中一个最容易受到批评和质疑的问题:文学作品在什么意义上可能作为研究法律问题的材料或史料? 法律与文学的研究是否有可能? 以及在什么意义上可以视为一种历史的研究? 尽管此文作了重大修改,却还是留下了浓重的论辩痕迹,更重要的

---

[60] 例如,埃里克森:《无需法律的秩序——邻人如何解决纠纷》,苏力译,中国政法大学出版社,2003年;艾里克·波斯纳:《法律与社会规范》,沈明译,中国政法大学出版社,2004年;张维迎:"法律与社会规范",《比较》辑11,中信出版社,2004年。

是它也许仍然没有令人信服地回答相关的质疑。

第九章乍一看只是对古希腊悲剧《安提戈涅》的一个解读,已经超出了本研究的范围。但我的真正关注是凸现贯穿本书但很容易被忽视的两个方法论问题。第一是对文本的精读和在此基础上对通说的质疑;更重要的是第二点,即不同文化或学术视角和思路对文学文本解读的建构性意义,以及这些不同视角之间的潜在紧张关系对于拓展我们的理解力的意义。这后一点既是借助西方文化重新解读和理解中华文化某些问题的一种必要,也是借助中华文化重新解读和理解西方文化某些问题的必要。我希望它有助于回答读者阅读本书可能提出的一些疑问,同时进一步关注本研究的方法论。

附录中《秋菊的困惑和山杠爷的悲剧》是我最早却是无意间涉猎法律与文学的一篇文章,分析的是当代的电影;《从文学艺术作品来研究法律与社会?》是写作《秋菊》前后一些有关方法论的初步思考;《孪生兄弟的不同命运》则是我为波斯纳《法律与文学》中译本写的序。这些文字都与法律与文学有关,我将它们作为本书的附录,也许会有助于读者理解和了解一些与法律与文学研究相关的其他信息。

2000年7月26日初稿于堪布里奇
2004年9月5日修改于北大法学院

第一编 历史变迁

第一章　复仇与法律

——以《赵氏孤儿大报仇》为例

怨毒之于人甚矣哉！

——司马迁[1]

复仇，永久的潜伏，绝难赶跑。

——埃斯库罗斯[2]

问题、学术背景与材料

　　在人类历史上，在各个社会，复仇都曾普遍且长期存在。尽管今天复仇在许多国家已为法律禁止，但是以复仇为题材或主题的故事曾经且至今仍感动着一代代受众，是一个永远写不完的主题。在西方社会，从古希腊的《安提戈涅》、《阿伽门农》到莎士比亚的《哈姆雷特》，乃至近现代的《基督山伯爵》、《凯旋门》都反映或涉猎了复仇主题。现代的诸多涉猎司法诉讼的文艺作品，背后往往为复仇所推动。在中国，尽管最惊心动魄的复仇故事似乎都发生在先秦，著名的如伍员鞭尸、卧薪尝胆、荆轲刺秦、赵

---

〔1〕《史记》，卷61《伍子胥列传》第六。
〔2〕《奥瑞斯提亚》，《埃斯库罗斯悲剧集》，陈中梅译，辽宁教育出版社，1999年，页355。

氏孤儿等，[3]但后代的诸如武松血刃潘金莲为兄复仇的故事也一直在民间广为流传。即使现当代不时有作者在所谓新观念的指导下试图做点翻案文章，[4]但对广大民众几乎毫无作用，武松仍然是民间顶天立地的英雄。更令人诧异的是，随着时间的流逝而反观，即使是文化大革命时期两部最著名的芭蕾舞剧——《白毛女》和《红色娘子军》(以及其他反映阶级斗争的"样板戏")，如果除去其中现代的革命色彩，主线仍然是复仇。

复仇在文学作品中得到如此广泛、持久的表现，其中必定有深厚的人性基础和复杂的社会根源。如果没有稳定的人性基础，仅仅是社会的原因，复仇就不会在诸多不同社会中持续出现，乃至各国统治者长期的严刑峻法也难以彻底禁止，持久的意识形态宣传也难以改变。事实上，即使今天，司法制度的基础动力就是人们的复仇本能：如果受害人或其亲人没有复仇意识，司法审判就很难启动，整个司法程序——即使由于国家干预而启动——也会完全不同；受害人或其亲人总是比一般人更愿意不计报酬地协助警方调查罪犯，比一般证人更自愿出庭作证，甚至要求法院施以重刑，由此才有了目前各国在这一层面上看大同小异的司法制度。[5]如果说今天的复仇少了，那也不是人们的复仇愿望减少了、弱化了，而是有了司法制度这个替代和制约，人们可以借此更有效地复仇。

这也就指出了复仇形式的社会因素。如果仅有人性的因素，没有社会的因素，复仇就不可能，无论是在现实中还是在文学作品中，呈现了如此丰富多样的形态；我们也就很难解释为什么无论中外，似乎总是古代的复仇故事更激动人心，更令人肃然，令人沉思。

本章并不打算仅仅是一般地讨论复仇问题，而是试图将复仇作为一

---

[3] 故事分别见于《史记》，卷66《伍子胥列传》第6；卷41《越王勾践世家》第11；以及卷86《刺客列传》第26。

[4] 例如，魏明伦：《潘金莲：剧本和剧评》，三联书店，1988。但在1920年代，欧阳予倩编写的戏剧剧本《潘金莲》及其演出也曾试图为潘金莲翻案。请看，"《潘金莲》自序"，载于《欧阳予倩研究资料》，苏关鑫编，中国戏剧出版社，1989年。

[5] Richard A. Posner, "Retribution and Related Concepts of Punishment," *Economics of Justice*, Harvard University Press, 1981, p. 213.

个法律问题,也许更准确地(?)说,作为一个法学理论问题来讨论。

我的这种努力也许立刻会受到中国法学界的抵制。在当代中国社会,特别是在城市人,尤其是在受过现代法律训练的法律人心目中,复仇趋向于被视为是违反法律的行为,是私刑。在当代法学理论中,法律通常被界定为以国家强制力保证实施的普遍的社会规范,据说代表的是或至少应当代表社会的正义;而复仇常常被认为是一种私人行为,最多也仅仅代表了复仇者个人心中的正义。在这种社会/个人的话语以及隐含在这套话语内的意识形态影响下,复仇被简单打发了。尤其在强调"依法治国"的今天,讨论复仇似乎更不合时宜了。然而,本章通过分析将表明,尽管复仇常常是在国家制定法之外,包括在国家法出现之前,由受害人本人或与受害人有亲密关系的人(往往是其亲属;但我们将很快看到,至少在古代中国并不必定如此)对侵害者有意识施加的迟到的惩罚,满足的是受害人或其亲人的情感需求,但复仇的意义和功能都是社会的;复仇实际是一种社会制度,是一种高度分散执行的社会的制裁制度或控制机制。如果不是———种近代的观念——把法律等同于集中化使用的合法政治暴力,而是强调法律作为普遍规范的特点以及维护社会秩序的功能,则完全可以视复仇为广义的法律制度的一部分。

或者,即使坚持法律同国家权力的联系,我们也仍然可能通过考察复仇来重新理解法律的缘起,不仅仅是刑法的缘起,尽管许多法学家更习惯于将刑法同复仇联系在一起。[6]

在这一意义上,复仇制度的诸多核心要素至今仍然是实践中的传统法律[7]必须具有的。复仇并不像今天大多数人,包括绝大多数法学家认为的那样,是人类野蛮、不文明的产物;恰恰相反,复仇,特别是制度化的复仇,

---

[6] 例外的,如霍姆斯认为包括民法中的侵权法都源自复仇。请看,Oliver Wendell Holmes, Jr. , *The Common Law*, Little, Brown, and Company, 1948, lecture 1,2,4。

[7] 主要是刑法和民法,因此宪法、行政法、经济规制以及程序法除外。后者主要是同权力集中化行使相联系的,因此,在古代罗马就属于另一个范畴;在哈耶克看来,更多属于立法的范畴。参见, Friedrich A. Hayek, *Law, Legislation, and Liberty*, vol. 1, University of Chicago Press,1973.

其实是一种文明、理性的产物。我的分析表明,在很长的历史时期内,实际情况是,人类的文明、理智越是发达,复仇越残酷;复仇制度的完善程度在一定层面上反映的是文明的发达程度。尽管今天复仇已大大减少,但这种变化与狭义的文明,无论是仁慈、善良、道德、人性、理性、启蒙、人权或狭义的文化,都无关,最主要应归功于社会经济、政治条件的结构性变迁。由于这种变迁,复仇失去了其原先具有的广泛且重要的社会功能,失去了与现代社会的兼容性。

在任何意义上,所有这些有关复仇问题的探讨都具有法学理论的意义。而且在今天中国法治正在因社会变迁发生重大变革之际,如果对复仇问题缺乏深刻理解,过分执著于某些所谓的"先进"观念,不但不可能加强法治,相反可能削弱法治。因此这一研究也具有重大的实践意义。

本章的研究理论框架主要来源于波斯纳法官的两个关于复仇制度的重要研究以及制度经济学的理论框架,[8]甚至从文学作品来研究复仇和法律这一点也受到波斯纳的启发。但本文不是波斯纳复仇研究的"翻版"或重述。不仅利用的材料是中国的(尽管从理论上来看,这并不重要),更重要的是本章努力展示了复仇制度在中国衰落、中央集权的政治权力兴起的历史逻辑,并分析考察了与这一制度变迁相联系的一系列微观制度和意识形态的变迁。我相信,许多法理学问题都是跨文化的,但是解决这些问题的手段或制度会随着各社会的条件不同而有很大不同。本文的研究发现,与波斯纳借助古希腊悲剧所展示的理论逻辑相比,[9]传

---

[8] Posner,同前注 5,同时参见该书第 6、7 章;以及 Richard A. Posner, "Revenge as Legal Prototype and Literary Genre", in *Law and Literature*, rev. & enlarged ed., Harvard University Press,1998.

[9] 依据波斯纳对《奥瑞斯提亚》三部曲(包括《阿伽门农》、《奠酒人》和《复仇女神》[亦译为《善好者》])的分析,在古希腊,复仇的废除,主要是因为严格的为亲人复仇的逻辑有时会导致自己对自己复仇。阿伽门农曾为特洛伊战争牺牲了自己的女儿;阿的妻子为女儿复仇谋杀了阿伽门农;他们的儿子奥瑞斯忒斯为父亲复仇又杀死了母亲;依据复仇的规则,奥雷斯特斯最后有义务为母亲对自己复仇。严格的复仇义务因此导致了一种无法解说的两难。最终,在雅典娜的主持下在雅典成立了法院——意味着公权力的诞生——审理此案,宣布奥雷斯特斯无罪,这对于复仇的世界是一个"彻底的颠覆,推翻所有既定的律条"。见,Posner,*Law and Literature*,同前注 8, p. 61. 剧本请看:《埃斯库罗斯悲剧集》,陈中梅译,辽宁教育出版社,1999 年,页 285—519。

统中国社会条件下的复仇制度确实展现了一些特点,而复仇在中国衰落的社会背景也是独特的。

我主要借助的是中国元代的一部著名复仇戏剧,《赵氏孤儿大报仇》,[10]以及与之相关的故事原型、背景材料。故事大致如下:

晋国大臣屠岸贾发动宫廷政变,谋害另一重臣赵盾,"将赵盾三百口满门良贱,诛尽杀绝"(页1477)。赵盾子赵朔身为驸马,被逼自杀,临死前嘱咐有孕在身的公主:"若是你添个女儿,更无话说;若是个[男孩]……,待他长立成人,与俺父母雪冤报仇也"(同上)。公主果然生下一子,名为赵氏孤儿。屠岸贾得知,图谋"削草除根"。赵盾门人程婴偷偷将赵氏孤儿带出宫,隐藏起来。屠岸贾得知,要将国内半岁之下一月之上的婴儿均杀尽。程婴同赵盾的旧友、昔日宰相公孙杵臼商议保护赵氏孤儿。程婴以自己的刚出生的儿子伪作赵氏孤儿,交由公孙杵臼照看,然后程婴诈向屠岸贾告密。程婴之子和公孙杵臼因此身亡。真赵氏孤儿被屠岸贾收为养子,与程婴一起安全地活下来了。二十年后,赵氏孤儿长大成人,程婴痛诉往事,并借助君主之令,赵氏孤儿发动兵变,同样杀了屠岸贾全家。赵氏家族恢复了其原先的社会地位。

该剧取材于春秋时期晋国发生的一件宫廷事变,[11]直至今日,经历了多种不同的文学艺术表达和众多评论。因此,这个故事本身的演变还为我们从另一个角度考察法律与文学提供了可能:即不同的文本作者是如何讲述这个故事。通过考察对这个故事的理解、表达和评论,我们可以发现与复仇制度变化相关联的社会意识形态的微妙变化。但是,为了主题集中,本章集中讨论复仇制度的变迁,只是偶尔涉及与之相关的意识形态;我把意识形态视角的分析更多留到第六章。此外,出于必须,本文偶尔也会附带地讨论一下其他相关的复仇故事和事件。

---

[10] 《赵氏孤儿大报仇》,请看,[明]臧晋叔[编]:《元曲选》,第4册,中华书局,1958年,页1476—1498。此后的引文页码均置于文中。元杂剧中另一部著名复仇戏剧是《说专诸伍员吹箫》,《元曲选》,第2册,页647—667。

[11] 故事见《左传》宣公二年和成公八年。《春秋左传》,辽宁教育出版社,1997年,页117—118,150—152。

报复和复仇

为了理解复仇的特点,我们首先考察一下一般意义上的报复。在本章中,我将报复界定为受侵犯的生物个体出于生物本能对于侵犯者的抗争和反击。不用仔细观察,就可以发现报复在社会生活中广泛存在。当人们受到侵犯时,[12]无论侵犯的是自己的身体、生命、财产(生活必需品)、性伴侣、后裔,或其他并不很大的甚或是想象的利益(例如一个表示轻蔑的手势,即使是无意的),人们都会很自然地有一种下意识的反应。除了情绪上表现出气愤外,行动上就是惩罚侵犯者。最轻微的是拒绝同其交往,拒绝给予对方要求的援助;或者告知他人不同其交往,这实际是社区内的"流放";重一些的,则会以自己可能的力量反击侵犯者(因此常常被称作自卫),使侵犯者痛苦、受伤甚或死亡。人类的这种激情是如此强烈,有时即使明知自己的力量不够,其反击完全是徒劳的,受侵犯者还是会不顾一切地"试图"(这个词有太强的理智色彩,用在这里似乎是一种矛盾修辞)给侵犯者造成痛苦或伤害;乃至于旁观者会说这人"失去了理智",但看似强大的侵犯者却往往因此望而却步。[13]

这种报复性反应,是生物学上的一种正常现象,是任何生物在自然界生存竞争中的基本需要和本能。任何物种不具有这种本能,该物种就将被自然界淘汰;任何物种个体没有这种本能,听任其他个体掠夺对于自己之生存或繁衍后代很重要的各类资源,它或者就会死亡,或者是没有后裔,总之基因无法传递下去;而那些有这种本能的个体的基因不但会延续

---

[12] 我这里说的侵犯是广义的,是行为主义的。请参看,Edward. O. Wilson, *Sociobiology, The New Synthesis*, 25th Anniversary Edition, Harvard University Press, 2000, 特别是第11章。威尔逊使用的"侵犯"概念包括了诸如统治者对组织成员的管制、雄性动物对雌性动物追逐和强迫、"父母"对子女管教等。

[13] 王朔在《动物凶猛》中就描述了,当年北京许多一贯胆大手黑、名噪一方的"顽主"什么人都不憷,却不敢惹那些"十六、七岁的生瓜蛋子"。《王朔文集·纯情卷》,华艺出版社,1994年,页419。

下去,而且会因此相对或绝对增多起来。最终,随着那些不具有这种本能的个体数量减少或彻底出局,这一物种实际上也就改变了。事实上,在所有的动物中,我们都可以看到这种现象;民间就有"兔子急了也咬人"的说法。尽管——在人看来——有些争斗确实只是"蜗角之争",[14]但对于蜗牛来说,这种"争"具有生死存亡的意义。这可以说是长期自然选择令所有存活的生物个体保留的一种生物本能。人类同样承载了这样的本能,尽管由于种种原因,我们的这种本能反应在今天也许已弱化了,或被有意淡化和打压了。我们似乎很少"遭遇激情"了。

复仇也是一种报复,尽管我预见会有人抗议我把自卫和复仇都归到报复的门下。自卫与复仇确有重大不同。前者一般是"被动"的,而后者往往是"主动"的;前者的主要目的是保存自己,后者则有意要伤害别人(尽管是侵犯者)。我承认这些差别,也承认这些差别在某些话语分析系统中非常重要(例如在现代刑法的"正当防卫"中)。但是,如果从功能主义的视角来看,从基于生物学的分析话语系统来看,这种差别并不很重要。它们同样是人们受到侵犯后的一种回应;其实际作用都是要打击侵犯者,给对方施加某种痛苦,使对方不敢继续或不再侵犯,从而保存了自己。用博弈论的话语来说,这都是一方博弈者对于不合作者做出的符合理性的反应。

与作为一般概念的自卫相比,复仇的最突出的外显特点是它的历时性,即先在的侵犯行为与后发的复仇行为之间时间上不直接联系。从"君子报仇,十年不晚"这种说法的流行和普遍,甚至可以看出人们似乎有意强调和突出复仇行为的滞后特点。

为什么会有滞后?主要是因为有理智的参与。如果仅仅为生物本能驱动,那么报复就会是当下的、即刻的,仅仅表现为自卫。这种反应不一定需要理智的参与,或主要不是理智盘算的产物,尽管这种本能反应仍然符合目的/手段理性。但是,当我们看到诸如赵氏孤儿这样的复仇时,或者当我们说某某人"报复心很强"(通常不是仅指其报复行为严厉,更多

---

[14] 《庄子·杂篇·则阳》第25。

时是指其铭记不忘和工于算计)时,我们说的就不再仅仅是生物的本能反应了。尽管,最终说来,这种报复仍然为生物本能所驱动,其中却已经有很大份额的"文化"因素,即理智在起作用;并且,通常情况是,滞后的时间越久,理智参与的成份就越多。在某些情况下,人们未尝不可以用时间间隔的长短来衡量理智参与的多寡。

　　复仇的另一个特点是,它由复仇者有意施加,往往有——尽管并不必须有——细密的算计和安排。如果一个人无意中杀死了他的仇人,且不知晓,这至少不能算是一个完美的或典型的复仇;人们更多会视其为"报应",老天使然,"你撞在我枪口上了"。一个理想型的复仇,必须——在不少戏剧和电影中都有这样的表现——"要让你(或让我)死个明白"。这就意味着,尽管有时间间隔,复仇仍然必须是对被复仇者先前——至少在复仇者看来是——伤害行为的回应。这实际有两方面的寓意,一、至少原初的复仇不是出于道德或正义,尽管有可能符合流行的道德或正义观(在我看来,更可能是,道德或正义不过是对这种人类复仇本能的观念性的或意识形态的追认),而是出于个人的好恶(后面的分析还会回到这个问题上来)。二是复仇必须具有回应性和对称性(行动的对称,而不必定是严厉程度的对称)。否则,这个行动就不再是复仇,而会被视为一个新的侵犯。复仇的这两个特点,在一定程度上,都成为后来社会认可的道德和法律的最基本、最核心的要素或原则(校正正义、司法公平、公平交易等)。

　　这些分析已足以说明,复仇不单纯是生物因素在起作用,并非兽性发作时的野蛮行为(说其野蛮更多是一种修辞,一种意识形态话语),而是有、甚至主要是人文因素(理性)在起作用。因为,基于个体生物本能的冲动一般仅仅发生在当下;即使人有记忆,时间也会侵蚀它,报复激情总会随着时光流淌而逐步减弱,直至完全消失。因此,有些伤害,甚至有些在当时看来无法容忍的伤害,随着时光流逝,侵犯者与伤害者也会"相逢一笑泯恩仇"。典型的如,当了统帅的韩信没有因当年的"胯下之辱"而复仇。而当出现"父仇子报"或是类似《赵氏孤儿》中程婴的复仇,由于个体所受的伤害无法直接通过身体传递给他人,因具体伤害而激发的具体个人的复仇心理和激情也不可能遗传,能够遗传的仅仅是人类一般的报复本能,因此,就显然更多是"文化"在起作用。如果没有程婴痛诉赵氏孤儿的家史,激发赵氏孤儿的报复本能,我们很难想象赵氏孤儿复仇。事实上,如果没有程婴的讲述,赵氏孤儿根本就不知道自己的家世。

同样表现了复仇中有文化因素起作用的是,赵氏孤儿对屠岸贾家族的斩尽杀绝。这显然不能完全用报复本能这种生物因素来解说清楚,[15]因为他消灭的绝大多数人都不曾伤害他或他的亲人。这种残酷势必因为文化因素的参与。

从报复到复仇,文明的发展

上面的最后这句话应当限定。文化因素的参与并不仅仅指,在赵氏孤儿的复仇中,程婴痛诉家史;而且还指,甚至主要是指,在任何缺乏有效公权力防止和制裁侵犯行为的社会中,复仇具有一种特定的功能,满足了这些社会的需要。换言之,复仇对于这种社会中秩序之维护,具有一定的积极作用。在这个意义上,不仅复仇本身是一种文化现象,而且复仇——我假定社会安全和秩序是一种值得追求的公共物品——对社会广义的文明发展也具有正面的、积极的意义。事实上,即使是纯生物本能驱动的报复也起到了这种社会的功能。正是因为有这种功能,报复本能才得以通过适者生存在生物竞争中存留下来。我就首先从复仇报复的这种社会功能谈起。

"天地不仁,视万物为刍狗"。[16]自然从来不是道德的,或者说,是与道德无关的。从生物学上看,任何物种内部,个体为了生存和繁衍后代总

---

[15] 仅仅是不完全而已;其中还是可能有生物性的因素,即消灭一个群体的基因更可能有利于自己基因的留传。

[16] 《老子》章5。又请参看霍姆斯的观点,"我也看不出有任何理由赋予人比其他万物更大的宇宙的重要性……""当人们冷静思考时,我感到没有理由赋予人一种与属于一只狒狒或一粒沙子的根本不同的重要性"。Richard A. Posner, ed., *The Essential Holmes, Selections from the Letters, Speeches, Judicial Opinions, and Other Writings of Oliver Wendell Holmes, Jr.*, University of Chicago Press, 1992, p. 107, 108。

会进行竞争。竞争不必定意味着同类厮杀,但为了争夺生存空间和物品,利益冲突不可避免,各种侵犯或想象的侵犯不可避免。由于食物对于个体生存具有重要意义,由于配偶对于生物遗传具有重要意义,因此,生物,包括人类——尤其是雄性(当然,在原始时代,这也许是自然选择的结果)——基于本能都会为保护自己的食品或配偶而对侵略者实行自卫或报复,以保证自己的生命和生命基因有可能延续下去。各种生物的这种基于本能的反抗和抗争,因此,已经具有了超越个体生存的意义,有"社会的"意义。它抵抗了生物的灭绝,保持了生物物种的多样性和丰富性,为此后包括人类在内的各种生物的进化发展创造了一种潜在的可能。

  这还仅仅是报复之社会功能的开始,而不是终结。一旦所有存留下来的个体都具备了这种报复的本能,至少在人类这个生物种群中,实际上就创造了一种和平的可能性。出于畏惧报复和报复带来的痛苦、受伤和/或死亡,因此,只要有其他可能(机会成本),任何个人就不大敢,或至少会大大减少侵犯他人。由此可能获得局部的或暂时的和平,创造了一个相对稳定的社会生存环境。由于报复提高了通过侵犯获得生活必需品或配偶的成本(死亡或受伤;而在原始的生活条件下,受伤也往往意味着死亡),这也就迫使个人必须选择其他风险较低也就是成本较低的方式来获得食物或财产或配偶;这就意味着人们必须在社会生活的其他方面努力寻求和平发展和相互竞争。因此,尽管报复本身是野蛮的、是生物性的,但正是有了这种野蛮作为支撑,人们才可能实现一种博弈论意义上的合作(互不侵犯),迫使人们通过增大蛋糕的方式而不是用不断再分配蛋糕的方式生活下去。人类因此可能进入"文明"。这里的文明不仅仅指和平,而是包括了人们竞争性创造物质和精神财富、创造生产和生活资料的活动。在这个意义上,人类和平和文明说到底是以暴力支撑的,并始终同暴力相伴才得以衍生、存在和发展。

  随着人类理智和文化进一步发展,只要有侵犯行为,从报复本能甚至必然会衍生出复仇,即一种事先预计好的、迟滞发生但往往更有成功把握的报复。特别是考虑到下面这一点时,这种衍生就更可能、也更有必要发生,即在日常生活中,并不存在前面讨论时暗中假定的那种理想型的、无差别的个体。现实中个体在年龄、性别、体力和智力上都有很大差别。一个未成年的孩子面对他人的侵犯,同样会有生物性报复本能,但如果对手身强力壮,他的反抗有时就几乎毫无用处。在这种情况下,出于生物本能,他的第一选择更可能是求生,是逃避,是放弃自己可能是辛辛苦苦获得的那一点食物。

若仅这一次不抵抗,倒也没有什么大不了;问题是,这个孩子不能总是采取这种不抵抗政策,那必定引发更多的侵犯。强壮的中年男子下一次还会率由旧章,甚至会得寸进尺;其他不那么强壮的男子,乃至任何其他人都会因为他好欺而侵犯他;最终结果是他无法生存下去。在这种情况下,要想生存和安全,就必须有报复,而且因为自己弱,还必须有效报复。为此,一些个体会忍受暂时的掠夺和屈辱,"尺蠖之曲,以求伸也",作好充分的准备,等待时机成熟,再进行报复。算计、理智由此引入到报复中来了,出现了有意推迟发生的报复——复仇。在这个意义上,复仇是一种由理智加工出来的产品。如果不是把文化等同于诗书风雅,而是把文化视为人们为保证自己生存或更好生存的一种精神活动产品,我们完全可以说,复仇本身就是一种文化。

理智的介入,文化的发展,并不一定使报复变得文明,相反,有可能变得更为惨烈,更为残酷。有效报复不仅意味着要赶走对手,而且常常意味着,甚至必须,消灭对方反报复的能力。换言之,这个孩子必须对该壮年男子予以一次性的致命打击,不给对方以任何还手或喘息的机会,不让对手有"尺蠖之曲"的可能。对于人类这个物种来说,这种"知识"是经历了无数次惨烈教训才逐渐获得的,同样经历了适者生存的生物性选择,即凡具有这种本能和潜能,或能更早理解这一点的,或更"狡猾"的,报复更残酷的人往往更可能存活下来,他们会通过文化的方式将这种经验或通过生物基因使这种本能传给了后代。[17]对于个体而言,若这一点是后

---

[17] "那些运用[战争手段]最有力的社会反倒成为——悲剧性的——最成功的社会",请看,Edward O. Wilson, *On Human Nature*, Harvard University Press, 1978, 页 116—117。注意,威尔逊谈的是社会,然而尽管有这一分析单位的差别,道理却是相同的。

天获得的,这种选择也就一定有理智的参与。

但是,从另一视角看,也正因为从本能的报复发展出了复仇,人们之间发生激烈冲突的频率也有可能降低。理由如同前面的分析是一样的:畏惧报复,特别是畏惧因文化发展而出现的复仇。因为当有理智参与报复时,体力就不再是报复能否成功的唯一甚至主要因素了,精心策划好的弱者打败漫不经心的强者的可能性反倒增大了。在这种复仇的威胁下,即使强者也必须理智起来,必须小心谨慎,注重自我约束,努力克制自己的冲动,尽量不侵犯他人(否则就意味着自己的死亡)或注意"不打无把握之仗,不打无准备之仗"。人因此至少在许多时候会变得"礼貌"、文明起来了。

一旦理智变成生存竞争的一个重要因素得以开发,人同样会在这一方面努力展开竞争性开发,并必然带来许多意想不到的副产品:为获取异性的欢心,也许不再以刀枪相见,完全可以是生产竞赛,或是歌咏比赛,或是赛马比赛。在这个意义上,并仅仅在这个意义上,理智和理性才变成了我们今天所说的、褒义的文明的推动力。但是,即使如此,我们也不能忘记,这种文明实际上还是以报复为支撑的;没有报复和复仇的威慑,就没有这种行为的文明和文明的发展,其中包括艺术的发展。

残酷性的升级,群体问题

上面的分析其实还是简化了,必须增加适当的变量,我们才能看清复仇,特别是诸如赵氏孤儿这样的大规模复仇。被简约的一个因素是群体——上面的分析把人类活动全都看成是个体的活动。

现实的人都是而且必须在一个或大或小的群体中生活。一个人的成长,必须有父母或至少是有母亲或其他人的多年照看,此后才可能独自生活;个体——无论男女——要繁衍和养育后代,也必然会逐渐形成一个小的群体。人从来不是独立发展起来的,尤其在古代,基本都是在一个个分享基因的亲属群体中生长和发展起来的(领养的情况除外。但在古代社会交通不便的条件下,领养,若有也极少)。由于分享了共同的基因,据社会生物学家研究,人们同样会因适者生存的原因下意识地发展起有限的利他主义——包容性利他主义和互惠性利他主义。[18]一个个体不但会保护自己,而且会保护那些分享自己基因(例如,父母亲保护孩子,兄弟姐妹互助)和协助传播基因(例如,男子保护妻子)以及其他基因血缘关系比较亲近的人。基因分享或血缘关系可以说是初民结为群体的主要的,尽管并不是唯一的基石。[19]由于群体的存在,群体内部也会有进一步的社会分工,这也会促进社会的发展。

群体的存在使复仇问题变得更为复杂了。人类的生存竞争已不再停留在个体之间,而往往出现在群体之间。由于文化是在且只能在群体生活中才得以传承,复仇也因此得到了更多的文化滋养。群体的存在还意味着人们的血缘关系有了差等,而对不同血缘关系的人,人们的复仇本能也会有强弱之别,这一本能因此变得不那么可靠,复仇就有了制度化的必要;群体生活也使这种制度化有了可能。而一旦这一系列因素介入进来后,一方面,如果发生侵略和复仇,无论其规模、残酷性以及时间长度都会升级。

另一方面,这也意味着和平共处的必要性和可能性也进一步增加了。因为在这种情况下,即使一个人再强壮,再机灵,一般情况下能够逃脱受害者本人实施的复仇,甚至可以在对方实施复仇之际将之击毙。但至少有几点,使得群体中的一个人比非群体中的一个人更容易受到伤害。

---

[18] 参看,Wilson,*On Human Nature*,同上注,Ch. 7;又请看,Ernest Mayr,*This is Biology, The Science of the Living World*,Harvard University Press,1997,特别是第 12 章;以及,麦特·里德雷:《美德的起源:人类本能与协作的进化》,刘珩译,中央编译出版社,2004 年。

[19] Adam Kuper,*The Chosen Primate*,*Human Nature and Cultural Diversity*,Harvard University Press,1994,pp. 209—210。人类学家发现社会组织的另一个主要基石是地域。

首先,如果我伤害了别人,那么我现在要面对的报复者已不再是单个的个体,而是受害者及其亲属所构成的一个群体。在众多人实施的复仇计划中,哪怕个人的力量再大,智慧再高,也无法时时、处处有效地自我保护。

其次,我现在也有亲人和亲属了,令我挂心,他/她们中至少有些人很容易受伤害;而我所在群体或部落里的其他人也可能因我侵犯他人而受到预谋的报复。甚至,报复者为避免同我直接交手,为了安全和稳妥,甚或仅仅是为了增加我的痛苦,恰恰寻找对我最心疼的弱小亲人下手。他们知道,杀死我的孩子可能比杀死我更令我痛苦。

第三,即使由于我所在部落人口相对众多,对方无从下手,我和我的亲人因此在一段时间里得到了很好的保护,但由于文化和理性的介入,也会使我以及我的亲人感到更不安全。因为,有了群体,受害人或其亲人未能实现的复仇欲望更可能传到下一代,由后代来实施;就如同赵氏孤儿那样,等 20 年以后再实施复仇。这时,哪怕是屠岸贾知道赵氏孤儿的存在,注意防止复仇,他也不可能在 20 年间时时、处处保持高度警惕,保护好自己,保护好自己的亲人。

第四,这种文化和理智因素的参与,实际上创造了另一种新的惩罚。如果屠岸贾知道赵氏孤儿还活着,那么他这 20 年就会天天不得安宁。这不是一种传统意义的对于人类肉体的惩罚,但这是一种无法逃避的精神上的或心理上的惩罚。我们又一次看到,理智和文化的因素对于惩罚之参与和强化;我们也因此可以看到,一个人的理智越发达,他感受到的这种威胁也会越强烈。[20]

面对着群体,侵犯者仍然有两个基本对策。一种是扩大侵犯规模,在《赵氏孤儿》一剧中表现为"将赵盾三百口满门良贱,诛尽杀绝"(页 1477),哪怕是刚出生的赵氏孤儿,也不放过。这就是通常所说的"斩草

---

[20] 这一点在今天的许多案件中也有所表现,并且常常使用。有犯罪分子称,一听到警车响,就坐卧不宁。至少有些罪犯首先是在这种巨大精神压力下自己崩溃了,情愿接受法律的惩罚,以求逃离这种疏而不漏的恢恢天网。

除根"。必须注意的是,即使在《赵氏孤儿》中屠岸贾"斩草除根"可能是出于他的心狠手辣,但从理论上分析,一个人是否采取"斩草除根"策略与他是否心狠手辣完全无关(这是对道德化解说的又一个批评)。斩草除根主要是针对群体,在中国古代则表现为家族制这种普遍的社会组织制度,而发展起来的一种理性的行动策略,其根本目的并不是多杀人,而只是为了彻底有效地剥夺对方的复仇能力。事实上,今天的许多刑事案件中也会以不同的方式表现出这一点:通常所说的"杀人(包括目击者)灭口",其目的并不是杀人,而是要剥夺受害者诉诸法律进行复仇的能力。

面对侵犯的扩大和残酷性的增加,相应的,复仇一方也会做出更强烈的反应,甚至势必做出强烈的反应,也会采取灭族性的复仇。这就是为什么赵氏孤儿也会"还他(屠岸贾)九族屠"(页1495)的道理。现代有些学者可能认为,赵氏孤儿的复仇太过分了;[21]言外之意,残害赵氏孤儿一家的仅仅是屠岸贾个人,赵氏孤儿似乎应当仅仅惩罚屠岸贾本人。哪怕是我的直觉可以接受这种观点,但我们必须清楚,这个直觉和观点只是我们今天社会生活和文化条件的产物,是近现代文化规训的产物。如果仔细分析起来,至少有三个因素要求或迫使赵氏孤儿必须将屠岸贾满门杀绝,同样,这与他是心慈手软还是心狠手辣无关。

首要因素就是屠氏家族中的复仇愿望和能力。在元杂剧《赵氏孤儿》中,屠岸贾是一个迫害忠良的奸臣,因此受众很容易认定屠氏罪该万死。但如果从《史记》看,屠、赵两家的冲突更多是一种权力之争,其背后甚至有晋景公(《赵氏孤儿》中为晋灵公)为维护自己的王权"借刀杀人"——削除宫廷重臣——的影子;司马迁对赵、屠两家恩恩怨怨的记载基本是中性的,对赵、屠两家没有明确的褒贬,笔下流露更多的是对公孙杵臼和程婴的敬重。而如果赵、屠两家的屠杀是权力之争,或屠岸贾是奉了晋景公的指令处死赵盾一家,那么一旦赵氏孤儿复仇之后,屠家在道义

---

[21] 这是顾学颉选注的《元人杂剧选》(作家出版社,1956年)未收入《赵氏孤儿大报仇》的理由之一;请看,顾学颉:"前言",《元人杂剧选》,人民文学出版社,1998年,页11。

上就有足够的理由再次复仇。

甚至这都不重要(只是对我和我想说服的受众可能有点重要),因为就算屠岸贾真的是一个奸宄小人,我们还要问,对谁来说,他是一个小人?对于其妻子、子女和家族来说,屠岸贾也许是一个顶天立地的伟丈夫——毕竟他曾给家人带来了安全和荣华富贵;而一旦屠岸贾被诛,所有这一切都会丧失。

我们一定要牢记前面说过的,报复更多受生物性驱动,而并非为"道德"或"正义"所驱动。中国老百姓说,"杀父之仇,不共戴天";在这句话中,复仇的根据完全不在于父亲是否社会正义的或道德的象征,它所指明和强调的仅仅是这种生物的亲属关系。

正是考虑到这一生物性的复仇本能,赵氏孤儿就完全应当且能够预见到,仅仅处死屠岸贾,屠氏家族未必不会出一个"屠氏孤儿",等到某一天,会对赵氏孤儿及其一家再来一个复仇。哪怕不是激情冲动,而是理性思考,作为凡夫俗子的赵氏孤儿也必须面对现实:为了自己和家人的安全,必须将屠氏家族斩草除根。这里的分析并不试图为任何人或为残酷辩护,只是说,考察历史人物首先不能用我的或今天的道德标准来判断其行为对错,首先应当理解他为什么会那样行为。

复仇必须足够残酷还有另外一个因素:惩罚必须具有相当的力度才具有震慑力。否则复仇的惩罚是没有社会功用的。如果一个人偷窃了500元,只被罚款50元,这种惩罚就不会具有任何震慑力,无论对偷窃者本人还是对社会的其他潜在偷窃者。

许多当代法学家会觉得这个类比用在这里不合适,因为赵氏孤儿的复仇已经殃及无辜。但这种不合适感只因为近代以来个体主义的罪责自负原则已经成了我们思考惩罚问题时无可置疑的公理。但这并非放之四海而皆准的公理。在历史上,在世界各国的普通人当中,在很长时期内都采取了家族主义或集团主义的责任制。个体主义以及相应的司法责任制在很大程度上是资本主义经济与社会的一个副产品。究竟什么是应当承担责任或过错的适当的基本单位,这并不是一个自然的、物理的概念(一个人），而总是一定社会历史条件下基于人类需要而发生的文化构建。[22]如果赵氏孤儿的报复不是足够强，仅仅惩罚屠岸贾一个人，也许在我们看来挺"人道"，但对屠氏家族来说，这事实上具有"牺牲一人，保存大家"的意义。这会对社会上其他家庭和家族产生非常不良的影响。这种复仇没有警示的意义，没有制止类似惨剧发生的威慑力，也没有保护家族亲人的威慑力。

复仇必须残酷的第三个因素是复仇的制度化。一旦群体复仇的做法成为当时社会公认的公道做法，获得了"合法性"（legitimacy），成为一种要求人们严格遵循的制度（我将在下一节论述情况确实如此），那么，赵氏孤儿就必须遵循这种做法。否则，他的行为就会失去合法性，他就是不按规矩办事，不是依法办事，而是在违"法"。

群体因素的介入，固然使侵略和复仇的残酷和规模都可能升级，但这仍然不是唯一选项，另一选项还是和平。这不仅因为面对残酷的后果，人们不得不更加理智，追求和平，追求同竞争者最低限度的合作，即互不侵犯，相安无事。而且一般说来，与人们的直觉相反，群体间激烈冲突的可能性一般会随着群体扩大而降低。这不仅因为群体内个人仍然会有小算盘，有离心力，集体行动的组织费用很高；[23]而且如王朔或姜文发现的，有时找盟友，冲突双方会找到同一拨人或同一个人，而后者为了自我利益也会大力调停。[24]这时，若是群龙无首，很难集体行动（注意《赵氏孤儿》

---

[22] 在民间，哪怕是今天，人们也常常会说，父母作孽，儿孙遭报应，这在象征意义上至少还隐含着对以家庭作为责任单位的某种程度的认可。甚至，即使现代许多国家的官方责任理论上是个体主义的，但是只要看看现实，这种群体连带责任承担的现实仍然普遍存在，无论中外，也无论是在刑法中（法人犯罪，有组织犯罪）还是民法侵权（连带责任）中，甚至在一些制定法中（反垄断），甚至在国际法中（国际制裁）；或者事实上在某种程度上存在着连带责任的因素，例如父亲作为罪犯入狱，家庭收入减少，实际妻子和孩子生活条件降低，这也就是间接地受到惩罚。而另一方面，犯罪时的某个物理上的个体有可能在惩罚时不视为一个个体，例如怀孕的妇女；哪怕仅仅是一个受精卵，只要可以发现，至少在现代社会都会被视为无辜，要同其母亲区分开来。
[23] 奥尔森：《集体行动的逻辑》，陈郁、郭宇峰、李崇新译，上海三联书店、上海人民出版社，1995年。
[24] 姜文，等："《阳光灿烂的日子》完成台本"，《诞生》，华艺出版社，1997年，页358。

第一章　复仇与法律

中赵、屠两家的侵犯和复仇行动都是"头"发动的)。

群体首领也未必愿意看到大规模的冲突。为防止意外事件引发冲突,群体首领往往会在群体内贯彻严格的纪律和规则,以强硬的集体制裁作为支撑来制止任何个体在外寻衅滋事或行为漫不经心;因为任何个人伤害了其他群体的成员,都有可能导致群体、家族或部落之间惨烈的复仇,甚至造成代代相继的血族复仇。因此,即使组织化没有减少群体之间的冲突,却至少大大减少了群体冲突的爆发或控制了其规模。当然,即使群体内部作了这种努力,有时还是难免有意外;这时,为了避免大规模报复,为了避免群体内无辜者遭殃,肇事者所在群体甚至会可能主动将肇事者交由受害者或其亲人处罚,或者将肇事者赶出群体(放逐),或——当社会开始有财富剩余并且受害者愿意接受时——强迫肇事者作出赔偿。内部的惩罚纪律,因此同外部的报复威慑一起,促成了一种更为广泛的和平。

从这种群体内部的组织纪律中,我们已经看到了人类社会最早的公权力的影子,甚或可以说是最早的行政司法制度雏形。后面会更细致探讨这一点。在此,我只想指出,这一分析表明,政治法律制度也并非理性设计的产物,它是文明的,却来自血淋淋的社会生活;人们要求的司法/正义,不过是人类报复本能的另一种说法。

制度化的复仇,一种精制的文化

从无论是社会历史的现实,还是现代的博弈论研究都表明,要确保对方合作、不搞机会主义、不心存逃脱惩罚的幻想,在多次博弈的前提下,博弈者的唯一最有效的战术就是针锋相对,对于任何不合作都予以坚决的惩罚,但不加大惩罚。[25]用孔子的说法就是"以直报

---

[25] 关于博弈论对此问题的一个著名的研究,请看,Robert M. Axelrod, *The Evolution of Cooperation*, Penguin Books, 1990;又请看,Thomas C. Schelling, *The Strategy of Conflict*, Harvard University Press, 1980。

怨";[26]《圣经》和《古兰经》上的说法是"以眼还眼、以牙还牙";[27]用今天的法言法语说则是"罪刑相适应"、"一罪不两罚"。就事先的预防或维护和平而言,在这场博弈中可以选择的唯一真正有效制止和防止侵犯的战略就是,潜在的受侵犯者必须令潜在的侵犯者确信,如果他胆敢侵犯,受侵犯者将不惜一切代价地予以报复,侵犯者必定将受到同样严厉的惩罚。如果侵犯者认为自己可能通过某种手段逃脱报复,比方说,《赵氏孤儿》中的屠岸贾认为只要灭了赵氏家族就可以逃避报复,或是认为对方可能出于短期利益的算计而不会报复,或认为即使报复也不会那么严厉,因此对侵犯者来说总体的收益大于总体的成本,那么侵犯者就更可能选择侵犯。因此保持和平的根本条件,用古人的话来说,就是"楚虽三户,亡秦必楚";用毛主席的话来说,就是"人不犯我,我不犯人;人若犯我,我必犯人";就是针锋相对。事实上,不少学者都指出,冷战时期美苏两霸之所以可能保证了长达40年的和平,很重要的一个原因就是双方都有,而且都了解对方也有,这种不顾一切实施核报复的决心。[28]

分析到这里,我们可以看到,在没有统一且强有力的公权力维持社会和平和秩序的历史条件下,例如春秋时期,或某个具体社会环境中,例如,无法诉诸法律的黑社会或天高皇帝远的偏远地区,复仇实际上变成了这种社会中维系和平的根本制度。在这里,人们不仅在报复本能推动下自发地复仇,而且,为了保证社会内部的和平和秩序,必须强化这种复仇制度。所谓制度就意味着除极端情况外不允许破例——即使赵氏孤儿本人

---

[26] 《论语·宪问》34。值得注意的是,孔子不主张"以怨报怨",我认为理由是,怨是情绪化的,在"以怨报怨"的推动下,报复很可能超过必要的限度;正因此,孔子主张"以直报怨"。孔子的这一命题不仅是人类长期复仇经验的正确总结,与现代博弈论研究的结论相一致;而且,这也表明作为制度(社会规范)的复仇是一种理智的决定。

[27] 《圣经·马太福音》5:38("你们听见有话说,以眼还眼,以牙还牙");《圣经·出埃及记》,21:24—25("以眼还眼,以牙还牙,以手还手,以脚还脚,以烙还烙,以伤还伤,以打还打");《圣经·申命记》,19:21("你眼不可顾惜,要以命偿命,以眼还眼,以牙还牙,以手还手,以脚还脚");《古兰经》5:45("我在其中为他们规定:以命抵命,以眼赔眼,以鼻割鼻,以耳偿耳,以牙还牙,一切伤都得抵偿")。

[28] 例如,Posner, *Law and Literature*,同前注8,p.51。

出于仁慈或其他考量不想杀死屠岸贾全家,也不可能得到社会的许可。

群体生活提出了对制度的要求,但是,人的生物本能——无论爱和恨——本身都不足以建立制度。如前所述,报复的激情会随着时间流逝而淡化,任何人都不可能几十年如一日在炽热的复仇激情中生活(否则,这还是生活吗?)。我也提到,当作为文化和制度的复仇出现后,其本身就是对报复本能的一种限制和制约。

而且,因受伤害而激发的报复本能往往限于受伤的生物个体,无法遗传,最多只能通过文化方式延伸到最亲近的一些亲属。因此,当一个群体的人口增多时,一方面固然因群体增大,其中的个体更为安全,但另一方面,内部的血缘关系乃至包容性利他主义也因此淡薄了,为群体内的他人复仇的冲动会大大衰微,人们会有更多的小算盘,算计个人的或家庭成员的利益。这意味着,仅仅依靠生物的复仇本能,不能保证群体内的人自愿且决意为他人复仇,进而这又意味着以确定的复仇来保证的社会和平和安全岌岌可危。复仇需要制度化,使之成为人们普遍的义务。

为了满足这种制度的需求,中国古代社会中逐渐衍生出一系列辅助性实践、制度和意识形态来强化、激励和规制人们的复仇冲动。例如,勾践的卧薪尝胆,置于这一分析框架中,就是一种通过不断自我刺激身体感官、唤起身体痛苦的记忆,防止复仇激情随时间流逝而淡化的做法。[29]当然,这种"身体的技术"(福柯语)被实践证明未必总是有效,因此不久就实际被废弃了。[30]

另一个与复仇有关的制度和观念是严格责任。比较典型的是"杀人偿命","杀父之仇,不共戴天"[31]这样的表达。注意,这些表达都是全称判断,没有限定,不要求也不包容"罪"、"错"之类的概念,尽管后代通过

---

[29] 《史记·越王勾践世家》,2版,中华书局,1982年,页1742。

[30] 证据是"卧薪尝胆"的做法在后代很少实践,这个故事或这种说法实际上转化为关于复仇的一种意识形态,甚至变得与复仇完全无关,而仅仅是"发愤图强"的同义词。

[31] "父之仇,弗与共戴天",《礼记·曲礼上》,辽宁教育出版社,1997年;"父弑,子不复仇,非子也",《春秋公羊传》,辽宁教育出版社,1997年,页8。

解释逐渐加上了这样的限定,演化形成了一些特例。之所以强调严格责任,首先是因为科学技术不发达,查证"罪过"或"过错"(故意或过失)的信息费用很高,以及(由于财政费用问题)没有中立的和专业的机构裁断等因素。但最主要的还是要保证复仇作为一种100%执行的制度。最简单的措施就是省去罪、错这一现代惩罚的必备要件,从而便利了启动复仇。人类社会因此长期实行了严格责任制,[32]一直持续到近代,即无论侵害人出于过失还是故意,受害人都有义务或通过公权力等其他社会机制对侵害人实施报复;如果侵害人无法以强有力的证据证明自己的行为是过失就被推定为故意,侵害人就必须接受惩罚。

因此,在严格责任的观念中,在"君子报仇,十年不晚"[33]的说法中,以及在由民间舆论乃至行政、"司法"官吏对复仇者的高度同情和赞扬中,[34]都隐含了一种赞美和鼓励复仇的社会意识形态。从社会功能上看,这是一套与复仇实践相辅相成的制度。[35]它奖惩并指导人们的社会行为,其基本作用就是要消除或尽可能减少生物性复仇因素的不稳定性,防止复仇者的机会主义。因此,我们也许可以理解《史记》为什么改编了历史上赵氏孤儿的故事,[36]并且充分展示了并赞美了程婴和公孙杵臼义

---

[32] 参看,Holmes, *The Common Law*,同前注6。在中国古代强调的也是"杀人偿命"。元杂剧中也有反映,在《合同文字》(《元曲选》,第2册,中华书局,1958年,页434)中,包拯谎称侄儿刘安住同婶子杨氏打架受伤死了,杨氏理应抵罪;杨氏只有证明与死者是亲戚,方得豁免死罪。情急之下,杨氏为救自家性命,拿出侄儿的合同,真相大白。只有在这种历史条件下,才可能理解,为什么许多法学家认为《法国民法典》采纳了过错原则是一大历史进步。

[33] 《春秋公羊传》庄公四年曾讨论多少代可以复仇,认为是"虽百世可也"。《春秋公羊传》,同前注31,页21。而在希腊早期,也有类似的表达,复仇女神"有极好的记性"(《被绑的普罗米修斯》);"从不遗忘恶错",并"知晓亘古"(《善好者》)。请看,《埃斯库罗斯悲剧集》,同前注9,页247,478,507。

[34] 瞿同祖:《中国法律与中国社会》,中华书局,1984年,页77以下。

[35] 关于意识形态作为制度,请看,诺斯:《经济史上的结构和变革》,厉以平译,商务印书馆,1992年。

[36] 在《左传》中,赵氏家族被屠杀是君臣矛盾和家庭内讧造成的,没有屠岸贾,也没有公孙杵臼和程婴。司马迁在其"创作"中显然凸现了复仇。

胆雄风,视死如归的人格魅力。例如,当赵氏一家被杀时,公孙杵臼问程婴为什么不死,程婴回答:我想看一看公主生的是男孩还是女孩,如果是女孩,那时再死,也不算迟。在密谋如何保护赵氏孤儿逃过屠岸贾之搜寻时,公孙杵臼问程婴,死或为赵氏报仇,哪一件更难?程婴说,为赵氏报仇更难。公孙杵臼接着说,那么就让我做容易的事,由你来承担更艰难的任务吧!公孙杵臼凛然就义。当复仇完毕,赵家地位恢复后,程婴又决意自杀,称:我之所以后死,是因为赵氏家族和公孙杵臼认为我能够完成任务,如我不死,他们会以为我没有完成任务。随后,程婴毅然自杀。不仅如此,《史记》中其他一系列以复仇为中心的故事,例如卧薪尝胆、伍子胥鞭尸;例如刺秦的荆轲、高渐离以及樊於期;例如,聂政及其姐姐聂嫈,都有一种惊心动魄的烈士风格,[37]赞美了坚定复仇者的人格。这都透露出当时社会有关复仇的(法制)意识形态,而这些意识形态又反过来进一步强化了和保证了复仇制度。

在所有这些支撑性或辅助性的复仇制度中,可能最具中国特色的是赵氏孤儿故事中由程婴和公孙杵臼反映出来的门人食客制度。据《史记》,公孙杵臼并不是什么朝廷旧臣,他与程婴均为赵氏孤儿之父赵朔的友人或门人;正是由于与赵盾一家没有血缘关系,当赵朔一家为屠岸贾满门抄斩时,他们才得以脱身。在所谓的赵氏孤儿大报仇中,真正计划、推动和实施这一报仇的核心人物是程婴和公孙杵臼(此外在某种程度上还有韩厥),赵氏孤儿在这一过程中仅仅是一个复仇的工具,是令这一复仇正当化的一个符号。上面提到的例如荆轲、聂政等人的故事也有这一特点,他们都不是为自己或亲人而是作为朋友为他人复仇。

这种人物,在我阅读过的不多的西方文学作品中不曾见过,在我阅读的中国秦汉之后的历史和文学作品中也很少见。唯有在先秦的作品中,这种人物屡屡出现。这种现象,从本文提出的分析框架来看,实际上是当时精致的复仇制度的构成部分。

仍然以赵氏孤儿的故事为例。当一个社会非常依赖血缘关系来自卫

---

[37]《史记·刺客列传》,页 2522 以下。

和复仇时,侵略者在侵略时为了反制就会——如同前述——非常注意"斩草除根",从一开始就要剥夺对手的复仇能力。为了对付这种"斩草除根"的战略,为了保证复仇战略的有效实现,于是,只要个人财政有能力,一些王公、贵族、权臣就很注意养士,寻找一些与自己无血缘关系的壮士、志士和能人做自己的帮手。在春秋时期,因此出现了所谓的"急难索士"的现象。[38] 史书上记载的齐桓公、齐庄公、鲁庄公、晋国的公卿栾盈、楚国的权臣白公胜、吴国贵族公子光都是其中突出的范例。[39]

通过养士,一方面建立了更广泛的社会联系,形成了更大的利益群体,扩大了政治势力,在充满危机的政治权力角逐中,进可攻,退可守,有利于保证个人、家族和群体的安全。特别是在有危难时,在需要复仇时,这些门人食客中,只要有一两个程婴、公孙杵臼式的人物,就可能帮助自己解脱危难,或者帮助家族完成复仇的使命。这已经不是一般意义上的扩大自己复仇能力的战略,也还是一种有效隐蔽自己复仇能力的战略。在这种情况下,潜在的侵犯者无法依据本来很容易辨认的血缘关系为线索来"斩草除根"了。要彻底消灭这样一种复仇可能性,侵犯者的信息费用和执行费用会十分高,高得令"斩草除根"的战略无法实行。这是另一种"狡兔三窟"的战略,一种复仇的战略性储备。

到了战国时期,这种战略在一些大家族中可以说是发展到鼎盛。[40] 当时著名的四公子,孟尝君、平原君、信陵君和春申君,分别是齐、赵、魏、楚国执掌大权的贵族公子,他们每人手下都有数千门人食客,其中都有少数深谋远虑、忠心耿耿甚至不惜"士为知己者死,女为悦己者容"[41] 的侠义之士。孟尝君门下的冯谖,平原君门下的毛遂,信陵君门下的侯嬴和朱亥以及春申君门下的朱英,都是一些著名的门客,留下了一系列广为流传

---

[38] "难必及子乎,盍亟索士"。《国语·晋语五》。
[39] 参见,陈山:《中国武侠史》,上海三联书店,1992 年,页 16—19。
[40] "春秋之侠士刺客,犹限于贵族。……战国之时……巨公大臣,亦以养士为风尚。"齐思和:"战国制度考",《中国史探研》,河北教育出版社,2000,页 219,220。
[41] 《史记·刺客列传》,页 2519。

乃至耳熟能详的动人故事。[42]

一些学者对这种现象的解释是当时有"养士之风",是"贵族公卿的一种生活方式"。[43]这种解说不是完全没有道理,因为人们的行为确实在一定程度上会相互影响;但要作因果关系的追究,这种解说则不能成立,它只是停留在对现象的描述,又是一种循环论证。它没有回答为什么这种风气在并仅仅在这一时期特别兴盛。如果从与之相伴随的一些历史故事来看,门人食客制度更多是王公权贵的一种进攻或自我保护的措施;如果仅仅从复仇的角度上看,这种门人食客制度实际是复仇制度的极端细致化和精制化。[44]赵氏孤儿的故事就是这样一个成功范例。

复仇制度的弱点和衰落

然而,人算抵不过天算。当复仇发展出这样一种精制的制度,并形成这样一种文化之际,无论是从分析逻辑上看,还是从历史史实上看,它都已经走到了或快走到尽头了。

首先,门人食客制度有一些致命的弱点。对于豢养门人食客的主人来说,这一制度的运行需要财政能力,要能养得起门人食客,这就不是人人都可以使用的。还有其他许多问题。愿意当门人食客的人肯定不都是义胆雄风一诺千金的壮士。主人却不知道谁真正忠诚和有能力,他没有可靠的机制来预先识别和了解。我们应当记得和荆轲一起去刺秦王的秦舞阳!因此,主人只好大量收养门人食客,寄希望于"广种薄收";但这势必进一步加剧主人的财政负担。此外,门人食客制度本身还有一

---

[42] 例如"狡兔三窟"(冯谖)、"毛遂自荐"(毛遂)、"信陵君救赵"(侯嬴、朱亥)的故事。
[43] 例如,齐思和:"战国制度考",同前注40;王齐:《中国古代的游侠》,商务印书馆国际出版公司,1997年,页8—9;又请看,陈山:《中国武侠史》,同前注39,页19。
[44] 注意,我并不认为门人食客制度的产生仅仅是由于复仇,而是说有这样一个因素;或者从功能上看,这一点不可忽视。当然,这还是一种"假说",还需要进一步的证明和论证。齐思和就曾提到门人食客制度与复仇的联系,"或用之以复仇",同前注40,页219。

个悖论:门人食客用自己对主人的忠诚来换取丰厚的衣食,但这种交换关系又恰恰意味着,只要有更大的利益诱惑,这些门人食客从原则上讲都有可能把这种忠诚出售给他人。因此,这又使得那些即使有财政能力的人也无法真正相信门人食客。

但这些弱点也许并不影响门人食客制度的威慑效果。这一制度还是会使侵犯者不安,因为他无法彻底消灭对手复仇之可能;并且,即使真地彻底消除了,侵犯者也无法确信这一点。哪怕所有的门人食客都是肉食者,都会树倒猢狲散,没有一人会舍身为主人复仇,侵犯者本人却无法了解这一点,更不敢确信这一点。因此,第二,会同上一节提到的复仇的其他制度化因素,任何侵犯者都已无法诉诸其他反复仇措施来获得安全以及——更重要的——安全感。他只能寻求另一种也许是第二等的最好选择——合作。这是通过无数的流血获得的一种经验。

复仇制度走到尽头的另一个因素是,这一系列保障复仇的制度,特别是门人食客制度,对复仇者的人格品质和训练要求太高了。复仇本出自个体的生物本能,为自己和近亲属求生,但发展到程婴、公孙杵臼这里,它已经彻底异化了,复仇本身变成了目的,这就违背了人的求生本能。但问题还不在于异化,也许当时的社会就要求有这样的异化;事实上,每个接受了文化的人都可以说是异化的。关键在于,社会中究竟能有几个像程婴、公孙杵臼这样的人?有无可能以这样一些人支撑一个制度以及相应的意识形态?

只要简单分析一下司马迁笔下的公孙杵臼"请先死"[45]就可以了。

表面看来,公孙杵臼"请先死"似乎是拈轻怕重,但其实恰恰主要是

---

[45] 由此,就文学上讲,将《史记》中的故事同元杂剧《赵氏孤儿》会同分析是很有道理的。即使不考虑《史记》对《左传》的改编这一事实,仅仅就这个故事而言,也完全可以确认《史记》在某种程度上是一个文学创作。否则,我们无法想象司马迁如何可能"记录"公孙杵臼和程婴的秘密对话。由此,我们也可以看到司马迁对人物语言的选择和行为细节的选择和调度确实是大手笔。司马迁是在用心塑造两位他认为值得赞美的顶天立地的男子汉。这还进一步例证本文的另一个观点,尽管司马迁并不是有意从意识形态上来赞美复仇以及信义等制度,但那个时代的意识形态渗透在他的写作中,并且在当时甚至此后的社会中一直起到这种制度的功能。

靠这一句话,司马迁才一字千金地刻画了公孙杵臼光彩照人的侠肝义胆和诚实信义。因为,如果仅就死和复仇两个任务而言,死亡确实容易一些,为赵氏复仇更难。但问题在于,首先,公孙杵臼提交的死亡是"现货",而程婴所允诺的复仇是"期货";现货和期货的兑现值是不同的。其次,公孙杵臼死后,程婴完全可以不兑现其复仇之承诺,因为不仅没有任何见证人证明这一契约之存在,更没有任何力量可以强制程婴履行自己的承诺。如果公孙杵臼不是对朋友绝对信任,若是他有丝毫其他想法,他都完全可以"争挑重担"。所谓的"轻担"在这种条件下,实际分量更重。

不仅展示了公孙杵臼的高贵人格,这一细节还为后来展现程婴自尽中的壮美留下了伏笔。复仇成功后,程婴为履行自己的诺言,从容自尽。其实,即使程婴曾向公孙杵臼作出这种承诺,现在也无人知道,因此无须信守了,何况他并不曾做出这样的明确承诺(至少《史记》没有这样写),何况如今赵氏孤儿苦苦哀求他不要自杀。他的死仅仅是要兑现一个单方的承诺,仅仅是要向朋友做一个交代,仅仅为了向世人证明自己当初之求生并非贪生,之不死并非怕死。这种人格实在是令人惊心动魄!

但这种人实在是太少了!即使复仇意识形态的训练、教化可以产出这种人,也不可能大量出现,因为训练和教化也不可能从根本上改变人的生物本能。或者,即使假定这种人格有基因的影响(尽管没有证据证明这一点,但从理论上看,也无法简单予以排除),那么携带了这种基因的人群,从生物进化上看也是注定会逐渐减少;因为这种基因得以遗传的几率会因为其携带这种基因的人太爱冒险而大大降低。而上面的分析已经表明,没有这种人,这种制度就不可能持续下去了。

第三个原因是复仇本身的残酷性、无节制性和社会破坏性。尽管对于复仇者来说,复仇"味道好极了",但对于整个社会来说,这种制度的社会成本实在太高。仅在赵氏孤儿的故事中,前后就有赵、屠两家六百多人牺牲了,其中几乎全是无辜者。

注意,复仇一般都由受害者本人或其近亲属(在这个意义上,也还是受害者)实施。受害人带着复仇的激情,既是裁判者,又是执行者,除了对复仇对象偶尔可能有所怜悯外,复仇者行动起来不受其他节制,因此他的复仇很容易超出我们今天认为应当有的或是恢复平衡的限度。而一旦复仇超过了限度,就必然导致对方的再复仇,特别是在复仇已经制度化的社会中。无节制或难以节制的复仇因此必然会导致血族复仇,世代复仇,特别是在古代人口流动很小的社区中。这会使广义文明的发展缺乏社会安定、预期稳定这一必要前提。这种制度可以说对所有希望安全的人都是不能忍受的,他们都会要求复仇制度的变革。

也正是在这种痛苦经验中,导致了复仇制度的改革和完善。其中影响深远的一条就是为许多法学家错误地——由于无知或由于意识形态的原因——同贝卡利亚联系起来的"罪刑法定"和"罪刑相适应"原则,即"以牙还牙,以眼还眼"的原则,"以直报怨"的原则,就是"杀人之父者人亦杀其父,杀人之兄者人亦杀其兄"。[46]这个原则实际是通过这种物理上的对称来严格限定复仇的对象和程度。同时,这也隐含了对血族复仇的限制,出现了"反报仇雠者,书于士,杀之无罪"[47]的原则。由于这一原则的社会功用,复仇也因此得到了进一步的正当化和制度化。

第四个但在我看来最重要的原因是,前面提到的,由于群体扩大,群体中产生了新的、就获取和平和安全而言成本更低因此是更有效率的制度。旧制度被替代的前提并不是它本身有多少或多大弱点,而在于有没有更有效率的制度可以替代它。如果没有,那么任何有缺点的制度都不可能废除。而现在,这个新制度远在天边,近在眼前,这就是为保证复仇制度实现的群体内部的组织化、纪律化以及群体内部的制裁。

起初,群体扩大的好处之一就是人多势众,因此理论上看有利于对外复仇。但群体一大,群体内部的亲缘关系就越来越淡化了,也就更缺乏为了他人进行报复的生物冲动了。这时,如果没有强有力的内部组织机制,就无法保证人们坚定不移、前赴后继、不计代价地实施这种复仇,复仇制度就有崩溃的危险。同时,没有内部组织机制,也无法防止任何群体

---

[46] 《孟子·尽心下》。注意,孟子说此话更可能是对当时社会复仇的一种描述,而未必是一种规定;因此,可以推断,当时人们已经通过复仇的实践形成了这种复仇的规范或"文化"。
[47] 《周礼·秋官·朝士》。

内部都必然会发生的冲突。为防止个别人漫不经心引发其他群体的复仇行动,殃及他人,群体内也需要一个组织机构来强制执行内部规则,加强内部的约束。最后,任何群体行动也都需要内部的组织、动员和协调。正是在这些需求的推动下,群体内的组织性日益增强,对公权力的需求也越来越强。

由于群体扩大带来的内部和外部的和平,都便利、促成了社会生产力发展,因此会带来更多的剩余产品,使得社会进一步分工得以可能,而分工带来的效率也会促使社会文明的进一步发展。这时,以各种方式(包括掠夺)获得的社会剩余产品使一些人有可能不必通过体力劳动来获取生存必需品,而是可以用自己的全部或部分时间从事对整个群体有益的公务活动来同其他人交换社会的剩余产品,一个小型的公权力有可能存在了,群体内部由此出现了一种新的中央集权的治理方式,即以内部的纪律、规则和制裁保证内部的和平。这种制度当初也许主要是为了支撑和保证复仇制度,是复仇的一个辅助性的制度;但一旦成型并随着群体的扩大,这种制度就会表现得比复仇制度更为有效,更为安全,更能保证和平。尽管它只是群体内部的制度,但由于其维系和平和秩序的效率,没有理由不能延伸、扩展开来,作为一种更为普遍的制度,替代原先分散化的个人或小群体的复仇制度。反客为主,李代桃僵,复仇制度的维护者变成了复仇制度的掘墓人。

一种新的以中央集权的公权力为中心的治理制度就这样出现了。复仇制即使仍然存在,但是从各个方面看,它都已不可能同这种新的中央集权的治理制度相抗衡了。它已经注定是明日黄花!

事实上,到了春秋战国时期,这种状况已经显示出来,封建制已经开始为强调"尊王"的中央集权政体逐步取代,"国家"不断被兼并,中国政治权力的统一已成为基本趋势。在这个意义上,赵氏孤儿的复仇可以说是复仇作为制度死亡前的一次大规模成功实践。复仇将很快被禁止,至少不再像在春秋时期得到那么多的表彰和赞美了——意识形态开始发生变化了。

主张公权力至上的法家从一开始就禁止复仇。商鞅变法中,一条重要的内容就是规定,"为私斗者,各以轻重被刑大小",目的是要使秦国国民"勇于公战,怯于私斗"。[48]韩非子随后进一步强化了这一论断,认为"侠以武犯禁",是国家"所以乱"的最根本的因素之一,因此必须由王权予以严厉打击和禁止。[49]先前一直是认同、赞美甚至倡导复仇的儒家[50]也开始修改其关于复仇的主张,增加了一些限定条件,并如同张国华教授研究结论的,"在儒家经典中,关于复仇的意见……越到后来,限制越渐增多"。[51]程婴和公孙杵臼这样的复仇人物,将很快变成了"过气"的历史人物,从那些具有侠义精神的人(并不以侠为职业)中则衍生出了专职的"侠客",甚至出现了或变成了可以用金钱标价和购买的刺客和杀手,以及这样的交易市场。[52]秦始皇将很快统一中国,不仅通过中央集权的暴力同私力复仇展开一种"服务"竞争,[53]而且收缴民间武器,进一步从物质上剥夺了民间私人复仇的可能,通过这种"不正当"竞争最终以垄断的方式开始向社会的受侵犯者提供"正义"(司法)。因国家公权力所不

---

[48] 《史记·商君列传》,页2230。

[49] 梁启雄:《韩子浅解》,中华书局,1960年,页476。

[50] 参见,前注31和33及其相应的正文。

[51] 张国华:《中国法律思想史新编》,北京大学出版社,1998年,页195。

[52] 因此,不能简单地把公孙杵臼、程婴等同为后代的侠客,尽管他们的行为是侠义的。他们的主要身份还是"士",是侠的先驱者;他们为复仇也搞刺杀,但还不是供人购买或聘用的刺客。因此,司马迁不将公孙杵臼和程婴写入《游侠列传》和《刺客列传》是很有道理的。可参看,王齐:《中国古代的游侠》,同前注43,第2章和第5章。但这种发展又几乎是不可避免的。因为,表面看来,养士强调的是知遇之恩("众人遇我,我故众人报之。……国士遇我,我故国士报之"),强调的似乎是精神,是"士为知己者死",但是这里面实际上已经隐含了一种交易关系,尽管是一种非货币的交易。这种非货币化的交易很容易流变为货币性的交易。

[53] "首先,国家用一组服务——我们可以称作保护和公正——来交换岁入。由于提供这些服务有规模经济,当有组织的专门从事这些服务时,所得到的社会总收入要高于社会上每个人保护其各自财产时所得到的社会总收入。其次,国家试图像一个有识别力的垄断者那样行动……第三,由于永远存在着能提供同一组服务的潜在的竞争对手,国家是受其选民的机会成本制约的。竞争对手有其他国家,另外还有现存政治经济单位内可能成为统治者的个人。"诺斯:《经济史上的结构和变迁》,同前注35,页24(个别字句引者做了调整)。

及而残余社会中的只能是"游侠"。到了汉代之后,甚至职业游侠也很少了。[54]

舞台背景一旦更替,正剧就有可能变成闹剧,悲剧就有可能变成喜剧。此后,我们再也没有看到如同赵氏孤儿这样轰轰烈烈、可悲可泣的复仇故事了[55](而只有为亲人复仇的故事了)。事实上,即使在司马迁身上,我们也看到了时代在变化。在《史记·游侠列传》中,司马迁赞美了敢于以武犯禁的侠客"言必信,行必果",但首先还是认为他们的行为"不轨于正义"(正义在此当理解为国家的制定法或皇权以及与此相伴的政治法律意识形态)。他还把汉代的侠分为与"古布衣之侠"不尽相同的"匹夫之侠"、"闾巷之侠"、"乡曲之侠",并严厉遣责"乡曲之侠"。如果说司马迁还只是停留在意识形态上,在班固的《汉书》中态度已完全改变。班固虽然保留了《游侠传》,却称游侠的行为是"窃生杀之大权",先前人们通过复仇而分散行使的生杀大权现在已经被集中、物化并牢固界定为皇权的一部分,私人行使就是盗窃国家财产了。而在班固之后,正史就再也没有游侠的地位了。[56]支撑复仇制度的那种正统意识形态已经彻底瓦解了。

不仅复仇这种社会现象以及与之相应的社会意识形态,甚至赵氏孤儿这个故事(以及伍子胥的故事),也不合时宜了。它在司马迁笔下曾如此悲凉慷慨,为司马氏激赏且道德无涉地赞美,[57]但在这种社会变迁后,逐渐变得令后人难以理解了。一个重要例证是,赵氏孤儿复仇大约500

---

[54] 王齐:《中国古代的游侠》,同前注43,页3。
[55] 晋代干宝《搜神记》中收集或撰写的干将莫邪复仇故事也许是一个例外;但这个故事的背景仍然是战国时代。
[56] 陈平原:《文学史的形成与建构》,广西教育出版社,1998年,页201。
[57] 由于赵氏孤儿的故事仅仅是《赵世家》中的一段历史,司马迁对赵氏孤儿没有发表意见,但是在《伍子胥列传》中,司马迁高度赞美了伍子胥的复仇("烈丈夫"),但仅仅局限于复仇,他根本没有考虑复仇的背景故事中的善恶是非:"怨毒之于人甚矣哉!王者尚不能行之于臣下,况同列乎!向令伍子胥从奢俱死,何异蝼蚁。弃小义,雪大耻,名垂于后世,悲夫!方子胥窘于江上,道乞食,志岂尝须臾忘郢邪?故隐忍就功名,非烈丈夫孰能致此哉?"《史记》,页2183。

年后,距司马迁仅仅60年(但已经历了汉武帝时期,中央权力已经得到进一步加强),刘向在《新序》一书中虽然赞扬:"程婴、公孙杵臼可谓信交厚士矣";但已经无法理解程婴在功成之后为什么一定要立志自杀,因此认为"婴之自杀下报,亦过矣。"[58] 关于这一点,我将在本书第六章予以更多的分析。

复仇的消亡?

我只是说,复仇作为一个制度是已经崩溃了;复仇的现象或事件并没有,也从来没有消亡。而且我将论证,它也不可能从社会中彻底消失。

细心的读者会发现,我前面的分析叙述似乎已漏出了破绽。一个最突出的,就是赵氏孤儿的故事发生在一个已经有了某种公权力(尽管也许还不那么完善)的晋国之内,而并非发生在权力高度分散的初民社会。因此,我的上述分析似乎很成问题。

这个破绽是有意留下的。一方面,是为了分析模型的简单——简单是理论之力量所在。而另一方面,赵氏孤儿的复仇故事确实还指出了复仇发生的另一个社会因素,即在一个已经有集中化公权力的群体或社会或国家内部,如果这种公权力由于种种原因不能有效地深入到民众之中,无法以公道(满足人的生物性要求)的方式解决其内部成员的纠纷和冲突(例如"天高皇帝远");或者,由于人为的原因,受到不公甚或冤屈的人们无法诉求这种公权力并获得公道(例如贪官污吏);都会出现复仇。甚至,若当事人由于自身原因无法诉诸这种权力时,他/她们也会以复仇的方式追求他/她所认知的公道。例如,黑社会组织的成员之间发生冲突,由于他们无法诉诸公权力,复仇往往更为普遍和残酷;又例如,不仅在那些通奸不被认作犯罪的社会和特定群体中,会有许多人因配偶通奸而选择"自力救济";而且在那些通奸被视为犯罪或违法的社会,也还是有人为了自己的名誉而选择"自力救济"而不是诉诸法院。仅仅出

---

[58] 刘向[编著],赵仲邑[注]:《新序详注》,中华书局,1999年,页229。

现一个作为符号的公权力还不足以自动且完全消除那种产生报复冲动的生物本能,人们放弃个人报复或复仇仅仅因为诉诸公权力有可能更为安全、更为便利、更为有效地满足自己的报复本能。

从这一维度看,《赵氏孤儿》隐含的就是这样一种复仇。在这里,并不是完全没有公权力,但是作为公权力之象征的晋灵公似乎无力或根本就不愿制裁屠岸贾,甚或屠岸贾行动的背后就有晋灵公的影子。[59]赵氏孤儿无法诉求这个作为复仇制度之替代的公权力,他只能返回去寻求在我们看来更为原始、更为野蛮的复仇制度。

如果从这个角度看,尽管秦汉以后复仇一直受到国家制定法的打压,甚至严格禁止,但是"私自复仇的风气仍是很盛",有关复仇的法理争论即使在官府内也一直持续不休;[60]原因就在于许多地方还没有一个普遍的真正有效且强有力的公权力。

甚至,文革时期的《白毛女》《红色娘子军》的复仇故事以及新中国的许多关于中国革命的故事,都可以说是属于《赵氏孤儿》型的复仇故事。就白毛女而言,父亲自杀(或被打死,这取决于不同的演出本)、自己被强奸、恋人大春被逼逃走;就大春而言,恋人被夺,被迫离乡;而这种冤屈竟没有一个地方可以说理,没有一个强有力的公权力来公道处理。很自然,喜儿发出了"我是舀不干的水,我是扑不灭的火,我不死,我要活,我要报仇"以及"千年仇要报,万年冤要申"的呼唤;并借助

---

[59] 这一点,尽管没有明说,但在《史记》中可以看得比较清楚。赵氏家族世代晋国要臣,同时又是国亲(赵朔是景公的姑父),举足轻重,一言九鼎,极有可能威胁晋景公的权力(事实上,此前赵盾就曾废立晋公;多年后赵氏家族也确实成为三家分晋中的一家),因此晋景公完全有可能要借屠岸贾之手甚至鼓励屠氏灭绝赵氏家族,否则无法理解晋景公为什么对赵氏家族被屠杀后近二十年不管不问,直到自己病重,而这时屠岸贾权力益重,对晋景公的王权构成了一个新的重大威胁时,晋景公才考虑除去屠岸贾,恢复赵氏家族的名誉地位;而这时赵家权势不大,已不足以对王权构成威胁。正是在这个意义上,赵氏孤儿的故事并非如同纪君祥笔下所表现的是一个忠奸善恶的斗争,而是一个权力斗争。由此,也就更可以看出复仇制度的弱点。
[60] 参见,瞿同祖:《中国法律与中国社会》,同前注34,页75以下;张国华:《中国法律思想史新编》,同前注51,页196—200。

了共产党、八路军的力量,实现了这种复仇(当然《白毛女》中还有一条爱情主线)。

《红色娘子军》的故事略有不同,其复仇主线更为单纯,却更为深刻。吴琼花(或吴清华,取决于不同的演出本)的成长,用革命话语说,就是如何把个人的报仇同革命的事业联系起来;用复仇的话语说,就是如何压制个人炙热的复仇愿望以保证群体的复仇行动成功,或在复仇问题上如何协调个人与群体之关系的问题。在一种抽象的意义上,这是一个复仇冲动受到文化约束而得以升华的故事,是一个强调制度性复仇的故事。但是吴琼花的复仇同样来自她没有其他地方可以诉诸正义。

为什么无法获得正义? 无论白毛女还是吴琼花的故事,都涉及我在上面提到过的非人为和人为的两种原因。在传统的中国,由于国家财政力量和行政力量的局限,中央政府的实际统治力基本上无法深入到像白毛女生活的那样穷乡僻壤,更无法延伸到吴琼花生活的椰林边陲。在这个意义上,她们都实际生活在一个名义上有公权力提供正义、但这种司法/正义制度无法接近的社会中,因此,个人化的复仇势必发生。但是在另一个意义,她们也可以说是生活在一种为强权者(黄世仁和南霸天)一手遮天把持了公权力的社会中,她们不可能相信司法的公正性。她们走投无路,也只能诉诸复仇。

因此,尽管作为一种制度的复仇已经随着历史过去了,但是,从《赵氏孤儿》以及像《白毛女》和《红色娘子军》这样的戏剧中,我们也可以看到,一个统一、公正、为所有受伤害者可接近的司法公权力对于社会和平安定的重要性。如果这个条件不能满足,那么复仇事件就可能发生。即使在当代中国也完全可能发生。[61] 赵氏孤儿的故事仍然提醒我们在当代中国加强法治(不是符号,而是实践)的必要性和迫切性。

---

[61] 一个著名的例子就是,1979 年 9 月 29 日,受到各种诽谤诬蔑的新疆建设兵团石河子 144 团女护士蒋爱珍,寻求公权救济不得,报复杀人;1979 年 10 月《人民日报》刊载了题为《蒋爱珍为什么杀人?》的调查报告,在读者中引发了一场大讨论。读者普遍对蒋爱珍寄予了相当的同情,要求饶她不死。最后蒋爱珍被判 15 年有期徒刑。

复仇与刑法

本章的分析对我们今天理解法律理论和刑法制度也具有某种警醒意义。

首先,我的分析表明,尽管今天人们将现代刑法制度描绘成近现代文明的产物,试图割断它与——在一些学者看来——不光彩的、"野蛮的"复仇历史的联系,但无论是从对复仇的功能分析,还是从刑法制度的实践效果来看,刑法都是人类生物性报复本能的产物。这种本能是如此坚毅和刚强,它经历了数千年甚至更漫长的历史,经历了各种文化的包装、参与或挤压,至今仍顽强存在。不论人们的理智、文化如何试图压制、塑造,它仍然会不时冲破文明的"超我",展露其原生的、拒绝文化规训的一面。它实际是刑法制度甚至是民事侵权制度的基础。它不允许"让过去的都过去吧",它有噬血的一面,有野性的一面。它以复仇、报应、校正正义、平等、正义、公道等大词一次次重申和主张着自己。正是在这个意义上,霍姆斯很早就通过对普通法的历史分析直觉地指出,刑法和民法中的侵权都根植于人类的复仇本能。[62]

刑罚制度的发展变化必定受制于人性。事实上所有的人类制度都受到两个基本方面的制约,一是社会环境和条件的制约,而另一方面就是人的生物性制约。本章论证了,即使人的理性也是在这些基本制约中发展起来的,不可能完全挣脱这种制约。因此,在这个意义上,刑罚的不断减轻,作为一种人道主义的理想,我可以理解,但是作为一种实践,则不可能不考虑社会环境乃至"人性"的制约。只要存在侵犯,无论是刑事的还是民事的(这只是一种后代的人为区分,并不具有唯质主义的重要性),人们就会要求以某种方式报复,要求补偿。如果是无过错的,也许人们还可以以其他救济方式予以补救,如果是出于恶意的,那么这种报复心将一定存在。

---

[62] Holmes, *The Common Law*,同前注6。

据此,我认为,在中国目前的防范违法犯罪的技术条件下,废除死刑的主张是站不住脚的。尽管20世纪中有一些发达国家废除了死刑,但是作为人类社会的漫长历史而言,这毕竟还只是短暂的一瞬,究竟如何,我们还要看看。中国的法学家和刑事司法制度不应当"随波逐流"(无论是大流还是小流),不能仅仅因为有某些外国学者的某种没有坚实社会和人性根基的理论和理想,就急切废除死刑,刑事司法的改革必须基于对刑罚制度以及支撑这些制度的基本制约的实证研究。换言之,刑事司法改革的根据必须是研究,而不是列举。

另一个反对盲目轻刑和废除死刑的论点则来自本文分析的分散执行的复仇制度与中央集权的司法制度之间的互动关系。人们之所以依赖和诉诸中央集权的司法制度,很重要的是因为这种制度可以比复仇制度更有效、更便利地满足人们的报复本能。如果这个制度徒有虚名,无法满足这种欲望,或者是由于财政能力或行政能力的制约,这个制度无法实现其功能,那么这就等于以另一方式剥夺了人们通过现代司法制度满足报复的可能。在这种情况下,可以预期,人们会如同赵氏孤儿、大春和白毛女以及吴琼花那样寻求其他方式满足这种预期。因此,片面强调轻刑和废除死刑的结果完全有可能会使中央集权的(统一的)司法制度功能失调,实际上造就或增加分散化的复仇性制裁。这不仅会大大增加维系社会和平的费用(双重费用——遏制复仇和维系司法制度),会使司法制度的合法性降低甚或丧失,[63]而且即使从减少死亡和受伤人数这一非常务实的角度来看,也会使私人复仇的惩罚更无节制,更为残酷,更不确定,数量也更多,使得社会中对违法犯罪行为的实际惩罚更严厉,因此与法学家、法律家的期望也相距更远。作为中国的法学家,必须清醒地意识到这种制度的交换,必须作出选择。法学家必须同时兼有仁慈之情和冷酷之心。仅仅懂得仁慈的不是务实的学者,而是意识形态化的道德学家或蛊惑者,

---

[63] 这个问题对于我的分析框架并不那么重要。司法制度的合法性只有在承认司法制度要比其他制度更能保证社会的福利的前提下才是值得关注的。如果复仇制度可以更好地实现社会福利,就没必要视司法制度的合法性降低是一个问题。

或者是琼瑶小说中多情伤感的"小女人"。

因此,我反对简单的废除死刑或一味轻刑不是出于个人的偏好,不是为了稳定或固守传统,而仅仅是力求指出这个问题所涉及问题的复杂性,指出废除死刑和减轻刑法并不仅仅是一个修改法条规定的事。法律是实践的社会活动,受到多个变量或制约条件的影响;一旦其中某个变量发生了变化,受影响的人们完全会以个人的实际行动改变法律和司法在社会中的实际形态。真正的仁慈者不能仅仅关注法条修改,更要尽可能考虑法条修改的实际后果。并且,如同前面的分析所显示的,制度的存废最终是通过严酷的制度竞争完成的,而不是通过提出一个美好愿望而被建立或废除的。制度与愿望的最大区别就在于制度必须对社会普遍有用和有效,而愿望只需要对自己有效用就可以了。

也因此,我也就不是否认中国应当完善其死刑制度。前面的分析绝不应当理解为一定要加重处罚或增加死刑的适用。在一定条件下,本文的结论可以是相反的。正如对复仇制度之考察所显示的,复仇制度的有效威慑力主要在于惩罚的确定性,而并不在于其严酷性(尽管必须有一定的严酷程度)。正是由于复仇的无可逃避,才迫使潜在的侵犯者望而却步。这种威慑力用中国人的话来说,就是"你躲得了初一,躲不了十五"。父仇子报,哪怕复仇最终以失败告终,不知何时复仇到来的那种煎熬也会令侵犯者感到代价太沉重。这种制度在"低头不见抬头见"、"跑得了和尚跑不了庙"的传统社会中,尤为有效。在人口高度流动的现代社会,这种制度已经很难有效。但从分析复仇得出的道理仍然是今天的刑罚制度必须且可以借鉴的。当代中国目前犯罪率增长,贪污腐败泛滥,原因很多。但如果从对复仇制度的考察中来看,重要原因之一并不在于刑罚规定的处罚不重,或法律条文规定不细;最大的问题在于在一个人口流动不断增大、私隐不断增多的社会中,违法犯罪者太容易逃脱惩罚了,无论是来自私人复仇还是公共司法。因此,我们必须思考如何实现有效的惩罚,而不只是规定惩罚。为了保证复仇的确定,古代社会曾经以巨大的生命代价演化出一系列从组织到意识形态的制度。今天,为了保证刑法制度的实践有效性,同样需要建立一套相应的以保证确定性为主要追求目标的制度。在这一点上,也许科学技术将并正在扮演重要角色。而惩罚的确定性提高了,惩罚的严酷性就可以甚至应当降低。

这种分析甚至对研究某些具体司法问题也会有启发。例如,有刑法学家私下认为,现在有些刑事案件的法定刑过重,因此促使罪犯的犯罪行为更为凶残,因为——比方说——"抢劫是死,抢劫杀人也是死"。他们建议减轻相关犯罪之刑罚,甚至废除死刑,来消除犯罪的残酷性,同时可以避免受害人死亡。这种分析就其举的例子来看很有道理,对这两种犯罪确实应当在立法规定的、特别是在司法判定的惩罚上有所区分,尤其是要慎用死刑。因为,当抢劫与抢劫杀人之间的法定惩罚差别越小,抢劫者杀死受害者可能受到的额外惩罚就越少;抢劫者确有可能因此而杀人。

但是若作为一般模型来看,这种观点不令人信服。不令人信服至少有两点,一是分析者只考虑了罪犯犯罪时所理解的成本(都是死罪),而没有考虑罪犯犯罪时想到的收益(逃避惩罚),以及相关的概率。这个分析的前提假定似乎是,无论怎样,罪犯最终都会被抓获,受到惩罚;只有在这种条件下,犯罪者才会破罐子破摔,一不做二不休,抢完了再杀人。但在现实中,罪犯被抓获并受刑事惩罚只是一种概然性,现代的司法制度远不能达到"天网恢恢"。由于这种概然性,恶性犯罪者在犯罪时思考问题的前提并不是"我一定会受到惩罚",而是"我不一定会受到惩罚";因此,他追求的是"如何使自己更不可能受到惩罚",试图降低自己受惩罚的概率。之所以许多普通刑事案件(例如,强奸或盗窃)最后伴随了杀人,根本原因在于罪犯认为,"杀人灭口"可以最有效地降低受害人诉诸司法进行复仇的概率,这就如同屠岸贾对赵氏家族"斩草除根"一样。

正是由于杀人灭口的目标是降低受任何惩罚的概率,而不只是受死刑惩罚的概率,因此,即使降低了惩罚,抢劫者为了逃避惩罚同样会杀人灭口,甚至更可能杀人,因为这时杀人的成本降低了。这样做的结果只是进一步降低了刑法对抢劫杀人的威慑力;而有关复仇的分析表明对任何侵犯的有效震慑就是惩罚有足够的力度。面对这种情况,正确的刑事政策应当是,在对诸如抢劫杀人这样的犯罪保留死刑的前提下,进一步加大查处抢劫杀人案的各类资源投入,提高这类罪犯实际受惩罚的概率,不给罪犯有任何可以杀人灭口逃避惩罚的幻想。[64]

由此,我们也可以进一步看清,刑事惩罚的高概率确定性,而不是其严酷性(尽管必须有一定的力度),是达到降低犯罪的残酷性,从而保护公民生命财产安全,同时也是有理由实现轻刑乃至最终废除死刑(我并不排除废除死刑,但这必须是真正的公共选择,而不是由因其生活相对优越而受到更多法律安全保护的法学家假借人民的名义作出的选择)的最有效手段。这不是思维的辩证法,而是实践的辩证法。

2000年2月11日初稿于耶鲁法学院
2000年3月4日二稿、7月27日三稿于哈佛燕京学社
2004年10月11日改订于北大深圳研究生院

---

[64] 应当说明的是,我上面的分析的一个假定是,罪犯是经济学上的"风险中性"的。事实上,有些罪犯是风险偏好,另一些是风险回避,还有一些是风险中性的。因此对这三类罪犯更有威慑力的分别是惩罚概率、惩罚严厉性和两个因素的联合。有关的分析,请看,Gary S. Becker, "Crime and Punishment: An Economic Approach," *Journal of Political Economy*, vol. 76, 1968, pp. 169—217.

附录：赵氏孤儿*

司马迁

赵盾代成季任国政二年而晋襄公卒，太子夷皋年少。盾为国多难，欲立襄公弟雍。雍时在秦，使使迎之。太子母日夜啼泣，顿首谓赵盾曰："先君何罪，释其适子而更求君？"赵盾患之，恐其宗与大夫袭诛之，乃遂立太子，是为灵公，发兵距所迎襄公弟于秦者。灵公既立，赵盾益专国政。

灵公立十四年，益骄。赵盾骤谏，灵公弗听。及食熊蹯，胹不熟，杀宰人，持其尸出，赵盾见之。灵公由此惧，欲杀盾。盾素仁爱人，尝所食桑下饿人反扞救盾，盾以得亡。未出境，而赵穿弑灵公而立襄公弟黑臀，是为成公。赵盾复反，任国政。君子讥盾"为正卿，亡不出境，反不讨贼"，故太史书曰"赵盾弑其君"。晋景公时而赵盾卒，谥为宣孟，子朔嗣。

赵朔，晋景公之三年，朔为晋将下军救郑，与楚庄王战河上。朔娶晋成公姊为夫人。

晋景公之三年，大夫屠岸贾欲诛赵氏。初，赵盾在时，梦见叔带持要而哭，甚悲；已而笑，拊手且歌。盾卜之，兆绝而后好。赵史援占之，曰："此梦甚恶，非君之身，乃君之子，然亦君之咎。至孙，赵将世益衰。"屠岸贾者，始有宠于灵公，及至于景公而贾为司寇，将作难，乃治灵公之贼以致赵盾，遍告诸将曰："盾虽不知，犹为贼首。以臣弑君，子孙在朝，何以惩罚？请诛之。"韩厥曰："灵公遇贼，赵盾在外，吾先君以为无罪，故不诛。

---

* 摘自《史记·赵世家》卷43，第13，中华书局，1992年。题目为摘者添加，省略了原书中的注。

今诸君将诛其后,是非先君之意而今妄诛。妄诛谓之乱。臣有大事而君不闻,是无君也。"屠岸贾不听。韩厥告赵朔趣亡。朔不肯,曰:"子必不绝赵祀,朔死不恨。"韩厥许诺,称疾不出。贾不请而擅与诸将攻赵氏于下宫,杀赵朔、赵同、赵括、赵婴齐,皆灭其族。

赵朔妻成公姊,有遗腹,走公宫匿。赵朔客曰公孙杵臼,杵臼谓朔友人程婴曰:"胡不死?"程婴曰:"朔之妇有遗腹,若幸而男,吾奉之;即女也,吾徐死耳。"

居无何,而朔妇免身,生男。屠岸贾闻之,索于宫中。夫人置儿裤中,祝曰:"赵宗灭乎,若号;即不灭,若无声。"及索,儿竟无声。已脱,程婴谓公孙杵臼曰:"今一索不得,后必且复索之,奈何?"公孙杵臼曰:"立孤与死孰难?"程婴曰:"死易,立孤难耳。"公孙杵臼曰:"赵氏先君遇子厚,子强为其难者,吾为其易者,请先死。"乃二人谋取他人婴儿负之,衣以文葆,匿山中。程婴出,谬谓诸将军曰:"婴不肖,不能立赵孤。谁能与我千金,吾告赵氏孤处。"诸将皆喜,许之,发师随程婴攻公孙杵臼。杵臼谬曰:"小人哉程婴!昔下宫之难不能死,与我谋匿赵氏孤儿,今又卖我。纵不能立,而忍卖之乎!"抱儿呼曰:"天乎天乎!赵氏孤儿何罪?请活之,独杀杵臼可也。"诸将不许,遂杀杵臼与孤儿。诸将以为赵氏孤儿良已死,皆喜。然赵氏真孤乃反在,程婴卒与俱匿山中。

居十五年,晋景公疾,卜之,大业之后不遂者为祟。景公问韩厥,厥知赵孤在,乃曰:"大业之后在晋绝祀者,其赵氏乎?夫自中衍者皆嬴姓也。中衍人面鸟噣,降佐殷帝大戊,及周天子,皆有明德。下及幽厉无道,而叔带去周适晋,事先君文侯,至于成公,世有立功,未尝绝祀。今吾君独灭赵宗,国人哀之,故见龟策。唯君图之。"景公问:"赵尚有后子孙乎?"韩厥具以实告。于是景公乃与韩厥谋立赵孤儿,召而匿之宫中。诸将入问疾,景公因韩厥之觿以胁诸将而见赵孤。赵孤名曰武。诸将不得已,乃曰:"昔下宫之难,屠岸贾为之,矫以君命,并命群臣。非然,孰敢作难!微君之疾,群臣固且请立赵后。今君有命,群臣之愿也。"于是召赵武、程婴、拜诸将,遂反与程婴、赵武攻屠岸贾,灭其族。复与赵武田邑如故。

及赵武冠,为成人,程婴乃辞诸大夫,谓赵武曰:"昔下宫之难,皆能死。我非不能死,我思立赵氏之后。今赵武既立,为成人,复故位,我将下报赵宣孟与公孙杵臼。"赵武啼泣顿首固请,曰:"武愿苦筋骨以报子至死,而子忍去我死乎!"程婴曰:"不可。彼以我为能成事,故先我死;今我不报,是以我事为不成。"遂自杀。赵武服齐衰三年,为之祭邑,春秋祠之,世世勿绝。

第二章　制度变迁中的
　　　　　行动者

——从梁祝的悲剧说起

> 愿普天下有情的都成了眷属。
>
> ——王实甫[1]
>
> 我们根本无法成为研究自身的历史学家：他本身就是一个历史的产物。
>
> ——萨特[2]

在传统中国社会,法律制度的概念基本上局限于刑事法律和行政法律;被现代学者通常视为民法的户婚田土律其实主要是作为行政法进入各代法典的,更多涉及官府对这类问题的管理和处置。在这个意义上,从

---

[1] 《西厢记》,张燕瑾校注,人民文学出版社,1995,第五本第四折。
[2] Jean-Paul Sartre, "The Nationalization of Literature," in *What is Literature? And Other Essays*, Harvard University Press, 1988, p. 278.

总体看来,中国古代可以说是没有作为制定法的民法。但由于现代意义上理解的法律制度早已不限于制定法;[3]它还包括了更广泛的一些常规化的,因此在这个意义上可以视为国家认可的,社会实践或习惯。例如,本章讨论的一些婚姻制度。

中国古代的婚姻家庭制度基本上都是民间自发形成的,表现为习惯、惯例,国家一般不干预,立法上不作规定,"司法"裁判上尊重惯例。[4]只有当婚姻家庭制度与国家政治、经济生活有直接的重大关系时,国家才干预。例如,商鞅变法时对分家有严格规定,以及越王勾践为了对吴国复仇,鼓励生育,也对婚龄作了严格规定。[5]还有些法律规定,看上去好像是为了维护某种政治意识形态或儒家伦理观念,例如严禁同姓为婚,[6]但无论是从其文本还是从其历史演变来看,都显示了其追求是非常现实的,仍然是为了推动具体实在的社会利益。[7]

但是,究竟民间的哪些婚姻习惯、惯例可以算作法律?由于缺乏醒目的标识,这个界限就非常难划分。本文采取了哈特的功能性法律界定,"法律的存在指的是某些人类行为不再是选择性的,而是在某些意义上

---

[3] Cf. Friedrich A. Hayek, *Law, Legislation, and Liberty*, vol. 1, University of Chicago Press, 1973. 即使是目前中国主流法学教科书中关于法的定义,一般大致认为"法律是国家制定和认可,并由国家强制力保证实施的行为规范的总和",尽管对于这个认可,有不同的解说。

[4] 瞿同祖:《中国法律与中国社会》,中华书局,1984年。

[5] "民有二男以上不分异者,倍其赋";"令民父子兄弟同室内息者为禁。"《史记·商君列传》,2版,中华书局,1982,页2230。"凡男20,女17不嫁娶者,罪其父母"。《国语·越语上》。此外,汉惠帝时也有"女子十五以上至三十不嫁,五算"(五倍赋税。——引者)的规定。《汉书·惠帝纪》,中华书局,页91。

[6] 例如,《唐律》和《宋刑统》的户婚律中都规定了:"诸同姓为婚者,各徒二年;缌麻以上以奸论"。

[7] 从历史上看,唐、宋、元均严格禁止同姓为婚。但到了明、清,由于人口增多,《明律》与《大清律例》都区分了同姓、同宗,实际同姓而不同宗就可以结婚;到了清末,同姓不婚又与亲属不婚合并,只禁止同宗结婚;从文本上看,《唐律》和《宋刑统》规定"缌麻以上以奸论"也表现出国家考量的是同姓未婚者血缘关系的亲疏程度。所有这些都表明,国家并不关注"同姓"这个很容易意识形态化的概念本身,而是更关注必定会,对一国的人口状况产生实质性影响的那种近亲结婚。

是义务性的"。[8]根据这一法律的功能性界定,本文的分析可以弥补传统中国法律研究历来重视刑法的倾向,将古代中国法研究从传统的以制定法为核心的法律定义——"宪令著于官府,赏罚必与民心"[9]——中逐步走出来,扩展法律这个概念的内涵。但更重要的是,从这里切入还便利了我们从另一个方面考察作为法律一部分的民间习惯、惯例与社会生活的密切联系,进一步理解法律与社会生活的关系。

即使依据哈特的进路,在研究古代社会以习惯和惯例表现的法律制度时,还会有一些学理上的麻烦。问题之一是,由于任何研究者都趋向于用他所处时代的义务观念去感受历史上的习惯、惯例所隐含的义务,因此今天的研究者很有可能看不出或歪曲了在古代社会或古代社会某一地区曾具有强烈义务性质的习惯和惯例。例如,民间(无论古代还是今天)某些婚姻仪式或程序,对于当时当地人来说,也许具有强烈的规范和制度意义,在今天却可能为我们看轻,甚或不承认其规范意义。一个在今天农村仍然比较普遍存在的典型例子就是订婚。在制定法上看,订婚不具有法律意义,但是在许多农村社区,订婚是具有很强规范意义的。但是,这个问题对于本研究尚不构成威胁。因为本研究选择考察的婚姻习惯都是在古代中国具有普遍性的一些做法,而并非高度地方化的琐细风俗。我只是试图提醒自己以及今后从功能性视角选择认定和讨论传统习惯和惯例的研究者,这种选择和分析往往会带着某些今天的文化前见。

本文分析的是一部在当代中国几乎家喻户晓的戏剧:《梁山伯与祝英台》。这个故事至少在唐代就有文字记载,此后在民间广为流传;[10]

---

[8] H. L. A. Hart, *The Concept of Law*, 2nd ed., Clarendon Press, 1994, p. 6.
[9] 梁启雄:《韩子浅解》(下),中华书局,1960,页406。
[10] 参见,古桥主人等著:《编辑大意》,《梁祝故事说唱合编》,台北祥声出版社,民国65年4月出版,页1—2:
"据确实可靠的材料,梁、祝故事在唐代已有记载,宋代张津《乾道四明图经》上说:
'义妇冢,记梁山伯祝英台同葬之地也。在县西十里接待院之后,有庙存焉。旧记谓二人少尝同学,比及三年,而山伯不知英台为女也,其朴质如此。按《十道四蕃志》云,义妇祝英台与梁山伯同冢,即其事也。'

到了元、明时期,《梁祝》故事已大量进入戏剧和其他民间艺术。不仅元代白朴曾撰有《祝英台死嫁梁山伯》一剧,[11]而且其他元杂剧中的人物也曾提起过梁山伯和祝英台,[12]由此可见《梁祝》在当时就已经成为一种民间经典或大众文化。

新中国成立以后,由于社会改革,特别是50年代婚姻制度的变革,使得这一戏剧在中国获得了新的社会意义。它的越剧版被拍摄成新中国的第一部彩色电影。50年代中期作曲家陈钢和何占豪又以越剧曲调为素材改编创作了小提琴协奏曲《梁祝》。这两部现代作品都增加了或强化了剧中的阶级斗争因素和反封建的因素,[13]强调婚姻自由,使得这一民间故事在当代中国无论在艺术表现方式上还是在政治、社会意义上都获得了更多的现代性。就其在当代中国社会流传的广泛程度而言,恐怕《红楼梦》也难以与之媲美。

元杂剧的《梁祝》剧本如今已经失传;因此我利用的是明代戏剧《同窗记》。《同窗记》全本同样已失落;现存两出:一出是描述梁山伯到祝英台家中提亲两人重新相见的《山伯千里期约》,另一出是描述梁山伯与祝

《十道四蕃志》是唐代中宗时梁载言所作。同时,在唐代张读所著的《宣室志》记载得比较详细:

'英台,上虞祝氏女,伪为男妆游学,与会稽梁山伯者,同肄业。山伯,字初仁。祝先归。二年,山伯访之,方知其为女子,(页2)怅然如有所失。告其父母求聘,而祝已字马氏子矣。山伯后为鄞令,病死,葬鄞城西。祝适马氏,舟过墓所,风涛不能进。问知有山伯墓,祝登号恸,地忽自裂陷。祝氏遂并埋焉。晋丞相谢安,奏表其墓曰:"义妇冢"'。

[11] 请看,《同窗记》"题解",《中国戏剧选》(中),王起[主编],人民文学出版社,1998年,页604。
[12] 例如,元人无名氏杂剧《风雨像生货郎旦》([明]臧晋叔[编]:《元曲选》,第4册,中华书局,1958,页1650)一剧中有唱词称"也不唱韩元帅偷营劫寨,也不唱汉司马陈言献策,也不唱巫娥云雨楚阳台,也不唱梁山伯,也不唱祝英台……"。由此可见,祝英台之故事在当时已经流传很广。
[13] 例如,在《梁祝》电影中将马员外(乡绅)改为马太守(官吏),使之成为"统治者",将马家公子说成是花花公子,同时也表现了祝员外的贪图权势,毫无父女情义,强迫祝英台嫁给马家公子。可参见上海文艺出版社[编]:《梁山伯与祝英台》,《越剧丛刊》,1集,上海文艺出版社,1962年。

英台学成回家分手时《河梁分袂》。前者可见于王起主编的《中国戏剧选》;后者见于古桥主人等著的《梁祝故事说唱合编》。[14]尽管剧本不完整,但就本文分析的问题而言,故事梗概加上《山伯千里期约》中的信息就已经足够。

本文分析的主要是古代中国社会的结婚制度,只是婚姻家庭制度的一个方面,不追求"完整"或"全面"。我首先试图从该剧透视一些细致的结婚制度在当时社会发生和存在的根据,理解其"优点"和"缺点"。更进一步,与此剧相结合,我还试图在抽象层面上简单讨论制度的特点,以及在制度变迁中个体行动者的无能和作用,一个上一章未能谈及的问题。我希望通过分析法律制度与行动者个体之间的冲突来展示人类几乎注定的悲剧性境遇。

悲剧何在?

祝家女公子英台女扮男装到杭州攻书,途中遇到同样外出求学的梁山伯,俩人"结为八拜之交,……[如]胶漆雷陈,同气相求,同声相应"。[15]同窗三年,祝英台暗中爱上了梁山伯,而梁山伯却不知祝英台的真实身份。分别前,祝英台假称自己有一妹妹,许嫁给梁山伯,并以"二八"、"三七"、"四六"日反复暗示十日后,梁山伯及时来提亲;但交流失败,梁山伯误以为让自己三十天后提亲。三十天后,梁山伯期约来到祝家提亲,祝员外已将祝英台许配当地马员外的公子,并已订下迎亲的日期。梁祝相见,悲感交加,但无法改变所订婚约。离开祝家后,梁山伯一病不起,含恨辞世。在马家迎娶祝英台的途中,祝英台坚持要到梁山伯的坟前告别,获得许可。祝英台痛哭祭奠梁山伯,当时,风雨大作,坟裂,祝英台纵身坟内,殉情身亡。

---

[14]《梁祝故事说唱合编》,同前注10,页3—4,页11—12。
[15]《同窗记》,同前注11,页607。此后引证此书页码均见于正文。

由于生命之短暂,爱情之罕遇,生死之恋总能令人感怀不已。《梁祝》的故事不仅感动了一代代少男少女,而且也令许多多情的成年人伤感。人们如今习惯于将这个故事界定为"悲剧",称其为中国的《罗密欧与朱丽叶》。但这个悲剧究竟悲在何处？每个读者都必定是而且也只能从自己的角度经验和感受来理解。然而,如果仔细想一想,这类事情在日常生活中并不少见。无论是青年还是中年,甚至是老人,都有不少人由于种种原因相爱不成,私奔,甚至一起自杀。我们一般不把这种事件称之为悲剧;有时甚至会对这种痴情自杀者表示轻蔑,认为其不负责任(对父母和其他亲人,对社会)。数年前,北京八达岭长城上,就曾有一对各有家室的成年男女殉情自杀,人们甚至对此表示了一种谴责;尽管至少就真诚和深厚而言,他们之间的爱情丝毫不亚于梁祝的爱情。但仅仅因为男女之间感情真诚,以及这种感情无法在现有的婚姻制度中得到满足,即使导致双双死亡,并不足以构成一个悲剧。其实社会只是在双方的爱情不严重影响他人之际才承认"爱情至上";而这个前提恰恰表明社会从来也没有承认"爱情至上"。

　　也许是因为死者年轻,白发人送黑发人？年轻生命的突然夭折往往会强化了生者对生命脆弱之感受。这的确令人叹惜,但也未必构成悲剧。每天都有不少年轻人因不测事件死亡,从刚出生的婴儿到风华正茂、前途无限的青年。作为旁观者的我们会为之心痛,却不觉得这是悲剧。

　　还有人,特别是1949年以后各种《梁祝》的改编本,包括其中有表现"抗婚"的小提琴协奏曲《梁祝》,更多强调了这一事件中"阶级斗争"和"阶级压迫"的因素,因为祝英台许配的马家是当地的一个富庶人家(财主),似乎祝员外是因为"贪财",[16]牺牲了女儿的幸福。但是,仔细看一看这个戏剧剧本,这一点其实并不存在。不仅祝家与马家同为员外之家,因此两家仅仅是"门当户对"而已,并无有意高攀之嫌;而且当梁山伯千里期约来求亲时,祝员外也没有为两人相见设置任何阻碍。尽管剧作中

---

[16]《同窗记》"题解",同前注11,页604。

没有明确告知梁山伯的家庭成份,但我们没有理由推定其出身一定是贫下中农;相反,如果一定要推论的话,也许更有理由推定梁山伯也出生于某个员外家庭——当时真正的穷人家怎么有经济能力供他带着书童事久到大城市来求学呢? 如果不是梁山伯误解了祝英台的暗示,未能如期赴约,至少从故事的前后背景来看,祝员外未必会拒绝梁山伯的提亲,未必会仅仅为了马家的富贵而违背了女儿的心意。祝员外曾允许好强的女儿孤身远赴杭州求学,若是以当时的社会标准来看,这一点就足以表明祝英台的父母是颇为开明的(liberal),非常迁就女儿的;他们没有接受"女子无才便是德"的古训。

而且,至少原剧本中没有任何地方表现出马家"依仗财势"[17]。相反,仅就马家在迎娶途中还能允许祝英台祭奠梁山伯这一点,在我看来以及——我认为——在许多人看来,马家应当说是相当仁义和宽容的。设想一下,今天有谁或谁家会在结婚这一天,在开车接新娘的路上,容忍新娘子先去祭奠一下前男友?(当然,这也强烈地透露出传统婚姻制度的一个重大问题,后面再谈)。是的,马家富庶,也许是个地主,但是,我们也不能仅仅因为马家富庶,马家的儿子就无权娶亲了,马家就应该断子绝孙了! 马家至少和梁山伯一样有权利选择祝英台。阶级斗争和阶级压迫并不是构成悲剧的主要因素。

今天更多的人认为悲剧在于包办婚姻,在于"吃人的封建礼教"。[18]但仅此这一点也并不必然构成悲剧。我将在后面分析,其实不仅在中国历史上,甚至在人类历史上,在近代以前的主要婚姻制度形式都是包办婚姻。并非包办婚姻都将导致梁祝之类的悲剧。否则,悲剧就太多了。

然而,最重要的是,从全剧来看,祝英台和梁山伯的言行始终都没有反抗当时的以媒妁之言和父母包办为主要特征的结婚制度,所有的证据似乎都相反,他们在肯定着这个制度。例如,尽管祝英台已经爱上了梁山

---

[17] 《同窗记》"题解",同前注11,页604。
[18] 同上注。

伯,她还是要将这种感情掩盖起来。他俩曾"同床而睡,结脚而眠",如果真的是反对包办,主张婚姻自由,在"将在外,君命有所不受"的情况下,在父母"鞭长莫及"的地带,他俩完全可以"把生米做成熟饭"。而且,如果我们假定梁祝二人,真的如同今天的通说那样,是反对包办婚姻追求婚姻自由的理想化身时,他们也没有什么理由会拒绝"做成熟饭"——因为他们是两情相悦,而不是单相思。但是,祝英台就是不愿说破,她一定要先回家,一定要等着梁山伯来提亲,一定要在提亲之际才说破真相。梁山伯在得知祝英台女儿身并已许嫁马家之后,他也仅仅表示深深的遗憾,并没有"非她不娶"(梁山伯并没有"爱情至上")。梁山伯已经准备求娶两人分别时祝英台虚构出来的那个妹妹;只是发现这一希望也落空时,梁山伯才"罢休不成",表示要"前去寻一个月老冰人,定要把赤绳绾定,定要把赤绳绾定"。同时责备"一来恨贤妹言而无信(这是可以理解的过激之词——引者),二来恨卑人薄命,三来恨月老注得不均平"(页612)。甚至到了这时,面对爱人的炽热真情告白,祝英台还是坚守已经由传统的婚姻程序和制度确定的与马家的婚约,并以酒做媒证,许愿"今生不和你谐凤侣,来生定要和你结姻亲"(页613)。最后,俩人只能伤感而别。剧中既没有显示祝员外或马员外对祝英台施加什么压力和强迫,也没有祝英台的反悔。

如果就剧本本身而言,无论祝英台和梁山伯都力求以这种包办婚姻和媒妁之言的程序和制度来实现自己的梦想,他们希望经过这种"程序正义"的认可。在这个意义上,他们是自觉的也是坚定的包办婚姻制度的遵守者。他/她们不喜欢的仅仅是由于这种程序或制度以及其他因素(我将在最后分析)所造就的对于他们来说非常残酷的结果。和任何普通人一样,他们希望通过程序得到一种"实质正义"。如果说他们对包办婚姻有何不满的话,那也仅仅因为他们事后获得了新的信息,他们已经从"无知帷幕"的背后走出来了,看到这一系列程序的结果。但即使这时,他们还是准备接受这种结果,而没有打算挑战这种制度。仅仅是由于梁山伯的意外病逝(注意,失恋也许会促成生病或加重病症,但并不是也不可能是生病和病逝的原因),祝英台悲感交加,才发现了自己的感情所在,并决意殉情。因此,所谓梁祝两人追求婚姻自由的说法实际是,在近代社会变迁的背景下,现代中下层自由派知识分子和当代"小资"们对《梁祝》故事的一连串选择性的和建构性的解读,这种解读适应了1950—60年代中国社会变迁中的政治需求,也适应了1980年代以来中国"小资"文化的兴起。

梁祝二人的年龄

但我仍然认为该剧可能是一部深刻的悲剧,它确实隐含了一些值得深思的制度和人生的问题,不仅是对于古人,而且也对于今天的人们;只是需要一种新的解读。这种解读首先必须在故事发生的社会历史条件下,充分理解此剧写作和演出时所针对的观众,以及观众的社会认知参照系。

我首先从该剧两位主人公的年龄切入。

在《梁祝》的较早版本的故事和戏剧中都没有提及梁祝的年龄。但是主人公的大致年龄对于受众理解和欣赏这出戏剧非常重要,甚至必不可少。如果没有一个大致的年龄,这整出戏就会变得不可理喻。如果年龄太小,例如两人都在十岁以下,整个戏剧会变得十分荒诞,很搞笑;而如果年龄太大,该剧就会变得非常无聊,很矫情。因此,尽管剧本没有提及年龄,观众观看此剧时却一定会带着一个有关主人公之年龄的预期,而这个预期将主要通过观众的直接日常生活经验,依据剧本提供的一些有关主人公年龄的信息建构起来。[19] 由于不同时代的观众生活经验会有不同,因此可以预期不同时代的观众观看该剧时对主人公年龄预期也有不同,甚至有很大的不同,导致观众对该剧的理解不同。

在现代社会,外出求学、恋爱、结婚,这些事基本上都是同二十岁左右

---

[19] 这是文学批评中读者反应理论指出的,阅读是读者的活动,有读者的参与。请看,斯坦利·费什:《读者反应批评:理论与实践》,文楚安译,中国社会科学出版社,1998年。

或以上的年轻人相联系的,因此,在现代观众眼中,梁、祝二人大致相当于两位在外求学多年回家度假的"大学生"或至少也是"高中生"。一旦下意识中有了这个年龄,由于近现代社会变迁而引发和塑造的自由主义观念,今天的观众基本都接受了婚姻自由的观念,至少是把成熟青年之间的婚姻和爱情视为完全属于个人选择的范畴。这种社会的格式化或前见无意中对主人公年龄的补足,尽管无所谓对错,但很容易接受有关此剧反封建、主张婚姻自由的解说。但这样一来,我们的理解就会与古人的理解有重大偏差。

对于古代观众或读者来说,梁祝的年龄会小得多。无论是从古代的婚龄推论,还是从戏剧故事本身的细节来推算,梁祝悲剧发生时,他们两人最多也只是少年,大约十四至十五岁之间,甚至可能更年轻。在中国古代,很早就有了有关结婚年龄的规定,至少就有确证的法定婚龄。[20]但是,同样是婚龄,意义不完全相同;其意义要看规定婚龄针对的是什么社会问题。早期,特别是战乱之后,国家往往会鼓励生育,努力增加人口,采取了一种强制性的婚龄,即到这个年龄就必须结婚;而随着社会和平发展,国家则越来越多采取授权性的婚龄,即只有到了这个年龄,才能结婚,或婚姻才得到法律的保护;[21]根据现有的资料来看,前一种婚龄往往规定的是男二十,女十五;而后一种在中古时期则一般为男十五,女十三,[22]到明清之后均为男十六,女十四。[23]

---

[20] 关于法定婚龄的历史考察和辨析,可参见,陈顾远:《中国婚姻史》,商务印书馆,1998年影印(原版1937),页125—129。

[21] 例如,唐初贞观元年(公元627年)诏规定的婚龄为男二十,女十五;大约100年后,开元22年(公元724年)诏则规定"男年十五、女年十三以上,听嫁娶"。郭建、殷啸虎、王志强:《中国文化通志·法律志》,上海人民出版社,1998年,页101。

　　陈顾远先生在其著作中曾对中国远古时期规定的高婚龄表示不可信,原因在于他混淆了这两种婚龄,更习惯用现代人的允婚龄理解古代的必婚龄。

[22] 例如,北周建德年间令"自今男年十五、女年十三已上,爰及鳏寡,所在以时嫁娶"(《周书·周本纪》);唐开元年之后也是男十五,女十三;宋代继承了唐代的规定"男年十五,女年十三以上,并听婚嫁"(《清明集·立继》卷7)。

[23] 参看,郭建,等,同前注21,页101。

从剧本展示的情理来说,梁山伯与祝英台相遇时年龄最多是在十一二岁上下,殉情时大约在十四至十五岁上下。因为,即使在古代,人们一般也不会等到十六七岁再上学读书,因此他们根本不可能是如同我们在舞台上看到的那样二十岁左右的大学校园内的姑娘小伙。

其次,一般说来,男女青少年到十三至十五岁后,就会逐渐对异性敏感起来。而梁祝"同窗三载",朝夕相处,俩人甚至曾"你当初与我同床而睡,结脚而眠"(页606,609),而梁山伯完全没有察觉到祝英台的女儿身。对此可以作种种解释,但最简单并且言之成理的解释则是:从祝英台方面来看,祝英台尚未发育,至少尚未完全发育,否则,无论其体形、皮肤、举止和说话声音都会发生巨大变化,很难在同异性非常亲近的交往中完全掩饰过去;而在梁山伯这一方可能更不成熟,很可能还没有开始发育,未进入青春期,因此,梁山伯才没有表现出在青年男子身上通常表现得最为强烈的、对于异性的高度敏感和好奇。梁山伯倒也不是完全没有察觉到祝英台的行为举止异常,但是祝英台几句话就掩饰过去了(页609)。梁祝二人学成之后临别时,一路上,祝英台曾以"鸳鸯交颈""红莲并蒂"等这一系列文化人很容易理解的爱情隐喻予以暗示,"见景生情,托物比兴,谁知你[梁山伯]不解文君意,那识伯牙心"(页611)。这种"落花有意"和"流水无情"(页610),这种对于爱情表达的不敏感、没反应,不能,也不应,仅用祝英台的女扮男装来解释;更大程度上应归结为梁山伯的生理和心理尚未发育。梁山伯很可能还处在两小无猜的年龄,处于"山有木兮木有知,心悦君兮君不知"的愚钝状态;而祝英台也仅仅是情窦初开的少女,对梁山伯有了一种朦胧的情愫,但身心也还没有发育成熟。只有将俩人的年龄定在这一阶段,对他们之间三年同窗、结脚而眠且坐怀不乱的纯洁关系才可能做出一种令普通人可以理解的合乎情理的解释。

剧中还有其他一些信息也可以用来推论祝英台和梁山伯的大致年龄。例如,祝英台许配马家。这虽然不能直接证明祝英台的年龄,但可以作为一个参照,因为在古代,如前所述,女子许配他人大约也就在十五岁左右。[24] 又比如,祝英台为梁山伯殉情,这种行为一般也是纯情、刚烈的青春少女所为,不可能是年龄更成熟、更多参悟了人生的成熟女子的行为。

我并非在考证梁山伯祝英台的年龄！我知道,剧本不是历史,戏剧角色不是真实人物,在这个意义上,年龄考证注定是没有结果的。我只是通过这些来察知历史上作者在创作该剧以及观众在观看该剧时隐含的对梁祝二人年龄的想象,相关的情感和判断,以及作为这一切之基础的社会现实。任何一个流传广泛并得到人们认可的戏剧,都必须包含了那个时代的某些真实。因此,有理由把当时的社会状况作为一个标准,来理解这个戏剧文本的模糊之处。也基于此,我认为,我的关于梁祝的年龄推断大体是成立的。而这个年龄问题对于理解梁祝爱情的悲剧性质有重要意义。

早婚与包办婚姻

一旦确定了梁山伯祝英台的大致年龄,我们就会发现,以今天的标准来看,梁祝之间的感情是一种非同寻常的"早恋",这大约相当于今天的初中生谈恋爱。但是,使用"早恋"这个词并不恰当。今天的人们已经赋予了该词某种贬义,似乎这种现象本身就是一个问题。但是任何社会现象并不因其本身之存在就自然而然地成为一个问题,只是在同具体社会中的人及其社会活动相联系才有可能成为一个问题。如果历史地看,在人类历史上,今天我们所谓的"早恋"曾长期被人们视为正常,甚至可能是人类社会存在的必须。

正常或反常都不是一个天然的概念,而是一种社会的建构;标准不是永恒的理性,而是社会的需求。在长期的古代农耕社会中,生产力水平很低,交通不便,人员、信息流通不畅,科学技术水平很低,医疗卫生水

---

[24] 又见,"十四为君妇。羞颜未尝开。低头向暗壁。千唤不一回。十五始展眉……"李白:《长干行·其一》。

平自然也很低。在这样的社会条件下,人的平均预期寿命必然很低。[25]为了保证生命的正常繁衍、延续,人们就必须早婚。假定当时人的平均预期寿命只有四十岁,那么如果当时人们的实际婚龄如相当于当今城市人的实际婚龄,比如说二十五岁左右,那么该社会绝大多数人去世时,其头一个子女才十岁出头。这个年龄的孩子在农业社会中虽然已经可以参加一些轻微的劳动,但尚不足以独自谋生;而他最小的弟妹则完全可能还在襁褓之中。显然,这种婚龄无法保证人类种族的有效延续。据此,早婚几乎是一种必然,是社会得以持续存在的一个最佳选择。只有在这个意义上,我们才可以理解前面提到的古代的义务性法定婚龄,才能理解为什么今天我们看起来的早婚早恋当时却为正常。一个人若是十六岁结婚,即使他四十岁左右去世时,其长子或长女也已经二十多岁了,完全可以独自谋生,成立家庭了;下面的弟妹一般也可以独立谋生了;即使最小的弟妹还小,长子或长女也可以承担起抚育的责任。因此,在传统中国社会中,一直都有"长嫂如母""长兄如父"的说法和实践。[26]

尽管人类社会的有效延续要求人类早婚,但必须注意,这种早又一定要有限度,它必须得到人的生物性的支持。如果没有,没有由基因规定的人的生理发育时间和程度为基础,这种社会的要求就不可能落实。先前时,有些富庶人家儿子不到十岁,就娶了一个成熟女子作为童养媳,不可谓不早;但并不能生儿育女,传宗接代,还是必须等到男孩长到一定年龄才能真正"圆房"。人类的制度,无论是主观设计还是自然演化的,都永远无法超越人类的生物性限制;相反,一定要同这种限制兼容。由于这种社会需求,在人类生存演化的长期竞争和淘汰中,一般说来,那些有

---

[25] 在新中国建立之际,中国人的平均寿命预期是三十五岁左右。而据刘翠溶对长江中下游地区一些家族的家谱研究,在1400—1900年间,中国人出生时的预期寿命约在三十五至四十岁之间波动。Liu, Tsui-jung, "The Demographic dynamics of Some Clans in the Lower Yang Tze Area, Ca 1400—1940," *Academic Economic Papers*, vol. 9, No. 1, 1981, pp. 152—156。注意,这个地区是这一时期中国经济最发达地区,并且这些家族一般说来更可能是大户人家;因此,这个预期寿命应当高于当时中国人的平均预期寿命。

[26] 这一节文字大致基于我的另一论文,苏力:"语境论———种法律制度研究方法的构建",《中外法学》,2000年1期。

相对性早熟基因的人类种群会更多留存下来,而那些缺乏这种基因的人种(无论其道德上是否高尚,文化是否发达)则会因其无法保证种群的有效延续而最终被淘汰出局。剩下的人类种群,从基因上看,基本都是十四五岁就具有生育能力的。从社会生物学上看,人类在这个年龄段性发育成熟,这个生理特点不是偶然的,它是人类长期生存演化的结果,是非目的论的自然演化、选择的结果。就人类种群的延续而言,古代社会的早恋、早婚、早育制度既有生物性基础,也具有社会需求的合理性;在当时的历史条件下,这是一种合理的制度。

仅承认早恋、早婚、早育的制度在当时社会有合理性还不够,人类还必须发现其他一些具体的制度措施,来保证在农业社会人员流动性小,交往面狭窄,信息流通不便的环境中,能够有效地实现早婚早育。媒妁之言与包办婚姻正是作为保证人类延续的一种辅助性制度发展起来的,有效回应了这种社会条件。

人类通过长期的实践,发现"男女同姓,其生不蕃",[27]血缘关系过于亲近的人结婚,对于后代繁衍很不利;因此,人们必须从血缘关系比较远的人中选择婚配对象。但是,在古代农业社会中,交通和信息流通不便,人们的生活世界很小,基本上从小就在一个村庄内长大,本村同龄异性往往是不能婚配的近亲属,可以接触到并可以成为配偶的其他异性很少(偶尔有个表哥或表妹)。与其他村的适婚异性也很难交往,因为,一般说来,在没有确定预期之际,你不大可能无缘无故地翻山越岭跋涉十几甚至几十里地去寻偶。甚至,由于太年幼,许多青少年还不大懂儿女私情,未必能够充分留意异性;例如,戏剧中梁山伯与祝英台同窗三年也不知对方是女性。在这种社会条件下,如果以今天城市人习以为常并自认为具有道德优越性的自由恋爱方式婚配,同时还要排除近亲结婚,信息费用和交易费用都会极高,高得可能使婚姻不可能发生,而这就会再一次威胁人类种群的有效延续。

人们还是创造了多种可能,来增加青年男女交往,降低求偶的信息费

---

[27]《左传·僖公二十三年》;又请看,《国语·晋语》,"同姓不昏,惧不殖也"。

用,便利婚配。例如,赶集,因此,有了"氓之蚩蚩,抱布贸丝。匪来贸丝,来即我谋"的男子;[28]各种节日,因此先是有了"笑语盈盈暗香去",然后是"众里寻他千百度;蓦然回首,那人却在灯火阑珊处";[29]踏春,因此有了"三月三日天气新,长安水边丽人多",有了青年男女从"伊其相谑"到"伊其将谑",有了"人面桃花相映红";[30]寺庙上香拜佛许愿,因此才有了普救寺内的"待月西厢下"。[31]元杂剧中有不少以节日为背景展开的爱情故事,例如《金钱记》、《墙头马上》、《百花亭》、《玉壶春》、《留鞋记》等;乃至于在元杂剧中一些衙内恶少或坏人也会利用节日抢夺那些"生得好的女人",例如,元杂剧《鲁斋郎》、《延安府》、《李逵负荆》中都留下了这样的痕迹。[32]在一些特别是居住在山区的少数民族那里,则有山歌会、赛马会之类的聚会,因此有了"大理三月好风光,蝴蝶泉畔好梳妆"(《五朵金花》),有了"连就连,我俩结交定百年,哪个九十七岁死,奈何桥上等三年!"(《刘三姐》)。对于众多的青年男女来说,所有这些活动的意义就是有了一个可以交往的公共场所;从社会的角度来看,这些聚会的重要功能之一就是建立了一个临时的求偶市场。

但即使如此,求偶的信息费用仍然困扰着农耕社会的人们,因为并非人人都可以使用这些制度。事实上,很可能绝大多数青年男女都无法使用——上面引证的诗文大多都发生在城里;有时的惊鸿一瞥,即使众里寻他千百度,也只留下了"人面不知何处去,桃花依旧笑春风"的感慨,留下了"昨夜星辰昨夜风"的伤感。

儿女的婚姻还是父母操心的一件大事。由于社会经历和社会关系相对说来更为广泛和开阔,父母亲也更有可能为子女发现这些父母认为合适其子女的配偶。为了扩大择偶的可能性和成功率,一些父母还

---

[28] 《诗经·卫风·氓》。
[29] 辛弃疾:《青玉案·元夕》。
[30] 杜甫:《丽人行》;《诗经·溱洧》;崔护:《题都城南庄》。
[31] 《西厢记》同前注1,第三本第二折。
[32] 参看,罗斯宁:"元杂剧和元代节日文化(上)",《元曲通融》(上),山西古籍出版社,1999年,页435—436。

会大量借助媒妁之言。包办婚姻和媒妁之言在传统农耕社会成了择偶的主要制度,功能就是增加信息渠道,节省交易费用。在农耕社会中,其作用总体说来——尽管并不总是——是积极的,具有无以替代的制度正当性。而那些没有采取这种制度的群体,那些采取了"自由婚配"因此在农耕社会中更可能近亲结婚的群体,必定会在历史无意识的生物进化中逐渐消亡,与其一起消亡的则还有他们的"自由恋爱"的婚姻制度。凡是能够延续至今的农耕社会,在古代采取的基本都是包办婚姻和媒妁之言;[33]这决不是偶然的。这是生物选择的结果。制度并不是道德的产物,制度是生存的产物。

还有其他一些社会因素也促成了父母包办婚姻。例如,结婚并不仅仅是性的问题,而是一种社会制度,[34]会涉及后代的健康、养家糊口等世俗的问题。虽然性爱以生物本能为基础,而婚姻则必定涉及诸多利害的选择,有许多烦杂的事务要处理。这些问题要让一个十四五岁的青少年来处理,显然有许多困难;相比起来,父母更有能力和经验处理这些问题。此外,在古代社会,儿子在婚后至少会同父母一起居住一段时间,甚或要养老,父母因此一般也不大愿意家中出现一个自己完全不了解底细的、性格上有冲突的陌生人。为了避免这种冲突,他/她们自然也会干预儿女的婚姻。由于控制了家庭的经济,由于成熟和经验,由于交际面广泛,由于在家庭中长期形成的地位,这些都使得父母在这一问题上占据主导。包办婚姻由此成为传统农耕社会中的一种基本的婚姻制度,一种事实上的法律,一种人们有义务遵守并通过社会压力保证实施的规则。[35]

---

[33] "罗马古时……家属的男婚、女嫁由[家长]决定,不必征求子女的意见……"周枏:《罗马法原论》上册,商务印书馆,1994年,页137—138。

[34] 关于性爱与婚姻之分别,请看,费孝通:《生育制度》,《乡土中国·生育制度》,北京大学出版社,1998年。

[35] "丈夫生而愿为之有室,女子生而愿为之有家;父母之心,人皆有之;不待父母之命,媒妁之言,钻穴隙相窥,逾墙相从,则父母国人皆贱之。"《孟子·滕文公下》。

包办婚姻中的财富问题

在选择婚姻伴侣时,除了必须没有太近的血缘关系外,从女性角度来看,另一个基本条件就是对方具有养育后代的能力。

这也是物种在长期生存竞争过程中产生的一种生物本能。社会生物学的研究发现,每个生物都趋向于令自己的基因通过繁殖得以更多的复制,男子女子都一样。但,由于男女在生育中的角色不同,因此男子和女子(或雄性和雌性生物)的择偶标准或择偶战略有所不同。一般说来,男子本能上会"希望"(这个词并不准确)有更多的配偶,因此有更多的后代;但由于社会制度、财政状况以及有时生理能力不许可,男子会本能地选择那些更具生殖能力的女子,这种生殖能力往往表现为女性的第二性特征,即男性感到的女性的"美丽"和"性感"。由于相对于男性而言女性的生育资源更为稀缺(生育年龄短和排卵数量有限),每生育一个孩子都要比男性更多投入,以及由于她及其后代——特别是在农耕社会——比男子更需要保护和养育,女性则会对配偶更为挑剔。[36]一般说来,女性倾向于选择那些身强力壮、聪明能干因此有能力提供这种保护和养育的男子,这种能力在许多时候会表现为财富和才华(潜在的财富)。郎才(财)女貌,才子佳人,这种世俗的幸福婚姻标准,之所以长期存在,并受到人们的赞美,[37]实际是有一定的社会生物学基础的,其背后有生物竞争的逻辑支配。不论我们今天是否愿意认可这一标准,但只要扪心自问,就会发现在普通人之间这是相当普遍的现象。漂亮的女子,总是更受男子的青睐,而弱小且无能的男子(例如武大郎,既弱小又无能)一般都很难找到媳妇。

---

[36] 波斯纳:《性与理性》,苏力译,中国政法大学出版社,2002年,页119。
[37] "从今至古,自是佳人,合配才子"。自董解元在《西厢记诸宫调》中第一次表达了这一经验命题后,元杂剧中一直有充分持续的表达,例如《崔莺莺待月西厢记》、《㑳梅香翰林风月》等。

但由于早婚,这些择偶标准往往变得难以适用。由于早婚,女性虽然往往已经呈现出其美丽,但男孩子往往未充分发育,许多男性特征(身体是否强壮、高大、健康)未充分展现,因此很难判断他将来是否身强力壮。再者,随着社会发展,男子的养育能力已不仅仅取决于体力,而且还取决于并可能日益取决于个人才智,而在包办婚姻和媒妁之言中这也很难辨识。才智只有在同人的交往中,包括在同异性的交往中才能逐步展示出来。还有,一位男子即使有养育能力,却未必有养育的意愿,养育的意愿在相当程度上往往取决于女性对他有没有性吸引力,换言之,他是否爱她。这种以性吸引力为基础的养育意愿在包办婚姻和媒妁之言的制度中很难辨识和衡量,只有在与异性交往中更容易发现,有时即使只是短暂的交往就会发现。[38]元杂剧以及其他许多古代戏剧中,常常有落难才子与大家闺秀一见钟情,[39]尽管有点俗套,但展示的就是这种社会生物学的道理。因早婚引发的、以包办婚姻和媒妁之言为标志的婚姻制度无法回应这些问题。

要避免或减轻包办婚姻制度的这些弱点,因此,就必须有其他制度的补充或作为替代。在人类历史上,人们逐渐形成了以家庭背景(包括身体强弱、家庭财富、家教、门风等)作为衡量婚配对象之养育能力的替代标识。经济学的研究表明这种替代有一定的合理性。[40]首先,一般说来,在农业社会中,家庭财富的创造主要依赖体能。而至少到目前为止,我们知道体能和相貌都是可以遗传的(今天,选拔优秀少年运动员或运动员苗子,总会参考父母的身高体能等因素),基因研究和一些生物学研究表明智力也会遗传,[41]因此考察父母,用作测度婚配对象未来之体能

---

[38] 参看,Gary S. Becker, "Imperfect Information, Marriage, and Divorce," *A Treatise on the Family*, enlarged ed., Harvard University Press,1981,页327。

[39] 元杂剧《西厢记》(王实甫)、《墙头马上》(白朴)、《曲江池》(石君宝)、《张生煮海》(李好古)、《㑇梅香翰林风月》(郑光祖)等都表现了这一点;许多民间故事也表现了这一点。

[40] 参看,Gary S. Becker,同前注38,页326—327。

[41] 可参看,格兰特·斯蒂恩:《DNA 和命运:人类行为的天性和教养》,李恭楚、吴希美译,上海科学技术出版社,2001,第8章。该书介绍,目前的研究表明智力的遗传率为60%。

和智能的替代标识,尽管不精确,却是有道理的。而且,体能智力更好的父母一般说来也会比其他父母积累更多的财富,家境也会相对富裕。即使这种测度误差较大,那么现有的财产也是一种累积下来的、物化了的养育能力,至少可以部分地保证儿孙的生活不至于过分窘迫。[42]因此,在为儿女选择配偶时,至少在其他条件相当的情况下,所有的父母一般都倾向于选择富裕一些的人家,至少是同等殷实人家。这反映了父母希望子女能够生活更好一些的自然愿望,同时也确实为下一代的顺利成长和成功提供了一个必要条件。[43]

这一标准并不简单是嫌贫爱富,而是一种因生活需要而必须做出的选择。在没有其他标识证明婚配对象有更为优越的养育能力之际,以现有的家庭背景包括财富作为一个基本的择偶标准,对那些为子女择偶的父母亲,一般说来,也许是最实在、最可见、最经济的。即使当今的父母也没有谁完全不考虑儿女婚后的家境。当然,如今人们可能更看重对方的学历之类的东西,表面看来对对方的"文化"要求高了,似乎社会进步了,文明程度高了,但说穿了,学历在今天仍然是一个大致衡量对方未来收入状况的标识,因为就总体而言,学历高的人要比学历低的人收入更高。[44]青春期的孩子,由于受支配原始生活时期求偶标准的基因所左右,往往更多考虑相貌或其他性特征的吸引力,即所谓"爱美之心,人皆有之",却很难认真考虑财富和智力这些在农耕和工商文明生活中很重要的因素。因此,包办婚姻制度下,父母看重家庭条件和财富从总体上看也具有

---

[42] 事实上,中国人在考察家境时,还往往会考察对方父母甚至祖上的人品。这实际上是假定,道德品质和行为方式在一定程度上也有遗传的因素。这一点同样是符合目前生物学研究的一些最新成果的,至少一些犯罪学研究表明某些犯罪是有遗传因素起作用的。可参看,格兰特·斯蒂恩:《DNA和命运:人类行为的天性和教养》,同上注,特别是第10、11和13章。

[43] 参看,Gary S. Becker, "Family Background and the Opportunities of Children",同前注38,页179以下。

[44] 中国的情况,可参看,薛亚芳:"学历与工资成正比",《人才市场报》,2004年4月20日,版1;有关美国的情况,可参看,"文凭究竟值多少?美国人口普查局:上大学使美国人收入翻倍",《北京晨报》,2002年7月22日。

合理性。

我们不能忘记包办婚姻制度的问题。最大的问题在于这种替代性测度机制所测度的性吸引力必定是不精确的。因为,性吸引力本身就很难测度。尽管体能、身高、相貌、财富都可能构成性吸引力,但是性吸引力还有其他一些因素,还有一些非常个性化的因素。这些因素只能通过婚配对象自己交往才能真正比较发现。从父母预测儿女并不总是很准确的(父亲高,儿子并不一定高)。因此,在媒妁之言和包办婚姻中,确实隐含了缺乏爱情(性吸引力)因此婚姻不幸福的因素。想想,前面提到的,马员外家在迎娶祝英台的路上,居然能够允许祝英台去祭奠梁山伯,这不完全是马家宽容的问题,这还反映了,由于从来没有相见和相交,祝英台对于马员外之子还没有足够的性吸引力,马员外之子对祝英台也没有强烈的爱,因此才没有那种恋爱中的男子本应当有的强烈的性嫉妒。当然,这并不意味着,他们以后的婚姻就一定并总是不幸福;他们完全可能会在婚后产生强烈的爱情,即"先结婚,后恋爱"。事实上,在传统社会的包办婚姻中,这也并非罕见。但也有可能,两人永远无法真正相爱,甚至就是冤家对头。究竟如何,无法预测。

但是,要点并不在于这种测度机制有缺陷。要点首先是,在古代或传统社会的条件下,人类如无法找到更好的测度机制,这些缺陷就无法避免。人类永远无法生活在一个完美世界中。其次,如果非意识形态地看,即使今天自由恋爱的婚姻也未必能解决长期的性吸引力问题。个人的许多特点在社会生活中都会发生改变,例如对方的容貌、体形、健康、性格的变化,己方的偏好、经历的变化;还有交往增加,不断有各种类型的异性的出现等等。所有这些因素都会影响性吸引力的持续。现代自由恋爱基础上的婚姻制度仅仅是把问题转化为"自己的选择,好坏都自己兜着",因此把这个问题隐藏起来了;或者是通过高离婚率转移了。最后,我们还必须牢记,在古代社会的条件下,婚姻制度首先要解决的是人类的有效延续问题,"上以事宗庙,下以继后世",[45] "不孝有三,无后为

---

[45]《礼记·昏义》。

大",[46]性吸引力自然会排在人类生存问题之后。

悲剧因素之一:自然与社会

《梁祝》的故事为我们理解社会和制度提供了一系列启示,我将分别分析论述。

首先是关于婚姻的社会制度性质。当代的许多知识分子都强调个人自由;在性与婚姻上,表现为强调婚姻和恋爱的自由,强调性爱的自然属性,强调所谓的自然法则。随着社会的变迁,作为一种政治和社会追求,这些努力和宣传在今天显然是不错的,也是必要的。但若仅仅有这种理解,就很可能为这些语词迷住了眼,在语词的丛林中迷路。其实,我们不能仅仅因为一种东西是自然的,就认为它是高尚的,是值得追求的。不错,性爱是作为生物个体的一种天然,一种本能。没有这种本能,人类无法繁衍。但并不因为出于本能,就一定应当得到制度的认可。一对血缘关系很近的青年男女,比方说叔伯兄妹,同样可能基于本能产生爱情,但我们可能会认为不允许其结婚是对的,甚至各国的制定法也不允许。又比如,对异性的某些性冲动,即使同样出于人类的本能,但还是会受到习俗和法律的种种限制(例如某些场合就不能做爱)甚至制裁(例如强奸、法定强奸——即使是女性同意——等)。至少从今天的历史条件下看,基于本能的行为并不足以获得社会的正当性(尽管应予以恰当的考虑)。甚至可以这么说,制度在很大程度上,就是要依据人的本能来制约人们的本能冲动,进而协调人们的本能。因为,如果仅仅作为生物来看,人有很多明显的弱点:它不如许多动物跑得快,不会飞翔,不会天生游泳等等。但由于人类的任何个体都在群体中生活,形成了文化和制度,因此可能生活下来,发展起来;人的许多本能都需要在社会生活和在社会生活中形成的制度中才能得到更好的满足。性爱也是如此。

自然其实并不像今天的许多知识分子所说的那样一定是美好的。就

---

[46]《孟子·离娄上》。

大自然本身而言,许多时候它并不能满足我们的生活需要。在自然界的狂风暴雨、雷鸣电闪中,我们会感到恐惧,也许只有聚居才可能减轻这种恐惧;在大自然的灾难中,无论是地震还是海啸,都会使我们惊魂落魄,只有人的相互关爱才能使我们略有宽慰。甚至前面关于包办婚姻制度的分析也已经表明,人的性爱需求,仅仅凭着自然本能也不能得到满足;在一个生产水平极为低下,人烟稀少、交通不便的地区,就难得找到配偶,或者干脆无法繁衍后代。更不用说,如果没有婚姻制度的建立,没有文化的发展,我们就只有对异性的性爱冲动,却无法感受性爱的美感,我们就没有"窈窕淑女、君子好逑",就没有"昨夜星辰昨夜风",没有"相见时难别亦难",没有"相见无语,唯有泪千行"。没有社会变迁推动着人类制度的进一步发展,我们也就没有今天自由恋爱的婚姻,我们也许还是停留在包办婚姻上。

是的,在热恋中,花前月下,海誓山盟,我们会感到自然的美丽;但是这个自然已经是一个为现存社会文明支持下的自然,一个人文化了的自然。当爱情受到种种社会包括婚姻制度压抑时,我们确实想回归自然,渴望挣脱一切羁绊,放纵自己。但是我们真地能够吗?我们已经进入了现代,我们已经理解了许多,而这一切是不可能退回去的。即使可能,我们又真地愿意吗?除了在那虚幻的、不加反思的浪漫一刻。而且即使在那一刻,我们也未必真地愿意回到古代。我们真地愿意只能"人约黄昏后,月上柳梢头"吗?我们真地愿意在车水马龙,摩肩接踵的人流中"寻他千百度"吗?事实上,只要看看古人的爱情诗歌中,其自然的背景大多是花前柳下,明月清风,最多也就是"关关雎鸠,在河之洲",或是"所谓伊人,在水一方";[47]但请注意,即使是今天人们根本不当回事的"汉水",引发的也是古人"汉之广矣,不可泳思"[48]的哀怨。古代的爱情诗词中从来没有出现过在许多当代人的爱情生活中经常作为背景出现的高山林野、海浪沙滩。他们怎么去呢——要披荆斩棘、跋涉百里?即使去了,他们晚上回得来吗?因此,古人的爱情浪漫几乎注定是婉约的,是

---

[47] 《诗经·周南·关雎》;《诗经·国风·蒹葭》。
[48] 《诗经·汉广》。

"杨柳岸,晓风残月"的浅吟低唱,是"墙内秋千墙外笑";而不可能出现"站成了两个世界""白天不懂夜的黑"的意象(那英歌词)。今天,人们恋爱活动的自然环境已经大大扩展了。现代社会的交通以及其他条件都使得我们更自然了,我们的自然也更开阔了,在某些方面或某些时候与大自然也更亲近了,而不是如同某些现代学者认为的那样更遥远了,更狭小了,更"异化"了。甚至,由于现代的避孕技术的发展,现代人事实上要比古人更多享受性爱,少了许多因担心怀孕和养育而带来的对性爱的恐惧、压抑和拒绝。就总体而言,今人的生活要比古人更为由衷且尽兴,现代至少在更多的一些方面使得我们的婚姻和爱情都更为美丽。社会、制度和文化并不只是压迫我们的,而是支持了、培育了我们的需求和感受,包括爱情和婚姻。

不只是,却是有的。正是在强调人类的社会性之际,强调人类本能和需求就总体而言必须通过社会制度才能得到更好满足之际,还是会有许多个体的某些本能和需求在某些情况下不得不适应社会生活的需求,服从制度的要求。甚至性爱本能也成为一种被人不断利用的一种生物资源。例如,用性获取各种资源,维系自己的以及家庭的生活。性会被制度化,这就是家庭,无论是一夫一妻制,还是多配偶制。而一旦形成了制度,无论是何种形式,都必然在以某种方式满足人的本能的同时,又以一种方式压抑这种或那种人的本能。

但这就是悲剧吗?对于一个个生命有限的具体个体来说,这也许是悲剧性的;但对于人类来说,从制度的角度来看,也许我们所能感叹的仅仅是"天地不仁,视万物为刍狗"。

悲剧因素之二:常规与例外

承认一个制度有语境化的合理性,不应导致尊奉其永恒,接受并坚持其绝对的合理性。任何社会实践一旦成为制度就都会有弱点,因为制度回答的都是一个稳定社会中某一类常规问题。因此,制度化完全可能显现出两方面的弱点。一,建立制度的基本前提是社会条件大致稳定,在相对稳定的社会条件下,该社会中的这一类问题会呈现出常态;只有这时,该制度才是有效的和有用的。但是社会并不永远处于稳定的常态。一旦社会条件发生了剧烈、根本甚或是重大的变化,该社会的这一类问题就会发生变化,针对这类问题的制度的有用性就会大打折扣,甚至完全无用。例如,人们早就认识到,社会动乱时期,发生纠纷的人们就很难利用司法制度,而复仇制度可能取而代之;[49]也曾提出过"乱世用重典"的说法。这都表明制度的局限性,制度不总是能控制局面,哪怕人们试图如此。

就婚姻制度而言,也是如此。从农业社会到工商社会的转变带来了一系列社会生产、生活条件的变化:交通通讯的改善,人员的大幅度流动,医疗保健的发展,人类预期寿命的延长,交往对象的流变等。诸如此类的变化使包办婚姻所针对的农耕社会的一系列常规问题发生了根本的改变。预期寿命的提高,使生育问题不再是威胁人类种族能否延续的主要问题了,早婚因此失去了其必要性。由于现代社会劳动分工日益细密和复杂,各类工作对劳动者的文化和专业技术要求都更高了,人们必须花费更多时间获取专业技能和文化知识,因此,人们的婚龄从总体而言就正在推迟。早恋、早婚、早育反而不利于社会发展的需求了,此类习惯成了正在现代化的社会必须解决的重要问题之一。或者通过市场的竞争,或者通过国家法律的干预,或者通过两者的结合,现代社会人们的实际婚龄普遍推迟了,晚婚节育逐渐成为现代化社会的现实,也获得了社会的正当性。也正是在这个大背景下,我们才可以看到"早恋"何以在今日具有了贬义,从人类的一个自然生理属性成为某些现代社会努力以各种方式解决的社会问题之一。这意味着任何制度的合理性都属于一定的社会历史范畴。

随着这种社会的转变,自然,以包办婚姻和媒妁之言作为主要的婚姻制度的正当性和实际可行性都大大降低了。工业化、城市化和由此而来的人员流动,使得人们同陌生人的交往急剧增加了,同异性交往的机会一般说来大大增加了,古代社会或小农社会中婚配信息的稀缺问题也发生

---

[49] 《奥瑞斯提亚》,《埃斯库罗斯悲剧集》,陈中梅译,辽宁教育出版社,1999年,页355。

了重大的甚至是根本性的转变,人员的流动甚至使许多儿女在婚前就已经离开了家庭,进入了社会。在婚姻制度上,依靠父母包办和媒妁之言来增加求偶之信息对于很多人已经不再必要,尽管可以利用,并且偶尔也确实利用。正是这一社会转变,使得父母包办和媒妁之言逐渐失去了其作为婚姻制度之构成部分的历史合理性。

《梁祝》故事发生在和平时期,故事中也没有重大社会变迁,因此他们的悲剧与制度的这一弱点没有关系。与之有密切关系的在于制度的第二个弱点,这就是,制度针对的是常规问题,有常规就有例外,而制度往往无法处理常规之外的问题,有时甚至无法预先知道所遇到的问题究竟是一个应获得特许的例外,还是一个应予以规制约束的不轨。

例如,在传统的农耕社会中,人员很少流动,由于人们很少有选择配偶之机会,因此包办婚姻一般不会造成什么"悲剧"甚或损失;因为没有机会选择,也就不会有,而且也无法计算个人在选择配偶上的机会成本和收益。虽然有时青年男女由于偶然的相互交往也会产生爱情,但这种情况往往容易发生在近亲属之间,由于不符合人类社会长期经验累积起来的各类婚姻禁忌,因此会受到压制。这种压制对于相爱者来说很残酷,特别是在没有或很少其他可替代选择的条件下,更可能引发终生的悲剧。但是,这种悲剧对于当时的社会还是有些理由的,例如防止近亲结婚,为了健康的后代,为了防止浪漫爱情在小型农业社区内造成秩序紊乱,引发激烈的内部分裂等等。许多有关爱情和婚姻的禁忌都是为了避免更大的悲剧。[50]

梁祝的情况不属于这类情况。如果从今天的科学发展水平和知识水平来看,这一悲剧几乎完全没有社会的收益,只有社会的成本。梁祝两人是在外地求学过程中相遇的,三年同窗后真心相爱,"千里期约"表明两人之间不可能有比较近的血缘关系,两人不仅均未婚而且也都没订婚因此不会影响其他人的家庭和婚姻,甚至不会有任何其他人可能因他们的相爱和结婚而发生辈分错乱、关系剧变、感情失落和财产再分

---

[50] 可参看,本书第九章第六节的一些分析。

配等影响社会安定的关系变化。从我们今天的知识水平来看,在这种条件下,还要坚持实行包办婚姻、媒妁之言的制度,除了抽象地支持并强化了这个一般说来在古代社会普遍有效的婚姻制度外(坚持形式上的"法治"),无论是对于梁祝两人,还是对于当时的社会或人类,都没有任何实在的好处。相反有很多坏处:他们双方的个人幸福被剥夺了,社会因人们的自愿交易可能获得的福利减少了;甚至阻碍了人类当初创立并坚持这一婚姻制度所追求的目标(远系交配)和收益(更健康的后代)。

当然不能因此就总是对制度采取一种机会主义的态度。在当时,强调包办婚姻的制度神圣性也许还有一点价值,即稳定当时的婚姻制度,防止人们的机会主义态度。因为对制度采取机会主义的态度,最终不仅会导致某一制度的虚无,还可能导致其他制度的虚无。[51]许多时候,即使是不太合理的常规性制度也不应轻易违反。

但是,不应轻易违反其实隐含的是,在某些情况下制度是可以而且也应当违反的,因为确立制度的最终目的是要满足人类的福利。如果尊重一个制度仅仅因为它是制度,完全不考虑这一制度是否满足了或是否能更好满足社会的福利和人类的需求,那么这个制度最终必定会失去其作为制度的正当性和活力,一定会压制人们在社会生活中不断产生的新的制度需求。从这一点上看,像《梁祝》这样的情况,只要不走极端(即不否定当时的一般的婚姻制度),社会和人们就应当允许他们作为特例处理,允许他们自由恋爱和婚姻,尽管这种自由恋爱的婚姻特例未必能保证他们今后一生情投意合,白头偕老。

悲剧之三:何时改变制度?

但是,《梁祝》的悲剧远远超出了具有同等合理性的制度常规与个案之间的矛盾;其教训也并非仅仅是要注意平衡规则和个案之间的冲突,或

---

[51] 因此在法律上需要有一种事先的坚定承诺,关于这一点,可参看,埃尔斯特,斯莱格斯塔德[编]:《宪政与民主》,潘勤、谢鹏程译,三联书店,1997年,第7章。

要保证法律的稳定性和灵活性。这种原则早已为许多法学家指出,但是原则有许多时候仅仅是告诫,不解决实际问题,因为行动者并不知道什么时候该听取什么告诫。要解决实际问题必须具体地适用原则,但原则适用并不是一个理论的问题,而是一个实践的问题,涉及时间、地点和个案。因此,梁祝故事的悲剧性要深刻得多。

首先,尽管我在上面分析了早婚早育、父母包办和媒妁之言等结婚制度的历史合理性(和不合理性),但是,我们必须注意:第一,这种合理性(和不合理性)都是在历史中展开的,是历时性的,而不是如同我在上面的几页文字中展现的那么简约和逻辑,并且是共时性的。因此,每一个在具体时空中、在具体制度中生活着的人往往不知道这个制度的合理性或不合理性。人们常常只是习惯了这种做法,甚至未必知道这是一种制度;他们无法从我的分析中汲取任何生活的指南。换言之,我在前面构建的该制度合理性和不合理性都是一种马后炮,是当我们同历史拉开距离之后对历史的反观。这种马后炮有助于理解历史,却往往无助于生活。正如克尔凯郭尔所言,人只有回头看才能理解生活,而生活本身却永远是向前的。我们既无法在理解了历史之后才开始按部就班地生活,甚至也不愿,因为我们事实上总是希望生活中有什么意外的欣喜。一种完全可以预期的生活不仅是令人厌倦的,甚至是令人无法忍受的;另一方面,人们也无法——只要未来不是对昨天的重复——通过理解历史来比较精确地把握未来。特别是因为,从上面的分析看,诸如婚姻这样的制度的形成和更替实际上并非人类有意识地创造,而是如同哈耶克等人强调的,是人们行动和历史演化的无心结果。[52]我们也还不可能指望每个人甚或是多数人具有反思制度功能的能力。在生活中,人们往往只是根据自己的本能或利益对制度做出当即的反应。

因此,即使我在上一节分析了梁祝爱情的合理性,但这一分析也只能是在今天的条件下、根据前人不可能有而我们今天才可能有的信息,在走过了这段历史,看到了梁祝的悲剧之后,才作出。这就意味着仅仅

---

[52] 哈耶克:《个人主义与经济秩序》,贾湛、文跃然等译,北京经济学院出版社,1991年。

是知识的发展也无法避免和减少这种悲剧的发生。不错,梁祝的悲剧是发生在科学技术乃至制度性知识不发达的古代,他们不了解包办婚姻的历史局限性和自己情感的正当性等等,但是,导致悲剧发生的其实又主要不是知识的多寡。最重要的区别在于古代人是当局者,而我们是旁观者。古人是要在当时的情况下做出影响其自身未来的判断,而我们今天是作为旁观者回头对已经发生的事做出总结。当我们拉开历史距离时,我们可以作出这种或那种判断,但无论哪种判断一般来说并不对我们自己的存在产生影响。但是如果我们是作为历史进程中的行动者而不是作为回顾历史构建制度合理性的思考者时,我们——就如同梁祝二人一样——就不知道在某个具体问题上是应当坚持制度,还是创造一个特例。甚至,我们也不能知道,社会是否正在发生着巨大的变化,这种变化是否巨大得足以彻底废除某个已有的具体制度,而创设一个全新的制度。因此,人类永远是要在一种对现在和未来境况无法拥有完全信息的条件下做出影响甚至是决定自己未来的决定。在这个意义上,我们也许可以给自己的时代冠以任何定语,但是,由于人类历史的非目的性,或无法确知这种最终目的(这种说法的实际结果和前一种完全一样),我们就面临着大量的无法反悔的可能性,我们无法看清我们选择的后果。我们实际上并不真正了解我们在历史上的位置,并不了解我们在时间序列中的位置;我们也许可以自信地做出某个决定,却无法理性地彻底解释这种自信的根据是什么。

  我们每个人的一生,在一定意义上,总是不断同这类问题相遇,并做出各种选择。我们会提出种种理由,会用各种历史事实和各个学科的现有知识来支持自己今天的要求,但是,我们其实未必真正了解满足这些要求可能带来什么后果,特别是那些我们不希望的后果。经常的情况甚至是,尽管人们依赖某个制度,但他们并不理解这一制度的社会功能(例如,梁祝两人都努力争取媒妁之言和父母包办,祝员外也在坚持传统的制度,但是,他们都不理解其中的道理);或者即使一些人理解了,也可能会随着时代的交替,而在社会中逐渐被遗忘,因为这种理性知识是无法通过基因遗传的。

正是在这个意义上,我认为,《梁祝》的悲剧已经不再限于是传统农业社会的一个婚姻悲剧,而在于它以艺术的方式展现了制度作为规则与现实世界中特殊问题之间的矛盾,在于它艺术地展现了在历史变迁中行动者面对制度问题的无解的困惑。这个矛盾是法理学上的一个永恒的问题。

结语

上面的分析容易导致一个保守主义的结论:人的认识能力和反思能力有限,作为行动者,无法反思制度的合理性,因此必须尊重制度。也会有读者认为这就是我的结论。其实,《梁祝》故事的寓意可能完全是反对这一结论的。正如前所述,正因为制度的合理性不是永恒的,制度就必须随着社会的变迁而变迁;只是如何变迁,我们无法推断,无法事先为之做好准备;以往的历史并不能用来充分地预见未来,未来就总体而言是高度不确定的。因此,当一切都不足为凭时,制度是否需要变革以及如何变革只能在人们有意无意地违反制度的行动中展现出来,并逐渐完成。

想一想,如果没有梁祝的悲剧,没有许多青年男女偶然相识或长期交往而自发产生不符合当时社会婚姻制度的爱情婚姻以及他们的悲剧,传统的婚姻制度也许就会一直持续下去。在这个意义上,梁祝的悲剧是注定不可避免的,没有这些悲剧就看不出制度的不合理之处,没有悲剧制度也就没有演化变革的可能。因此,《梁祝》似乎是一部古代的言情剧,它却充分反映了悲剧的特征,即"历史的必然要求和这个要求的实际上不可能实现之间的悲剧性的冲突"。[53] 这个或这类悲剧如果不是发生在梁山伯祝英台身上,就可能发生在祝山伯梁英台身上。社会必须在支付这个代价之后,后来者才能有所体悟,而这种体悟未必足以防止在下一个路口等着人们的另一个悲剧。这是人类的另一个悲剧。人必须吃一堑才能长一智,但这一智也未必能躲过下一堑。这一点是法律制度

---

[53] 《马克思恩格斯选集》,卷4,人民出版社,1972年,页346。

与其他自然学科很不相同的地方。在这个意义上看,制度确实是无法事先安排的,而只是人们行动的产物。也因此,我们任何人手中都没有关于未来的真理,甚至"我们有义务满足于不时从在目前看来对我们一切最好的选项中盲目选择,从而锻铸的我们自己的历史。但是,就历史而言,我们永远也不能坚守先前的成功经验。因为,我们都是历史中的人。"[54] 由此,我们也许可以更深刻地理解霍姆斯的名言,法律的生命从来也不是逻辑,法律的生命是经验。[55]

2000 年 2 月 7 日于耶鲁

---

[54] Sartre,同前注 2。
[55] Oliver Wendell Holmes, Jr. , *The Common Law*, Little, Brown and Company, 1948, p. 1.

第二编 "司法"制度

第三章 窦娥的悲剧

> 君子防未然,
>
> 不处嫌疑间;
>
> 瓜田不纳履,
>
> 李下不整冠。
>
> ——《君子行》[1]

上一编的法律考察体现了一种"外在的视角",即从宏观角度考察了法律的历史变迁。在这种视角中,看不见制度的细节。同时,如同我分析的,在这种历史变迁中,作为个体行动者的行为几乎是无奈的,个人为历史所携卷,只有累积起来的个人"盲目"行动才能推动制度的变迁。

但是,对于普通人来说,法律并不是这种宏大的、冰川似的移动,而是一件件具体的纠纷解决,一个个具体请求的满足,一次次具体的悲欢离合。因此,有必要从"内部视角",即从法律的具体运作来考察法律;文学作品

---

[1] [清]沈德潜[编]:《古诗源》,中华书局,1963年,页74。

也提供了这种材料。本编就是这样的一个努力。主要文本是一些"公案剧"。

中国传统社会保留了大量的公案剧。有人考察,现存的元人杂剧160多种中,公案戏有22种,比例超过了1/8;[2]明人臧晋叔编的《元曲选》收集了元代戏剧100种(有人说其中有四部是明初的戏剧),其中有包拯出场的公案剧就有10种,占了全书的1/10,如果加上其他公案剧5种,所占比例超过了1/7。[3]

但公案剧并不都是有关司法裁判的戏剧。[4]由于中国传统社会中行政、"司法"合一,中国百姓习惯笼统地把有关官员处理案件的传统中国戏剧都称作"清官戏"或"公案剧",但其中很大部分与司法审判问题无关。近代以来,至少在制度设置上,司法已经从行政中分离出来,成为一个专门的部门和职业,但人们还是常常习惯于把公案剧等同于司法的戏剧。应当说,分类本无所谓对错,并没有什么"本质"的或"正确"的分类;分类的意义仅在于其是否便于发现、理解和分析问题,便于交流。问题是今天若继续沿用传统的分类,往往不便利用现代的学术概念体系和现有的研究成果来分析相关问题。

如果从现代的法学和政治学传统看,这些公案剧或清官戏大致可以分为两类。一类主要涉及执法或行政的问题,例如元杂剧中《包待制陈州粜米》、《包待制智赚生金阁》、《包待制智赚鲁斋郎》,以及民间流传更广的《秦香莲》等。在这类戏剧中,在判决时,证据已经确凿,善恶一目了然,不存在判断谁是谁非的疑难问题。"司法"判断起到的仅仅是

---

[2] 王起[主编]:编者"题解",《中国戏剧选》,王起等选注,人民文学出版社,1985年,页269。

[3] 《元曲选》中有包公出场的:关汉卿《包待制智斩鲁斋郎》、《包待制三勘蝴蝶梦》、郑廷玉《包待制智勘后庭花》、李行道《包待制智赚灰阑记》、曾瑞卿(也有作无名氏的)《王月英元夜留鞋记》、武汉臣《包待制智赚生金阁》、无名氏《包待制陈州粜米》、无名氏《包待制智赚合同文字》、无名氏《叮叮当当盆儿鬼》、无名氏《神奴儿大闹开封府》。没有包公出场的五出是孟汉卿《张孔目智勘魔合罗》、孙仲章《河南府张鼎勘头巾》、关汉卿《感天动地窦娥冤》、王仲文《救孝子贤母不认尸》以及无名氏《冯玉兰夜月泣孤舟》。

[4] 可参看,邓绍基:"论元杂剧思想内容的若干特征",《元曲通融》(上),山西古籍出版社,1999年,页522。又可参看,李汉秋:"元代公案戏论略",《元曲通融》(上),同前,页687。

政治合法化的作用,进一步强化了对恶的谴责。因此,一些学者将这种公案剧称之为"压抑豪强"的公案剧。[5]

另一类公案戏则被称为"决疑平反"的公案剧,其关涉的大致属于现代意义上司法问题。但是,这类公案的概念与现代的司法概念还是不完全重合。在某些方面更为宽泛,例如,由于古代"司法"内部缺乏劳动分工,因此,从现代人的眼光看来,案件审理裁断者的身份就不明确,他不仅是法官,而且是警察、法医和检察官。我后面分析的《十五贯》最典型地反映了这一点。但在另一些方面,公案的概念又比现代的司法概念窄。比方说,传统中国社会中的案件审理裁断者更侧重以各种方式解决冲突与纠纷,而不是那么注意遵循规则尤其是形成或确认规则。[6]为保证"内在视角",在此后两编中,我重点讨论分析的都属于后一类,即现代意义上的司法类的戏剧。

这样处理还有另一方面的考量。一般说来,前一类公案剧,由于不存在审判上的疑难问题,因此即使发生冤错案件,一般也只是因为执法者徇私舞弊、贪赃枉法或者是谄媚权贵;平反冤错案件所需要的只是一个有足够权势、勇气且公正的官吏。这类戏剧基本提不出(或我看不到)什么具有一般意义的司法的法学理论问题。好人和坏人、清官和贪官在任何社会都存在,因此类似"压抑豪强"公案剧的故事将永远存在,这不属于司法裁判本身所

---

[5] 例如,罗锦堂:"现存元人杂剧之分类",《元曲通融》(上),同上注,页548 以下。邓绍基也采纳了这一分类,认为,有一类公案剧"描写诉讼事件本身并不复杂,甚至个中是非曲直常常是简单而明了的。只要官吏清廉、正直,就不难作出正确的判断。……清官面临的问题是愿不愿执法和敢不敢执法的问题。[……]这类公案剧侧重在颂扬官吏的刚直不阿。……第二类公案剧倒常有比较曲折的情节乃至是无头公案,需要作细致的分析和侦缉,才能明白真相,这就需要更多的智慧"。同上注。
[6] 我强调"那么"是因为,这一点很难说清楚。一方面,在传统社会,社会生活相对简单、稳定,社会同质化强,一些简单明了的规则深入人心,例如"杀人抵命"、"借债还钱"之类的,因此"法官"不注意也未必会违背规则。"三年不改其道"。而另一方面,一旦出现例外,"法官"又确实不管规则地"开口子"。但是我的这种分析可能还是有问题,因为这里审案子的不是"法官",而是"行政官"。这种完全抛开法律的作出决定的例子,在许多元代戏剧中也有表现,尤其是像包拯这样的有金牌势剑、可以先斩后奏的大官。

第三章 窦娥的悲剧

能解决的问题,甚至可以说不是现代意义上的司法制度所要解决的问题,而是属于筛选官员的政治制度问题。因此,把注意力放在关于审判的公案剧,考察那种更具常规性的问题,对当代中国的司法更有意义。

本章主要讨论与审判判断相关的证据问题,分析的文本主要是中国古代最著名的悲剧《窦娥冤》。

悲剧是如何发生的?

> 要一领净席,等我窦娥站立;又要丈二白练,挂在旗枪上,若是我窦娥委实冤枉,刀过处头落,一腔热血休半点儿沾在地下,都飞在白练上者。
>
> ……如今是三伏天道,若窦娥委实冤枉,身死之后,天降三尺瑞雪,遮盖了窦娥尸首。
>
> ……我窦娥死的委实冤枉,从今以后,着这楚州亢旱三年。[7]

面对着行刑的刽子手,满腔冤愤无处可申的窦娥发出了这种令天地、百姓战栗的誓愿。苦命的窦娥,三岁母亡,七岁时父亲将她卖给了蔡家作童养媳;长大成亲两年后丈夫身亡,窦娥本一心伺候婆婆,谁料大祸天降,无赖张驴儿父子威逼她婆媳同他们父子成亲。窦娥坚决不从。张驴儿本想毒死蔡婆婆,不料毒死了自己的父亲。张驴儿以"公休"要挟窦娥"私休"——顺了他的淫欲;窦娥不愿。到了官府衙门,张驴儿恶人先告状。尽管窦娥自己挺住了刑讯,但为了保护蔡婆婆不受刑讯,还是委屈地承认是自己毒死了张驴儿之父,被判死刑。面对死亡,坚贞的窦娥发下了这三桩誓愿。此后,竟一一实现。两年后,做了大官的窦娥之父窦天章,巡视楚地,窦娥冤魂告状,冤案得以昭雪。

这是一个催人泪下的悲惨故事,引发了历代观众、读者的诸多同情。

---

[7] [明]臧晋叔[编]:《元曲选》,卷4,《感天动地窦娥冤》,中华书局,1958年,页1510。此后引证此书页码均见于正文。

但是仅仅用故事的悲惨、文人增添的神话色彩或作品的文学性来解说其为什么感人是很不够的。若是作为文学或戏剧作品来看,按照我们今天一般接受的已经比较西化的戏剧标准,元杂剧《窦娥冤》艺术上比较粗糙:有硬伤;[8]重复也太多——从第二折到第四折每一折都重复了窦娥的身世和冤情,不仅冗长拖沓,而且缺乏叙事艺术上的变化(尽管表演时可能会有变化);[9]窦天章为窦娥平反冤案的第四折戏,如果从传统悲苦剧的评价标准来看,会觉得很拖沓,不少评论者都觉得多余。[10]尽管如此,绝大多数读者或观众还是会为窦娥的倔强呼唤所感动。

然而,这种悲剧是如何发生的? 现代以来,许多《窦娥冤》研究都利用剧中一些细节(例如,审理此案的太守桃杌收取了"诉讼费"),强调窦娥或窦娥之类的冤屈是官吏贪污腐败、刑讯逼供和昏庸无能造成的。[11]窦娥在剧中似乎也有类似的概括,临刑前窦娥说,"官吏每无心正法,使百姓有口难言"(页1511);在全剧结束前,窦娥的冤魂又希望父亲"从今

---

[8] 例如,关于窦娥的成亲的年龄,在第一折中,按蔡婆婆的说法,时年20岁的窦娥当是15岁成亲("自成亲之后,不上二年,不想我这孩儿害弱症死了。媳妇儿守寡,又早三个年头,服孝将除了也。")而窦娥自己的说法是"至17岁与夫成亲"(页1500,1501)。

[9] 这并不是唯有《窦娥冤》才有的"毛病",元杂剧中大多数都有这个特点。但原因可能不在作者,而在观众和当时戏曲的表演场地和方式。在一个人们并不准时(没有精确的时钟)统一进剧场看戏、观众随时可能进出剧场的演出时代,戏剧的每一幕(折)都必须相对完整。这个特点是特定时代的观众对作品的塑造。只是当戏剧成为一种"高雅"艺术必须集中精力在一个时空中完成艺术欣赏时,或是戏剧剧本开始作为文学读本精细阅读时,这个特点才成为一个"毛病",凸现出来。

[10] 但我将在后面论证,如果从凸现这一剧作之主题以及中国传统社会中"文学"的社会功能来看,这个结尾又不多余。

[11] 这种观点非常普遍,几乎成为定论,并且一直延续至今。例如,"如果遇到一个正直的官吏,也不至于造成冤狱"(着重号为引者所加),陆侃如、冯沅君:"中国文学史稿(12)",《元曲通融》(上),同前注4,页36;"加以当时官吏的贪污,因而造成窦娥的无故被斩",周贻白:《中国戏剧史长编》,上海书店出版社,2004年,页187;"官吏的贪污也是原因之一",徐忠明:"《窦娥冤》与元代法制的若干问题试析",《中山大学学报》(社科版增刊),1996年3期,页191;"岂州官桃杌是个贪官",邱树森:"元代的反贪文化",《暨南学报》(社科版)2001年,23卷1期,页118;"桃杌[……]贪赃枉法",周传家:《中国古代戏曲》,商务印书馆,1996年,页61。

后把金牌势剑从头摆,将滥官污吏都杀坏,与天子分忧,万民除害"(页1517)。通过这种概括和引用,窦娥的形象因此被阐释为一个反抗的形象。

然而,这种概括未必如同许多研究者所言是关汉卿的看法,而更多是现代语境中学者有意无意的创造。我们必须足够精细,将剧中(哪怕是作者偏爱的)主要人物的观点同作者本人的观点区分开来。因为剧中人说的话总是同剧中人的经历和具体场景相联系的,而未必是作者的传声筒。如果就作品本身来仔细考察,我们可以发现,窦娥的悲剧与"无心正法"的"滥官污吏"其实关系不大。[12]

首先,从剧中情节来看,窦娥之冤与官吏的"贪污"无关。不错,审理此案的楚州太守桃杌上场诗是"我做官人胜别人,告状来的要金银",并且称"但来告状的,就是我衣食父母"(页1507),因此,后人很容易将此理解为贪污腐败。[13]但这是一种基于今天的语境对于历史的误解,把韦伯定义的、更多同现代资本主义相联系的、领取固定薪俸的官僚制[14]视为一种无条件普适且应然的制度。据学者考察,至少在元代初期(1276年甚至之后)的一段时间内,军官甚至州、县官吏都是没有俸禄的,[15]官吏在很大程度上只能依赖收取原被告的诉讼费来维持个人生活甚至机构的运作。这在其他元杂剧中有颇多的表现,尽管常常受到剧作者的讽刺和挖苦。[16]

---

[12] 近年,已有学者试图重新解释《窦娥冤》,例如,郭英德:"关剧文化意蕴发微",《元曲通融》(下),同前注4,页1310以下。

[13] 顾学颉就这样理解,请看,"前言",《元人杂剧选》,人民文学出版社,1998年,页13—14。又请看:《元曲通融》中辑录的其他文章,同前注4,页1532以下;李修生:《元杂剧史》,江苏古籍出版社,1996年,页144。

[14] 韦伯:《经济与社会》,林荣远译,商务印书馆,1997年,页244—245。

[15] 朱东润:"元杂剧及其时代",集于《名家解读元曲》,山东人民出版社,1999年,页34。

[16] 例如,《张孔目智断魔合罗》中河南府县令称:"我做官人单爱钞,不问原被都只要。若是上司来刷卷,厅上打得鸡儿叫",又称"你不知道,但来告的,都是衣食父母"(页1375)。又如,《救孝子贤母不认尸》无名官人"我做官人只爱钞,再不问他原被告。上司若还刷卷来,厅上打的狗也叫"(页767);《包待制智赚灰阑记》郑州太守苏顺"今后断事我不嗔,也不管他原告事虚真,笞杖徒流凭你问,只要得的钱财作两分分"(页1120),又有《都孔目风雨还牢末》东平府尹尹亨"做官都说要清名,偏我要钱不要清;纵有清名没钱使,依旧做官做不成"(页1608)。

而且,即使把这种官吏自谋生路的做法界定为"贪污",戏剧中也没有任何证据表明甚或细节暗示,窦娥被判死罪是因为桃杌收受了张驴儿的钱财。剧中没有说明诉讼费是谁——窦娥或张驴儿——缴纳的;也没有表现张驴儿与官府有任何事先或事后的勾结;剧中正面人物多次提到的也仅仅是"滥官",而不是"贪官";最重要的是,为女儿窦娥平反昭雪的窦天章也仅仅认定"州守桃杌,把该房吏典,刑名违错"(着重号为引者所加,页1517)——一种事实认定法律适用上的错误,属于过失,并没有认为桃杌是收受了钱财而徇私枉法。

其次,窦娥之冤也很难归结为官吏昏庸无能的产物。确实,同传说中其他廉洁、睿智的官吏——例如包拯、况钟——相比,桃杌确实能耐不大,未能明察秋毫。但是,由于制度的限制,由于天才人物的罕见,像包龙图这样有特殊才智的官吏是可遇不可求的,[17] 否则我们的文化中就不可能有一个艺术化的包龙图了。不能且不应当用包拯作为官吏有无能耐的一般标准。

最重要的是,后面的分析会证明,甚至关汉卿在剧中也有意或无意地——因此也是更有意义地——展现出,即使作者心中的理想人物窦天章,一位廉洁、刚正的官员,如果不是有窦娥的冤魂以及冤魂的执著,如果窦娥不是他的亲生女儿,仅就证据而言,他对窦娥的案子也会做出与桃杌相类似的判决。换言之,悲剧同样会发生。从窦娥冤的一系列故事原型来看,我们也看不到任何贪污或明显无能的痕迹,诸多作者强调的都仅仅是审讯此案的"太守不听"或审判错误。[18]

与上述两点相联系,第三,一些学者牵强附会地拔高窦娥的觉悟,认

---

[17] 参见,本书第五章。
[18] 窦娥的故事原型,据祝肇年的研究,可以追溯到西汉时的《淮南子》、刘向的《说苑·贵德》以及《汉书·于定国传》。祝肇年发现在这一故事的历史演变中,此前所有的传说都是维护太守的,太守不听劝解或"有司不能察",即冤案与官吏"无心正法"、贪污腐败无关,而是一个司法上的错误。祝认为只是到关汉卿这里才改变了这一形象,并认同关汉卿的这一改编。祝肇年:"《窦娥冤》故事源流漫述",《祝肇年戏曲论文选》,文化艺术出版社,1998年,页103—114。

定这一悲剧根源于封建统治。一段最经常引用的唱词是：

> 有日月朝暮悬，有鬼神掌着生死权，天地也，只合把清浊分辨，可怎生糊突（原文如此。——引者注）了盗跖颜渊：为善的受贫穷更命短，造恶的享富贵又寿延……地也，你不分好歹何为地？天也，你错勘贤愚枉做天！（页1509）

鉴于在传统中国"天"有时或往往同皇权联系在一起的，许多学者因此认定窦娥在反抗封建统治，特别是反抗皇权（"皇天后土"）。[19]如果抽象来看，这种解释也有根据。但是这种解释成立的前提条件是，"天"在传统社会中是专指，是专有名词。事实并非如此。天从来不是避讳字；在许多文学作品中，作者都使用了"天"；否则，与关汉卿同时代的马致远的"断肠人在天涯"就会是一首反诗了。这样的拔高是荒谬的。理解窦娥的"天地"只能从全剧的上下文来看，必须与窦娥的小民身份联系起来，用一般人的语言习惯来理解，否则就是文革的"上纲上线"，用今天的话来说就是过度解释。

第四，尽管很多普通人会趋向于这样想，却很难说，窦娥的悲剧根源是张驴儿这样的坏人。任何社会都会有这样的坏人，会伤人害人。如果这样归咎，那么这就很难说是一个悲剧。而且，窦娥是被桃杌处死的，尽管有张驴儿的促成。

事实上，《窦娥冤》本身就表现了窦娥对自己的悲剧根源有冲突的、前后不一致的理解。除了前面的引文外，临刑前，窦娥对蔡婆婆说"这都是我做窦娥的没时没运，不明不暗，负屈衔冤"（页1510）；之后，在向父亲

---

[19] "窦娥对天地的怀疑、质问和否定，……也就是直接指斥最高的统治者，因为历代的封建统治者都以天子自居……"。骆正：《中国京剧二十讲》，广西师范大学出版社，2004年，页119；"诅咒天地，就是否定宇宙中无有而又无所不在的最高权威，诅咒日月，就是否定君临天下的皇帝……"。涂石："叛逆与秩序——谈中国古典文学中的两种精神兼与西方文学比较"，《西北师范大学学报》（社科版），1996年5期。又请看，邓绍基[主编]：《元代文学史》，人民文学出版社，1998年，页78、79；宁宗一："谈《窦娥冤》的悲剧精神"，《语文教学通讯》，1982年2期；王景兰："窦娥形象浅议"，《辽宁师范大学学报》（社科版），1994年1期。

申冤时,窦娥公开声称"不告官司只告天,心中怨气口难言"(页1514),又说:"本一点孝顺的心怀,倒做了惹祸的胚胎"(页1516),似乎都在反思自己的行为(为婆婆免受刑讯而委屈认罪)的后果。

窦娥的三个誓愿也不是在反抗封建秩序,而主要是希望借助超自然的、不可能发生的现象向整个社会证明自己无罪。当然,其中有强烈的谴责和抗议的因素,但她的谴责和抗议也并非仅仅甚或主要针对皇帝、衙门或官吏,而是针对着整个社会。因为,因其诅咒而受"亢旱三年"之苦的并不仅仅是官吏,而主要是楚州当地百姓。[20]这是一种社会的"连带责任"或"集体责任"。从心理学上看,只有一个感到自己被整个社会冤屈和放逐的人才可能对社会有这种强烈抗拒和挑战,才会有这种愤世嫉俗。

从艺术效果上看,这种自我矛盾和冲突并不构成一个问题;相反,恰恰因为窦娥诅咒官吏,诅咒自然,乃至诅咒同胞,才更具有艺术的感染力,也更真实。因为不论这悲剧究竟是出于官吏的腐败、无能还是其他,我们都不可能、也不应当指望一个旧时代的、童养媳出身的弱女子在这种生死关头有着,并始终保持着,苏格拉底死亡前的那种高度理性、冷静和博爱,如同一个历史的旁观者分析并洞察自己悲剧发生的根源。在这种时刻,一个受了冤屈的普通人,一个急于求生却找不到任何求助对象的人,更可能受当时流行的民间观念及民间因果律的影响,指责一切她/他认为应当为自己的冤屈承担责任的人和物,包括指责这个社会。

如此辨析也没有降低《窦娥冤》的意义。相反,在我看来,恰恰因为关汉卿(或者是这一故事原型的记录者或创作者)没有像同时代的一般文人将类似的冤案仅仅归结为官吏的贪污无能,《窦娥冤》(以及故事原型)才有了更深刻的意义,获得了一种真正悲剧的崇高感(我在这里使用的悲剧是古希腊意义上的,即人的努力无法避免命运),才使它得以在大量元代公案剧中显得格外醒目。当然,我并不是说关汉卿已经洞察了这一悲剧发生的社会根据。从该剧的种种细节来看,他没有,而且也不可能洞察;关汉卿或多或少还有将悲剧归结为坏人(张驴儿)作恶的道德

---

[20] 骆正就指出了这一点,并为窦娥的"毒誓"作了辩解。同上注,页120。

主义倾向。如果从对法学的启示来看,《窦娥冤》的悲剧性及其令人反省的力量远不如刘向、班固笔下作为《窦娥冤》之原型的东海孝妇的故事。[21]但是关汉卿毕竟没有把窦娥之死归结为官吏的贪污枉法,没有把对传统中国"司法"制度的批判停留在政治道德层面,因此,他的作品才为我们留下了从法律制度角度切入,深入思考一系列有关法学理论和法律制度重要问题的空间,也因此,更为深刻,更有力量,更有生命力。

谁的话更可信?

窦娥之冤是一个典型的审判上的悲剧,不仅因为窦娥是被桃杌代表国家、代表正义处死的,而且最重要的是桃杌并无作恶动机,甚或他想为民除害。从法学理论的角度来看,《窦娥冤》提出的深刻问题是,在一个相关科学技术和专业技术都不发达的社会条件下,案件裁判者能通过并且应依据什么来获得一个基本正确的判断? 窦娥感天动地的三桩誓愿,每一个都为了证明自己的无辜。因此该剧表明的是,在传统社会条件下,司法很难处理像窦娥这样的案件,这种悲剧很难避免。

在窦娥的案件中,案件裁判者楚州太守桃杌及其吏典完全不了解这一事件的全过程,也不熟悉张、窦、蔡等人的背景和人格;但桃杌出于职责又必须审断此案。核心问题是,究竟是谁毒死了张驴儿的父亲?[22]张驴儿和窦娥相互指控,双方却都没有提出,也无法提出,现代司法要求的可靠的直接证据。在没有充分信息的条件下却要做出人命关天之决定,裁判者只能根据人之常情和一般的逻辑判断:谁的话更可信。为了进一步获得相关证据,裁判者又只能依据法定程序动用刑讯获取口供——尽管并非如今天的一些学者所言,是"不管青红皂白地逼供"。[23]

---

[21] 请参看本书第六章的分析。
[22] 但这里的前提的假定是张驴儿的父亲是被毒死的。然而,这个问题并不是天然就成立的,请参看本书第七章第四节的分析。
[23] 例如,吴国钦:"关汉卿和他的杂剧《窦娥冤》",《元曲通融》(下),同前注4,页1555。

如果从桃杌或其他没有经历该事件的人的立场上看,即从陌生人的立场上看,张驴儿在公堂上提出的证据和理由都更有道理,更可能成立。最重要的一点是,死者是张的父亲。一般说来,儿子毒死亲生父亲的可能性尽管不是没有(例如为了继承而谋杀的情况,但这种事一般只发生在现代和古代的富裕人家,包括皇室),但这种可能性要比窦娥或蔡婆婆毒杀张父的可能性要小得多。正如张驴儿所言:"我家的老子,倒说是我做儿子的药死了,人也不信"(页1506)。这里的"人也不信"翻译成今天的话大致相当于"只要是人都不会相信"或"没有任何人会相信";用今天的司法术语说,则是"不存在合乎情理之怀疑"。张驴儿准确地把握了普通人的心理,知道所有的普通人包括审理案件的官吏,在这一点上,首先会倾向接受自己的指控。

这个案件可以说从一开始就不利于窦娥和蔡婆婆。大约也正因为此,蔡婆婆和窦娥从一开始就考虑不要把问题闹大。当张的父亲突然死亡时,窦娥没有马上提出告官,而是"生怕傍(原文如此。——引者)人论议",因此要蔡婆婆"认个自家晦气,割舍的一具棺材,停置几件布帛,收拾出了咱家门里,送入他家坟地",并一再称"我其实不关亲,无半点凄惶泪"(页1506)。蔡婆婆也怕张驴儿嚷叫,让四邻八舍听到,直向张驴儿求"饶",甚至为此要窦娥"随顺了他"。窦娥也曾考虑了"私休"的可能,只是无法接受张驴儿私休——改嫁张驴儿——的条件,才决心"官休"。所有这些细节在具体情境中当然可以作多种解释,但是在一个不了解真相的普通外人看来,更直接、最便利的解释便是窦娥或蔡婆婆有意掩盖什么。张驴儿凭着自己无赖的经验,充分利用了蔡婆婆和窦娥的弱点,利用了人们的常识,从一开始就在举证方面占据了某种优势。

其次,张驴儿的"法庭辩论"在普通人看来也更言之成理。在公堂上,张驴儿称蔡婆婆是自己的后母(剧中,蔡婆婆内心已同意再嫁给张驴儿的父亲,只是由于窦娥反对,而未实现);窦娥否认,但仅仅是否认而已,窦娥并没有提出任何有证据支持的辩驳。张驴儿接着称:"大人详情:他(原文如此。——引者注)自姓蔡,我自姓张,他婆婆不招俺父亲接脚,他养我父子两个在家做甚么?"(页1507)这种逻辑推论很有道理,更有窦娥也无法否认的事实支持。如果考虑到古代的社会条件,张驴儿提

第三章 窦娥的悲剧 *127*

出的证据和论证更令人信服。即使今天,如果两个守寡妇女长期容留两个陌生男子在家,恐怕给人的第一感觉也是这两个寡妇是自愿的;他们之间——用元杂剧中的套话来说——恐怕有甚么"不伶俐的勾当"。

第三,张驴儿声称,窦娥也承认,毒死张父的汤是窦娥做的。尽管这不能证明窦娥下了毒,但毕竟表明窦娥有机会下毒。张驴儿也有机会下毒,但机会小得多(时间少得多)。这一点也不利于窦娥。

最后,尽管是出于利他主义,窦娥为救助蔡婆婆采取的行动,在这种情况下,也变成对她不利的证据。[24] 窦娥首先挺住了严酷的刑讯,坚称不是自己下的毒药。这时,窦娥实际上已经渡过了死刑的威胁——楚州太守已经称:"既然不是,你与我打那婆子(即蔡婆婆。——引者注)"。如果蔡婆婆也能挺住刑讯,依据当时的法律,就要对张驴儿拷刑了,[25] 或只能对窦娥和蔡婆婆"取保放之"。[26] 但就在这时,窦娥却突然称,"住住住,休打我婆婆,情愿我招了罢,是我药死公公来"(着重号为引者所

---

[24] 当代法学家会质疑这一点,认为我把窦娥的令人无法置信的利他主义行为作为一个对窦娥不利的证据是荒唐的,因为窦娥的利他主义行为是在审判中表现出来的,时间上在张父被毒死之后,因此根本无法作为窦娥下毒这一行为的证据。这点批评很有道理——但只是在当代的法律制度原则框架中。这个但书非常重要。因为,在历史上,无论东西方各国,"刑讯逼供"都曾经是当时审判的"正当程序"或"程序正义"的组成部分,福柯在分析近现代以前的欧洲大陆刑事司法程序时对这一点曾有过精到的分析(《规训与惩罚:监狱的诞生》,第2版,刘北成、杨远婴译,三联书店,2003年)。

不仅在《窦娥冤》,而且在元代其他的一些戏剧中,都显示,当时衙门审理案件时都有一种基本固定的程序,首先问原告告什么,然后问被告,也允许双方互相"辩论",但是由于往往没有证据或很少证据,并且大都是口头的(包括证人)证据,因此,这个过程很短;而涉及人命的案件中,由于缺乏足够的证据,有制约的刑讯就成为获取与受指控行为相关之信息的措施之一。在这个意义上,窦娥展示出来的令人难以置信的利他主义在当时的社会中有理由作为一个相关的证据。

[25] 《唐律疏议》和《宋刑统》都规定不得对被杀、被盗家人及亲属告者反拷。见,长孙无忌等[撰],刘俊文[点校]:《唐律疏议》,中华书局,1983年,页554;窦仪等[撰],吴翊如[点校]:《宋刑统》,中华书局,1984年,页477。但是,鉴于此案中已经对窦娥(死者"儿媳")和蔡婆婆(死者"妻子")拷刑了,因此,只要蔡婆婆挺住,就完全可能对死者的儿子张驴儿拷刑了。

[26] 《唐律疏议》,页552,《宋刑统》,页476—477。

加,页1508)。窦娥不仅承认了自己下了毒,而且承认了张父是自己的公公,这与她前面的矢口否认形成了鲜明反差。

这种突然的转变,尽管动机高尚,也合乎窦娥急于解救婆婆的逻辑;但在常人看来,则很不近人情。因为在这里,这种利他主义的风险太大:为了免除一个并无直接血缘关系的长者不受刑讯(刑讯尽管痛苦难熬,但由于法律的限制,一般不会有死亡的威胁),窦娥宁愿牺牲自己的生命和名誉,这是一个可以理解却不大明智的行动,超出了一般人包括今天的一般人可能理解和接受的情理范围。[27]

正是在这样一种情境下,楚州太守认定了窦娥投毒杀人。这个判断是错误的,但显然并非官吏腐败的产物;此案中可以被认作证据的一系列信息都不利于窦娥,尽管按照今天的标准看来,这些信息是非常不充分的,是值得辩驳的。

证据问题

因此,有必要讨论一些关于证据和举证责任的理论问题。

铁证如山。在我们看来,按照今天的标准,此案中提出的不利于窦娥的证据并非"铁证如山",并非"没有合乎情理的怀疑"。例如,窦娥就提出了相当有力的一个质疑,即"我这小妇人毒药来从何处也"(页1508)。这个质疑是有力的。但严格说来,这并不是一个反驳对方证据的证据,而只是要求对方提出更强有力、更充分的证据证明自己有罪。如果在现代司法制度中,这会是一个值得调查的问题;在古代社会中,也可能引起一个更有审判经验的官员的注意(在第四、五章中我会提出这样的例子),促使他深入调查,取得更多、更强有力的证据。但是,在讨论

---

[27] 如果有直接血缘关系,或是幼小者,这种牺牲还有可能。注意,窦娥的情况甚至超出了一些革命者为救助自己的同志所做出的牺牲(她不是用自己的牺牲替代了他人的牺牲,而是用自己的牺牲替代了他人的被刑讯)。献身的革命者常常有强烈的政治意识形态支持,而窦娥没有那种意识形态;当然我将在后面分析,中国传统社会的"道德"其实是当时社会的主流政治意识形态,因此在这个意义上,窦娥也可以算是一个意识形态的牺牲者。

近代以前的司法制度时,在证据问题上,有几点特别需要注意。

首先,当我们要求铁证如山的时候,我们假定中国传统社会对这种重大刑事案件或涉及死刑的案件采用的证据原则也是或应当是"铁证如山"或"没有合乎情理的怀疑"。事实并非如此。如果仅仅从法条上看,甚至当代中国各诉讼法有关证据基本原则的文字表述(与实践并不相等)也都笼统是"以事实为根据"。[28]

其次,要求铁证如山的前提假定是,只要努力就一定能够搜集到如山的铁证。但是,任何有实际经验的人,不仅是审判人员,包括当代负责调查、侦破刑事案件的警方和检察官,都知道这是一种愿望创造出来的神话。作为理想,值得追求,但即使在今天,即使不考虑财力资源的制约因素,在任何国家,至少在某些案件中,无论调查人员如何努力,都不可能获得"铁证",有时甚至完全无法取得基本的相关证据。

第三,更重要的是,由于一种简单的唯物主义哲学指导以及对于认知条件缺乏反思,当代人,包括当代中国的绝大多数法律家,都很容易产生的一种错觉:证据力是作为证据的人和事自身的性质,因此证据是否充分,是否铁证如山,是否"没有合乎情理的怀疑",都是一个脱离社会语境的"客观事实"或性质,任何时代的任何人对一个证据都会作出大致相当的判断。而我想指出的是,"铁证如山"或"没有合乎情理的怀疑"实际上都是裁判者的一个判断,其客观性更多是一种社会共识,既非某个客观实在的对应,也不是"证据"本身的性质。不错,我们常常会认为某些证据是铁证如山,不容置疑,社会中的其他人也会这样认为;但是这种确信在很大程度上是由于我们同他人分享了许多共同的前提。一旦当不分享这些前提时,我们就会对同样的证据做出不同的判断,甚至会认为他人认为非常有力的证据根本不构成证据。

这一论点有很强烈的相对主义的意蕴。但这并不是因为我相信相对

---

[28] 当然,根据我对当代中国法官的了解,他们在司法实践中采用的证据标准会根据案件性质不同而不同,刑事案件的证据标准实际上更高,要求"证据确凿,铁证如山",民事案件中一般有充分证据就可以定案了。

主义,而是我们必须面对的一个现实。我们可以做一个思想的实验。如果我生活在三百年前,生活在一个所有人都相信巫术可以致人死地的社会中,如果从张三家中发现了他捏了一个小面人,上面写着我的名字,面人的心口处扎了针,并且我也确实在这时病倒甚或病死了。那么,这个面人就完全可能在当时这个社会中被接受为张三"谋杀"苏力的证据,就可能为当时社会的法官和其他人一致接受为"没有合乎情理之怀疑"的证据,足以判处张三死刑。甚至张三自己也会认为是他的巫术造成了我的死亡,尽管他会为自己的"杀人证据"被发现而沮丧,尽管他还可能认为自己不应当服死刑。反过来,今天被认为基本是万无一失的 DNA 的检验结果,如果出现在一个不知 DNA 为何物也没有任何现代生物学常识的社会中,就会令法官和普通民众怀疑检验人或出庭作证的生物学家是否是一个骗子,并完全可能据此而拒绝这种证据。

这个思想的实验足以表明,证据的证明力从来都是一个社会文化共同体的创造。证据本身并不具有证明任何事实的力量,除非我们首先接受了一个关于世界是如何联系的世界观,并把这个世界观当做理所当然天经地义。[29]在分析窦娥的悲剧上,因此,桃杌在判断张驴儿提出的证据是否"铁证如山"时不可能基于我们今天的科学知识和常识,而是基于窦娥生存的那个社会的标准。如同上面分析显示的,如果从陌生人的立场看,张驴儿至少提出了"优势证据",更充分的证据。由于社会条件的限制,我们今天看来的"优势证据"在那个时代也许就被认为是"没有合乎情理之怀疑"的证据。

有罪推定。一些熟悉当代法律理论的人还可能认为此案搞的是"有罪推定"(严格说来应当译作"假定"[presumption]),因为桃杌在认定真正的罪犯之前就动用酷刑对被告依次"刑讯"。我反对刑讯逼供。但是我认为这里的刑讯逼供与有罪推定无关。

首先,尽管人们从今天的视角出发很容易这样认为或理解,但古代社

---

[29] 关于证据起作用和不起作用的其他范例,以及更细致的理论分析,可参看,Thomas Kuhn, *The Copernican Revolution*, Harvard University Press, 1957, ch. 6。

会无论中外都并非"被告人不供认,就要受到拷打"。[30]在《窦娥冤》(以及其他元杂剧)中,我们看得很清楚,负责审理此案的楚州太守并不是一上来就听信了张驴儿的指控,启动了刑讯。他是在听取了张驴儿和窦娥的两方的辩论言辞和"证据"之后,相信了张驴儿提出的证据以及张驴儿对这些证据的言之有理的解说,并受到张驴儿关于动刑的挑唆("这媳妇年纪儿虽小,极是个赖骨顽皮,不怕打的"),才认为"人是贱虫,不打不招"(页1507),决定动用刑讯。我们还应当注意,张驴儿实际也是此案的被告人之一,但他并没有受到拷打。因此,即使是在中国古代,也不存在"被告人不供认就要受到拷打"这样一种制度,只有对那些有足够嫌疑且不供认的重大刑事——特别是人命——案件的被告才会刑讯逼供。

其次,尽管古代社会无论中外都采取了刑讯逼供,但刑讯逼供并不是因为已经认定被告是罪犯。刑讯逼供固然施加了痛苦,但在这时还不是作为刑罚,而是作为获得证据的一种手段;尽管今天看来,这很不合理,却符合当时的法定程序,[31]甚至受到了当时人们的普遍认可。[32]在这个意义上看,古代的刑讯在性质上并不是惩罚,而更类似今天各国司法中对于那些可能有重大社会危险的犯罪嫌疑人普遍采用的各种强制措施(例如逮捕、拘留、拘传、取保候审或监视居住),从总体上看,都是为了防止更大社会危害而不得已为之的程序。我们不能也不会仅仅因为现代刑事诉讼中的这些强制措施,在法院尚未作出有罪判决之前,即以各种

---

[30] "在封建君主专制国家的刑事诉讼中,实行有罪推定,被告人在未确定有罪以前,就被作为罪犯对待。被告人不供认,就要受到拷打。不能证明被告人无罪,就以有罪论处……存疑判决实际上是变相的有罪推定。"请看,陈光中:"无罪推定",《中国大百科全书·法学卷》,中国大百科全书出版社,1984年,页625。

[31] 我没有查到元代有关的法律,但是从唐律和宋律来看,都对刑讯的条件作了严格的规定,违反者会受到刑法的处罚。例如,《唐律疏议》的断狱律规定:"不以情审察及反复参验,而辄考者,合杖六十"。《唐律疏议》,同前注25,页552;《宋刑统》中也有类似的规定。请看,《宋刑统》同前注25,页474以下。

[32] 在其他一些戏剧中的清官也有类似的"不打不招"的说法,例如同为关汉卿所作的《包待制三勘蝴蝶梦》中的包拯(《元曲选》,卷2,同前注7,页637)。这表明,即使是写了《窦娥冤》的关汉卿也不反对作为制度的刑讯逼供,他只是反对错误的刑讯逼供。

方式在不同程度上剥夺了刑事被告某种有价值的东西,例如自由,其中有些措施与法定惩罚对于被告来说其实只有名称上的差异(例如拘留和拘役,又如取保候审与缓刑),因此就把这些强制措施都视为定罪前的惩罚,都属于"有罪推定"。

第三,甚至不能简单地说存疑判决就是有罪推定。现代认识论的研究表明,现代司法的经验也显示,绝对的、本体论上的客观无疑在任何情况下都不可能获得,司法审判可能获得的只是一种交流意义上的确信无疑。[33]正因为这种确信仅仅是交流意义上的,也就意味着不同的人对同一些或同一个证据常常没有统一的判断,甚至会有相反的判断。一个更多怀疑精神的人对一般人认为确定无疑的证据表示怀疑,这是正常现象。此外,即使获得了这种交流意义上的确信无疑,也未必能保证其正确(请想前面的关于巫术杀人的例子)。因此,在司法实践上,没有哪个国家的刑事司法判决要求排除一切怀疑。《法国刑事诉讼法典》就规定,

> 法律并不考虑法官通过何种途径达成内心确信;法律并不要求他们必须追求充分和足够的证据;法律只要求他们心平气和、精神集中,凭自己的诚实和良心,依靠自己的理智,根据有罪证据和辩护理由,形成印象,作出判断。[34]

即使是最强调无罪推定的美国刑事司法中,要求的也仅仅是"不存在合乎情理的怀疑"(beyond reasonable doubt),而不是"不存在任何怀疑"(beyond all or any doubt)。事实上,在任何刑事案件中,都会有某些问题因各种原因查不清,或可以提出可疑之处,但是只要不存在合乎情理的怀疑,裁判者就可以也应当作出判决。在一般意义上,这些判决也可以说是存疑判决;如果说这就是变相的有罪推定,那么,这就意味着许多法学家津津

---

[33] 可参看, Richard A. Posner, *The Problems of Jurisprudence*, Harvard University Press, 1990, p.7。
[34] 《法国刑事诉讼法典》,余叔通、谢朝华译,中国政法大学出版社,1997年,页132。

乐道并视为无罪推定之典范的美国刑事证据标准竟然也是有罪推定!

还必须注意怀疑的主体,这也是中国刑事诉讼法学界经常忽视的一个问题。在对证据的判断发生分歧的情况下,法律并不要求所有的人都确认无疑,而是把认定证据和有罪无罪的权力交付给有权决定的特定人——在欧陆法律中,这就是法官,强调的是法官的自由心证;[35]而在英美法中,决断者则是法官和——在有陪审团审理的刑事案件中——陪审团。[36]因此,不存在合乎情理之怀疑都只是对法官或陪审团而言,并不要求其他任何人都不存在合乎情理之怀疑,更不是要求刑事被告自己没有质疑。这就印证了波斯纳法官的洞见:在司法中,证据的认定虽然有认识论的因素,但是还有其他的目的,其中包括政治合法性的目的。[37]毋庸讳言,这种权力的配置确实给法官或陪审团滥用权力留下了某种可能;但如果要求所有的人都不存在合乎情理之怀疑,这一刑事司法制度的原则就完全无法运作。

更重要的是(这肯定会引起许多当代法学家的不快),严格说来,历史上只存在过作为举证责任转移制度意义上的有罪假定和无罪假定,并且总是两者同时存在,其功能仅仅是为了分配举证责任。无罪推定或有罪推定,只要运用适当,同样可以有效保护刑事被告的权利。[38]作为制度

---

[35] 欧洲的法国、意大利、德国、比利时、荷兰、西班牙、奥地利、瑞士以及前苏联都采取了法官自由心证的原则。请看,程味秋:"法国刑事诉讼法典简介",《法国刑事诉讼法典》,同上注,页9。

[36] 法官有权依法决定是否采纳某一证据,而陪审团认定是否有罪;但是,原则上法官甚至可以(may)不接受陪审团的认定,只是法官极少使用这种权力。可参看,Henry J. Abraham,*The Judicial Process*,*An Introductory Analysis of the Courts of the United States*,*England*,*and France*,4th ed. ,Oxford University Press,1980,页132—133。

[37] Posner,同前注33,pp. 204—219。

[38] 请看,德肖微茨:《最好的辩护》,唐交东译,法律出版社,1994年。该书第一编的标题就是"被认定无辜之前是有罪的——有罪推定",当然,德肖微茨说的是辩护律师,而不是法官。但是他的分析和案例都表明,事先设定这样一个假定,才会使律师更加细致周到地考虑对被告不利的证据,努力发现这些不利证据中的疑问,从而作出更加有效的反驳,这样一个假定对被告并非不利,相反能更有效保护刑事被告的利益。此外,他的这一分析也表明,原则的有效性是同特定主体相联系的,无罪假定主要是对法官的要求,而不是对一般人的要求。

而言,历史上从来不存在今天为法学家激烈抨击的那种想象的有罪推定,即只要事先假定了被告有罪,最终就一定会判定被告有罪;或者是,只要被告没提出或提不出强有力的、证明自己无罪的证据,就一律认定有罪。更不存在单一的、制度化的有罪推定或无罪推定。

自贝卡利亚以来,许多中外法律家都振振有辞,认定近代之前的世界各国或许多国家的司法制度都采取了有罪推定的司法制度,认为有罪推定必然导致对刑事被告权利的侵犯。这已经成为一种通说,成了当代法学的一种意识形态,一种不可质疑的政治正确。有些美国法学家甚至认为只有英美法是无罪推定,认为当代欧洲例如法国的司法制度也采用了"有罪推定"。[39] 也有中国法学家指责英美国家的一些为了解决举证责任的做法为"有罪推定",违反了他们心目中神圣的永恒真理。[40] 然而,真的有这样一种司法制度吗?

这其实只是一个稻草人,一个虚构出来的靶子。而只要看看一个简单、常见的事实就可以推翻这种意识形态的神话。这个事实就是,无论古今中外,各国、各个时期的正式的司法制度都设立了某种形式的上诉制度;而上诉制度之设立,如果还有任何其他意义,那就是要对下级法院认定的犯罪事实予以某种方式或某种程度的审查;审查的前提之一就是承认下层法院的判断可能有错,初审中被认定有罪的人有可能无辜或罪不那么重。在传统中国,至少从隋朝开始就有了"千方百计上京城"的"京控"制度,美国学者甚至称这种上诉制度"发展到了十分完善的程度"。[41] 这可能言过其实,但对我的论点毫无影响。在这种上诉或申诉制度下,即使上诉人没有提出新的、强有力的证明被告无罪的证据,也往往(尽管并不总是)会引起上一级案件裁判者对案件的重新调查、审查或审理,并因此

---

[39] 例如,Henry J. Abraham, *The Judicial Process*,同前注36,p.105,就认定法国的刑事诉讼程序是有罪假定。
[40] 例如,陈光中:"无罪推定",同前注30。
[41] 欧中坦:"千方百计上京城:清朝的京控"(谢鹏程译),《美国学者论中国法律传统》,高道蕴、高鸿钧、贺卫方编,中国政法大学出版社,1994年,页473。

纠正了一些冤错案件。[42]如果当今的通说真的成立——近代以前的司法都是有罪推定,都是不供认就刑讯,都是不能证明其无罪就认定其有罪,那么上诉就只可能是有条件的,即只有提出了新的证明自己无罪的证据时,才允许初审被定有罪的人上诉,而不可能有"京控";或即使形式上允许"上诉",最终结果也只会是千篇一律地肯定或确认初审或下级法院的有罪判决,而不会有仅仅因上诉或申诉就启动的案件重新调查、审查和审理。而这种不会改变结果的"上诉"实践将很快消灭任何上诉,因为人们会很快知道这一上诉制度的实际后果,不会有哪个精神正常的人会为这种不会带来任何命运改变的行动花费额外的代价。并且,设立这种上诉还有什么意义?

有罪推定的做法是存在的。最著名的就是对岳飞的"莫须有":先假定某人有罪,然后努力搜集证明其有罪的证据。但这实际是"陷害"的另一种说法而已。但是,陷害不可能作为制度——普遍地对所有人——存在,而且也从来没有成为一种制度。事实上,当我们说陷害时,隐含的恰恰是,它严重违反了刑事司法制度。

还有一种做法常常被视为"有罪推定",例如,中国"文革"时期根据家庭成分或历史经历判定某人有罪,并施加惩罚。但是,严格说来,这也不是有罪推定,而是在当时的"裁判者"看来,在当时极"左"的社会氛围中,一个人的家庭出身或以往的"罪恶历史"就是此人"有罪"的充分证据了。但是,这里涉及的还是我在上面所说的与社会共识相关的证据标准,而与有罪推定的原则无关。这种状况在历史上,特别是社会动荡时期曾多次出现。例如,在狄更斯小说《双城记》中,法国大革命的群众仅仅因为某人是贵族出身或某人曾同贵族有过性爱就将他们送上了断头台,[43]尽管法国大革命的《人权宣言》中在人类历史上第一次写入了无罪推定

---

[42] 甚至《窦娥冤》本身就留下了这样的痕迹:促使窦天章平反窦娥冤案的仅仅是窦娥一方的申诉,使得窦天章相信窦娥申诉的那些超自然现象在今天看来都算不上任何证据。
[43] 狄更斯:《双城记》,石永礼、赵文娟译,人民文学出版社,1993年。

的原则。[44]

这种做法的极端形式在今天已经被摈弃了,至少是在法条上;但与此相类似的做法,在今天许多哪怕是发达国家的刑事司法实践中,也都在一定程度内存在或允许。例如,允许直接或间接地用被告"前科"或先前的某些行为作为证据,通过影响陪审团或法官,支持对被告受指控之罪的认定。[45]严格说来,这就是允许用一个人先前的行为态势来影响认定受指控的行为。从实践的角度来看,由于这种做法有很大的风险,出于审慎和权衡利弊的考虑,我原则上不赞成;但从智识的角度上看,你很难说,这种做法就一点儿道理都没有。人们的行为确实有一种稳定的基本态势;"三岁知老,从小看大"的说法未必都是唯心主义先验论。

如果仅从智识上看,[46]今天许多法学家批评的所谓"有罪推定"其实更多涉及对证据的判断。其中包括对具体证据的认定,即这个证据本身是否可以作为证据;以及对诸多证据的综合判断,即这些证据是否构成"充分且没有合理怀疑"之证据,足以认定犯罪。经常发生的争议是,比方说,有多位可靠证人看到被告在案件发生前后曾在现场出现,并且在现场发现了被告之指纹。一些人可能会认为这就足以证明其是罪犯;而另一些人可能认为这还不充分。他们的判断可能同样真诚、无私利。在这种情况下,判断不同是非常正常的,与有罪推定或无罪推定无关,而与个人的判断力,与个人的气质和性格(多疑或轻信),与经历、训练以及与塑造判断力的知识或有根据的常识信仰有关。但是,若是其中持某种意见的人(或者双方)对自己的判断非常自信,认为自己的判断不可质疑,就很容易走上"诛心"之路,真诚地指责对方搞"有罪推定"或"纵容罪犯"。这种说法实际上是把具体判断上的分歧上升为原则的分歧,试图

---

[44] 由嵘[主编]:《外国法制史》,北京大学出版社,1993年。
[45] 例如,《美国联邦刑事诉讼规则和证据规则》,卞建林译,中国政法大学出版社,1996年,第4、8章。
[46] 此外,不可否认,在某些特殊的情况下,法律人会出于辩护策略的需要而指责对方搞了有罪推定。这是一种策略性运用法律语词的战术,是一种修辞术。对于这种情况,本文暂不讨论。

用在当下社会更具政治合法性的语词来增加自己的话语权,试图从意识形态上(也称原则问题上)战胜对方。这就变成了一种追求政治正确的手段。

如果原则或言辞正确就一定能导致好结果,那也无妨。问题是,原则或言辞正确丝毫不会增加正确判断的概率。甚至言词和言者的行动会完全相反。一位法官可能在原则上真诚接受并自以为努力贯彻了"无罪推定",却仍然会轻信、专断,因此被一些更多怀疑主义的同行认为违背了这一原则。相反一个总是多疑慎重,也因此不那么坚信"无罪推定"原则的人,在司法裁判上,可能处处小心谨慎。之所以会出现这种从社会角度看来原则与实践脱节的现象,这是因为裁判是一种实践理性,必须在具体的行动中才可以看出你是否真有这种"知识"或能力,如同游泳一样。了解一个术语或把一个原则从理论上分析得头头是道,并不能保证在实践中做得好。这也就是霍姆斯法官指出的,在司法中,一般原则并不决定(dictate)具体的判断;这也是"纸上谈兵"的故事最重要的教训。因此,如果就窦娥案而言,桃杌也许太轻信,太不慎重,根本不适合审理案件,至少不适合审理窦娥的案件;但这与有罪推定或无罪推定无关。

证据问题的背后

桃杌毕竟是轻信口供和不慎重的。如果这与贪污腐败无关,与有罪推定也无关,这是否意味着仅仅是他个人的气质、智力有问题? 否则,他为什么会匆忙对窦娥等使用刑讯逼供,而恰恰是刑讯逼供导致了窦娥的悲剧? 似乎我们只能归结他个人的品质或智力。作为对《窦娥冤》这个作品的解说,我可以接受这样一个推断,并因此也就结束了对该剧根源的探讨。但这样一个结论,既无助于我们更深入理解窦娥的悲剧,也无法令我们理解元杂剧中其他公案剧中普遍的刑讯逼供,因为包括清官包拯也公然宣称"人是贱虫,不打不招"。[47] 如果我们不想由此仅得出"天下

---

[47] 关汉卿:《包待制三勘蝴蝶梦》同前注32,页637。

乌鸦一般黑","统治阶级压迫广大人民群众"的这样一个显然正确却不大令人信服的结论,也许我们就应当考虑,还有没有其他可能的解释?促使裁判官员动辄刑讯逼供的会不会有其他更重要的社会和制度因素?因此,我转向探讨这样一种可能性。

人们通常会认为司法问题主要与法律有关,但在一个个具体的司法决定中最重要的仍然是"事实"。如果对事实有足够的了解,包括对判决的可能后果有足够的了解,那么至少在许多常规案件中,许多普通人都可以做出正确决定的案件中,并不一定需要什么司法的职业化和专业化。如果确实知道是我偷了某人的钱,知道我把钱藏在何处或花在何处,知道有关的法律规定如何,知道我现在何处,处罚我我又会如何以及其他必要的信息,这个案子会很容易裁断。柏拉图的"人治"就是建立在能找出或培养一个无所不知的哲学王的假定之上。基督教徒之所以相信上帝最终将对一切做出最后的并且是公正的判决,也在于其假定(在我看来)或相信(在基督徒心目中)了上帝无所不知、无所不在和无所不能。但这是基于不可能之假定上的思想实验或信仰。现实中的司法判决都由凡人做出,他们尽管智力有高下之别,却都是理性有限的,对事实的发现和了解都是有限的。也正因此,才需要用了各类法律(包括程序性)规则来减少判决对事实的需求,而减少判决对事实的需求也就是降低获得判决的信息费用,减少为发现、搜集事实而必须耗费的有限资源。但即使如此,规则在判决中的作用也有限,判决的最终基础仍然是一些由证据和相关信息构建起来的有关案件的事实。没有这些"事实",法官就没有根据裁断,司法机器的实践话语就会卡壳。[48]

但是,在没有现代科学技术,特别是没有与刑事司法相关的科学技术,因此无法运用这些技术支撑司法运作的近代以前,要发现审判所必需的基本事实以及其他相关信息,极为困难。除了目击者或行为人的证言和偶尔可能发现的明显物证外,传统社会没有其他获得可靠、可信证据的

---

[48] 福柯:"法律精神病学中'危险个人'概念的演变",苏力译,《北大法律评论》,2卷2辑,法律出版社,2000年,页494—495。

基本手段。没有指纹鉴定技术,没有足迹鉴定技术,没有笔迹鉴定技术,也没有其他获取或记录物证的技术,没有化学检验(例如对毒品),没有物理检验,没有或者很少死亡解剖,至少在基层社会基本没有这种专业人士。[49] 在这种技术和人才条件下,即使投入大量人力、物力和时间,也无法获取今天看来数量足够并可靠的犯罪或未犯罪的证据。

然而,一个社会不可能因为有这些困难就不惩罚犯罪了。一个政权的合法性最终说来在很大程度上在于它能否保证该社会人们的最基本的安全和秩序。如果它不能,而社会中其他个人、机构、组织能以更低的价格提供类似的"产品"或以同样的价格提供更好的"产品",那么这些个人、机构、组织就可能部分取代(例如家族、黑社会)甚至全部取代(改朝换代)国家,这就意味着统治者权力的弱化和丧失。因此,无论什么政权都无法回避这个问题:它必须在现有的技术和其他资源条件下尽可能准确地发现罪犯,惩罚罪犯。

面对这个难题,传统社会一方面可能采取的措施就是确立一个较低的证据标准,包括什么算作证据的标准,什么是充分或"没有合乎情理怀疑"之证据的标准;这一点前面已经讨论了。我们可以再次看出,审判上适用的证据标准从来不是一个认识论标准,而是社会建构的具有时代性和地方性的常规标准。

另一方面就是运用该社会许可并可能的一切手段获取与犯罪有关的信息,其中包括调整某些举证责任。在这种社会条件下,当没有利益无涉的、可信的证人证言或其他明显(这也是由社会常规界定的)证据时,要判断一个被告是否犯罪,或是要从一些嫌疑人中判断谁是真正的罪犯,裁判者可能依靠的只有以下几方面的手段:

一是利益推论,即依据常识推断谁更有可能从犯罪中获利。例如在窦娥的案件中,桃杌就推断,窦娥比张驴儿更有毒死张驴儿父亲的动机。

二是借助审判(在现代,则包括预审以及其他类似的过程)对嫌疑人造成高度精神和心理压力,考察被告的言语、行动、神态是否异常。最常

---

[49] 但也有极少数例外,例如[宋]宋慈:《洗冤集录》,中国文史出版社,1999年。

见的就是所谓的"五声听狱"。[50]这在历代"司法"中都不同程度地采用了;元杂剧中就常常表现了这一点。[51]今天司法强调的"亲历性"在很大程度上也包含了这方面的因素。但其作用有正面的,也有负面的。

第三就是审判者运用一些其他人无法预料但事后又在情理之中的技巧,依据自己的洞察力作出判断。例如《灰阑记》中包拯以及《圣经》中所罗门国王判断孩子生母所使用的方法。[52]此外,在某些情况下,还包括欺骗和诱供。其作用也是既有正面的(若以发现案件真相为目标),例如元杂剧《生金阁》、《合同文字》、《魔合罗》等剧中清官(吏)包拯和张鼎所使用的欺骗;也有负面的,如在《救孝子》中官吏所使用的手段。

第四就是在有足够的怀疑的前提下,运用严格限制但严酷的刑讯来获取口供。[53]

这几种办法都具有一定的效力。事实上,以某种改变了的形式,今天各国都还在继续使用。

首先看"利益推论",这仍然是最常用的手段。在今天发生命案时,警方首先会考虑是否是杀人灭口?谁与被害人有仇或不和?是否有财产被盗或其他?一言以蔽之,凶手是否是因某种有形无形的利益而杀人。

---

[50] "以五声听狱讼,求民情:一曰辞听,二曰色听,三曰气听,四曰耳听,五曰目听。"《周礼·秋官·司寇》。

[51] 例如《救孝子》中府尹王翛然从被告的"两眼泪滴在枷锁上"对案情发生怀疑(页773)。又如《魔合罗》中都孔目张鼎也是从刘玉娘的"带着枷锁,眼泪不住点儿流下"中判定"那受刑的妇人,必然冤枉",还想起了"古人云,存乎人者莫良于眸子;眸子不能掩其恶。又云,观其言而察其行,审其罪而定其政";尽管张鼎不是亲自审理此案件的人(页1378)。

[52] 《包待制智赚灰阑记》《元曲选》卷3,同前注7,页1107以下;《圣经·旧约·列王记上》,第三章,16—17节。

[53] 除了前注25和26提到唐宋法律中的明文规定外,一些近代历史的实证研究也证明了这些法律并非只是书面上的法律;至少清代案件的自动复审中,就包括在监禁中有没有虐待或非法拷打人犯,可见刑讯是有限度的。请看,欧中坦:"千方百计上京城",同前注41,页475。美国学者马伯良的一个研究也讨论了公元984年的一个案件,有两位官员因为在刑讯中打死了一个嫌疑犯而受到审判,并被定为私罪,即故意的犯罪,因为刑讯未经批准。"《唐律》与后世的律:连续的根基"(霍存福译),《美国学者论中国法律传统》,同前注41,页268。

这种推论无疑是有道理的,但是这种方法也有重大弱点;《窦娥冤》中就有充分的反映。这种方法一般说来对于侦破预谋犯罪更为有效,其前提假定是预谋犯罪者对犯罪进程有完全的计划和把握,因此裁判者(以及其他查办者)可以依据这一逻辑发现犯罪人。但也因此,这一逻辑往往无法有效处理意外事件。《窦娥冤》的故事就有意外因素的介入。张驴儿本意是要毒死蔡婆婆,他假定蔡婆婆会喝羊肚儿汤;但蔡婆婆突然不想喝了,而张父又太殷勤了,喝下了有毒的汤。这种意外事件摧毁了利益推论的逻辑,限制了这类分析的有效性。在现实中,这一逻辑还无法有效处理即兴犯罪,例如对不特定对象的突然犯罪;因此往往会出现"无头案"。概括说来,由于人的智识有限,案件裁判者(或调查者)事实上不可能将所有的犯罪可能都纳入利益推论的分析和研究。正是这种缺失,张驴儿毒死蔡婆婆的可能性从楚州太守的视野中遗失了。

"五声听狱"的方法也同样有一定的效果。[54]"作贼心虚"是人类普遍存在的心理特点之一。因此,借助公堂上的威严(一种权力关系的空间配置),五声听狱无疑是有用的。甚至今天也在世界各国仍然以不同的方式在法庭内,但更可能主要是法庭外(预审室),普遍使用。不仅警方询问嫌疑人会用各种传统手法有意施加强大心理压力;如今还有了更科学的方法,最典型的可能是测谎仪。

"五声听狱"同样具有重大的弱点,并且总的说来,其在正式司法过程中作为证据(而不是作为发现证据之线索)的作用正在日益缩小,甚至在失效和消亡。不仅因为如今有了专门侦破案件的警方和检方,现代法庭中基本不再使用,[55]即使警方和检方使用类似方法时也受到了很多法律限制。为什么?

---

[54] 有关中国传统司法"五声听讼"的成功案例,有一个比较系统的汇集和分析,请看,汪世荣:《中国古代判例研究》,中国政法大学出版社,1997年,第7章。

[55] 因此,我认为贺卫方("关于审判委员会的几点评论",《北大法律评论》,1卷2辑,法律出版社,1999年,页368)用"五声听狱"来分析现代司法的特点并反驳审判委员会制度的论证不能成立,他忽略了五声听狱发生的历史性,忽略了其正当性的历史性。

首先,如同我在前面指出的,五声断狱的基本前提假定是"做贼心虚"。这个假定一般是对的,但未必总是如此。一个有足够经验的罪犯完全可能不流露出任何心虚的标记。更重要的是不能排除有些人由于生物的或教化的原因从来就不认同这个社会的主流道德,因此完全不为自己的行为感到心虚。击败测谎仪的罪犯并不少见。这就解说了为什么,至今为止,很少有国家直接将测谎结果作为证明犯罪的证据,而一般只是用作排除犯罪的证据。

其次,即使假定所有的做贼者都会心虚,那也未必只有做贼者才心虚。现实生活中见不得大场面、人一多就心慌的人并不少见。以心虚之果推断做贼之因会有很大的、现代司法无法容忍的误差。如果没有其他证据,仅仅根据五声断狱,会极为危险。

与第二点相关,第三,如前所言,五声断狱常常是同公堂的威严,即公堂内权力关系的空间配置,联合发挥作用的。自古以来,无论是公堂还是现代的审讯室或法庭,都大量生产和使用了这种权力技术。古代公堂内,分列两排手持衙杖的衙役,高声吆喝,高高在上的县令太守,跪拜之礼以及"大人""小人"的称呼。所有这些仪式目标都在于强化嫌疑人感受的心理压力,迫使他/她如实招来,"唬的犯罪人面色如金纸"。[56] 现代法庭也有类似的仪式,手扶圣经的宣誓,法官至高无上的权威,法官的奇异服饰等;预审室内,预审员威逼的眼光,讯问前长时间的沉默,故弄玄虚的言辞,公开的和隐含的惩罚之威胁,公开的或隐含的宽大之许诺等等。

我并不笼统地认为这些权力运作技术或方式都应当废除。我仅仅是想强调,"五声断狱"常常必需在这种权力空间和时间中才更为有效;并且为了充分获得"五声听狱"的效果,甚至必须强化这种权力关系对嫌疑人的心理压力。问题在于这种压力自身没有区别罪犯的能力,它对作为人的无辜者和真罪犯都会发生作用。在这种权力空间中,一个无辜的、仅有正常心理承受能力的普通人至少有时也会神色慌乱,答非所问。在这

---

[56] 《河南府张鼎勘头巾》,《元曲选》卷2,同前注7,页674。

种权力关系下,裁判者有可能获得一些非常珍贵的正确信息,但也有可能甚至更可能造成信息混乱,从而导致错误的判断。如果说在古代,出于不得已,五声断狱还算是一种司法技术和知识的总结,在当时没有更为有效的获得证据的科学方法时,还可以容忍;那么在现代,五声断狱最多也只能作为获取证据的线索,而不能直接作为证据。

第四,五声听狱对审理者(不光是法官)提出了超乎常人的高要求。他/她必须高度敏感、精细辨析和恰当解释。但是,问题在于即使提出了这种要求,甚至接受了相关的专业训练,也很难保证不同的裁判者对同一嫌疑人流露出的"五声"作出同样的或类似的解释和判断。这种能力或技术或"知识"从本质上看是高度个人化的,由此得出的判断至少在有些时候是非常主观的,既无法重复,也无法验证。如果过于倚重五声断狱,不仅给裁判者留下了太大的乃至危险的裁量空间,而且也留下了滥用权力的空间。

最后,即使是结合了现代科学技术的五声听狱,例如测谎仪,至少在目前也不足以广泛使用。测谎仪至今只是作为辅证手段。据我所知,尽管已发明了多年,至今还没有哪个国家用测谎结果作为定罪的基本证据。当然,"同国际接轨"从来不是接受或拒绝某种做法的理由,因此,这不能作为拒绝测谎仪的根本理由;但这至少表明测谎结果一定有什么缺陷,而且这个缺陷可能不是测谎技术的改善可以弥补的。在我看来,最关键的因素在于,测谎仪必须以被测谎者的自愿合作为基础。你可以把某个人绑上测谎仪,但是如果被测谎者拒绝合作,拒绝回答你提出的敏感问题,你难道可以仅仅用这种拒绝作为其犯罪的证据吗?或者如果他说的是真话,但与你的提问无关,你又能如何处理?想想小说《红岩》:中美合作所的特务曾对共产党员成岗测谎,试图获得地下党的某些秘密,但是成岗回答的是,"我是共产党员,永远不会出卖革命的利益!"[57]在这样的真话面前,测谎仪只能彻底失败。

审判者运用个人智慧(包括出于好意的欺骗),出其不意,也的确可

---

[57] 罗广斌、杨益言:《红岩》,中国青年出版社,1963年,2版,第19章。

以获得很有力的证据。例如，在《灰阑记》和《圣经·旧约》中，面对着两位妇女争一个孩子，包拯和所罗门国王都运用了个人的智慧，巧妙获得了令人信服的证据，作出了正确判断。这种方法常常得到平民百姓、文人墨客的一致赞赏。对这个问题，我会在第五章专门讨论，在此不作细致分析；这里只想指出其可能存在的两个主要不足。第一，智慧并不必定同公正相联系，贪官污吏并不都是傻瓜，有智慧并不能保证智慧的公正使用。因此需要制度。第二，智慧是个人性的，缺乏制度化的可能。我们能否通过选择、或通过训练使所有的裁判者都成为包龙图？即使是包龙图，他又能否在一切案件中都能找到独到的令人信服的方法？而且罪犯或违法者是否总是不如裁判者聪明？如果可以发现很多这样智慧的裁判者，我们还需要法治吗？如果所有这些要求都可以满足，我看不出为什么不能人治！

　　上面的分析表明，古代的审判者可能获取证据的手段和渠道极为罕有。正是在这样的历史条件下，当涉及人命或特别重大案件（至少在元杂剧和其他古代戏剧中，涉及刑讯逼供的案件全都是人命案件）而又没有充分证据时，社会允许裁判者根据案情的轻重，依法使用不同的有时甚至是极为严酷的刑讯手段来获得口供；[58]刑讯由此成了古代世界各国司法程序的构成部分。[59]没有哪个社会仅仅因为没有我们今天认为可靠的证据就会允许可疑的罪犯逍遥法外，或仅仅是为了"人权"或"人道"或某些法律概念原则而听任罪犯宰割无

---

[58]　例如，《唐律疏议》和《宋刑统》均规定动用刑讯之前必须"以情审察"和"反覆参验"，否则官员要"杖六十"；又规定，"拷囚不得过三度，总数不得过二百，杖罪一下不得过所犯之数"；"拷满不承，取保放之"；如果违反了或使用了法律规定之外的刑讯方法或刑讯打死了人，都会受到笞、杖、徒刑等。见，《唐律疏议》，同前注 25，页 556 以下；《宋刑统》，同前注 25，页 472 以下。

[59]　参看，Michel Foucault, *Discipline and Punish, the Birth of the Prison*, trans. by Alan Sheridan, Vintage Books, 1977。在这个意义上，贝卡利亚批判刑讯逼供（贝卡利亚：《论犯罪与刑罚》，黄风译，中国大百科全书出版社，1993 年，页 31—36）是对的，但用有罪推定的论证来批判则是知识上的一个错误。他没有理解——这与不能接受不同——的刑讯逼供就是当时程序的组成部分。

辜者。[60]如同我在第一章中论证的,惩罚罪犯根源于人的复仇本能和功利后果,而不是出于什么道德考量;尽管如何惩罚会有、也应当有道德考量。社会不可能允许罪犯逃脱,必需以某种方式打击罪犯,否则不仅对受害者不公,而且可能刺激更多的机会型罪犯违法犯罪。

在《窦娥冤》中,这个问题就很明显。就四个人在场,其中一个突然死了,人们都相信他是被谋害的,但没有足够的证据。怎么办?难道社会能够袖手旁观?难道楚州太守能够以证据不足而把三个人都放了?在当时的社会条件下,社会要求裁判者必须作些什么!然而,没有任何可确证的手段,裁判者又能够作些什么呢?作为一般享有的权利(而不是某个人实际享有的权利)永远不可能超出一个时代的限制。[61]正是在这样的历史条件下,口供才成为证据之王;甚至,口供变成了一个法定的不可或缺的证据,即,尽管其他证据都已明显指向某个结果,案情已经明确无误,也仍然需要口供印证。元杂剧中就屡屡有这种表现,[62]福柯对西方国家的类似实践也曾作过细致的分析。[63]

但是,这种做法的代价也确实很大。显然,刑讯的结果是许多口供不可靠,不可避免地会导致一些甚至许多冤错案件,包括窦娥这样的悲剧,导致了窦娥所说的"衙门自古向南开,就中无个不冤哉",导致了传统社会中人们时时提醒自己不要有任何犯罪的嫌疑。"君子防未然,不处嫌疑间;瓜田不纳履,李下不整冠"。[64]这段今天看来似乎仅仅是道德告诫的诗句,在当年可以说是对人们一种生命的指教,其中凝结了多少血的教训!

---

[60] 一个重要的例子是1994年英国颁布的《刑事司法和公共秩序法》,对英国法律上有悠久历史的"沉默权"做出了重大限制。有关内容可参看,龙宗智:"英国限制刑事沉默权的措施",《相对合理主义》,中国政法大学出版社,1994年,页414—424。
[61] 马克思:《哥达纲领批判》,《马克思恩格斯选集》卷3,人民出版社,1994年,页12。
[62] 例如《包待制智斩灰阑记》(同前注52,页1129),《河南府张鼎勘头巾》(同前,卷2,页683),两剧中,都是案情已经查清,可以断案,但是主审官还是一定要获得口供。这至少说明了两个问题,一是,在这些戏剧作者眼中,"清官"是严守法律程序的;二是他们也应当严守有关刑讯逼供的程序。
[63] 福柯:《规训与惩罚:监狱的诞生》,同前注24。
[64] 《乐府·君子行》。

超自然证据和鬼魂的意义

如果从这一角度理解窦娥的悲剧,那么我们还可以理解,一些现代文学批评家认为多余的、粉饰了传统社会的《窦娥冤》第四折,[65]其实并不多余;而且,其效果也并非如同一些学者认为的那样冲淡了悲剧意味。[66]恰恰相反,这一折从另一个角度重申了窦娥的悲剧性以及这一悲剧的必然性。

《窦娥冤》第四折讲的是窦天章当了大官,手持"势剑金牌"到楚州"刷卷",窦娥的冤魂起诉,最终冤案得以昭雪。与其他中国古代戏剧不同,在这场剧中,窦娥的冤魂主要不是直接向仇人复仇(尽管还有这样的痕迹),而是借助父亲窦天章所代表的国家权力复仇(一种非贬义上的"公报私仇")。尽管可以把这样一个结局——如同传统的解说那样——理解为作者对"清官"的期待,但如果仅就文本来看,作另一种理解或解说似乎更为融贯。因为如果仅仅强调"清官"同"贪官"或"明官"同"昏官"的矛盾,关汉卿未必需要选择窦娥的父亲来平反这个冤案,他完全可以像同时代的其他剧作家那样,简单地使用包拯这样一个已经符号化的并近乎神明的清官。[67]

为什么关汉卿选择了窦娥的父亲来平反这一冤案?我们今天当然无法重构作者的意图,也似乎不必去追究其意图。但是一种可能更有说服力的解释是(或至少从戏剧效果上看如此),即根据现有的证据,没有谁能相信窦娥是无辜的,因此即使包拯这样的清官也无法凭空洗雪冤屈;或

---

[65] 例如,吴小如认为,窦娥冤最后一折是"全剧的败笔";《吴小如戏曲文录》,北京大学出版社,1995年,页18。又请看,邓绍基[主编]:《元代文学史》,人民文学出版社,1991年,页81;温凌:《关汉卿》,上海古籍出版社,1978年,页19。
[66] 程毅中:"谈关汉卿杂剧的结尾",《古典戏曲小说谈艺录》,天津人民出版社,1982年,页140—150。
[67] 《元曲选》中共有15出公案剧,有10出剧中的清官是包拯,其他4出中的清官或明吏也都是历史上真实的有名人物;唯有《窦娥冤》是例外。

者,即使包拯对此案有怀疑,他也未必有很大的动力和意愿来重新审理这样的一件已经终结、无法挽回生命的普通小民的冤案。[68]事实上,此案没有任何活着的利害人提起申诉,而元杂剧的其他包公戏中,都有现实的人推动包拯去查明案件。

当理解了这种境况后,我们才会发现,在此剧中,唯有窦天章出场,这场申诉才可能启动,这场冤案才可能洗雪。只有父亲才更关心自己女儿的生前死后的命运,哪怕是她死后的名誉;也只有基于生物本能的父爱才有那种不计成本为女儿昭雪平反的强大冲动和激励(即复仇本能);同样,也只有父亲才更可能相信亲生女儿的诉说——关系距离会缩小或增强话语的证据力和说服力。此外,如果分析得更冷酷一点只有昭雪了窦娥也才更符合窦天章的个人"利益":当年窦天章为了自己的前途,出卖亲生女儿,换取路费,赴京赶考;如今年龄大了,功成名就,自然对女儿常常有深深的负疚之心,[69]也更急于弥补这种内疚;此外,如果女儿真的是犯了"十恶"之罪,一旦为人所知,窦天章的仕途难免受到牵连。[70]这并不是说这就是窦天章平反窦娥冤案的主要动机,而只是说,无论如何,这都会是一个下意识的因素,推动窦天章全力为窦娥平反,而任何其

---

[68] 元杂剧中包拯的戏全都是洗雪了活人的冤屈。并且,至少后代的"司法"的一个经验总结就是"救生不就死";有关这一点,参见,李乔:《中国的师爷》,商务印书馆国际出版公司,1997年,页118—119。尽管这条经验非常残酷,但是在资源有限的条件下,也许这是更好的做法。

[69] "老夫自到京师,一举及第,官拜参知政事。……老夫一喜一悲:喜呵,老夫身居台省,执掌刑名,势剑金牌,威权威力;悲呵,有端云(窦娥小名。——引者注)孩儿,七岁上与了蔡婆婆为儿媳妇,老夫自得官之后,使人往楚州问蔡婆婆家,他邻里街坊道,自当年蔡婆婆不知搬在那里去了,至今音信全无。老夫为端云孩儿,啼哭的眼目昏花,忧愁的须发斑白"(页1511—1512)。

[70] 请看窦天章对窦娥说的一段话:
"你这小妮子,老夫为你啼哭的眼也花了,忧愁的头也白了,你划地犯下十恶大罪,受了典刑。我今日官居台省,职掌刑名,来此两淮审囚刷卷。体察滥官污吏;你是我亲生之女,老夫将你治不的,怎治他人?……今三从四德全无,划地犯了十恶大罪。我窦家三辈无犯法之男,五世再无再婚之女;到今日被你辱没祖宗世德,又连累我的清名。你快与我细吐真情……"(页1513)。

他清官都没有这种动力。

  这几点在剧中就有所表现。起初,窦天章翻看窦娥之案卷时并没有对此案提出任何怀疑,认为这是"问结了的文书",铁案如山,没有甚么疑问。只是由于窦娥的冤魂一再努力,才引起了窦天章对此案的关注;而当窦天章了解到申冤的是自己女儿的冤魂时,他就完全相信了窦娥的申诉。此案平反的依据都来自窦娥的单方言辞或她提供的线索。从艺术上看,只有借助这种父女关系,关汉卿才能令观众相信,窦娥的这一席没有任何人证物证支持的诉说已足以让窦天章接受窦娥的叙述为真;而同样这些话,对任何其他官员,哪怕是包拯,都不可能具有这种力量。当然,我们无须猜测关汉卿是清醒地还是直觉地做出了这种艺术处理,只是关汉卿事实上传达了这一点:如果不是父亲,任何其他官员都无法相信窦娥的无辜。而这就足够了。

  一旦看到了这一点,我们可以发现,关汉卿对窦娥冤的艺术直觉和表现,在某种程度上,已经超越了那个时代的理性对窦娥悲剧可能给予的概括。关汉卿为什么要让窦娥发下三桩感天动地的誓愿?就是因为"不是我窦娥罚下这等无头愿,委实的冤情不浅;若没些儿灵圣与世人传,也不见得湛湛青天"(页1510)。这三桩誓愿表明的是,窦娥,以及剧作者关汉卿,都认为,在当时社会条件下,没有任何其他办法证明窦娥无辜或令其他人相信窦娥的述说,只有窦娥之死带来的超自然证据才有可能震惊人们,才能证明窦娥的无辜和冤屈。事实上,窦娥之死确实起到了这种效果。[71]

  在这个意义上,关汉卿创造的这个窦娥确实超越了传统中国悲苦剧中的人物形象,那种被侮辱和被迫害的形象,超越了中国人习惯理解的那

---

[71] 在处死窦娥之后,监斩官与刽子手有这样一段对话:
  监斩官:"呀,真个下雪了,有这等异事!"
  刽子手:"我也道平日杀人,满地都是鲜血,这个窦娥的血都飞在那丈二白练上,并无半点落地,委实奇怪。"
  监斩官:"这死罪必有冤枉。早两桩儿应验了,不知亢旱三年的说话,准也不准?且看后来如何。"(页1511)

第三章 窦娥的悲剧

种悲悲泣泣、凄凄惨惨的悲剧。隐隐约约地,关汉卿事实上摆脱了传统中国戏剧中普遍存在的道德主义倾向,尽管他还说不清而且也不可能说清悲剧的原因。当窦娥呼唤超自然证据时,当这些超自然现象真的出现时,我们感受到的已经不只是一个窦娥的悲剧,而是一种升华了的对人类悲剧性命运的思考,对于人类探求或重构事实真相的能力之局限以及由此带来的宿命的思考。《窦娥冤》中确实有一种在传统中国戏剧中非常罕见的令人战栗的崇高。

因为,若是仅仅就窦娥的个案而言,现代社会完全有可能避免这个悲剧;但是如果眼光更开阔一点,由于人的认识能力和重构以往的能力有限,《窦娥冤》实际上触及的是人类的一个永恒的局限和悲剧境遇。因此,最后一折戏中窦娥冤魂的出场已经不能理解为迷信。也许我们可以接受李健吾的判断,关汉卿"写鬼……只是一种戏剧手段";[72]非此不足以表现窦娥冤之惨烈和深重,非此不足以展示人类能力的局限。

《窦娥冤》是刑事案件,但并非仅仅在人命官司中才有这个证据以及重构案件真相的问题。在传统社会的其他纠纷中,例如,涉及欺诈钱财案的元杂剧《崔府君断冤家债主》[73]也提出了类似的问题。一位和尚将化缘来的十锭银子委托张善友的妻子看管,但未留下任何字据或其他证据;待和尚回来取银子时,张妻拒绝归还,并否认有此事。多年后,张的妻子和两个儿子先后无缘无故死去,只留下张善友孤身一人。多亏了鬼魂指点,张善友才了解到这是对当年妻子恶行的报应。这个充满迷信色彩的故事今天看来荒诞不经,道德说教的意味太重。但如果从本章提出的证据问题来看,《冤家债主》可以说是重复了《窦娥冤》中如何发现争议真相的问题,因为除了当事人之外,外人包括张善友本人都不可能得知。由于没有任何证据,而争议又不像人命案那么重大因此值得动用刑讯,在当时社会条件下事实上无法通过世俗方法解决,因此也就没有进入公堂审理

---

[72] 李健吾:"从性格上出戏兼及关汉卿创造的理想性格",《元曲通融》(下),同前注4,页1349)。必须指出,李健吾的路子是对的,但是他还是没有从技术上看问题,仍然是从道德上看窦娥的问题。

[73] 《元曲选》,卷3,同前注7,页1130—1145。

（即使在今天，这个案件也只有在特定技术条件下才有可能查清）。人们无法容忍这种不公，只能借助了艺术世界中的鬼魂神灵和报应这种民间意识形态来解决这种纠纷。

从这个角度再来看传统戏剧（不限于公案剧）中的大量鬼戏，也许我们会发现这就不仅仅是"封建迷信"，也并非如同现代评论家批评的那样，是简单化、公式化的艺术表现，"在解决问题时走了捷径"。[74]生活在缺乏现代科学技术条件下的人们，似乎只能寄希望于此。这是一种绝望的希望。

如果上面的分析能够成立，那么，在一定层面上看，甚至楚州太守桃杌也是一个悲剧性人物。他的悲剧不在于他最终被窦天章"杖一百，永不叙用"；而在于，尽管他试图严格执法，为民除害，并在可能的条件下作出了基本合乎情理的判决，却还是导致了窦娥的悲剧。"杖一百"，仅仅是身体的痛苦，"永不叙用"，不过是与仕途决绝，但因了解自己造成了冤案而带来的道德压力——只要他还是一个有良知的普通人——将压迫其余生。

小结

本文的分析具有进一步的意蕴：

首先，这个戏剧提出的问题甚至可以解说中国传统文化的一些特点。例如，中国老百姓"厌诉"的特点，固然与我在其他地方指出的国家财力不足，无法提供便利的诉讼机制有关，但也许更重要的是缺乏足够准确、有效的发现和搜集证据的手段。在古代社会的条件下，如果所有纠纷都纳入司法，司法的错误势必很多，司法的基本格局就一定是"自古衙门向南开，就中无个不冤哉"。在这种情况下，如果不是事关人命或重大，不

---

[74] 邓绍基："论元杂剧思想内容的若干特征"，《元曲通融》（上），同前注4，页522。又可参看，刘树胜、张涛："论元杂剧作品中的梦"，以及曾永义："杂剧中鬼神世界的意识形态"，均见于《元曲通融》（上），同前注4，页525，528—529。

到万不得已,人们就不会寻求诉讼,而更可能通过其他组织和个人,以调解以及其他"私休"方式来解决大量纠纷。在《窦娥冤》和其他元代戏剧中有很多关于"私休"还是"官休"的博弈,[75]因此不是偶然的。

另一方面,由于缺乏科学技术和其他资源,官吏也确实"无心正法",因为干预的结果可能是造成冤错案件,不仅无济于事,而且自寻烦恼,甚至会断了自己的仕途。在这种情况下,官员们更可能通过各种方式拒绝干预那些一般的纠纷,例如以"清官难断家务事"为名将纠纷放逐,或是通过提高诉讼成本——不仅是收取诉讼费——将大量诉讼排斥在衙门之外,着力减少社会对正式审判的需求。

一旦社会对正式审判的需求减少了,也就没有必要进一步社会劳动分工以提高效率了,独立的司法部门也就不大可能演化发展起来。而没有这种社会劳动分工,反过来,司法就更不可能发展,司法职业界就不可能形成,司法的专业知识和技术就不可能累积,或即使累积了,在当时的整个知识体制中也不可能获得其应有的地位。从这一角度来看,中国百姓普遍的"厌诉",重视"和为贵",强调"忍",没有"为权利而斗争",就根本不是什么"文化"的产物,不是一种出于文化自觉的主动选择,而是在制度和技术制约下被选择的文化。

其次,我们可以看到,司法的悲剧并不都是官吏的个人品德问题,在一个科学技术不发达的时代和社会中,不但刑讯逼供不可避免,悲剧也不可避免。今天刑讯逼供之所以在世界各国,尤其是在发达国家,都在减少,很大程度上(尽管并非全部)是由于科学技术的发展及其在司法中的广泛采用,司法制度有了更多、更方便、更可靠因此也更有效的手段获得对案件事实的正确或基本正确的判断(如果我有一个简单的试验就能百分之百地确定罪犯,为什么我还要刑讯呢?甚至我未必需要开庭前的审讯)。这并不是贝卡利亚等近代资产阶级启蒙法律思想家思想的结果,

---

[75] 除了《窦娥冤》外,《神奴儿》《灰阑记》《魔合罗》中都有类似的情节(页 567,1116,1375)。值得注意的是,在这四出戏中,首先提出私休的都是罪犯,但受害人例如窦娥等都曾考虑过私休的可能性,仅仅因为私休对自己太不利,才拒绝了。这表明"私休"得到了当时人们的普遍认可。

与司法官员的道德水准也无关(谁敢说今天的法官比以前的官吏道德水平更高了?有什么证据?),甚至与日益细密复杂的"正当"程序也没有太多的直接关系,而是与科学技术的发展成正相关。

科学技术对司法的影响是广泛的。它不但增加了司法审判者可能获得的信息,从而强化了他/她作出正确判断的能力;而且先进的科学技术还会使社会更加富裕,从而可以养活那些并不直接从事生产活动而是从事各种专业包括司法专业的人们;复杂多样的科学技术也迫使人们必须有更为细致的分工,细致的分工和专业人员的出现都要求甚至必然导致更细致复杂的在现代社会被认为是"正当"的司法程序。在一个原被告只是相互指控,没有任何其他机构、组织、个人可以提出充分、确实、可信的证据和相关信息的社会中,你不可能指望能衍生出复杂的"正当"程序。复杂、严格的程序只能是社会分工和知识累积的产物。而如果没有相应的科学技术作为基础,所谓复杂严格的程序也许只会令人更混乱,使人在错误的道路上越走越远,甚至出现更大的冤案。

但最重要的是,科学技术的广泛传播会消除那些错误的因果关系。长期同精细的科学技术打交道,会使人们思维更为精密,判断会更注意证据和信息,也要求更多的直接和间接的证据,不轻信,有更多的怀疑,这就会从根本上改造影响司法所在的那个更大社会中人们关于证据以及证据标准的观点和看法,也就是改变了社会的"司法文化"。

第三,如果科学技术是重要的,我们就必须对目前中国司法改革保持足够的清醒。近年来,法学界几乎是一致强调程序的重要性,强调举证责任,强调程序正义,强调法律或司法的理念,强调法律专业技术的训练。这是完全必要的,也是正当的。但是在这种舆论一致中,很少有法学家真正分析科学技术特别是自然科学或社会科学成果——而不是那种充斥了陈腐道德说教和新颖政治正确的所谓的法学科研成果——对于司法的重要性,几乎没有法律人强调公、检、法机关的技术装备改善和科技人员的训练和配备,似乎只要采取了诸如"程序正义"、"无罪推定"、"沉默权"、"零口供"这些概念本身就可以保证司法的改善,正义的实现。大量的法学论著、论文把本应当首先归功于科学技术进步的功劳归结为西方几个学者的教义或某个正义概念的提出。

在这个问题上,因此,我认为,法学家提出的论证和证据都是不充分的,其中有些证据还是"毒树之果"(从一开始进路就错了),我们的取证和辨析的手段也是不科学的(尽管不是违法的),因此,我们的"判断"也是错误的。必须重新强调现代科学技术手段在当代司法中的重要性,包括它对现代司法程序建构的重要性;必须把科学技术力量作为司法改革和司法制度结构的一个核心的和基本的制度变量或参数来考虑。[76]

在这个意义上,《窦娥冤》讲的就是这样一个人类的悲剧:在一个没有强有力自然科学技术和实证科学研究传统和法律职业传统支持的司法制度中,哪怕裁判者很有良心和道德,也将注定不可能运送正义,而更可能运送灾难和悲剧。也许这应当是《窦娥冤》对于我们的永远的警示!

2000年6月11日初稿,7月9日二稿于堪布里奇
2004年冬定稿于北大法学院

---

[76] 法官波斯纳就曾对发展中国家的法律发展提出建议,认为"赋予罪犯广泛权利将注定削弱刑法的效力,并因此破坏财产权。权利会使有罪者和无辜者同样更难定罪。复杂的警力和检力可以捕获有罪者,将之定罪,并不伤害权利,而复杂的执法却价格昂贵。……在这些国家,严格的刑法和相应的不很强调保护民事自由也许是法律改革的一个重要部分,并且是保护产权和合同的重要工具。"Richard A. Posner, "Creating a Legal Framework for Economic Development", *The World Bank Research Observer*, 1998 Feb., vol. 13 no. 1, p. 9。

第四章 制度角色和制度能力

> 时人莫谩轻刀笔,千古萧曹相业推。
>
> ——《十五贯》[1]

前一章中,我把《窦娥冤》作为一个司法案件来讨论,集中讨论了与证据相关的问题;但是,很容易为人们忽视的是,审理该案的桃杌并不是一个职业的法官,而是一位附带享有司法权的太守。在更大程度上,他是一位行政官员(因此,我在前面的分析中,我始终用的是裁判者这个比法官更为宽泛的概念)。事实上,在近代以前,除了在中央政府有专职的审判机构,在地方,所有的案件审理都是由地方行政长官在胥吏或刑名幕友或诸如此类的人员的辅佐下审理的。窦娥的案件自然也不例外。

这一点区别对窦娥的案件审理会有影响吗?人们会问。如果审理此案的桃杌不是楚州太守而是楚州法院法官,窦娥的悲剧就会避免吗?可能不会有什么区别,鉴于此案不利于窦娥的证据。但是,我还是想在本章

---

[1] 朱素臣:《十五贯校注》,张燕瑾、弥松颐[校注],上海古籍出版社,1983年,页97。

讨论,如果桃杌是一位专职的法官,没有行政职责,也许——仅仅是也许——窦娥案件的裁判结果会有些差别;或者换一种说法:正因为桃杌是太守,才增加了窦娥冤案发生的可能。在这个意义上,《窦娥冤》的故事实际也提出了一个分离的独立的司法制度的问题,或简称司法独立的问题。

但是,本章不从我国目前法学界流行的那种政治正确的角度,而是从比较制度能力和个人的制度角色的角度,切入这个问题。这是一个更有理论和实践意义的角度,在目前中国司法研究中还几乎无人提及,因此,有必要细致分析。沿着这一理论主线,我还将以其他传统戏剧为材料探讨其中提出的或隐含的与司法制度相关的制度能力的其他问题。当然我还是侧重司法的制度性问题。

裁判者的双重制度角色

仅就个人来看,头衔、称号、身份或地位的变化确实并不会给任何人带来任何智力、道德品质以及工作能力的变化。这个断言一般说来是成立的。但是,我们也常常看到,同一个人,仅仅由于身份、地位的变化,判断和言行却有了相当大的变化。司法上的一个著名例子就是美国联邦最高法院第四任首席大法官马歇尔任职前后对司法审查的不同态度;[2]霍姆斯任职美国联邦最高法院前后在反托拉斯法问题上的变化是另一个著名的例子。[3]类似情况在日常生活中也到处可见。同一个法律人,作为检察官与作为辩护律师,在法庭上就会有完全不同的表现,对同样的证据

---

[2] 马歇尔在担任下级法院法官和律师之际,一直反对司法审查,只是到了他担任美国联邦最高法院首席大法官之后,才提出并实践了司法审查。请看,苏力:"制度是如何形成的?"《制度是如何形成的?》,中山大学出版社,1999年。

[3] 美国总统大罗斯福任命霍姆斯出任联邦最高法院大法官的意图之一就是希望霍姆斯支持,霍此前也一直表示支持,反托拉斯。但在著名的标准石油公司案件(*Standard Oil Company of New Jersey v. United States*,221 U. S. 1 (1911))中,霍姆斯投票反对打击标准石油公司,因此引起罗斯福的大怒。

和法律就会有甚至是截然不同的判断和解说;一个在办公室对上司"一切行动听指挥"的秘书回到家中也许会一切她说了算;而一个在公司里说一不二的老板也许在家里是一个"妻管严"。这并非人表里不一,而是环境或制度所要求的角色改变了这些人。当代中国的"屁股指挥脑袋"的黑色幽默,如果抛弃了其中的讽刺和挖苦,提出的就是这种角色理论:环境的变化、权力制约关系的变化会影响一个人对自己角色的理解,进而影响他/她的思维方式、判断和行为。

任何裁判者都是在一定的制度框架中履行其责任,完全的独立既不可能,也不可欲。除了少数人完全背离制度约束的特例外,因此,任何一个裁判者在案件审理上的所作所为就不能仅仅视为他个人能力的展示,而必须理解为有一整套显性或隐性的权力关系在制约着他/她,也支撑着他/她。他/她在审判中扮演的角色实际是一个制度的角色,是制度网络的一个标记,一个符号,他/她展示的能力在一定程度上反射出的就是他/她置身其中的那个制度的能力,其局限在一定程度上也可能就是这个制度的局限。据此,我们大致可以从逻辑上推断,在窦娥一案中,桃杌是作为行政官员,还是作为法官或者是作为享有司法权的行政官员审理案件,哪怕是同一个人,由于制约他的制度逻辑不同,支持、要求和限制他的因素也会有所不同,因此其判断也就可能有所不同。

仅仅推论还不够。让我们具体地考察一下桃杌的角色,以及制约他决策的权力关系和制度逻辑。在窦娥一案中,尽管桃杌审理了案件,但他的基本角色是行政官员,案件审理仅仅是作为其行政职责的一部分或附带。行政官员的职责主要是政治性的。所谓政治性,一方面是指他必须在他所处的行政体制中对上级负责,完成上级委托交付的任务,保证他管理的地方秩序良好。在传统中国的常规情况下,各级官员总是受到皇权的监督。《窦娥冤》中桃杌本人就提到"上级当刷卷"(页1507),即考察他在地方执政业绩的问题;而窦娥之父窦天章后来所任官职之一就是"两淮提刑肃政廉访使","随处审囚刷卷,体察滥官污吏"(页1511)。这就表明尽管天高皇帝远,在传统中国,地方官吏对地方事务有几乎是垄断一切的裁量权,但是他的权力还是会受到皇权或中央行政权的制约和管束。他的权力是皇权的延伸。

但是,古代的官员也并不仅仅对皇权负责,我们不能仅仅看到这一方面。由于对历史的某些偏见和自大,在考察古代制度特别是中国古代制度时,我们常常忽视另外的一方面,在我看来,可能是更重要的一方面,即哪怕是为了自己的利益,地方的行政官吏在履行这一政治职责时仍然要尽可能基本满足当地民众的要求。否则的话,民众不满,一旦为上级知道了,他就有可能被撤职。在这一意义上,即使传统社会中的官吏,他的权力基础还是世俗的,而不是神权的;是有条件的,而不是专制的(absolute)。尽管当时不存在现代意义的民主,但是民意仍然对地方官吏的合法性有一定的影响,对他的行政构成一定的制约。这一点在包括《窦娥冤》在内的许多古代戏剧中都有反映。例如,窦天章就曾对窦娥说"老夫将你治不的,怎治的他人?"(页 1513)。在其他公案剧和文学作品中也可以看到这种地方民意包括受害人家属对官员"司法"的压力。

戏剧《十五贯》中就反映了社区对地方官员的这种政治压力,而在其前身——宋话本《错斩崔宁》——中,我们则看得格外清楚:

众人那里肯听[崔宁]分说,搜索他搭膊中,恰好是十五贯钱,一文也不多,一文也不少。众人齐发起喊来道是:"天网恢恢,疏而不漏。你却与小娘子杀了人,拐了钱财,盗了妇女,同往他乡,却连累我地方邻里打没头官司。"

当下大娘子结扭了小娘子,王老员外结扭了崔宁,四邻舍都是证见,一哄都入临安府中来。那府尹听得有杀人公事,即便升厅,便叫一干人犯,逐一从头说来。

……那小娘子正待分说,只见几家邻舍一齐跪上去告道:"相公的言语,委是青天。他家小娘子,昨夜果然借宿在左邻第二家的,今早他自去了。小的们见他丈夫杀死,一面着人去赶,赶到半路,却见小娘子和那一个后生同走,苦死不肯回来。小的们勉强捉他转来,却又一面着人去接他大娘子与他丈人,到时,说昨日有十五贯钱,付与女婿做生理的。今者女婿已死,这钱不知从何而去。再三问那个娘子时,说道:他出门时,将这钱一堆儿堆在床上。却去搜那后生身边,十五贯钱,分文不少。却不是小娘子与那后生通同作奸?赃证分明,却如何赖得过?"府尹听他们言言有理,……

那边王老员外与女儿并一干邻佑人等,口口声声,咬他二人。府尹也巴不得了结这段公案。拷讯一回,可怜崔宁和小娘子,受刑不过,只得屈招了,说是一时见财起意,杀死亲夫,劫了十五贯钱,同奸夫逃走是实。左邻右舍都指画了"十"字,将两人大枷枷了,送入死囚牢里。[4]

在这几段文字中,不断出现"众人"、"左邻右舍",我们可以明显感受到来自民众的压力。由于有这种社区的、民间的压力,一个官员如果在地方上贪污腐败、草菅人命,有时即使没有贪污腐败,仅仅是问题处理不当或不及时,或者是没有能力处理,引发了民怨,一旦捅到了上面,就有可能被撤职。在这个意义上,地方官吏总会间接地受到地方民意的支配。在《窦娥冤》中,当窦娥昭雪时,已经调任外地任职的桃杌和他手下的吏典,尽管在该案中没有任何贪污腐败、徇私枉法的行为,却仅仅因为"刑名违错"(而这种错误如我在前一章所述,在古代社会条件下,有时是难免的),就被"各杖一百,永不叙用"(页1517)。而另一方面,如果地方官吏治理有方,获得了"清官"的名声,民众的好评,他也会,至少更可能,获得奖励和提升。不少戏剧或故事中都有这样的表现。[5]在这样一种非正式制度与正式制度的混合政治性压力下,许多官员都希望获得"清官"的名声。

---

[4] 冯梦龙:《十五贯戏言成巧祸》,《醒世恒言》,第33卷,海南出版社,1998年,第2版,页543—544。
[5] 例如,《张孔目智勘魔合罗》中的张鼎由于纠正了可能的冤案,发现了真正的凶手,就得到府尹完颜"分三个月俸钱,重赏张鼎。奉圣旨赐赏迁升,张孔目执掌刑名";《元曲选》,卷4,中华书局,1958,页1388。《十五贯》中过于执则因为"终任清廉,据本扬荐,……升任常州理刑",使得过于执决心"扬西风悠悠旆旌,须努力,干功名"。《十五贯校注》同前注1,页220。

必须充分承认官员的这种政治性考量的正当性和合理性。顾忌当地民意,努力对皇权负责,因此,民意在一定程度上会制约地方官员,促使官员努力履行自己职责,防止官员渎职懈怠、贪污腐败、徇私枉法、草菅人命。从这一点上看,这种政治性考量,即使是为了官员自己的前途,而并非出自全心全意为人民服务,却也与官员履行"司法"职责具有一致性。

但在另外一些情况下,这种行政角色与裁判角色则很难兼容,甚至会发生严重冲突,上述的这些政治性考量会干扰裁判职责的更好履行。因为就个案裁判而言,[6]裁判者的职责只是根据个案的证据(而不是根据案件之外的因素,相反应当尽量排除这些因素)作出一个审慎的恰当的(而不是绝对意义的正确的)决断,尽可能不发生重大错误甚至冤错。而社会民众的压力,以及来自皇权的奖惩,对于审理的个案来说,就是一些外在的因素。就窦娥案而言,如果仅仅考虑裁判要求的审慎,如果完全从法官的角色出发,桃杌也许可以认为证据还不充分,因此将窦娥释放,或者暂时不对此案作出判决。但是这种从司法上看完全正确的审慎决定,若从政治上考虑则很可能不正确,并且对这位首先作为地方官员的桃杌本人非常不利。

可以分析一下窦娥案件的特点。首先,一般说来,这个案件肯定有凶手,否则张驴儿父亲不会无缘无故的死去(真的如此吗?请看本书第七章提出的另一种可能);据此,人们一定要求严惩罪犯,并期待桃杌能发现罪犯。如果桃杌的审理发现不了凶手,那么,在公众看来,这只能表明桃杌无能,不称职。其次,对于大众而言,无论此案审理的结果如何,是张驴儿杀死父亲,还是窦娥毒死"公公"或是蔡婆婆谋杀"丈夫",这个案件都属于"十恶之罪",是传统社会惩罚最严厉的犯罪。在这个意义上,这属于古代社会中有"新闻价值"的热点案件,会引发当地人们普遍关注;而

---

[6] 司法还有确认规则和通过解释制定规则的功能,这就会将更多的政治性因素带进司法。但是这一点不仅在中国传统司法中罕见,而且在当代司法中也很少。因此这里暂不讨论。

我们知道,关注就是压力,关注越大,压力也越大。第三,由于中国古代社会高度的同质化,我们还可以推定,民众通常也会要求一个断然、明确、迅速的回答;换言之,要求"从重,从快"。这三点都对此案的裁判者桃杌构成一种直接的并且是强大的社会压力,转而可能导致来自上方的行政压力。

问题是桃杌会如何应对这些压力?从今天人们已经熟悉的法律信条出发,我们很容易说,桃杌应当如何如何。但是行动者并非为法律原则牵着走的木偶,他们并不总是从"应当",而更多是从"可能"出发想问题的。一个人究竟会采取什么角色,并不取决于关于他的规范性角色,而取决于制度对他的各种实在的制约。如果他面临几种可能,那么在多项选择中,除非信息错误,他们一般都会选择在他看来对自己更为有利的选项。我们可以分析一下桃杌当时可能采取的不同对策,分析与这些对策相伴的各种后果——对于社会的,以及对于他个人的。

桃杌可以选择裁判者的角色。因此他非常审慎,暂时不对此案作出判决,而是深入调查,收集新的信息,也许最终会还窦娥一个清白,他自己也不至于最后被"杖一百,永不叙用"。但这样做,即使成功,主要受益者也是窦娥;由于明辨是非是当时行政官员的基本职责,桃杌不会因在一审中查明凶手而受到褒奖。因此,他缺乏深入调查的足够激励。更重要的是,即使桃杌采取了这一对策,但由于他不是窦天章,他未必可以查清案件。就如同我在上一章分析的,如果不是有窦娥死后的"六月雪"及其他超自然证据,如果不是有窦娥的冤魂来申诉,如果不是窦娥的父亲来"刷卷",并且窦天章了解到申冤的是自己的女儿,这个案件的错误在当时的技术条件下几乎不可能发现;而所有这些令窦娥最终得以昭雪的信息和条件都是桃杌在判决此案时不可能得到的,无论他多么审慎,无论他多么勤勉。而如果他的全部努力并不能保证发现此案真相,那么意味着,窦娥最后还是可能被判有罪,桃杌的所有努力都是没有实质意义的。

收益不大,风险却颇大。由于古代社会获取证据的能力极为有限,此案很可能不得不拖下来,桃杌因此无法迅速平息因此案触犯了社会的

"机械性连带"(mechanical solidarity)而产生的民意和民愤,[7]他几乎肯定会被指控"无能"或"渎职",即使不被撤职,对他未来的仕途也不利。这一风险概率不会很高,但也不会太低。让我们低估一点,假定概率为20%。

桃杌一定会希望并努力降低这一风险概率。他会知道,如果可以将风险转嫁他人或由多人承担,那么由他一人实际承担的风险就会大大降低。但是,尽管桃杌在本地权力很大,可以生杀予夺,他却没有办法规避或通过其他措施降低自己的风险,不仅因为桃杌同时肩负了政治和司法双重职责,而且他也没有多少制度可以依赖。若是一个现代行政官员,自然可以责成警方和法院努力查办,因此不承担司法错误的责任。若是一个现代法官,他也可以用一系列制度来保护自己;例如,他可以将案件发回给警方或检方,要求补充调查证据;即使破案不力、耽搁了判决,百姓不满,上级追查起来,责任也用不着他桃杌独自承担,至少有大家顶着。如果是在现代英美国家中,他还可以让陪审团来认定证据是否足以证明窦娥有罪,因此无论最终判处窦娥死刑还是无罪释放,无论后来发现这是一个冤案,或是因没有抓住凶手而民众议论纷纷,他都可以把责任部分地推卸给警方、检方和陪审团。他必须承担的风险会大大降低,甚至为零。但不幸的是,由于政府财力不足、社会分工不足,传统社会中根本无法形成和支撑这样一个制度。桃杌这位楚州太守同时身兼警方、检方和法官的责任,既是陪审团,又是法官。他没有其他制度。他就是其他制度。他赤裸裸地、孤零零地面对着这样一个高概率的风险,无计可施。他的权力确实很大,甚至太大了,大的甚至无法保护和解脱自己。

相比之下,桃杌很快就会发现在此案中,更多考量政治因素,即使裁判错误而受惩罚的风险概率会低很多。在这一方面,桃杌首先会考虑自己根据现有证据判案发生错误的概率,错误的程度;但如上一章的分析,鉴于诸多证据都不利于窦娥,因此,至少——从审判时来看——有优势证据支持判决窦娥有罪;让我假定这个出错的概率为40%。相应地,因判决出错而受惩罚的概率也就较低。

---

[7] 参看,涂尔干:《社会分工论》,渠东译,三联书店,2000年。

但出错的概率对他的利益判断（除了他有强烈的利他主义，因此窦娥的利益无论如何都成为他自己利益的重要部分），可能还不是太重要，因为出错的概率并不等于受惩罚的概率。更重要的可能是被错判的人或她的亲人向上级申诉的概率，因申诉而引发上级来或上级主动来"刷卷"的概率，以及发现判决确实错误乃至推翻判决的概率。由此才会得出他因错判而受处罚的真正概率。

让我们来粗略地算一算这个概率。首先，在处死了窦娥之后，窦娥上诉的概率已经为零——除非有冤魂。蔡婆婆本人利益并没有受到冤屈；就算是疼惜窦娥，但除了"六月雪"这样的超自然证据外，蔡婆婆手中没有其他特别强有力的证据，加之她年事已高，因此她替窦娥上诉的概率会相当低。就算往高里假定，这个概率为10%。但上诉也不一定会引来上级来刷卷，这个概率最多也就一半对一半，即50%。至于上级官员主动刷卷，不仅来到了本地，还偏偏碰上了窦娥的案卷，这个概率则顶多能有5%。但更重要的是，无论是因上诉引发的刷卷还是上级主动来刷卷，只要这个刷卷者不是窦娥的父亲，如同我在上一章所分析的，他就不会有多少动力来调查一个无人鸣冤叫屈的案件，即使调查了，根据现有证据推翻这个判决的概率也会非常低，也几乎为零。让我们还是往高里假定，这个概率为5%。因此，我们就可以看到，桃杌因此案出错而受到惩罚的概率就是，

$$40\% \times 10\% \times (50\% 或 5\%) \times 5\% = 千分之一或万分之一$$

在这样一个判决考虑政治因素、因判决出错而被"杖一百，永不叙用"的千分之一或万分之一的概率与另一个不考虑政治因素、因治理不力而断送仕途的20%的概率面前，我们知道桃杌会如何选择。[8]

---

[8] 这里的分析没有考虑桃杌的风险偏好类型，或者是假定了他是风险中性的。有关分析，可参看，Gary S. Becker, "Crime and Punishment: An Economic Approach," *Journal of Political Economy*, vol. 76, 1968, pp. 169—217.

在这种选项压力下,桃杌显然会更急于破案,更急于证明自己的称职,更急于证明自己是明镜高悬的清官,急于根据已有的和可能获得的证据作出判断——而现有的这些证据明显不利于窦娥;他会更多甚或首先考虑民意的压力,考虑自己的行政责任,考虑自己在老百姓心中的清官形象。一句话,他会更多考虑自己的政治角色。这也就意味着,他更容易作出不利于窦娥的判断。

注意,这并不是说,桃杌在决策时一定进行了这种冷酷的利害分析;但在这样一种冲突的制度角色下,一个官员完全可能形成这样一种可以依据上述逻辑予以分析的为人处世的本能、直觉和行为格局。正由于他的主要职责是行政性的,一个官吏,哪怕是没有狭义上的偏私,在审理像窦娥这样的案件时,也很容易把这些政治性、合法性的因素纳入案件的审理;自觉不自觉地,政治同裁判混同起来了。这样的一个裁判者首先考虑的就不可能是证据,或不可能仅仅考虑证据;或多或少地,他必须考虑证据之外的因素,考虑案件处理结果是否合乎当地的民意民心,以避免引出申诉或民怨,避免丢官,丢了自己的"清名",或者几样全丢。从这一分析可以大致预见,当一个官员同时承担双重责任、有双重考量时,不仅是桃杌,而且是类似制度条件下的其他官员,可能做出什么样的选择和偏重。这里的选择对桃杌来说,完全是合理的。只是,令桃杌想不到的是,来刷卷的居然是窦娥的父亲,这千分之一或万分之一的概率竟然就变成了现实。

当然,这也不是说,在所有的时候,一个身兼两个角色的官员都会发生角色冲突。有时候,甚至更多的时候,这两个角色可以一致起来,例如当审理的判决既正确,又可能博取更广泛民意支持时。事实上,只要不是为某种偏私的利益所驱动,可以说所有的官员,即使出于个人的广义上的收益(得到民众的尊重和上级的褒奖),都更希望作出一个判决,既符合民意、同时也向民众和上级证明自己保一方平安的能力。只是,至少在某些特定情况下,这两种角色可能发生冲突,一个符合裁判要求的审慎判断一时很难为当时的政治制度和民意理解或接受。在这种情况下,双重的制度角色促使了桃杌积极规避个人风险和履行行政职责,并因此将一个更大的风险转嫁到了当事人——窦娥——的身上。在这个意义上,也许窦娥指控的"官吏每无心正法"是成立的,只不过这是在一种制度的意义上,而不是在一种道德的意义上的指控。

由于没有其他制度作为反思的参照系,也没有我们今天可能获得的制度理论,当年的关汉卿不大可能这样反思窦娥冤的发生。但是,这并不妨碍他的戏剧"一不小心"给后人留下了这样一个反思的个案,而我们这些后来者有可能根据今天可能获得的信息从比较制度能力来思考窦娥冤这个似乎早已成定论的问题。

司法独立的论证

这个问题的意义重大,因为它实际为近代作为制度的司法之独立提出了另一个也许是更强有力的法理学论证,并且对目前中国法学界流行的一些关于司法独立的论证提出了质疑。

在当代中国讨论司法独立问题时,人们最常引用的是孟德斯鸠的一段话:

> 如果司法权不同立法权和行政权分立,自由也就不存在了。如果司法权同立法权合而为一,则将对公民的生命和自由施行专断的权力,因为法官就是立法者。如果司法权同行政权合而为一,法官便将握有压迫者的力量。[9]

但是人们常常是将这段文字作为权威引证,很少实证地从经验上和逻辑上予以仔细考察其是否成立。孟德斯鸠在这里提出的其实只是三个断言,其中后两个断言是对前一个断言的论证。这确实是一些值得珍重的断言,但即使是这种断言也需要在经验中验证和丰富,而不应当作为先验绝对真理或教条来信奉。

---

[9] 孟德斯鸠:《论法的精神》,张雁深译,商务印书馆,1961年,页156。

比方说断言二。为什么当法官是立法者时就会对公民的生命和自由施行专断的权力,这是必然的吗？从逻辑上看,这一命题要能够成立,至少必须同时具备两个前提假定,一,立法者总想对公民的生命和自由施行专断的权力;二,司法者则不想,因为司法者或者拥有更好的道德或有其他原因。这两个前提作为一般性命题都不能成立。前提一在孟德斯鸠时代的法国也许成立,因为那时法国的立法者是君主。但在今天,这一点则难以成立,因为现代的立法者一般被设定为议会;由于议会是选举产生,从理论上看,一般被认为是保护公民的生命和自由的机构,而不是相反,尽管有时也可能有所谓的多数人暴政的问题。另外,从事实上看,在孟德斯鸠赞美的、并作为三权分立之典范的英国的司法制度中,由于普通法是法官制订的法律,法官本身就是立法者之一,尽管不是唯一的立法者。这种状况在英美国家中一直持续到今天。因此,这一断言无论是从经验上看,还是从逻辑上看,都很成问题。

断言三存在着同样的问题。从逻辑上看,一,司法权同行政权合二为一——即使假定孟德斯鸠对行政权的认定不错——也仅仅是使法官握有压迫者的力量,但这在逻辑上并不等于法官就一定成为压迫者,除非法官希望成为压迫者。二,鉴于司法权同行政权合二为一可以有两种形式:司法者掌握了行政权,或是行政者同时握有司法权,因此,结果之一就有可能是行政官员——而未必是法官——拥有压迫者的力量;因此,更准确的表达应当是,司法权同行政权合二为一会使任何同时握有这两种权力的官员拥有压迫者的力量。三,这一命题如果成立,同样需要假定,行政者的权力天然是压迫者的权力,而法官的权力具有这种免疫力。所有这些逻辑推论或假定都难以作为一般性命题成立。从事实上看,近代西方最早提出三权分立理论的洛克,在表述其理论时,就没有单独讨论司法权,事实上是把司法权视为一种特殊的行政权,隐含在行政权内。[10]作为孟德斯鸠之模型的英国司法制度事实上也是这样存在的。孟德斯鸠的断言无论在逻辑上还是经验上都断然不能成立。

---

[10] 《政府论》下篇,叶启芳、瞿菊农译,商务印书馆,1964年,页90以下。

当代中国的法学研究在分析和强调司法独立时有她自己的语境和寓意。鉴于中国的历史和现实,当代中国学者强调司法独立时,往往着眼的是审判者个人的权力和品德,似乎认为司法只要不受行政、立法,特别是权势人物的影响,只对法律负责,就能保证司法公正。这一命题假定了法官的天然道德优越,但这个假定已经为近年来的某些司法不公和司法腐败的事实所粉碎。现实告诉我们,一个独立的法官并不必然会以人民利益为重,保护当事人的合法权益;完全有可能,独立的法官也会以权谋私,徇私枉法。因此,如果权力制衡是必要的,那么就必须包括对法官权力的制衡。

甚至,即使假定法官或裁判者是独立的,并且没有一般意义上的偏私或道德瑕疵,《窦娥冤》的故事、大量的现实以及逻辑分析,也都表明,独立的判断未必导致正确的判断。在窦娥的案件中,楚州太守桃杌在当地就是至高无上的,并没有任何权势人物的干预,他也没有为了钱而有意徇私枉法,但在窦娥案的处理上还是出了冤案。而在《窦娥冤》的原型东海孝妇的故事中[11],我们甚至看到狱吏于公曾试图干预裁判者——太守——的判断,"太守不听",坚持独立行使"司法权",太守却没有因为独立决断而获得了正确的判断。

一个盲目信奉司法独立教义的教条主义者也许会认为,这些错误都是司法独立的必要代价。我承认任何制度都要支付代价,但这并不等于任何实际支付的代价就是必要的代价。这种似是而非的修辞没有说服力,或只有虚假的说服力。因为当说"必要代价"的时候,其中隐含的是我们必须实际权衡利弊,实际权衡代价,而不仅仅是在言词上知道并说出这个词。这种似乎言之成理的说法并没有提出任何可以推定的或实证的研究证明:这种独立所付出的代价是必要的,是较小的。如果从逻辑上来分析,犯错误的概率在政府各个部门中的分布是相同的。我们没有理由相信,仅仅因为一个部门被称作法院了,或一个人被称为法官了,它或他/她犯错误的概率就一定降低了。

---

[11] [汉]班固:《汉书》卷71,《隽疏于薛平彭传》第41。

也许有人会强调,特别是在现代,由于法官有严格的专业训练,因此会少犯错误。尽管有这种可能,但这也没有用实证材料来证明,而是用未证明的假定来回答问题。不仅因为今天包括中国在内世界各国政府各部门的官员基本都受过严格的专业训练,经济的、政治的、管理的,而且至少在美国很多都毕业于法学院。严格说来,甚至在当代中国,无论是在改革开放之初还是如今,仅就学历而言,各地行政部门官员的学历一般都要高于法院系统的学历。[12]因此,法官在专业训练上并非独占鳌头。而另一方面,在各国司法制度中享有最高司法权威的美国联邦最高法院,在历史上犯的重大导向性错误或许要比行政部门更多、更大。[13]也正因为此,美国的一些最著名的法官一直倡导司法自律,其基本假定并不是尊重民主,而是如同波斯纳法官指出的,在于这些法官对自身能力的怀疑主义。[14]"自由的精神就是永远不要太自信自己的正确。"美国20世纪最伟大的上诉法院法官汉德的这句名言就指出哪怕是独立的法官也不可能有保证判决正确的基础。

"难道你认为司法不应当独立?"人们会这样指责我上面的分析。非也。司法独立的实践是人类长期历史发展的产物,凝聚了人类的惨痛的

---

[12] 尽管最新消息称,到2005年7月全国法官中具有大学本科以上学历的已经占了51.6%。吴兢:"我国法官整体素质不断提高,出现三大转变",《人民日报》,2005年7月17日,版1。但这是近年来法院系统一系列成人和继续教育的结果,尽管值得表彰,但其中难免有一定水分。因为2001年底,中国经济最发达的广东全省本科学历以上的法官也只占23.5%(http://www.ycwb.com/gb/content/2002—09/06/content_417192.htm);在河北省本科学历以上的法官只占15.2%(http://unn.people.com.cn/GB/channel19/49/117/200101/12/29674.html)。事实上,1995年时,全国法官中有本科学历的只有6.9%。这些数字都要比当地行政官员的学历水平偏低。尽管没有可以对比的行政部门官员的学历数据,但有一个资料大致可以说明问题,"截至2003年11月,[陕西]全省有十余个基层法院没有一名大学本科生"("陕西法官断层危机凸现",《法制日报》,2005年4月26日,版11),而这些县的行政官员中不可能一名大学本科生都没有。

[13] 例如,*Dred Sccott v. Sanford*〔19 Howard 393 (1857)〕,此案导致了美国南北内战的爆发。

[14] 波斯纳:《法理学问题》,苏力译,中国政法大学出版社,2001年,页176。

经验和教训,是必须尊重的。但是,现有的论证在我看来至少是不充分的。从对《窦娥冤》的分析中,我们不仅看到了一个同行政分离的司法机构以及其他与之相配套的机构制度的必要性,更重要的是看到了司法独立的另一种论证的可能性,即当无法假定立法、行政、司法机关具有某种先验的道德优越性时,司法独立仍然是必要的,其精髓就在于司法的比较制度能力。

至少在现代的强调民主的社会中,立法权、行政权其实并不天生比司法权更专断、更不公正。立法权的毛病可能在于它的一般性,因此除了极特殊的情况,立法权无法、不擅长而且也不应当对具体的纠纷、争议作出处理。行政权的行使在许多情况下是同具体的问题处理相联系的,在这一点上与司法权的行使有类似之处。但是行政权行使的毛病可能在于,它总是会在不同程度上或以不同方式追求符合民意,表现政绩。尽管这本身也不能算是什么错误(难道我们希望行政部门不反映民意吗,没有政绩吗?),但是行政权的判断和行使在某些时候很可能会被这种政治性诉求所玷污。司法权并不因为其在英文中与正义同词就一定更正义,而是,当司法的行动能力被剥夺,仅仅强调其判断能力时,并且在其他制度和社会条件保障下,比方说安全稳定的职位、没有"政绩"要求以及不要求它(而不是不必)回应社会民情等,司法的判断有可能救助行政判断的固有弱点。

当然,我还必须强调,这里仅仅分析了司法在这种境况下的优点;我们还是不能将这种特定语境下的优点普遍化,视其为必然的且普遍的优点。事实上,在特定的情况下,司法的这种优点完全可能成为缺点。例如,正是由于没有太多强制性制度要求它对民众或上级负责(案件被上级法院发回重审、立法机关的财政拨款以及行政机关有更强有力的执法这些限制除外),因此现代司法机关往往可能利用自己的位置推卸自己的责任。在这个意义上,强调尊重民意、强调政绩的更具政治性的立法和行政机关则是对司法的一个补救。

因此,尽管重复不可能防止被人误解,但我还是要——或许是徒劳地——强调,我这里的分析完全不打算否定司法独立的实践,而仅仅是质疑时下流行的关于司法独立的论证。并且,我认为,基于《窦娥冤》作出的这一分析实际上更强调和凸现了司法独立作为制度的重要性,强化了对传统社会中"司法"的批判,尽管是一种基于理解的批判。我的论证是一种制度主义的进路,强调分离、称职、配套的司法部门;而不是一种道德主义的进路,强调法官的个人的独立人格和道德品质。这一进路凸现的是,司法作为一个分离的部门出现,或法官作为一个独立的职业从传统官吏中分离出来,并不是因为行政部门或行政官吏(在某种意义上,法官也是官吏)有天生的道德和智力缺陷,因此需要一个道德上、智力上更高尚、更完善的司法部门来教育和督促;而是因为当行政与司法混在一起时,政治性考量一定会损害司法功能的实现。如果一个女秘书在办公室里也像在自己家中,"内当家"甚至"里里外外一把手",谁都会感到这很荒唐,不可思议。但是在许多制度问题上,我们却始终没有能从理论和实践结合的层面上理解"不在其位,不谋其政"的意义,不理解"在家为孝子,在国为忠臣"这种制度角色的意义。

因此,虽然基于对历史的理解性批判,对《窦娥冤》的这一分析却与当代中国司法改革建立了相关性。由于传统中国社会在司法上没有其他文化或其他制度作参照,因此关汉卿以及其他作者都注定无法反思与这一点相关的理论问题;他们总是强调官吏个人的道德品质对于正确司法的决定性作用。这种进路至今仍然是我国法学界的主流,所谓的司法制度改革的许多议论不过是道德的说教,强调司法"公正",反对司法"腐败",强调各种形式的监督,偶尔谈及制度也是只是谈论一些看上去严格的规则,一些因交易、监督或信息费用太高而根本无法实际执行的规则;完全没有制度功能的分析,没有制度能力的比较和利弊的分析,因此常常把司法制度的角色同其他制度角色混同起来了。例如,强调司法为改革开放服务、为防犯金融风险服务、为保证国民经济增长百分之多少服务,实际是完全摒弃了司法的制度角色,不了解司法的制度能力,包括其优点和弊端。

《窦娥冤》的悲剧应当唤醒我们关注和重新理解司法的制度角色。

制度角色:官员和胥吏的能力

上面的制度能力和制度角色分析比较的是司法与行政。但是,一个司法机构或体系也是由多个具体制度组成,由许多扮演不同制度角色的具体的人构成。我上面分析的就是在一个机构——传统中国社会的地方行政——内的审判制度。因此,沿着比较制度能力和比较制度角色的主线,我们还可以,也完全应当,对传统社会审判机构内不同类型的人员继续这一思路的分析,尽管由于历史的给定,这一审判职能机构位于行政机构内部。

只要稍加留心,就可以发现传统戏剧以及其他历史材料中都曾频频出现过类似《窦娥冤》中楚州太守这样的"无能"官员。例如《勘头巾》和《魔合罗》中的"上诉审"府尹完颜,[15]《十五贯》中的"决意要做清官"的县官过于执,[16]东海孝妇故事中的太守,甚至——在某种意义上——《窦娥冤》中窦娥之父窦天章。[17]这些人都是一些清官,没有什么非常明显的个人道德缺失,有些在戏剧、故事中还是正面人物(这也反映了剧作者的受时代局限的理想)。但在审判中,这些官员其实都不够精明,很容易主观臆断,偏听偏信,甚至上当受骗。其中有些,例如桃杌、过于执、东海孝妇中的太守,还都作出了错误判决,直接导致了或促成了冤案。还有一些官员,戏剧家和历史家用他们的故事表明,如果不是因为有其他官吏的精明和仔细,例如《勘头巾》和《魔合罗》中的完颜因为有张鼎的辅助,或是由于一些特殊条件,例如《窦娥冤》中的窦天章得到了窦娥冤魂的帮助,他们也完全可能作出错误的判断。如果说这些官员有什么共通点,那就是都非常缺乏审判的知识和技术。

---

[15] 《河南府张鼎勘头巾》、《张孔目智勘魔合罗》,《元曲选》,同前注5,卷2,卷3。
[16] 《十五贯校注》,同前注10。
[17] 参见本书第三章。

甚至在元杂剧中,还经常出现一些非常昏庸但并非徇私枉法的官员,他们身为县官或太守,不得不审理案件,却连基本的审判知识都不懂,因此总是推卸自己的审判责任。例如:

河南府县令:"我那里会整理。你与我去请外郎来。"(孟汉卿:《张孔目智勘魔合罗》,《元曲选》卷4,页1375。)

郑州太守苏顺:"这妇人会说话,想是个久惯打官司的。口里必力不喇说上许多。我一些也不懂的。快去请外郎出来。"(李行道:《包待制智赚灰阑记》,《元曲选》卷3,页1117。)

河南府大尹:"他口里必力不喇说了半日,我不省的一句。张千,与我请外郎来。"(孙仲章:《河南府张鼎勘头巾》,《元曲选》卷2,页671。)

汴梁县官:"那人命事,我那里断的(原文如此。——引者注)!……与我请外郎来。……外郎,我无事也不来请你。有告人命事的,我断不下来,请你来替我断一断。"(无名氏:《神奴儿大闹开封府》,《元曲选》卷2,页568。)

开封府推官:"小官姓鞏,诸般不懂。虽然做官,吸利打哄。……外郎,快家去来,他告人命事哩,休累我。"(王仲文:《救孝子贤母不认尸》,《元曲选》卷2,同前注7页764。)[18]

其他元杂剧中也有类似的表现,例如:

县官贾虚:"我说外郎,买卖来了,我则凭着你。"(关汉卿:《钱大尹智勘绯衣梦》,《全元曲》。)[19]

---

[18] 此后引证页码见于正文。
[19] 徐征等[主编]:《全元曲》,河北教育出版社,1998年。这些文字不见于隋树森编的《元曲选外编》。

乃至在《灰阑记》中,郑州太守苏顺看完赵令史审案(实际是有意制造冤案)后感叹道:"这一桩虽则问成了,我想起来,我是官人,道不由我断,要打要放,都凭赵令史做起,我是个傻厮那。"从而表示"今后断事我不嗔,也不管原告事虚真。笞杖徒流凭你问,只要得的钱财做两分分。"(页1120)

形成鲜明对比的是,这些戏剧中出现的一些胥吏实际承担了案件审理的工作,成为地方首长在案件审理中的主要倚重。这些胥吏相当有能力,因此被称之为"能吏";甚至许多在剧中徇私枉法的胥吏,例如《灰阑记》中的赵令史,《铁拐李》中的岳寿,也常常有娴熟老到的审判技能。

例如,出现在《魔合罗》和《勘头巾》中精明强干的"六案都孔目"张鼎就是一位"衙前吏"。他能够很快就从已经定案的案卷中发现了问题,重新调查案件,发现新的线索,查出真正的罪犯。下面,我就以《魔合罗》为例来分析一下。

某城小店老板李德昌外出做生意回家途中患病,卧居将军庙,因此请塑泥娃娃(又称魔合罗)的手艺人高山带信回家。高山将这一消息分别告知了李德昌的叔伯弟弟医士李文道,以及李德昌的妻子刘玉娘。李文道早就贪图嫂子美色和堂兄家产,故先赶到破庙,以欺骗方法喂下毒药后即离去。等刘玉娘赶到时,李德昌已经昏迷;到家后,李即死去。李文道称刘玉娘伙同奸夫毒死丈夫,以"公休"相威胁求"私休"不得,对簿公堂。贪婪的胥吏萧令史,为了钱,将刘玉娘屈打成招。在上诉判决之后,胥吏张鼎发现案情蹊跷,力劝府尹完颜重审;经重新调查,张鼎发现了当年送信人留下的魔合罗,又通过魔合罗底座上的"商标"找到了送信人高山,了解了事件过程,最后设计发现了案件真相,抓住了真凶李文道。

该剧用了相当多的台词和剧情着重表现了张鼎为吏的责任心〔"我想这为吏的扭曲作直,舞文弄法,只这一管笔上,送了多少人也呵!"(页1377)〕和精明强干。下面是张鼎公差外出归来所作的工作汇报:

这的是打家劫盗勘完的赃,这个是犯界茶盐取定的详,这公事正该咱一地方。这个是新下到的符样。这个是官差纳送远仓粮。……这的是沿河道便盖桥。这的是随州城新置仓。这的是王首和那陈立

赖人田庄。这的是张千殴打李万伤。怕官人不信呵,勾将来对词供状。这的是王阿张数次骂街坊。(页1379)

一点一滴,非常细致周密。特别是在有关刘玉娘的案子上,更是展示了他的洞察力和经验,并充分调动和运用了他多年周旋于官场获得的经验。例如,为了劝说府尹完颜准许重审此案,他首先表现出是在替府尹着想:

大人,恰纔出的衙门,之间禀墙外有个受刑妇人,在那里声怨叫屈。知道的是他(原文如此。——引者注)贪生怕死,不知道的则道俺衙门中错断了公事。相公,试寻思波。(页1379)

府尹告诉张鼎,此案是在张鼎因公出差期间由前任官员审结的。对此,张鼎马上提出异议,坚持自己的职责:"我须是六案都孔目,这是人命重事,怎生不教我知道?"注意,这与前面引文中反映出来的地方行政首长推脱审判公务之形象形成了鲜明反差。随后,张鼎研读了初审判决书(状子)中有关事实的陈述和认定,并提出了一个基本判断,认为"这状子不中使……四下里无墙壁(即没有根据。——引者注)……上面都是窟窿。"为支持这一判断,他当即对具体主办此案的萧令史提出了一系列问题。下面是两者的对话:

张鼎问:"李德昌……带资本课银一十锭,贩南昌买卖。这十锭银子可是官收了?苦主(死者家人。——引者注)收了?"

萧令史答:"不曾收。"

张:"这个也罢。前去一年,并无音信。于七月内,有不知姓名男子前来寄信。相公,这寄信人多大年纪?曾勾到官不曾。"

萧:"不曾勾也。"

张:"这个不曾勾到官,怎么问得?又道夫主李德昌在五道将军庙中染病,不能动止,玉娘听说,慌速雇了头口,到于城南庙中,扶策到家,入门气绝,七窍迸流鲜血。玉娘即时报与小叔叔李文道。小叔叔说玉娘与奸夫合谋。相公,这奸夫姓张姓李?姓赵姓王?曾勾到官不曾?"

萧:……。

张:"合毒药药杀丈夫。相公,这毒药在谁家合来?这服药好歹有个着落。"

萧:……。

张(对府尹完颜)说:"相公,你想波。银子又无,寄信人又无,奸夫又无,合毒药人又无,谋合人又无,这一行人都无,可怎生杀了这妇人?"(页1379—1380)

必须注意,张鼎完全是从审判的技术层面——主要是证据——上提出问题,没有说任何大话、套话、空话,每个问题都必须且只能回答是或不是,无法糊弄过去;而且这些技术问题依据的都是一般人的常识,因此即使是不熟悉案件审理的府尹完颜也能听明白,知晓厉害。张鼎提出的每个问题单独看来都不很重要,组合起来却趋向一个非常坚实也非常重要的一般结论。

但是,这还不足以推翻已经确定的判决。因为这会涉及到一些制度的限制;此案毕竟是"前官问罢"了的案件,程序上已经获得了相当的合法性。如果府尹完颜允许重新调查此案,不仅可能违反程序,而且,万一重审此案不能推翻原审判决,则有可能被指责为有意"整人"。考虑到当时的科学技术条件的限制以及时间的流失,可以预期,要想发现新的、足以推翻原审判决的强有力证据,概率是非常低的。[20]这就意味着,重新审理此案,府尹完颜和张鼎都得冒一定的政治风险。事实上,张鼎后来就是带着巨大的压力重新调查和审理此案的。[21]

---

[20] 请看,本书第三章。
[21] "更限着三日严假,则要你审问推详,使不着舞文弄法。你问的成呵,我与你写表章(原文如此。——引者注)骑驿马,呈besiktas省,奏圣人,重重的赐赏封官。问不成呵,将你个赛隋何、欺陆贾、挺曹司、翻旧案、赤瓦不剌海猢狲(原文如此。——引者注)头,尝我那明晃晃势剑铜铡"(页1381)。

此外,在是否启动再审的问题上,张鼎也没有决定权。真正有决定权的是府尹完颜,但完颜不很懂审判的专业问题;而这种非专业的官员一般倾向于多一事不如少一事,更看重程序,更看重意识形态,更强调政治正确。因此,要说动府尹,张鼎就不能仅仅讲业务,而必须投完颜之所好,必须讲政治,要用上级官员熟悉、通常更买账的政治道德意识形态来支持自己的再审主张。但是,要能说动上级官员,作为胥吏的张鼎还不能直截了当地给"领导"上政治课,他得给领导留下足够的脸面,水到渠成,让领导"独立"作出决定。于是,他借着批评萧令史,把下面这段当时社会的正统意识形态话语说给了府尹听:

> 萧令史,我与你说,人命事关天关地,非同小可。古人云,繫狱之囚,日胜三秋,外则身苦,内则心忧,或笞或杖,或徒或流。掌刑君子,当以审求。赏罚国之大柄,喜怒人之常情。勿因喜而增赏,勿以怒而加刑。喜而增赏,犹恐追悔,怒而加刑,人命何辜。(页1380)

这些话终于打动了府尹完颜,允许张鼎重新调查审理。

再审时,尽管张鼎如同其他官吏一样要求刘玉娘"如实招来,否则大刑伺候",但他总是更关心事实、细节和案情线索。下面是张鼎向刘玉娘提的一系列问题:

> 我不问你别的,则问你出城时主何心?则他(指死者。——引者注)那入门死因何意?
> ……
> (关于死者的同行者)莫不是他(指死者。——引者注)同买卖的是新伴当……莫不是原茶酒旧相知。他可以怎生来寄家书,因甚上通消息。
> ……
> (关于送信人)那厮身材是长共短,肌肉儿瘦和肥?他可是面皮黑面皮黄。他可是有髭力,无髭力?

……

莫不是身居在小巷东,家住在大街西。他可是甚坊曲,甚庄村。何姓字,何名讳?

……

莫不是买油面为节食,莫不是裁锻疋作秋衣。我问你为何事离宅院,有甚干来城内?(页1382—1383)

这些文字无疑有剧作者对戏剧效果的追求,但还是表现了作为胥吏的张鼎的细致周密。正是在这种周密询问下,张鼎发现了新的证据线索,终于使冤案平反,真凶落网。元杂剧《勘头巾》的故事情节尽管不同,但张鼎在剧中的表现同在《魔合罗》中几乎是一模一样。

这只是一个例子,在元杂剧中,这种能吏(但未必清廉)的例子还不少,[22]不必一一枚举(但为说明另一个问题,我将在后面还举一个反面的例子,一个污吏徇私枉法但同样精于审判的例子)。但大致可以说,就元杂剧描写的当时行政机构的人员而言,官员同胥吏的审判能力有鲜明的反差。据此可以推断,元杂剧的作者们似乎认为当时官员的审判能力普遍不如胥吏。

审判作为专门的技术知识

元杂剧中展现的这种鲜明对比有一定的现实根据,反映了当时治理地方的实权"从州县官的手中转到胥吏",[23]或"胥吏弄权",甚至有"权侔上官",对元代吏治带来了很大的影响。[24]但是,这种状况并非元代的偶然现象或独有现象,在中国传统社会中,类似情况也相当普遍。明

---

[22] 例如,无名氏《都孔目风雨还牢末》中的都孔目李荣祖,岳伯川《吕洞宾度铁拐李岳》中的岳寿。
[23] 朱东润:"元杂剧及其时代",《名家解读元曲》,山东人民出版社,1999年,页37。
[24] 请看,张金铣:《元代地方行政制度研究》,同前注24,页267—269。

清时,与元代胥吏角色很类似的"师爷"就掌握了相当一部分官府的实际权力。史家认为他们"虽说是'佐官以治',实际却在很大程度上是'代官出治'"。[25]然而,对于法律史研究者来说,仅仅发现这种现象并不非常重要;重要的是,这种现象提出了一系列深刻的问题。例如,一般说来,人们都希望自己的权力更大("宁为鸡头,不为凤尾"是一种普遍现象),而为什么中国古代地方行政首长会自觉或不自觉地放弃自己生死予夺的"司法"权力,从而导致这种权力的实际转移?为什么州、县官没有案件审判的技术和知识,从而表现出无能和昏庸?为什么胥吏拥有这种技能?以及,元杂剧作者的这种刻划描写又具有什么法学理论和实践上的意义?

当代法学研究日益表明,司法审判的知识是一种实践理性。所谓实践理性,是当逻辑和科学都不足以坚定支持实践选择或伦理选择之际,人们使用的多种推理方法,这些方法和技艺的获得和运用都与具体的实践和行动发生的境遇相联系,很难甚或几乎无法用言辞传达,也很难通过教学来传授,因此,几乎毫无例外地必须通过实践来把握,而且仅仅靠努力实践也并不总是能有所收获或成就。[26]有证据表明,元杂剧剧作家对司法知识的这一特点是有一定认识的,甚至在一些剧作中对胥吏表示了一定程度的同情。[27]《勘头巾》的作者就曾借剧中主要人物张鼎说出了胥吏的知识特点:

> 想俺这为吏的人,非同容易也。大凡掌刑名的有八件事。可是那八件事?一笔札,二算子,三文状,四把法,五条画,六书契,七抄

---

[25] 李乔:《中国的师爷》,商务印书馆国际有限公司,1995年,页4。又请看,高浣月:《清代刑名幕友研究》,中国政法大学出版社,2000年,特别是第2章。

[26] Richard A. Posner, *The Problems of Jurisprudence*, Harvard University Press, 1990, ch. 2, 3。司法知识的这一特点也能说明为什么在传统司法中与胥吏的作用有类似之处的明清时代的"师爷"有产地,会通过亲缘、地缘和业缘形成网络。请看,李乔:《中国的师爷》,同上注,特别是第4章。

[27] 例如《鲁斋郎》中的六案都孔目张珪,《铁拐李》中的能吏岳寿等。

写,八行止。这的是书案旁边两句言。一重地狱一重天。翰林风月三千首,怎似这吏部文章二百篇!……

[我]虽是个判行的旧状词,合干办新公事。出司房忙进步,等澁道下堦址。又无甚过犯公私。把文卷依节次。请新官题判时,先呈与个押解牒文,后押上个拘头僉字。(页674)

在元杂剧《铁拐李》中,又借了一位收受贿赂的能吏岳寿之口说出了类似的话,可作印证:

你哪里知道俺这为吏的……名分轻薄,俸钱些小,家私暴,又不会耕种锄刨,依仗着答杖徒流绞。

想前日解来强盗,都只为昧心钱买转了这管紫霜毫,减一笔教当刑的责断;添一笔教为从的该敲。这一扭曲作直取状笔,更狠似图财害命杀人刀。出来的关来节去,私多公少,可曾有一件儿合天道,他们都指山卖磨,将百姓画地为牢。[28]

又有《不认尸》中的无名令史,

我这管笔,着人死便死。……我这枝笔比刀子还快哩。

在这些文字中,戏剧作者至少概括了传统社会中胥吏工作的三个方面的特点,尽管这种概括未必全面。首先,这些工作是非常不起眼的,然而不经过长期的实践或专门训练又很难做好。第二,这些工作具有高度的实践重要性,涉及到他人的生死,财产的取予,是决定他人进地狱还是在人间的事,"减一笔教当刑的责断;添一笔教为从的该敲"。第三,这种工作在传统中国社会的政治制度中地位很低,往往是行政官员的附属,是跟差跑腿的活。

---

[28] 《元曲选》,卷2,同前注5,页491。

第四章 制度角色和制度能力

由于第一和第三这两个特点,使得有关审判的知识和技能在中国传统社会中不仅没有地位,而且很难积累,不仅没有人专门传授,而且知识分子不到不得已也不愿意学习。[29]因为,这些能力都可谓是"刀笔"功夫,是"雕虫小技,壮夫不为"的,是没有大前途的;同时又是传统的教育体制中不教,也教不了的。如果要通过其他手段获得这种技能,必须有很长时间的投资。而第二个特点,由于这种技能涉及到"一重地狱一重天",涉及到他人的身家性命,因此有可能从中徇私牟利。在元杂剧中之所以很少有真正的贪官(下面会展开讨论),而往往都是些昏官或滥官,以及有许多污吏,这恐怕不是偶然的。

这种现象可以从社会学、经济学上得到解释。一方面,如上所述,成为一个精通司法的胥吏需要大量个人的投资,但是胥吏不仅职务低、社会地位低,甚至没有固定的俸禄,也很少提拔的指望。这就使得胥吏如果想增加自己的投资回报,就只能徇私舞弊;由于他们处于责任重大的位置上,他们的知识技能也使得他们有机会、有可能、也有便利的渠道通过其他手段来致富;由于社会实际上非常需要这类知识,而具有这种技能的人很少,因此他们的劳动的实际(垄断)市场价格(腐败收入)要大大高于其名义的市场价格(俸禄);由于这种知识的特点,以及传统社会中有效监督的缺乏(受制于信息也受制于当时的财政),即使他们贪污枉法还很难为他人发现;即使被人发现,革职了,他们的成本也很低。对他们来说,"永不叙用"又能算什么,用今天的话来说,不就是每月几百块钱的薪水吗?而且他们做为胥吏,几乎本来就没有什么大的前途。他们的名誉的社会交换价值也更低。因此,从历史上看,县官、太守贪污枉法的可能性一般说都要比胥吏更

---

[29] "在唐代科举盛行以后,州县小吏的地位更低了……。这种传统的观念使元代一些儒士不愿为吏。……"参见,邓绍基[主编]:《元代文学史》,人民文学出版社,1991年,页11—12。这一点在元杂剧中也有表现,例如,《救孝子》中,杨谢祖不得已想学令史,但杨的母亲说:"休学这令史咱。读书的功名须奋发,得志呵做高官,不得志呵为措大。"《元曲选》,卷2,同前注5,页757。

低。[30]只是这并不因为前者的道德水平更高,从经济学上看,而是因为他们贪污的机会成本太高。这种成本不仅包括固定的俸禄,而且包括社会地位、家族的名声以及仕途等等,毕竟在中国"富不及贵"。这种地位的差别使得官员和胥吏对自己的成本和收益权衡公式不同。

尽管如此,读书人一般都不会把胥吏作为他们的追求,不仅因为其社会地位低,非货币收入低,没有政治前途,而且最重要的是,即使徇私舞弊的收入不低,却都是不确定的,并且有较多的风险。如果有其他相对说来便利、收益更大的获取功名利禄的途径,知识分子就会选择其他途径。

而当时也存在着其他谋求功名利禄的途径。在中国传统社会,主流意识形态一直强调的是政治,[31]即当时的道德文章,是"翰林风月"。选用和考察官员也主要是依据这种政治标准。元代,大约是为了笼络汉族知识分子,据说甚至有过"以曲取士"的做法。[32]尽管这种说法有争议,[33]但至少在唐代是有过以诗文取士的做法。[34]

以"翰林风月"作为官员选用和考察标准并不仅仅因为政治正确,还有其他原因。其中一个重要的原因是,司法的实践理性知识和技能很难考察(请记住实践理性不是通过文字表现的,而是通过行动表现的),[35]如果真要考察,成本很高,也很难标准化(因此考官很容易作弊)。考察"翰林风月"则相对成本低一些,也更标准化一些,也显得更公平一些。但是,这种选任官吏的标准一旦确立,却具有导向的作用,它很自然会激励有功名心(不带贬义)的人注重"学术",注重"政治",注重可以用言词

---

[30] "'进士受贿,如良家子女犯奸;胥吏公廉,如娼女守节也。'……当时的人们认为这个比喻是很恰当的"。颜长珂:"元杂剧中的吏员形象",《元曲通融》(上),张月中[主编],山西古籍出版社,1999年,页710。
[31] 参看本书第六章。
[32] [明]臧晋叔:"元曲选序"、"序二",《元曲选》,卷1,同前注5,页3。
[33] 例如,周妙中:"和谭正璧先生商榷元代是否以曲取士的问题",《元曲通融》(上),同前注30,页420以下。
[34] 转引自,鲁迅:《且介亭杂文二集》,人民文学出版社,1995年,页106。
[35] Posner, *The Problems of Jurisprudence*, 同前注26,特别是第2、3章。

文字表达的能力,注重如何说以及说好"爱民"、"清廉"、"勤勉"、"公正"等大量的政治正确的语词和命题,而不关心那些非常具体琐碎的审判技术和知识。这会对官员有两方面的引导作用。一方面,从总体来看,社会中大量智力相对较高的人趋于转向道德文章上的竞争,因此造成具体从事"司法"的人总体智识素质不如读书出身的官员。而另一方面,道德文章竞争的成功者,即未来的政府官员,往往严重缺乏审判的知识和技能。由于没有经历专业的训练或实践,缺乏实际动手有效审理案件的能力,即使这些官员个人相信并身体力行当时的政治意识形态,想勤政爱民、执法如山,也做不到。一遇到稍微复杂一点案件,他们就无法在实践层面上实现他们的承诺。非不为也,实不能也。这一点在元杂剧中有明显的反映,许多受到抨击的昏官或滥官或没有能力处理刑民案件的其他官员几乎全都是"幼年进士及第,累蒙擢用"、"幼习儒业",或"自幼读书"。[36]

一些智识能力相对弱的人则不得已进入官府担任胥吏,承担了大量日常的具体事务。尽管这些胥吏不懂很多诗书,但由于长期接触"司法",他们实际掌握了这种治理社会的具体知识和技能。正是这种个人拥有的实际能力,又影响到官员和胥吏在"司法"制度内的实际角色和权力格局,官员不得不依赖胥吏。表现出胥吏从"佐官以治"到"代官出治"甚至"权侔上官"的变化。[37]

如果从这个角度再回头来考察前面提到的那些故事、戏剧、人物和对话,我们就可以更明显看出这个问题。这个问题不仅在元代存在,甚至在中国古代社会都一直存在。例如,在汉代的东海孝妇故事中,怀疑和劝说太守的于公就是一位狱吏,他从"此妇养姑十多年"这样一个事实中,而不是从"孝"的概念中,得出了后来证明是正确的判断。尽管文章没有提及太守为何"不听"于公的劝告(也许是为了"司法独立"吧!至少外观上

---

[36] 例如,《都孔目风雨还牢末》中的东平府尹尹亨、《绯衣梦》中的县官贾虚、《窦娥冤》中的窦天章,《勘头巾》和《魔合罗》中的完颜、《铁拐李》中的韩琦(他在一定程度上错怪了岳寿)等。

[37] 张金铣:《元代地方行政制度研究》,同前注24,页268—269。

如此),但是一个可能的解释就是,太守从儒家教义出发,也就是从当时的"宪法"基本原则出发,要维护"孝道"。这是一个在概念、法条、教义、原则构成的世界中生活的好官,但是治国或治州不仅要有原则、教义,更重要的是要了解事实。

在《十五贯》[38]中"决意要做清官"的过于执,《勘头巾》和《魔合罗》中的府尹完颜身上,也都显现出这一点。在《十五贯》中,过于执的开场白是:

> 十年窗下揣摩成,早年甲榜荣登;河阳春色权支领,伫看万里功名。
> 下官山阳县正堂过于执是也。十年辛苦,其品恩荣,立心不染苞苴,矢誓勿容情面。到任之日,便将板对一联,钉上堂柱。那对联两句:'爱民犹子。执法如山'。……决意要做清官,凡有词讼,一概秉公审理。且喜三年任满,注作上考,升为常州理刑……(页41。着重号为引者所加。)

不仅立志清廉,志向远大,而且先前也曾是政绩斐然,但是在十五贯的案件上,他却栽了跟斗。

在《勘头巾》中,完颜的开场白是:

> 小官完颜,女真人。完颜姓王,普察姓李。幼年进士及第,累蒙擢用,颇有政声。今为河南府尹,此处官浊吏弊,人民顽卤。御赐我势剑金牌,先斩后奏,差某往此处刷卷。便宜行事。专一削除滥官污吏,禁治顽鲁愚民。(页673。着重号为引者所加。)

不仅有为民作主的愿望和理想,而且也知道当时的官吏浊弊,因此他宣称:

---

[38] 同前注1,以下引文页码均见于正文。

>　　王法条条诛滥官,明刑款款去贪残,若道威权不在手,只把势剑金牌试一看。(页683)

但是,作为实践性活动的司法审判之核心不看你能否背下"王法条条","明刑款款"(这些都可以从有关的律令格式中查到),问题在于这"条条王法"对何事适用,"款款明刑"对何人施加。而这后一点读书再多、学位再高或个人品质再好都未必能做好。案件审理首先必须了解事实、发现事实,并且一定要有愿望、有能力了解现实。而正是在这一点上,如果没有胥吏张鼎的力劝和帮助,府尹完颜就险些栽进污吏萧令史设下的圈套。

即使《窦娥冤》中为女儿窦娥平反昭雪的窦天章身上,也不例外。窦天章将窦娥卖给蔡家作童养媳之后,"自到京师,一举及第","因廉能清正,节操坚刚",多年后担任了提刑肃政廉访使,职责是"随处审囚刷卷,体察滥官污吏"(页1511)。但是当他看到窦娥的文卷时,他的第一反应是:

>　　才看头一宗文卷,就与老夫<u>同姓</u>;这药死公公的罪名,犯在<u>十恶不赦</u>,俺<u>同姓</u>之人也有不畏法度的。这是<u>问结</u>的文书,不看他罢……(页1512。着重号为引者所加)

他看到的是什么?他看到的,一是被告与自己"同姓",二是药死公公的罪属"十恶不赦",三是此案已经"问结",这都是一些伦理(同姓)、道德(十恶)和政治(已问结)的事实,他没有考察案件中的事实和证据。只要回想一下我在前面引用的《魔合罗》中"六案都孔目"张鼎从刘玉娘的判决书中看到的事实和所提出的问题,我们就可以看出官员与胥吏在审判上关注的问题非常不同,而这种关注不同对于各类案件的原被告可能产生非常不同的后果。

也许会有人批评我的这种比较不公正,因为作品不同,两剧的作者也不同。我承认,作者关汉卿描写窦天章的文字不可能是有意要表现窦天章的无能,而更可能是要用这些文字来表现窦天章的"廉能清正,节操坚刚",他的道德人格,他的"法治意识"——不照顾同姓之人、对"十恶"痛恨万分以及尊重已决的案件。但问题就在这里。正因为窦天章是关汉卿力图表现的一位"清官",一位好官,而我们才可以更清楚看到在关汉卿乃至当时一般人心目中清官关心的是什么问题(如果关汉卿是用窦天章"再现"当时清官的话),或在他们心目中清官应当关心什么问题(如果关汉卿是用窦天章寄托自己的理想的话)。因此,这一点就足以帮助我们理解当时的官员或社会对于审判的心态。

如果这一点能够成立,那么,这些戏剧文本也就具有了剧作者不可能意图的、而在我们看来隐含着的另外一些意义。这就是,至少在元代社会,当时的人们(通过戏剧家的表达)已经直觉地感到了专业化审判的必要,感到了专业审判知识的必要;他们已经感到了当时直接治理中国社会的中下层行政官员非常缺乏这种必须根基于"司法实践"的专业技术知识,因此无法有效履行案件审理的治理责任;他们已经感到了这种技能之缺乏给自己带来的痛苦。并且,通过这些艺术形象,这些作者也无意中显示了,在当时的社会里,也并不是完全没有这种实践的知识和技能,社会生活已经产生了这种案件审理的实践知识,但这种知识更多是掌握在一些经常具体审理案件的更下层胥吏手中,他们已经从相对专门化的"审判"实践活动中获得了这种司法的知识。因此,这些戏剧也就反映了审判技术知识生产的独特性,以及这种知识生产对于社会劳动分工的要求。当然,这些剧作家没有、甚至也不可能提出建立一个分离的、独立的司法部门以及与之相配套的机构这样一种政治制度构想;即使提出了,从总体上看,当时的社会物质生活条件和科学技术发展水平也许还不具备设立的可能和必要。尽管如此,在表达这种现实的困境时,这些戏剧家还是给后人留下了一些可供法学理论反思的材料。这些戏剧使我们看到了,当没有一个分离的、独立的且专业化的司法机构时,当一个社会仅仅强调"翰林风月"、"道德文章"的政治意识形态时,这个社会中的人们会遇到什么样的痛苦,会变得何等悲惨!在这种知识制度和知识霸权的统治下,官员又是何等无能!而且,这种无能主要不是官员个人道德品质有问题,更多反映出来的是这个制度有重大缺陷。

"官人清似水,外郎白如面"

有迹象表明,在某些元杂剧中,作者已触及到了上一节的结论,即由于官员缺乏审判技能,他们不仅无法履行职责,甚至无法有效监督胥吏,从而导致某些胥吏公开滥用权力,徇私枉法。与此同时,这些作品甚至触及了一些更深的问题,例如,理性是否足以保证理性的正当运用,懂得审判技术和知识是否足以保证审判公正的问题。

前面已经提到,在元杂剧中,不仅像张鼎这样的能吏具有出色的审判能力和技术,更令人吃惊的是,特别是令当代许多认为道德决定一切或职业化能防止司法腐败的法学家跌破眼镜的是,一些贪婪作恶的胥吏同样有非常出色的审判能力,并且数量还不少。[39]这些胥吏可以把一个冤假案件审理得像真的一样,令主管官员和一般人挑不出毛病。因此,这些戏剧通过其艺术形象显示了,即使拥有这种实践性审判知识和技能也不足以保证审判结果的公正;相反,当被操纵时,精通这种知识和技术甚至可以制造更大的冤案。元代剧作家就借《魔合罗》中的能吏张鼎指出,"我想这为吏的扭曲作直,舞文弄法,只这一管笔上,送了多少人也呵"![40]这一点在《魔合罗》、《勘头巾》、《神奴儿》、《铁拐李》、《不认尸》以及《灰阑记》中都有所表现。其中最突出的是《灰阑记》,故事梗概如下。

张海棠因家贫当了妓女,后从良嫁给了马员外为次妻,并生下一子。

---

[39] 曾有学者指出(由于作者表达不清,这也可能是他们转述外国学者的研究),元杂剧中的"贪官"有两个特点,一是贪婪;二是无能,并且"几乎每一个贪官背后都有一个同样卑鄙、但却远为精明的能吏"。请看,孙歌、陈燕谷、李益津:《国外中国古典戏曲研究》,江苏教育出版社,1999年,页226。应当指出这个概括不够准确,说这些官员贪婪有点夸大,但无能却是千真万确。

[40] 《元曲选》,卷4,同前注5,页1377。又看看,《不认尸》中无名令史所言:"我这管笔,着人死便死。……我这枝笔比刀子还快哩!"

马员外正妻与衙门胥吏赵令史通奸,为与赵成亲同时谋取马员外家产,正妻伙同赵令史毒死了马员外,反诬陷张海棠伙同奸夫杀死了马员外。为了谋取全部家产,防止张海棠的儿子继承家产,正妻还伪称张海棠的孩子是自己生的,并贿赂了邻居和接生婆为自己作证。郑州太守苏顺不谙审判,[41]便将此案转交给正妻的奸夫赵令史审理,自然,张海棠屈打成招,被定为罪犯。上诉到了包拯那里。包拯有了怀疑,于是命人用石灰撒了一个圈(故有"灰阑"之说),让孩子待在里面;又命张海棠和正妻各执孩子一臂,看谁能把孩子拉出来。张海棠心疼孩子不愿用力。包拯根据人之常情判明张海棠是孩子生母,又进一步明察秋毫,发现了真正的罪犯,给予了严惩。

　　对于包拯的审案方法,我将在下一章探讨;这里我只打算分析剧中赵令史的审案过程,分析一下赵令史的审判技能。赵令史从一开始就有意陷害张海棠,但是在不知情者看来,却会感到赵令史不仅熟悉法律和程序,而且公道。赵令史首先问,谁是原告被告;在让原告正妻提出讼词后,照审判常例便对被告发出了一阵有关严刑的威吓。但是赵令史也没有立刻用刑,而是允许被告"答辩",表现得颇为公平、合理,且很从容。在张海棠答辩中,赵通过一系列插话,暗示和引导人们得出错误的结论。下面是赵令史对张海棠的问话:

　　　　"你说,你说。"
　　　　……
　　　　"你药杀亲夫,这是十恶大罪哩。"
　　　　……
　　　　"你当初是什么人家的女子?怎生嫁与那马员外来?你说与我听波。"
　　　　……

---

[41] "这妇人会说话,想是个久惯打官司的。口里必У力不喇说上许多。我一些也不懂的。快去请外郎出来。"《元曲选》,卷3,同前注5,页1117。

"原来是个娼妓出身,并也不是个好的了。你既然马员外娶到家。可曾生得一男半女么?"
　　……
　　"你家里有什么人?也还往来么?"
　　……(页1117)

所有这些问话都挺仔细,和张鼎颇为相似,处处关心细节,语气也不凶恶;相反一个"哩"字,一句"你说与我听波",让人感到亲切;在询问张的家人时,似乎还流露出某种关切。但是,他在问话中又突出强调了张海棠的娼妓出身,不知不觉中贬低了被告的人格,也暗示了这种出身的人确有可能有"奸夫"。

　　张海棠接着提出有证人证明孩子是自己的,赵令史随即将张提到的所有证人都找来了,并让他们分别出庭作证。张最先提出的证人是邻居。赵允许了,但证词不利于张海棠。张海棠转而指责这些由她本人提出的证人。张又提出让接生婆和给婴儿剃头者出庭作证。赵也允许了,证词还是不利于张海棠。张海棠再次反过来指责自己提出的这些证人。这种连续的"出尔反尔"很容易使人步步加深对张海棠的怀疑。最后,张海棠提出让5岁的孩子出庭指认。赵令史也没有拒绝。孩子指认张海棠为生母;但是孩子毕竟太小,其证言显然很难全盘接受。赵令史这时认定孩子的证言无效,证词"还以众人为主"。到了这时候,不利于张海棠的证据已经相当充分,因此,即使赵令史否弃了这个证据,一般人也很难怀疑赵令史搞了什么"猫腻"。

　　这里尤其应当指出两点审判技术的运用。一是赵令史让张海棠提出的众人分别出庭作证。赵令史完全可以让众证人同时出庭,一次作证。但他没有。为什么?因为分别作证不仅可以两次强化马氏大老婆的主张,而且还可以造成张海棠一贯出尔反尔的印象。人们也很容易把这一点同张的娼妓出身联系起来,从根本上怀疑张的人格和品性。因此,尽管出庭作证的证人人数没有增加,但一次出庭和分别出庭所取得的证明效果是非常不同的。特别是考虑到后来孩子会出庭指证,这种出庭作证的秩序安排对于赵令史来说就更为必要。

　　二是赵令史满足了张海棠一切关于证人的请求,包括允许孩子出庭指证。孩子出庭指证显然对马氏大老婆和赵令史不利。但是从审判程序上看,让孩子出庭要比拒绝其出庭对赵实现其目的更为有利。因为,赵如果不让孩子出庭,在上级官员和百姓看来,是赵违反了诉讼程序,没有道理,甚至由此可能怀疑赵做了手脚。张海棠也可以以此为理由提出上诉,上诉了也更容易引起上级的注意,因此赵令史的舞弊容易被人发现。而让孩子出庭,然后依据"优势证据原则"拒绝这一证据,就既显示了赵令史秉公办事、仁至义尽,又同样可以达到他的目的。更重要的是,赵令史这时可以合法地且不露声色地徇私舞弊,把法外的徇私舞弊搬到程序内部来,充分利用法律程序上允许官员的裁量权来更有效地徇私舞弊。上述两点都不是普通人可以看到和利用的,只有对审判程序非常熟悉、看透了法律和审判程序漏洞的人才可能有效利用这样的法律空子。

　　等到这一切举证都结束后,依据程序就可以刑讯了,张海棠自然屈打成招。在这整个审理过程中,赵令史表现得从容不迫,似乎毫无偏私,完全在严格履行公务。而他之所以能够如此,关键就在于他熟练掌握了并灵巧运用了审判的知识和技能。乃至自称"虽则居官,律令不晓"(页1116)的太守苏顺感到"这一桩虽则问成了,我想起来,我是官人,倒不由我断,要打要放,都凭赵令史做起,我是个傻厮那";并决定"今后断事我不嗔,也不管原告事虚真。笞杖徒流凭你问,只要得的钱财做两分分"(页1120)。

　　显然,该剧作者并不认为审判的专业化和程序化就足以保证审判的公正,这一点对我们已经是一个重要启示了。但是,如果从全剧来看,作者又不只是要告诉人们一个道德的结论,他并没有如同今天中国的许多法学家为消除"司法腐败"而在报纸杂志上开出一些药方:清除腐败分子、加强监督、加强学习、提高思想觉悟之类。相反,当把因"律令不晓"而被当地百姓称为"苏模棱"但并不贪污的太守苏顺同精通律令但贪赃枉法的赵令史放在一起时,作者已经向我们提出了一个更深刻的问题:为什么就在太守苏顺亲临现场监督的情况下,赵令史还是可以冠冕堂皇且一丝不苟地当庭制作了这个冤案？在这个意义上，该剧再次重申了上一节的结论，即使是清廉的地方官员，如果缺乏基本的审判知识和技能，就不仅自身无法公道、合理、有效地审理案件，甚至也无法有效地监督、管理下级胥吏；相反，他会给下级胥吏的徇私枉法创造更大的可能，甚至无意中会成了他们徇私舞弊、贪污腐败的保护伞。

这一点并不仅仅是我的概括和感慨，事实上，一段打油诗，不止一次的出现在几部元杂剧中，已经明确指出了这一点：

官人清似水，外郎白如面。水面大一和，糊涂成一片。[42]

也许这应当给我们以更大的警示！

2000年6月11日初稿
21日二稿于堪布里奇

---

[42]《元曲选》中的《神奴儿》、《勘头巾》、《魔合罗》以及《元曲选外编》中高文秀所作《好酒赵元遇上皇》中的官员和胥吏均有类似的说法。见《元曲选》，卷2，同前注5，页568，671；卷3，页1375—1376；以及《元曲选外编》，卷1，隋树森[编]，中华书局，1959年，页132。

第五章 清官与司法的人治模式

> 季康子问政于孔子,孔子对曰:"政者,正也,子帅以正,孰敢不正?"[1]

从科学技术和制度分工两个维度,前两章分析了传统中国的"司法"审判制度,不但没有考虑人(审判者)的变量,反而更多强调物质性因素对人的能力的限制。这种分析与时下中国特别强调提升法官素质和能力的司法改革进路[2]明显不一致,而且也有违于中国一直强调人——"人存政举,人去政亡"[3]——的政治传统。传统的公案戏或清官戏总是塑造了一些品德高洁、刚直不阿的官员道德楷模;而冤错案件的平反,也往往同一个廉洁、勤勉、聪明、睿智的官吏联系在一起。例如,《包待制智赚灰阑记》中清官包待制上场时开场白自称:

---

[1]《论语·颜渊》。
[2] 关于这一进路,我在其他地方曾有过细致分析,并针对这一点,我提出了一种"制度进路"。请看,苏力:"判决书的背后",《法学研究》,2001年3期。
[3]《论语·颜渊》。

> 为老夫立心清正,持操坚刚。每皇皇于国家,耻营营于利财。唯与忠孝之人交接,不共谗佞之士往还……体察滥官污吏,与百姓伸冤理枉。[4]

《包龙图智赚合同文字》中则称包龙图"清耿耿水一似,明朗朗镜不如"。[5]在元杂剧有关包公以及有关其他清官公案剧中,这种台词非常多。这种寄明智审判之希望于清官的思维定式一直延续到今天,无论是在对元杂剧的评价上,[6]还是民众的日常生活中,乃至今天流行的文学作品或影视作品中(例如《生死抉择》中的李高成)。

无疑,官员的清廉对于公正审判特别是严格执法非常重要。但问题是,清官的作用到底有多大?一个司法制度在多大程度上可以依赖清官,这是个问题。而且,清官之"清"的含义是什么?弄不好,我们又会回到前两章批评的司法的道德进路,把审判上出现的某些问题都归结为或主要归结为官员个人的道德品性问题。这是一个很容易陷进去的循环论证的怪圈,但并非不可避免。因此,有必要在前两章的基础上,进一步讨论一下个人、特别是清官在传统"司法"中的作用以及其他相关的问题。

两种清官

在本编一开始,我区分了元杂剧中有两类公案剧。一类其实更多是有关执法,即所谓"压抑豪强"的公案剧。在这类剧中,所谓的清官和贪官的冲突实际主要是一个政治力量或权力对比问题。当面临权势时,你是否敢公正判决并依据明确的规则严格执法?你是为虎作伥,还是为民作主?是乡愿妥协,还是刚直不阿?在这个领域内,官员的个人道德品质

---

[4] [明]臧晋叔[编]:《元曲选》,卷3,中华书局,1958年,页1125。
[5] 《元曲选》,卷2,同上注,页432(以下引文页码均见于正文)。
[6] 例如,有关《窦娥冤》的评价,参看,本书第三章注11所引的文献。

无疑是起作用的,甚至常常起决定性作用。但还有另一类公案剧,即所谓的"决疑平反"的公案剧。剧中的主要问题是疑难案件的审判或昭雪。在这后一类戏剧中也会出现恶人、坏人、无赖,剧本中也常常提及的"滥官污吏",同时剧中的清官也是一身正气、刚直不阿、勤政爱民、智慧非凡。看起来,似乎官员的个人道德对裁判也很重要;清官之所以成功审理了疑难案件,在受众的印象中,往往是因为他的这种正义感。但真的如此吗?

有时印象是靠不住的。因为,一个过于宽泛的概念往往会模糊一些重要的差别,并因此强化人们的某种既定的印象。我们需要对元杂剧中清官(吏)形象作更细致的分析。

我首先假定,任何好的审判都需要裁判者具有两个最基本维度的个人素质:道德(公正、正直、刚直不阿以及基于负责任的爱民勤政等)和能力(智慧、敏感、犀利、在某些情况下善于周旋等)。如果依据这两个维度排列组合,构成了一个矩阵,然后根据元杂剧以及《十五贯》中诸官吏的事迹,我把这些官吏分门别类,就构成表5.1:

表5.1　中国古代"司法"官吏分类

	清　廉	贪　婪
精明	包拯(《灰阑记》等) 张鼎(《魔合罗》、《勘头巾》) 王翛然(《不认尸》) 钱可(《绯衣梦》) 况钟(《十五贯》)	赵令史(《灰阑记》) 萧令史(《魔合罗》) 宋了人(《神奴儿》) 无名令史(?《不认尸》) 赵仲先(?《勘头巾》)
平庸	桃杌、窦天章(《窦娥冤》)、完颜(《魔合罗》、《勘头巾》)、苏顺(《灰阑记》) 贾虚(《绯衣梦》) 巩德中(《不认尸》) 河南府县令(《魔合罗》) 河南府大尹(《勘头巾》) 汴梁县官(《神奴儿》) 过于执、周忱(《十五贯》)	

这个分类是高度形式化的，人们对其中某些官吏的分类会有不同意见。估计以包拯为代表的清廉且精明，以及以赵令史为代表的贪婪但精明，这两栏都不会有什么争议。但是对以《窦娥冤》中处死窦娥的太守桃杌为代表的清廉但平庸这一栏，可能会有比较多的争议。[7]窦天章在《窦娥冤》中是以清官形象出场的，类似的人物还有《勘头巾》和《魔合罗》中的府尹完颜。《窦娥冤》中的楚州太守桃杌、《灰阑记》中的郑州太守苏顺、《绯衣梦》中的县官贾虚等明显是作为昏官来表现的，属于反派人物。[8]此外，由于剧中桃杌、苏顺等人都把告状者作衣食父母，急于收取"诉讼费"，在当代中国观众或读者心目中，这些似乎都是有道德缺失的官员。因此，把处死窦娥的楚州太守桃杌同为窦娥平反的提刑肃政廉访使窦天章归为一类，似乎没有道理。[9]

我必须为这一分类辩解。不错，在戏剧中，窦天章和完颜确实是作为清官出现的，是正面人物，但这主要是因为他们审理案件的最终结果是我们可以接受的；但他们之所以没有作出错误的判断，相反成为平反冤错案的"清官"，主要不是因为他们清正廉洁，更不是因为他们的智识卓越，而是因为一系列外在条件和因素。窦天章能够为窦娥平反冤案主要依靠了窦娥冤魂提供的信息（包括窦娥死后的超自然证据），以及窦娥与他的父女关系（这种关系使得他更容易相信窦娥的言辞，并将之作为案件处理的证据）。所谓的昏官桃杌在决定窦娥案件

---

[7] 在我所了解的文献中，只有黄克曾经犀利地指出，在一定层面上看，窦天章与桃杌的差别并不大（黄克：《关汉卿戏剧人物论》，人民文学出版社，1984年，页53—70），但遭到了批评（华世忠："《窦娥冤》第四折析疑"，《阜阳师院学报》，1986年1期）。

[8] 注意，这不是我的概括，在剧本角色分类中已经显露出来了。在剧中，这些人物都注明是"净"，但不可能是那种刚正英武的"花脸"，而属于"丑角"。这一点也可以用于窦天章和完颜等。

[9] 但是有外国学者作出了与我类似的概括。例如，彭镜禧对包括包拯在内的清官的评价都很低，认为清官与贪官的区别仅仅在于前者自称具有某种道德感，认为这两类官员的共同点远远大于他们之间的差异，例如两者都严重依赖直觉以及都诉诸刑讯逼供。请看，孙歌、陈燕谷、李益津：《国外中国古典戏曲研究》，江苏教育出版社，1999年，页226。

之际则不可能拥有这些信息和条件;如果有,桃杌也肯定不会作出错误判决(桃杌会那么匆忙地把自己的女儿作为罪犯处死?!如果处死了,即使是错案,也可能会被视为大义灭亲的"清官"了)。完颜在《勘头巾》和《魔合罗》两剧中的成功则依仗了能吏张鼎的过人智识和才能。如果没有这些额外的条件,窦天章和完颜都会重复下级官员或前任官员的错误判决。将窦天章和完颜归为清廉但平庸的官员是有道理的。

而另一方面,尽管在戏剧中是作为"反派人物"出场,但《窦娥冤》中的桃杌以及《十五贯》中的过于执,至少在剧中,都没有表现出严格意义上的个人道德缺失,只是有些普通人的特点(弱点)。确实,他们作出了错误的判决,但这一错误,从剧情看,与贪污腐败无关,不属于有意制造冤案,而主要是因为证据缺乏、审判能力不足以及过于自信。[10]《灰阑记》中郑州太守苏顺严格说来也应当属于这一范畴,他没有徇私枉法的行为,甚至他还在场"监督"了赵令史的审判;他的问题出在对审判一窍不通,任用并信赖了污吏。

因此,如果严格按照这两个形式的维度来看,我的这种合并同类项可以成立。

如果这种分类可以成立,那么,这个表除了印证了上一章的一些发现外,还展示了一系列与流行的观点或我们对传统戏剧之印象不同甚至相反的发现。首先,在审判上,案件冤错虽然有污吏的因素(例如《灰阑记》中赵令史、《魔合罗》中的萧令史),但戏剧中反映出来的,却更多是由于审判官员的平庸,智力和能力不足,以及由此带来的胥吏弄权。

其次,尽管依据单个的戏剧,冤错案常常被概括为清官与贪官或滥官之间的斗争,善与恶的斗争,但元杂剧总体反映的却似乎是,冤错案与作为裁判者的官员本人道德品质基本没有直接关系,而与官员的智识、能力

---

[10] 同上注。

有更直接的关系。因此,如果仍然坚持"清官"这个词,那么这里的"清"就不能仅仅,甚至主要不能,理解为道德上"清廉"或"清正",而应理解为包括了智识能力上的"清楚"或"清醒"。

第三,这也表明,尽管元杂剧作者习惯于用清官和贪官或其他道德术语来讨论分析案件审判,但这些戏剧所展示的格局表明,元杂剧作者们实际上更关注官员的施政、审判能力,尽管他们没有用这样的概念,也没有明确提出这样的命题。这些戏剧中的艺术形象其实已经超越了传统的清官和贪官两重划分;实际上拒绝了用道德(即当时的政治)维度作为划分"好""坏"官吏的尺度。从剧情来看,在案件审理问题上,正确的判断当然要求官员具备基本的道德人品,但更重要的是他们的审判能力。在这个意义上,我们还可以加上一个后果的维度,对清廉但平庸这一范畴的官吏作出了更细致的区分。如下表:

表5.2 清廉但平庸之官吏的分类

	后果好	窦天章、完颜
清廉但平庸	后果糟	桃杌、苏顺、巩德中、贾虚、河南府县令、河南府大尹、汴梁县官、过于执、周忱(?)等

第四,若是以这些传统戏剧作为测度中国民间观念的标识,[11]我们还可以看出,中国民众的道德意义上的清官情结主要集中在执法上,在司法判断上并没有什么清官情结。由于后果好坏往往影响了剧作者对官吏的评价,因此这些戏剧还进一步反映出,剧作者(以及他们所代表的普通民众)真正关心的其实还是审判的结果,而不是审判者的个人人品,他们只是为了审判结果才看重审判者的人品。这一点与他们不反对清官搞刑讯逼供,只批评昏官搞刑讯逼供的态度完全一致。因此,还可以得出结论,尽管传统公案剧的观念表达有强烈且浓厚的道德主义和意图主义倾向,但其内容透露的却是一种后果主义和实用主义的哲学

---

[11] 关于传统戏剧在多大程度上反映了一般民众的观念,我在本书第六章中另有论述。

倾向。[12]

第五,这些戏剧中作为一般的个人品德问题提出了官员的审判能力问题,尽管在我看来是个认知或表达错误,但这种转化还是可能有这样一种寓意,即由于官员职务行为的后果影响他人,因此,官员履行公务的能力关涉一种特别的政治责任伦理。据此,将之视为一种"道德",从社会功能上看,是有积极意义的,因此也有正当性。[13]这种转化体现了社会对官员有超乎一般人的道德要求。即使官员没有收受贿赂,没有舞弊,但只要你的职务履行后果糟糕,社会就会予以某种道德上的鞭挞,包括虚构的或/和夸大的官员道德缺陷。因此,尽管当时所有地方官员都关心诉讼费的收取,但只有桃杌的同类行为就变成了"贪婪",只因为你冤杀了窦娥;尽管所有的官员都会关注功名,但只有过于执的功名心受到嘲笑,只因为你错判了无辜;尽管所有的官员都会设立助理,但只有苏顺这么做就是无能而"司法权"旁落,只因为你的助理是个污吏。"和尚动得,你就动不得",这不是有道理没道理、公平不公平的问题,这就是社会心理和社会要求。

因此,若将道德和能力这两方面都做一个三重划分,就有了表5.3。

上述分析以及表5.3都再次凸显了,在疑难案件审理问题上,古代社会官员的道德其实并非最大问题,能力和判断力更为关键。或者,更准确一些说,元杂剧显示了当时社会中实际存在的"司法"核心问题是:相对于民众对司法实质性公正的需求而言,官员审判能力太弱。对这个问题,民众(通过剧作家的表达)给出的解决办法是,希望通过提高官员个人的道德水准——无论是选拔更多的清官还是通过官员的个人修行——来提

---

[12] 这一点与波斯纳在《法理学问题》中从司法者的角度切入得出的研究结论是一致的。请看,波斯纳:《法理学问题》(新译本),苏力译,中国政法大学出版社,2001年,特别是最后一章。波斯纳在《法律、实用主义与民主》一书中,更论证了一种为美国大众分享的、非哲学化的"日常实用主义"。请看,Richard A. Posner, *Law, Pragmatism, and Democracy*, Harvard University Press, 2003, ch. 1.

[13] 这也许就是行政官员"引咎辞职制"得以确立的社会心理基础。可参看,冯象:《政法笔记》,江苏人民出版社,2004年,页134—137。

升他们的能力,履行他们的政治治理责任。

来自社会的期待总有其自身的正当性,因此对官员构成一种压力,问题是,这种社会期待和压力能否提升官员的司法审判能力?这种压力又是否一定有利于整个司法?本章试图论证,从总体上看,这种期待不够现实,因为官员个人审判能力基本上不会因社会期待或压力而有实质性的改善,最多只有边际的改善;而且由于天才或杰出者总是很少,也由于难以制度化的准确选拔,因此哪怕是最好的司法制度也都主要是,甚至就是,由中等智力和道德水平的人运作的;即使有这样的智力上的天才或道德的楷模,在当时的社会历史条件下,也无法制度化发挥作用,因为任何可靠且有效的制度只能接受(容纳得下)极少数这样的人;甚至,这种提升官员个人能力的社会期待和制度化压力,如果没有精细的技术和制度配套(而传统社会就是如此),反而会导致整个制度总体能力的减损。

表5.3 官吏的细分类

	清廉	一般	贪婪
精明	包拯(《灰阑记》等) 张鼎(《魔合罗》、《勘头巾》) 王翛然(《不认尸》) 钱可(《绯衣梦》) 况钟(《十五贯》)		赵令史(《灰阑记》) 萧令史(《魔合罗》) 宋了人(《神奴儿》) 无名令史(?《不认尸》) 赵仲先(?《勘头巾》)
一般 (后果好)	窦天章(《窦娥冤》)、完颜(《魔合罗》、《勘头巾》)		
平庸 (后果糟)		桃杌(《窦娥冤》) 苏顺(《灰阑记》) 贾虚(《绯衣梦》) 巩德中(《不认尸》) 河南府县令(《魔合罗》) 河南府大尹(《勘头巾》) 汴梁县官(《神奴儿》) 过于执、周忱(《十五贯》)	

因为官员审判案件的能力,特别是处理疑难案件的能力,如同前两章分析的,在很大程度上受制于社会的因素,例如科学技术水平、社会富裕程度和制度的因素,例如社会劳动分工、职业化等。在这些给定的社会、技术和制度条件下,个人因素也会起作用,有时甚至会起决定性的作用;戏剧中描述的包拯、况钟等清官都是重要例证,似乎个人的智慧或勤政在其中起到了很大作用。但是,对戏剧文本的分析和反思,很快就会证明这种印象非常不可靠。

我分析的具体戏剧是《灰阑记》和《十五贯》。[14]选择这两个戏剧不仅仅因为两剧都讲了清官平反冤案的故事,更重要的是这两剧的主人公包拯和况钟的所作所为可以说分别主要展示了智慧和勤政,以及——我更关注的——这两者的限度。

智慧的限度

在《灰阑记》中,因受陷害,张海棠在一审中屈打成招,不仅被判死刑,而且儿子也被真凶之一马氏正妻夺走。案件上诉到包拯那里。敏感且富有洞察力的包拯认为"药死丈夫,恶妇人也,常有这事;只是强夺正妻所生之子,是儿子怎么好强夺的?况奸夫又无指实,恐其中或有冤枉"(页1125)。包拯认为首先应查清谁是孩子的真正生母。他命令用石灰撒了一个圈(故有"灰阑"之说),让孩子待在里面;又命令张海棠和大老婆各执孩子一臂,看谁能把孩子拉出来。张海棠心疼孩子,不愿用力。包拯根据人之常情判定张海棠是孩子生母,明察秋毫,终于查清了真凶,昭雪了张海棠。

在这个故事中,包拯确实展示了基于常识的睿智和洞察力,因此类似

---

[14] 朱素臣[原著],张燕瑾、弥松颐[校注],《十五贯校注》,上海古籍出版社,1983年。1956年,浙江省昆苏剧团进京演出了改编的《十五贯》,引起轰动,当代中国人对《十五贯》的了解主要是改编本,朱素臣[原著],陈静等[整理]:《昆曲十五贯》,香港三联书店,1956年。

的故事一直在民间广为流传。[15]类似的故事在《圣经》中也有记载,[16]同样在西方广为流传,成为历史上智慧裁判者的标志性故事。故事的广泛流传反映出此案件处理确实很好:不仅裁判者做出了正确的判断,结果获得了人们一致认同,审判的费用也很低;此外,这种审理还有其他优点,例如,它的非专业性,其逻辑和推理是普通人可以理解的,但在结果开示之前却很难预测,它没有丝毫神秘,出其不意但又尽在情理之中,它不是宗教奇迹,却令人赞叹不已。它还非常具有戏剧性。

---

[15] 据学者考证,这个故事的本土的最早原型来自东汉时应劭的《风俗通义》中臣相黄霸的故事,此后相关的佛经故事中也曾出现。吴晓铃:"试就《高加索灰阑记》探索三题",集于《名家解读元曲》,吕微芬编选,山东人民出版社,1999年,页414。

  汉·应劭《风俗通义》:

  "颍川有富室兄弟同居,两妇皆怀孕数月。长妇胎伤,因闭匿之。产期至,同到乳舍。弟妇生男,夜因盗取之。争讼三年,州县不能决。臣相黄霸出坐殿前,命卒抱儿去两妇各十余步,叱妇曰:'自往取之!'长妇抱持甚急,儿大啼叫。弟妇恐伤害之,因乃放与,而心甚自凄怆。长妇甚喜。霸曰:此弟妇子也。'责问大妇,乃服。"

  元魏·慧觉等译《贤愚经》卷12《檀腻䩭品》:

  "……时檀腻䩭身事都了,欣诵无量,故在王前。见二母人共诤一儿,诣王相言。时王明黠。以权智计语二母言:'今唯一儿,二母召之。听汝二人各挽一手,谁能得者,即是其儿。'其非母者,于儿无慈,尽力顿牵,不恐伤损;其生母者,于儿慈深,随从爱护,不忍捔挽。王鉴真伪,语出力者:'实非汝子,强挽他儿,今于王前道汝事实。'即向王道:'我审虚妄,枉名他儿。大王聪圣,幸恕虚过。'儿还其母,各尔放去……"

[16] 《圣经·旧约·列王纪上》,第3章,16—27节:

  "一日,有两个妓女来,站在王面前。一个说,我主啊,我和这妇人同住一房。她在房中的时候,我生了一个男孩。我生孩子后第三日,这妇人也生了孩子。我们是同住的,除了我们二人之外,房中再没有别人。夜间,这妇人睡着的时候,压死了她的孩子。她半夜起来,趁我睡着,从我身边把我的孩子抱去,放在她怀里,将她的死孩子放在我怀里。天要亮的时候,我起来要给我的孩子吃奶,不料,孩子死了。及至天亮,我细细地察看,不是我所生的孩子。那妇人说,不然,活孩子是我的,死孩子是你的。这妇人说,不然,死孩子是你的,活孩子是我的。她们在王面前如此争论。王说,这妇人说活孩子是我的,死孩子是你的,那妇人说不然,死孩子是你的,活孩子是我的,就吩咐说,拿刀来。人就拿刀来。王说,将活孩子劈成两半,一半给那妇人,一半给这妇人。活孩子的母亲为自己的孩子心里急痛,就说,求我主将活孩子给那妇人吧,万不可杀他。那妇人说,这孩子也不归我,也不归你,把他劈了吧。王说,将活孩子给这妇人,万不可杀他。这妇人实在是他的母亲。"

但是,我们首先必须看到,这种"司法"如果作为一种理想和规范,那么必定导致一种非专业化甚至是反专业化的"司法",至少在今天看来,会不利于司法职业的发展,也不利于司法知识的积累。当然,这对许多普通人其实也不是一个问题,只有对于今天强调司法专业化的人(法官、律师和法学教授)才是一个问题,因为这涉及到他们在社会中职业存在和服务收费的正当性。更广大的民众其实不大关心专业化还是非专业化的纠纷解决;他们关心的是纠纷怎样才能否顺利、公平、有效和便利地被解决,并且是作为普遍的制度,而不是作为特例。

真正的问题是在这儿,更值得我们关心。故事广泛流传恰恰反映了这种结果很罕见。只有罕见,才能成为人们的谈话资料,才可能为人们惊叹和赞赏。试想,如果是今天有谁遇到类似《灰阑记》式的案件,法官或其他类型的审判者只需下令做一个亲子鉴定,或 DNA 检验,100% 不会错误;人们绝不会对这种决定赞叹不已,更不会广泛流传。正如新闻界的一句俗话所言,"狗咬人不是新闻,只有人咬狗才是新闻";其中的道理是一样的:稀缺赋予了其流传价值。即使《灰阑记》不是受圣经故事的直接或间接影响或启发,在人类历史数千年上,又有几件案件是用这种方式或类似方式解决的?又有几件案件是可以用这种方式解决的?我们能记得的,大约也就这两件(实际是一件)经典佳作了。在我看来,《灰阑记》或《圣经》所罗门国王的故事的广泛流传反映的更多是,在传统社会中,在一个没有出生登记制度、没有现代生物化验技术的社会中,人们在亲子鉴定问题上,以及推广开来在其他疑难问题上,作出正确判断之困难。这一点,在另一部中国传统戏剧秦腔《三滴血》[17]中有更系统的体现。

---

[17] 秦剧《三滴血》取材于清人纪昀《阅微草堂笔记》。剧情是:山西商人周仁瑞在陕西经商时,娶妻一胎生下二子后妻病故。周自己抚养长子天佑,次子则卖给李三娘。周经商亏本,带天佑回老家,其弟周仁祥不认侄儿天佑。仁瑞告至官府,县官晋信书以滴血之法将父子断散。李三娘为养子更名李遇春,与己女晚春订婚。后,三娘病故,恶少阮自用假造婚书逼晚春与其成婚。晋信书又以滴血之法断晚春和遇春为亲兄妹。在与阮自用的花烛之夜,晚春逃出。周仁瑞寻找天佑,遇晚春奶娘,奶娘随周仁瑞往县衙对质,晋信书竟然还以滴血之法断周仁祥与其子牛娃非血缘关系……天佑和遇春投军立功并得官,平反冤案,全家团聚。1960 年西安电影制片厂曾将此剧摄制为戏曲艺术片。

注意,我说的是困难,而不是说无法。在当时的社会条件下,审判者有时可以运用个人的智慧在某些案件中做出正确的判断。但是,有人能作出这样一个正确的判断并不能证明可以以此为基础建立一个有效的"司法"制度。这就像有人可以挺举200公斤,并不意味着其他人甚或多数人都可以挺举200公斤一样。作为制度的法律,更多得依赖常人的道德和智力,而不是依赖超常人的道德和智力。戏曲中的或民间流传的包拯毕竟是一个虚构的人物,多少年来,还没有其他替代。事实上,包拯在民间,包括在元杂剧中的形象就是一个神话了的形象。《盆儿鬼》中张撇古称包公"人人说你白日断阳间,到得晚时又把阴司理";《生金阁》中则干脆直接出现了日断阳、夜断阴的表演。[18] 而所罗门国王也是古犹太人少见的"明君"之一。

其次,也不是所有案件都可以使用这种方法,甚至可以说,绝大部分案件都无法使用这种方法。这一点在其他一些元代的包公戏中就已经显露。《元曲选》中的另外九出包公戏中,包拯(这也可以视为剧作者或当时社会)在判断事实问题上都没有什么类似的精彩之作。[19] 事实上,包拯在此案中使用的方法只能使用一次,不能重复,无论是他人还是包公本人,这种知识或方法或智慧是无法制度化的;它更像是猜谜,"抖包袱",最多是"招法",还不是严格意义上的方法。

第三,这种方法的证明力其实也很有限。在《灰阑记》中,如果张海棠求子心切,不遗余力拽夺儿子,加上她年轻有劲,不无可能把孩子拽到了自己一边。如果这样,那么她就有可能被确认为罪犯,真正的罪犯反而可能因此逃脱。更重要的是,当不知包公的葫芦里卖的什么药的时候,张

---

[18] 无名氏:《叮叮当当盆儿鬼》,《元曲选》,卷4,同前注4,页1407;武汉臣:《包待制智赚生金阁》,《元曲选》,卷4,页1716—1736。

[19] 除《灰阑记》、《盆儿鬼》和《生金阁》外,另七种包公戏是,无名氏《包待制陈州粜米》(卷1,页32—52)、无名氏《包龙图智赚合同文字》(卷2,页421—435)、无名氏《神奴儿大闹开封府》(卷2,页557—576)、关汉卿《包待制三勘蝴蝶梦》(卷2,页632—646)、关汉卿《包待制智斩鲁斋郎》(卷2,页842—858)、郑廷玉《包待制智勘后庭花》(卷3,页929—949)以及曾瑞卿《王月英元夜留鞋记》(卷3,页1265—1279)。可参见本章附录对这九出包公戏的简介。

海棠也是有强大动力如此行为的。这首先关系到她自己的性命;其次孩子在争夺中会受到疼痛,但未必受伤或受重伤;但最重要的是,如果从长远来看,一旦张海棠被处死,她儿子迟早还是可能被马氏大老婆害死,因为大老婆之所以同张海棠争夺孩子,目标并不是孩子,而是与这个孩子不可分的财产继承权。因为古代社会,如果死者有儿子的情况下,财产一般都由诸子均分,不分嫡庶,而妻妾都没有继承权,只能跟着儿子过;[20]守寡无子的妻妾可以继承丈夫的财产,但她们不仅不能改嫁,也不能出卖丈夫财产,还必须为亡夫立嗣(称立继),死后财产由嗣子继承。[21]这种财产继承制度使马氏,如果想持有财产,首先就要争这个儿子,否则即使张海棠被处死,财产也属于张的儿子。但一旦争到了孩子,财产到了手,马氏正妻甚至必须——也很容易(孩子只有五岁!并且是在那个时代)——除掉这个孩子(因为他在法庭上只认张是自己母亲,并且他也知道马氏正妻害死了自己生母),然后重立她喜欢并能控制的人为嗣。张海棠其实完全应当看到这一点;因此,如果她真正为了孩子的长远,现在争夺,即使孩子受了伤,也比将来被谋杀好。包拯使用的这一招风险是非常大的;他的成功仅仅是由于张海棠的错误。[22]

　　由于这些原因,哪怕是包拯,在审判上也难免犯错误。甚至元代就有了《糊突包待制》的戏剧,[23]尽管该剧本已经失传,我们无从考察错误的

---

[20] 即所谓"夫死从子之义,妇人无承分田产",《清明集·争业下》卷5,转引自,程维荣:"论中国传统财产继承制度的固有矛盾",《政治与法律》,2004年1期,页152。

[21] 《清明集·立继》卷8,转引自,程维荣"论中国传统财产继承制度的固有矛盾",同上,页150。

[22] 相比之下,所罗门国王对类似案件的处理似乎更为合理。首先争议双方是两个女人,除了争孩子之外,并不涉及其他利害关系;其次,所罗门国王的判决是将孩子劈成两半,这种行动不但直接威胁孩子的生命,而且这个行动具有震撼力,很容易唤起母亲的怜子之情(拽孩子并不直接威胁孩子生命),在这种情况下母亲放弃孩子的收益(孩子活下来)实际要比争夺孩子的收益(一个死了的半个孩子)更大。《风俗通义》中黄霸的做法也比《灰阑记》中的包拯更合情合理。

[23] 臧晋叔在"元曲论"一文中收录了元代汪泽民的《糊突包待制》一剧的剧目。请看,[明]臧晋叔[编]:《元曲选》,卷1,同前注4,页28。此剧已失传。参见,李春祥:"附录:元代包公戏新探",《元代包公戏选注》,中州书画社,1983,页301及注16。

类型。但是从元杂剧中其他有关包拯的戏剧中,我们看到在其他一些疑难案件上,包拯除了不畏权势之外,与其他官员几乎没有什么太大的差别。当涉及人命案件且没有证据时,他同样大量使用或威胁使用刑讯。例如在《蝴蝶梦》中,兄弟三人为父复仇打死了豪门子弟葛彪,包公仅仅要辨认"是谁先打死人",就对三兄弟都先后动用了刑讯,

> 麻槌脑箍,六问三推,不住勘问,有甚数目,打的浑身血污。大哥声怨叫屈,官府不由分诉;二哥活受地狱,疼痛如何担负;三哥打的更毒……(页637)

类似的例子还有《救孝子贤母不认尸》和《王翛然断杀狗劝夫》中的清官王翛然,《魔合罗》中的能吏张鼎。当遇到法律程序不能解决问题时,包拯还利用各种法律外甚至是公然违法的手法达到目的,包括欺骗、篡改死刑判决书以及让死刑犯冒名顶替等。[24]虽然,我并不把这当真。但这还是反映了某种社会现实。除了表明,在当时条件下,剧作者(以及他们代表的民众)为了"实质正义"甚至认同官员不择手段外,还表明他们根本不认为这类情节有损包拯以及其他"清官"的形象,不认为清官单凭个人智慧就可以洞若观火,明察秋毫。事实上,在评论该剧时,今天也有文学批评家认为这是"不得不采取[的]特殊的手段和措施。这[……]正是人民大众对清官的希望"。[25]在一个缺乏获得可靠和充分证据的审判技术的社会中,哪怕是"清官",遇到疑难案件,也同样表现得无能为力,只能诉诸刑讯逼供。这种"无能"并不是官员个人智慧和能力的问题,而是社会条件使然,也是民意使然。

智慧的限度的另一个方面是权力。尽管许多观众或读者高度赞扬包拯的智慧,但是必须注意,如同在许多问题上,在审判问题上智慧和知识都不能自动地独立发挥作用,必须有权力的支撑,它们才能进入司法审

---

[24] 例如,元杂剧《鲁斋郎》、《蝴蝶梦》、《生金阁》、《陈州粜米》等剧中的包拯。
[25] 郭预衡[主编]:《中国古代文学史》,卷3,上海古籍出版社,1998年,页355。

判。[26] 包拯其实不单单是智慧的、廉洁的,更主要的是,他是"龙图待制天章阁大学士",又是当时首都开封的第一把手,这相当于今天的中共中央政治局委员加北京市市委书记。如果没有这个身份,包拯的一切智慧就无从发挥作用——尽管受众在谈论清官包拯时,总会有意无意省略了,因此也就掩盖了,这个权力的维度。事实上,在元杂剧中,这一点是反复强调的。《灰阑记》中包拯登场时,首先提到的就是他"手揽金牌势剑","官拜龙图待制天章阁学士,正授南衙开封府府尹之职。敕赐势剑金牌,体察滥官污吏,与百姓伸冤理枉,容老夫先斩后奏"(页1124)。其他元杂剧包公戏清官戏中也有类似说法。[27] 有两出元杂剧中没有明确提及包拯的权势;[28] 但由于包公的形象在中国社会早已符号化了,[29] 只要提到他,人们就已经预设了他的巨大权力。就如同,人们不加任何头衔称"小平同志"时,这决

---

[26] 参看, Michel Foucault, *Power/Knowledge: Selected Interviews and Other Writings, 1972—1977*, trans. by Colin Gordon et al., Pantheon Books, 1980.

[27] 《陈州粜米》,"官拜龙图阁待制,正授南衙开封府尹之职"(页41);《蝴蝶梦》"官拜龙图阁待制学士,正授开封府府尹"(页635);《鲁斋郎》"官封龙图阁待制,正授开封府尹"(页853);《后庭花》"官拜龙图阁待制,正授开封府尹"(页940);《留鞋记》"现为南衙开封府尹之职。……圣人敕赐势剑金牌,着老夫先斩后奏"(页1272);《盆儿鬼》"谢圣恩可怜,加拜龙图阁待制,正授南衙开封府尹之职。敕赐势剑金牌,容老夫先斩后奏。专一体察滥官污吏,与百姓伸冤理枉"(页1404);《生金阁》"官封龙图阁待制,正授南衙开封府尹之职"(页1726)。

又可参见《窦娥冤》中的窦天章,"官拜参知政事,……加老夫两淮提刑肃政廉访使之职。随处审囚刷卷,体察滥官污吏,容老夫先斩后奏"(页1511);《救孝子贤母不认尸》中的王翛然,"老夫大兴府尹王翛然,……赐予我势剑金牌,先斩后奏"(页772);《勘头巾》中的完颜,"小官完颜,……今为河南府尹,……御赐我势剑金牌,先斩后奏,差某往此处刷卷。便宜行事"(页673);《魔合罗》中的完颜,"圣人亲笔点差老夫为府尹。因老夫除邪秉正,敕赐势剑金牌,先斩后奏"(页1377);《冯玉兰夜月泣孤舟》中御史金圭"累官加至都御史之职。……圣人命俺巡抚江南。敕赐势剑金牌,体察奸蠹,理枉分冤,先斩后奏"(页1746)。

[28] 未公开提及包拯权势的元杂剧包公戏有《合同文字》、《神奴儿》。

[29] 赵景深先生曾把包公故事中与其他清官相似的故事作了比较研究,得出结论说"包拯就是钱和、黄霸、张咏、周新、刘奕、滕大尹、向敏中、李若水、许进等人,不过是一个吸收传说的人罢了。"转引自,段宝林:"关于包公的人类学思考",《光明日报》,1999年5月6日,7版。

不意味着小平同志仅仅是一位同志,至少在相当多的时候(如果不是总是的话)隐含着的是"中国改革开放的总设计师"。

还必须考察剧中包拯实际行使的权力,因为许多时候职务并不与权力等同——想想辞去一切职务之后的邓小平。剧中的包拯拥有的决不是一般的大学士加府尹的权力。他的实际权力远远超过了一般官员,因为他可以"随意刷卷"处置、乃至可以"先斩后奏"。清官包拯的智慧必须依赖这种权力才能发生作用。看来我们的祖先,包括这些剧作家,都比福柯更早,也比我们更懂得知识与权力的关系。

应当把包拯的这种权力的意味说得更明白一点。这种权力实际是一种合法的(legitimate)超越法律制度的权力:他可以超越当时法定管辖制度(随意刷卷)和程序(先斩后奏)来行使权力。鉴于任何社会都可能出现一些制度和程序无法合情合理解决的案件,因此几乎一切社会都会赋予位居特定职位的某个人享有这种超越法律的权力,例如在美国,总统和州长就有特别赦免权。这是任何制度都必须有的为应付不测事件或特殊情况的紧急出口(太平门)。

但是这种权力有不少问题。首先,我要强调,只有在极为有限的情况下,这种权力才可能是有效的,甚至才有可能;并且永远只能作为制度的补充(紧急出口)。只要设想一下,不用说全部官员,哪怕一个社会中有一半甚至更少的官员有这种授权,即使他们都清廉爱民和聪明智慧,但只要他们的意见还会有什么分歧(而这在审判中是完全可能发生的,并经常发生的),就会有一个谁可以更随意,谁可以更先斩后奏的权力之争。事实上,这种权力一旦多了,制度就必定一片混乱,根本无法运转。这种权力必须是独占的,至少在一定的管辖中是独占(垄断)的。同一管辖中不得有两个以上的这种权力,哪怕是智慧的权力。这也就注定了智慧的限度,注定了没有哪个制度能够容纳下很多这样的智慧的权力。我们在《魔合罗》中就看到张鼎的智慧、在东海孝妇的故事中就看到了狱吏于公的智慧,都受到了权力的某种制约,甚至完全不起作用。

其次,这也就意味着,一旦遇到一个更大的甚或是同样的权力时,这种智慧的局限就充分暴露出来了。元杂剧中其他一些包公戏就表明了这一点。在《鲁斋郎》中，包拯为了处死霸占民女的权豪势要鲁斋郎，他就无法运用他的权势了；他只能先奏请鱼齐即死刑，然后擅自将死刑判决书上的"鱼齊即"三字改为"鲁齋郎"，才达到了目的。而这种做法不仅非法，而且可怕，令人不可思议。

第三，这些权力甚至是极端危险的，因为它是在常规法律制度之外行使的。你可以追求，却无法事先保证只有"好人"才获得这种权力，想一想，若是一位贪官这么做会是何等可怕！[30]也无法保证"好人"的每一次使用都是正确的、智慧的。[31]

不错，这些都是戏；但道理已经明确且是一般的：智慧的力量是有限度的。

勤政的限度

除了不畏权势和智慧外，理想的"清官"的另一个重要品质就是勤政。勤政一方面既是"清官"爱民、亲民品德的体现，另一方面，在一定条件下，确实也可以补智慧之不足。因此，如果不可能有很多生来天分高超的道德高洁之士担任官员，那么智力一般的官员可否通过勤政来保证正确的审判？"鞠躬尽瘁，死而后已"，得到了中国人的普遍赞赏，似乎就隐含了这样一个判断。明代戏剧《十五贯》中的况钟似乎就是这样一个勤政（但他也不仅仅是勤政），因此防止了冤狱发生的典型例证。但分析表明，《十五贯》从另一方面证明了勤政对正确审判的贡献仍然有限。

因家贫，屠夫游葫芦（改编本为尤葫芦）从姐姐那里借来十五贯钱，回家后对养女苏戍娟戏称已将苏卖给他人做小老婆了。苏痛苦不堪，天亮前

---

[30] 元杂剧中就有表现贪官利用获得的这种法外的合法权力祸国殃民的。例如，《包待制陈州粜米》中刘衙内儿子小衙内就获得了"敕赐紫金锤"，可以打死人勿论（《元曲选》，卷1，页34）。

[31] 例如，在《魔合罗》和《勘头巾》中的府尹完颜，尽管也有心"除邪秉正"，有"势剑金牌"，可以"先斩后奏"（《元曲选》卷4，页1376），但是由于智慧不够，结果都是险些中了污吏的诡计，犯下大错。

乘父亲熟睡时出走,去姑姑家。当地赌徒娄阿鼠碰巧发现游葫芦家门虚掩,入室行窃,惊醒了游葫芦,搏斗中,娄阿鼠情急杀人,用肉斧砍死了游葫芦。次日晨,邻居发现游葫芦被杀,追上苏戍娟以及苏在途中偶然相遇并结伴同行的书生熊友兰(熊身上同样携带了十五贯钱),将他们带回见县官。当地县官过于执"决意要作清官",认定:苏戍娟与熊友兰通奸,杀死游葫芦,携钱逃跑。大刑之下,苏戍娟和熊友兰屈打成招。此案经"三审六推",中央政府批准处死。临刑前,监斩的苏州太守况钟发现诸多疑点,力劝苏州巡抚、都察御史周忱,获准重新调查。经实地调查,况钟不仅确定苏熊确为冤屈,又发现娄阿鼠的可疑。况钟扮作测字先生,四处追捕,发现了娄阿鼠。他揣摩娄阿鼠心理,诱使娄阿鼠说出真情,真相终于大白人间。[32]

在这个戏剧的原本中,况钟的形象比任何元杂剧中的包拯都远为丰满,剧中的其他人物以及故事都相当合情合理。但在我看来最有意义的是,该剧并没有着力表现况钟有什么特别独到的能力,也没有特意强调他与其他官吏的道德差别和能力差别。在我阅读的有限传统戏剧剧本中,这部戏可能是最有意义的,它几乎展现了古代社会"司法"合理性中的全部问题,以及这些问题中的合理性。

例如,在这个剧中,没有贪官的形象;作为反派人物出现的,县官过于执与都察御史周忱都基本是为人正派的官员,只是在履行职务上成了况钟的对立面。县官过于执判决尽管错了,这种错误固然有他作为行政官员追求政绩的因素,[33]但总体说来,在当时的情况下几乎难免,即使是况钟在他的位置上未必不会作出类似的判决。因为各种证据对苏戍娟和熊友兰都太不利了:苏戍娟是随母改嫁到游葫芦家的,而且"继父不仁,母亲复怄气而死。现今家道艰难,饥寒不免,[继父]并无好言相慰,反加非

---

[32] 这里的简介主要依据的是1956年昆剧改编的《十五贯》,改编本的最大好处是简化了原本过于复杂的线索,删除了原本中况钟得神明托梦指点的情节。但是1956年版本也有其弱点,受当时的社会政治影响,改编本加重了原本中官员自身的道德色彩,因此把司法问题更多作为一个政治问题来处理,湮没了该剧在司法理论上的意义。在分析故事人物性格时,我将主要依据原本。

[33] 关于这一点的更细致的理论分析,请参看本书第四章。

打即骂"[34]，因此，在某种程度上，苏戌娟有报复的潜在动力；熊友兰身边携带的钱与游葫芦失窃的钱数量相同；更重要的是，在古代强调男女"授受不亲"的社会条件下，很难设想一对陌生男女结伴夜行而没有私情。考虑到当时的社会条件，在没有出现其他可疑者的情况下，一般的人都会认为苏熊二人是杀人凶手。事实上，游葫芦的邻居就断定"一定是[游的]女儿与人私通，觑得父亲有钱十五贯，暗下约了汉子，谋财害命，一同脱逃去了"（页60）；邻居和公差追上苏熊二人后，也立刻认定熊为奸夫；借钱给游葫芦的姐姐（也即苏戌娟的姑妈）也当即认定苏戌娟杀死了自己的兄弟，指证熊友兰身上带的钱就是"老身昨日亲手交付我兄弟去的"，并表示"记深仇，食肉寝皮"，后来又作为受害人家属出庭作证（页66）。相反的证据则没有，或不能落实。例如，熊友兰提出了借钱给自己的证人，但由于证人临时改变了出行计划，因此官府到了指定地方却查无此人（页70—71）。在这样的人证、物证面前，过于执认为"此事真确无议了"（页71）；甚至熊友兰自己都觉得"则么怨着问官？别人的枉事，须有个冤家仇对，装砌而成，偏是[……]我的冤枉，分明是天造地设一般，自家走到死路上去!"并问上苍，"这疑案怎决？这疑案怎决？"（页77—78）

但是在戏剧中，况钟质疑此案，也同样合理和可信。况钟在此案中是监斩官，面对的是苏熊的喊冤叫屈，阅卷后，他发现一些疑点：熊友兰乃一书生，似乎无力用肉斧杀死游葫芦；而且苏熊二人：

  熊生家住山阳，与无锡相隔千里，平昔既无交往，一时哪有私情？况钱无厮认，那里据了这十五贯，就订了这斩剐的罪名？!（页100）

况钟产生这种怀疑固然可能与况钟的个人气质、性格和敏感程度有关，但首先同他与过于执的明显不同的经历有关。况钟"本是吏员出身"（页84），"刀笔出身"（页108）；而过于执是"十年窗下揣摩成，早年甲榜

---

[34] 朱素臣[原著]张燕瑾、弥松颐[校注]：《十五贯校注》，同前注14，页26。此后引文页码均置于正文中。

荣登"(页41)。其次但更重要的可能是,他同过于执的职务位置、责任和追求不同。况钟的责任是监斩,是案件的复审,他的主要职责包括了刀下没有冤魂,自然关注的问题会有不同,他会比过于执对行刑的责任更为敏感。制度上也有根据,"《会典》上原载有一款,'凡死囚临刑叫冤者,许再与勘问陈奏'"(页108),这就是允许监斩官根据新的信息作出新的反应。监斩官的位置使得况钟获得了这种信息,而过于执在初审时不可能获得这种信息。此外,况钟的位置(上诉审)还使他脱离了当地民众的政治性压力,可以更平衡地考虑相关的证据和信息;而过于执是相对年轻的行政官员,政治上一路顺风,而且有更大的政治雄心(也可以说是野心)——"河阳春色权支领,伫看万里功名"(页41),因此,急于回应当地民意,着意表现自己的政绩,其中包括他的"爱民犹子,执法如山"。所有这些差别,都使况钟对哪怕是微小的疑点也更为敏感,尽管这些疑点还不足以推翻判决,但已经足以使这位"虽以刀笔出身,未尝失于学问"(页108),认为"时人莫漫轻刀笔,千古萧曹相业推"(页97)的相对年长的地方长官质疑该判决。[35]

冒着罚俸降级之风险,况钟劝说都察御史周忱同意复查,双方展开了一场中国传统戏剧中我所仅见的法条主义(周忱)与现实主义(况钟)的争论。周忱以"三推六审"已经结束、判决必须坚决执行的程序正义为根据反对重审(页107);况钟则以案件有疑点、事关人命的政治现实主义和实用主义的道德意识形态话语为基础展开辩论(页107)。[36]况钟以自己的官爵俸禄作担保,最终说服了周忱(这意味着周忱最终也屈服于现实主义,放弃了法条主义),并从周忱那里获得了跨管辖的"司法"特权(令箭,即上一节讨论的权力问题),到案件发生地进行调查(页109)。况钟

---

[35] 这也再一次印证了我论过的制度角色问题。可参看本书第四章。
[36] 这场争论非常有法学理论意义的地方就在于,在特定条件下,一个裁判者,出于实用主义的目的,可以使用道德主义的意识形态话语,而在另一种条件下,也可以使用形式主义的程序正义的话语。这似乎表明各种法学理论都具有广泛的适用性,但也表明这些理论都只有有限的有效性和说服力。因此,没有一个保证永远正确的法律理论;重要的是首先知道该怎么做,以及如何调动这些理论来为这个"怎么做"正当化。

重临凶杀犯罪现场,(此后叙述根据改编本)他发现了一系列新的质疑原判决的证据。他发现"家无隔夜之粮"的游家地上竟然有不少散落的铜板,并推测是游葫芦同凶手搏斗中散落的,而熊友兰身上携带的15贯钱一文不少;他发现了娄阿鼠遗忘在游家的赌具骰子,而游葫芦从不赌博。这都引起了况钟对娄阿鼠的关注,开始调查娄阿鼠。由于没有任何证据证明娄阿鼠杀人,甚至无法将之逮捕,更没有理由刑讯逼供(刑讯必须有比较充分的证据才能动用),况钟因此扮成测字先生,利用老鼠偷油(游)等一系列说法,最终诱出了娄阿鼠的真话。

这确实是一个非常漂亮的案件,就反映社会现实和"司法"制度现实而言,它比元杂剧中的任何公案剧都更为深刻。特别是改编本删除了神明托梦,充分凸现了况钟的智慧,对事实的敏感、细致,对案件当事人的高度责任心,深入实际、注重调查、勤政爱民、不媚上、据理力争等等。但,即使如此,我们仍然可以从此案中看到在审判问题上勤政的限度。

例如,此剧反映出,由于没有专门的职业治安和侦察人员,甚至太守况钟都不得不亲临现场考察;在这个意义上,况钟扮演了现代社会的刑警、法医和检察官的角色。在调查娄阿鼠是否罪犯的过程中,况钟还扮演了现代的卧底侦探的角色,同娄阿鼠的对话,意味着他还必须了解"犯罪心理学"。这些角色,正如我在上一章指出的,不仅与况钟的行政官员身份冲突,甚至与现代社会中职业法官的责任也有相当大的区别。现代法官的主要职责是根据双方提出的证据作出明智审慎的判断,其判断依靠的是一个支持性的制度系统以及有关的人员、技术、资金。况钟没有这种制度的依赖,他必须独自搜集、发现证据,作出判断。由于不同的角色需要不同的知识,并且人的智力和学习能力都是有限的,因此,即使从理论上说他可以且应当了解各种知识,但是——且不说当时的社会是否有这些系统知识——即使有这些知识,他也只会是一个"样样通,样样松"的官员,而不可能在多方面都是一位专家。

也正是如此,我们才可以看到,在《十五贯》中,况钟,就如同其他戏剧中的其他官员一样,所运用的知识都更多是常识,而不是专家的知识和洞察力,不是现代科学技术知识提供的信息;与《灰阑记》中包拯运用的招数以及这些招数所依赖的知识在性质上完全一样。这也就是说,在这种制度条件下,总揽行政、"司法"的官员很难成为真正审理案件的专家。推展开来,这就意味着,在传统社会很难出现一支职业化、专业化的队伍,很难出现专业化的分工并累积专业化的知识。当这些支撑条件不具备时,即使勤政有可能部分弥补知识的缺陷,但至少在高度专业的问题上无法替代专业性的知识。

不仅在专业知识上如此,在人力和财力资源上也是如此。在《十五贯》中我们看到的是深入调查的况钟,但是这毕竟是戏剧,此案又涉及到两个生者的性命,并且剧中反映出来的也只有这一个案件,这些因素都使况钟有可能、也有激励深入调查,并且用了半个月的时间来调查娄阿鼠,或者说这些因素至少令受众观看此剧时不容易察觉这会有什么问题。但在现实生活中,如果案件数量稍多一些,比方说,如果是一周一件;如果此案只涉及一个人的生命,甚或不涉及生命,仅仅是一件财产或伤害案件;如果况钟有其他繁重的行政事务;我们就可以推断,即使是况钟,即使况钟有更大的道德责任感和事业心,他也不可能总是以这种方式来处理苏熊案。即使况钟可以在个别案件上这样做,但在其他案件上,他可能就不得不如同都察御史周忱一样,尊重地方官过于执的判断,尊重"三推六审"的结果,变成一个法条主义者,一个程序主义者。而且,当他花费大量时间深入调查某一个在他看来重要的案件之际,会不会有另一个同样人命关天的案件被耽搁了?这些分析因此就意味着,在其他大多数案件上,他不可能扮演清官的角色,不可能明镜高悬;对于这些案件中那些同样渴盼官员为民作主的原被告以及其他利害关系人来说,况钟就会是一位庸官或昏官。

还要指出,尽管这种选择性的深入复查要比根本不调查要好,但由于是否复查的决定完全取决于官员自己的意愿,因此,这就不是一种严格的制度,它对官员没有强制性和约束力,完全取决于官员的个人道德感和责任心。由此我们不仅看到了这种强调道德约束的"司法制度"的另一个根本局限——缺乏制度的约束,这是一个无论是智慧还是勤政都无法突破的局限。也在这里,我们也可以看到了强调官员个人道德品质对于这一传统"司法"的必然性,对于这后一个问题我将在下一章深入讨论。

"司法"的人治模式

指出智慧和勤政的局限并不意味着要否弃它们。当没有其他更好的替代时,或虽想象中有(而想象中总是有的),但现实中不可能实现时,也许唯一的出路也就只能是抱残守缺,维系现状,最多作些微象征性的调整,给人一种似是而非的满足。尽管这种说法听起来很"不道德","不正确",但这是一个也许颠扑不破的生活的真理。因此,重要的不仅是要指出智慧和勤勉的局限,清官的局限。这里面还隐含了对于中国传统社会的"司法"而言一个更重要的问题:当这两者结合时,呈现的实际是一个人治的模式,即在当时的社会科学技术条件允许的范围之内,审判的有效运作在更大程度上只能取决于案件裁判者个人的聪明才智和勤政爱民。[37]

司法上的"人治"模式当然有很多问题,学者对此也有过不少讨论,例如容易导致滥用权力、贪污舞弊、以言代法、非专业化等等。鉴于这类分析批判已经很多,我在此不再多言。

值得在此讨论的是人治模式的另一方面,不仅至今没有学者讨论,而且许多当代中国法学家还常常认为是"值得借鉴的"传统中国的"法治"特点,这就是,一旦发现官员"刑名违错",即使没有或没有发现贪污和徇私舞弊的行为,他也将受到严厉的制裁。例如,在《窦娥冤》中,已经调任的前任楚州太守桃杌,仅仅因刑名违错,就被"杖一百,永不叙用"。[38]这种情况在其他元杂剧中也曾屡屡出现。[39]

这种强调案件审理者个人责任的制度,与现代司法制度通说以及西

---

[37] 但必须注意,我在此讨论的并不是一个社会的人治与法治,而是关于司法上的人治与法治。

[38] 《窦娥冤》,《元曲选》,卷4,中华书局,1958年,页1517。

[39] 在《灰阑记》中郑州太守苏顺因"刑名违错,革去官带为民,永不叙用"(页1129);在《神奴儿》中"本处官吏,不知法律,错勘平人,各杖一百,永不叙用"(页576);在《救孝子》中"本处官吏,刑名违错,杖一百,永不叙用"(页776);在《魔合罗》中,"本处官吏不才,杖一百,永不叙用"(页1388)等等。

方现代国家的司法实践相比,形成了鲜明的反差。在现代司法制度中,除了发现法官徇私枉法,法官一般都不会因其智力不足或不够勤勉[40]而发生的"刑名"错误而受到严厉制裁,最多是他的案件被发回重审——虽然这也是一种制裁,至少"没面子"。法官判了错案,哪怕是冤案,只要没有证据证明法官有舞弊行为,都会受到豁免;其错误会被视为是制度的错误。当然,对于现代司法制度而言,这样处理司法的错误是有道理的,因为法官的判决确实有其他制度因素的参与,例如陪审团的定罪或检方的指控,或证据的错误,或证人的诚实与否和过失等等。因此,现代司法制度中法官的个人责任实际上是大大减轻了,而不是如同当代一些中国法学家有关司法改革建议的那样——例如错案追究制——更强调法官的个人责任。[41]也正是在这个意义上,我强调,中国传统的哪怕是"司法"制度采用的也是一种人治和德治导向的模式,而不是法治的模式。[42]

　　一定会有很多人会质疑这些戏剧中表现的对官员的惩罚究竟有多大的真实性。我并不把戏剧都当作现实。但是在这些问题上,我认为戏剧与现实差距不会太大。除了有关的实证材料外,我的主要根据是经济学和社会学的逻辑推论。第一,这实际上是对官员实行一种相当于现代法

---

[40] 波斯纳法官——基于美国的制度条件——甚至认为,法官应当"懒一点"。请看,Richard A. Posner, *Overcoming Law*, Harvard University Press, 1995, ch. 3。
[41] 近年来,一个最典型的案件就是 2002 年 11 月 4 日,广东省四会县基层人民法院法官莫兆军因案件当事人喝农药自杀以示清白,被以玩忽职守罪起诉。尽管,2004 年 6 月 29 日,广东省高院终审裁定莫兆军无罪释放,但是这一结果几乎完全是一种万幸。据广东省的法官称,如果莫兆军曾经与另一方当事人有任何其他交往,就很难被无罪释放。而且尽管无罪释放,莫兆军至今还是"回家养猪",是否"永不叙用"至少现在还没有结果。请参看,"无罪法官回家养猪,莫兆军的悲剧结束了吗?"《新快报》,2004 年 8 月 3 日,版A11。又请看,《广东省高级人民法院刑事裁定书,(2004)粤高法刑二终字第 24 号》。
[42] 当然,对我的这种比较必须加以限制。首先,传统中国社会的案件裁判者并不是现代意义上的法官,而且,尽管使他受罚的事件具有"司法"性质,但他却不是作为法官被处罚的,而是作为行政官员受到处罚的。其次,现代司法中法官个人责任的减轻是因为制度的发展,其中包括司法作为一个单独的部门从其他政治性机构中分离出来了,减轻法官的个人责任据说是为了维护司法独立;而在传统社会中,由于不仅司法行政合一,而且没有其他支持司法部门运作的其他部门,因此也就没有理由减轻案件裁判者的责任。当然,这也是为什么古代社会强调案件裁判者个人责任的原因之一。

律制度上的"严格责任制",而不是"过错责任制"。由于在传统社会中(无论中西方),信息很难获得,因此除了在某些很容易获得相关信息的具体案件中,在各个法律部门一般都采取了严格责任制,[43]古代的"行政法"自然也不可能远离这一逻辑。事实上,只是到了近代以后,过失责任才在法律理论中,特别是在许多部门中,流行起来。

从制度上来看,在官员管理监督上当时采取严格责任制也有道理,其最主要原因就是可以大大降低中央政权监督、考察和处分地方官员所需要的信息费用。因此,只要发现"刑名违错",无需调查审案官员是否贪污受贿,是否徇私舞弊,就可以惩戒官吏,"刑杖一百,永不叙用",这样一种威慑的概率就加大了。一旦要求在处罚官员刑名违错时,要调查其原因是故意还是过失,是否有徇私枉法,是否收受了贿赂,是因为裁判者的知识不足还是因为他的道德缺陷,并要求提出具体证据予以证明,传统中国管理官吏的制度成本就会大大增加,甚至会使这个制度完全无法运作。因此,在当时的历史条件下,仅仅从这一方面来考虑,强调官员的个人责任,采取严格责任原则,可能是一种比过错责任更便宜的管理和治理制度。

还有一个因素促成了这种责任制不仅严格,而且严厉;并且同样与信息费用太高相关联。由于信息费用太高,大量官吏即使确实因过错造成了刑名违错,实际上却不可能被发现。在上一章,我就曾分析,窦娥一案昭雪的概率非常低;如果不是窦天章来刷卷,或者不是有窦娥的冤魂的执著,窦娥之冤根本就不可能昭雪。就现实而言,官员实际因刑名违错而受到处罚的概率也非常低。这就意味着,即便采取了严格责任制,这一制度对官吏的实际威慑还会偏低。为了提升这种严格责任制的实际威慑力,就势必加重法定的处罚,由此导致的是一个更为严厉的个人责任制。[44]

---

[43] 参看,Richard A. Posner, *Economic of Justice*, Harvard University Press, 1981,特别是第6章。
[44] 这里的逻辑和刑法惩罚的逻辑是一样的,假定迫使官员勤政廉洁的惩罚是 X。$X = pS$,在这里 p 为发现官吏不勤政廉洁的概率,S 为法定的惩罚。那么当信息成本过高而降低概率 p 时,要保证足够的 X,就势必增大 S 即法定的惩罚。这也是近代以前的刑事惩罚普遍更为严厉的因素之一。

现代社会的严格责任制一般是不对加害人作道德评价的。但是,传统社会中,对官员实施的这种严格责任制则总是伴随了道德评价。因此,从整个社会的角度看,这个严格责任制的制裁包括了社会舆论的谴责。对那些也许有过失但肯定没有罪过的官吏,例如桃杌,社会会通过戏剧这类传媒施加额外惩罚。为什么古代的和现代的严格责任制之间会有这种差别?而且,我在前面也指出,元杂剧以及许多传统戏剧都表现出,许多在今天的分析中被证明更多是由于信息、知识和技术而发生的问题往往在当时被视为官员的个人道德问题。为什么?上面提到的节省官吏管理监督之信息费用似乎不能完全解释这种现象,这种道德谴责,因此,一定对于当时整个传统社会和社会心理具有某种功能。

还是可以用信息费用来解说。由于信息费用太高,在来不及了解事实真相的情况下,普通人(而不是政府)倾向于首先对无法容忍的行为作出道德判断,因为这可能对于他/她的自我保护是最有利的。若有一个人伤害了我,而我无法判定他的意图,我一般都会首先假定对方对我有恶意,因为这才会使我立刻提高警惕,加强自我保护。这几乎已经成为人类的一种本能,很可能是人类在生物进化中形成的一种便利且有效率的自卫机制。如果一个人受到伤害时,首先就假定加害者出于无心,或是什么判断都不做,只是耐心等收集了全部相关信息之后再做出不带主观色彩的判断,那么他/她就太容易受伤害了。要注意,尽管我们经常说到人间有许多误解,但只要观察一下,几乎所有的误解都是善良意图被误解为用心险恶了,而似乎从来还没有邪恶用心被误解为善良用心的。从人性的这一方面讲,因此,也大致可以说人心确实是险恶的。"社会自有公论"这一说法肯定是错误的,不过是一些人的自我安慰而已。这一点对于理解围绕司法审判的社会舆论的特点,从而有效防止社会舆论影响司法也是有意义的。

其次,现代法律上的严格责任制是一种法律的制度,其目的一是为了降低法律制度的运作成本,因此不考虑违法者的主观精神状态;二是强调对伤害的实际救济,而且一般都可能得到救济,因此对侵害行为人作道德判断就可有可无了。而我们在这里分析的不是政府的正式制裁("刑杖一百,永不叙用"),而是传统社会民众(通过剧作家)对官吏错误和过失的社会评价。由于社会评价无法以其他方式施加制裁,也无法给予受害人任何实在的救济,因此只能加大对官吏的道德谴责。此外,官吏一旦审判错误后果往往特别严重,不仅官吏本人无力补救(并且也可能对这些官吏不公道),而且国家也没有财力提供国家赔偿之类的实质性救助。在这种情况下,仅仅将有过错的官吏撤职,笞杖三百,也会显得制裁不足,甚或不解气。从社会功能的角度来看,社会也会很自然地增加道德和舆论这种非正式的制裁来补强法律这种正式制裁。这就涉及到了传统社会中社会控制道德与法律之间相互配合和支持的基本战略格局问题了,而这将是下一章的专题。

严格责任制的有效性——一个理论分析

对于这种人治以及与之相伴的严厉的严格责任制,该如何评价?大致说来,当代中国的法学家可能会有两类评价。一是从人道主义的刑法哲学出发,从意图主义的法律哲学出发,认为这样的惩罚过于严厉,因此对这种严格责任制持批判态度。另一种是从"民主"的政治哲学出发,认为为了保证政治清廉,审判公正,防止官吏草菅人命,徇私舞弊,应当实行严格追究官吏责任的严格责任制。

我认为这两种进路都是错误的,都试图从一种先验"正确的"政治理念或信条或原则出发,而没有关心这种制度的实际效果,即这个制度是否达到了其追求:提高了官吏的责任心,减少了本来可能会发生的刑名违错,从而增进了整个社会的福利。这主要是一个有关事实的问题,而不是一个概念或教义分析可以解决的。

由于缺乏这方面的数据资料,本书不可能做出这样的经验分析。但是,我们还是可以建立一个与通常的法理学分析(概念分析或教义分析)性质完全不同的理论模型,了解有哪些主要的变量会影响官员的裁判,以及官员的严格责任制又可能影响其中的哪些变量;据此,我们可以初步预测这个"司法"的人治模式是否对改善司法裁判有效,并为未来的经验验证提供一个基本的分析框架。

首先,我们承认,而且一般的经验和理论也告诉我们,激励机制的变化一定会改变人们的行为;严格责任制是一种激励机制,因此当它的严厉性增大时,从逻辑上看,一定会导致从事审判的官吏改变行为,为了自我利益而努力减少审判错误的发生。在这个意义上,我们就可以认定,严格责任制会促使官员努力提升审判质量、防止裁判错误。

但问题在于,有多个影响错案[45]发生的变量。前面的分析已经提到,在正常情况下并就总体而言,影响错案发生率的因素主要有两个。首先是社会历史的,例如科学技术和劳动的专业分工(即制度)。在传统社会的条件下,这两个变量基本上是长期稳定的。在长期的中国传统社会中,人们基本没看到有什么重要的与司法审判相关的科学技术发展;直到清末,也不曾形成一个分离的司法部门和一批专业化、职业化的与司法审判相关的高度分工的专业人员。尽管有刑名幕友这种准专业人士,但这些人数量很少,而且没有其他专业人员的支持。因此,严格责任制对这两个影响司法的重要因素可以说没有什么影响。错案判决者无论是否采取严格责任都不可能促使社会的科技急剧变革,也不可能促成或加快司法审判的劳动分工。

影响错案发生率的另一个因素则与审判者个人有关,即官员的智慧、道德和努力程度。我们可以就这些因素一一展开分析,考察严格责任制作为一种激励是否会以及在多大程度上会影响它们。但这样分析很难。个人智慧中有完全天分的因素,[46]因此肯定不受激励改变的影响。但通常说的司法上的智慧还有其他一些因素,例如逻辑思维能力、想象力、移

---

[45] 这里说的错案指的是因种种原因但非官员有意造成的严重错案。因为一般的判断差错是难免的,也是社会可以接受的。

[46] 这类研究报道很多。请看,"来自父母智力遗传因素可伴终生",《参考消息》,1997年5月16日,版7;"美科学家称发现人类特定智力基因",《参考消息》,1997年11月16日,版7;"美发现影响人类智力的部分基因"。《参考消息》,2000年8月12日,版7;"智力能遗传?",《参考消息》,2001年11月23日(英《新科学家》周刊11月10日一期文章)。

情能力和敏感程度等等,这些都涉及到对案件以及人在特定境遇下行为的想象性重构,这些因素中有天分的因素(我无论如何不可能成为李白),但也有一部分可能会随实践增多而强化,因此与个人后天的主观努力程度相联系。道德的因素和努力程度其实往往也与这两方面的因素有关,而不完全是后天教育的结果。例如常常与道德相联系的同情心、性道德上的忠诚,[47]与外观上看到的刻苦努力相联系但研究者一直说不清楚的某些个人偏好,如今的研究都表明有先天的成分。因此我还是把所有这些因素统统分为先天的和后天的因素,避免一个一个分析起来过于烦琐。

如果这样予以抽象概括,我们就可以看出,严格责任制对无论哪一类的先天因素都完全没有影响,即使面对死亡,我也成不了爱因斯坦或苏东坡,成不了包公或霍姆斯。剩下来能够起作用的就只是对后天的所谓个人努力了;就官吏而言,我们可以称这个因素为"勤政",其中既包括了某种道德因素也包括了个人努力的因素以及通过实践提高技能和知识的因素。

上述分析似乎一直对官员的道德品质因素强调不够,因此可能有人质疑。因此,多说两句。第一,上面已经提到个人道德因素也有先天的成分,并且这在中国传统中也是一直承认的,特别是在古代。例如,孔子说的"唯……小人难养也"、"朽木不可雕也"、"唯上智下愚不移也"以及后代的"性三品说"等都隐含了尽管不完全是对道德天资的认可。但我不

---

[47] 加拿大科学家对336对成年双胞胎的同卵双胞胎和非同卵双胞胎比较研究得出的新发现表明,基因在一些先前认为完全受文化影响的重要领域发挥着从前人们没有意识到的广泛作用,其中包括对堕胎、自愿安乐死、死刑和有组织的宗教等问题的看法;也包括对种族歧视违法、开放的移民政策和与他人"友好相处"等问题的态度。这些看法其中都包括一些道德的因素。"基因也影响人的观点",《参考消息》,2001年7月2日,2版。此外,在中国一直被认为属于个人性道德的,也有研究发现与基因有关。伦敦圣托马斯医院的专家研究发现约有1/4的女性携带了一种"不贞基因",增加了她们发生外遇的概率。请看,"是什么塑造了我们?"《参考消息》,2005年1月26日,11版。又请看,"科学家发现'模范丈夫'基因",《参考消息》,1999年8月1日,7版。

多讨论法官的道德品质的因素,还因为这是一个理论上讲对司法制度非常重要但在我的这一分析中并不重要的因素。不重要是因为,并非是一切人都在从事审判,分析模型只需要关注那些具体从事案件审理的人。由于案件审理在社会中的政治重要性,以及恰恰由于个人道德对案件审理相当重要,因此无论哪个社会都会仔细筛选这类官员,挑选那些至少具备基本道德素质的人;也由于个人道德对案件审理有很大影响,道德水准低的人即使混进官员队伍,却从总体上更容易产生冤假案,因此在严格责任制下,他们也就比其他具有一般道德水准的官吏更容易被这个制度淘汰。剩下的被挑选出来的官吏,尽管道德品质还会有差异,但从宏观上看,差别不会太大。事实上,从宏观上看,人类的基本道德水平在过去的几千年里也看不出有什么进步。〔48〕因此,只要不是有意道德败坏,徇私舞弊,道德因素对错案发生率的影响并不大,本章第一节的矩阵图以及相关分析也印证了这一点。因此,在这一分析模型中,有理由忽略严格责任制对提高官吏道德水准进而可能减少错案发生的影响。

　　经过这一番梳理之后,我们就可以看出严格责任制对官吏审判结果可能有以下影响:

　　严格责任制的最大好处是通过事实上的扩大打击面,把所有发现有案件审理重大错误的官员一律查办,不分青红皂白。固然这对许多无心却实际办了错案的官员不利,却大大有利于查办处理因官吏徇私舞弊、贪赃枉法、道德败坏而引发的冤案和假案。好处不仅在于这种制度减少了查处这类官吏所需要的信息费用;而且这类案件更容易引发民怨沸腾,危及统治的政治合法性,因此尽快查处这类官吏,将之清除出管理队伍,对于中央政府来说,有巨大的收益。

　　但是,这一制度的代价也很大。首先,这对减少因包括"刑名违错"在内的因其他种种客观因素而发生的错案没有什么帮助。因为即使严格责任制可以促使官员为避免受惩罚而勤政,而勤政对正确裁判也有所贡

---

〔48〕 参见,波斯纳:《道德与法律理论的疑问》,苏力译,中国政法大学出版社,2002年,特别是第1章。

献,但由于勤政仅仅是影响错案发生率的因素之一,并且不大可能是最重要的因素,因此勤政程度的增加就不大可能对减少错案发生有重大影响。

至少有两个因素会限制勤政程度的不断增加。第一,勤政一方面需要投入精力和注意力,但另一方面则往往需要增加时间的投入。就算是前者的投入增加可以无限(其实也不可能无限),时间的投入则一定有限。一天也就24小时,一年也就365天,任何官吏再勤政,也无法改变这一点,任何严格责任制也不可能促使官员的勤政超出这一限制。第二,任何投入的收益都会呈边际效用递减,这就意味着,严格责任制产生的勤政效果,进而勤政对减少错案的效果,也一定有限;超过了这一限度后,随着这个责任制越来越严格或越来越严厉,勤政的实际效果甚至会为负值。

这就意味着,过分严格的责任制可能促使许多官吏更不勤政,更不努力,甚至更草菅人命。这个逻辑推论似乎违反直觉。但是,"水至清则无鱼";历史上确实有这样的例证,严格的吏治并没有导致制度设计者意图的长久的清廉吏治。[49]

我们可以用一个算术题来说明这一点。假定受严格责任制影响的勤政变量对减少错案的贡献率为20%。又假定一位官员从事案件审理20年,并在正常情况下一般每年出一个错案。这就意味着,他一生审理案件不勤政与勤政所办错案是20件错案对16件错案。由于种种原因,在传统社会中,即使是错案,由于信息费用很高,引发查处的概率和能被查出为错案的概率一般都很低。如果因每单个错案而被实际查处的概率假定为1%,那么我不勤政,因错案而被查处的累计概率也就是20%;而如果我勤政,因错案而被查处的累计概率也只有16%,这个概率之差仅为4%。这意味着一个官吏无论勤政还是不勤政,因错案受严格责任追究的概率非常相近。如果因错案受惩处(比方说,"杖一百,永不叙用")而损失的货币化了的各种收益,包括经济收入、个人名身、仕途、家族名誉等;之和是2万两银子,那么勤政和不勤政的收益就是800两银子。

但为了提高这个概率,获得这800两银子,你就必须20年里一直勤

---

[49] 参见,葛剑雄:《重读〈明史·海瑞传〉》,http://218.21.62.195/sx/000722/10.html。

政,必须长期支付额外的劳动,因为你并不知道何时何地在何案件上可能出现错案。假如你为此所支付的仅仅是每天额外工作 1 小时。那么 20 年下来,你就要多工作 912 个工作日,平均每个工作日的收益还不到一两银子。这种支付与收益之比是很不相称的。这种收益不足以激励官员勤政。因为只有当勤政和不勤政有明显不同的收益,并且这种收益与投入(勤政)大致相称时,官吏才会勤政。

勤政还有机会成本。因此,官吏也一定会下意识地进行比较收益之分析。他们会考虑是否把这些用于勤政的时间和精力转而投资建立关系网络,朝里有人好做官,不但可以减少自己因刑名违错受惩罚的概率,而且还会有其他好处;或者官员把这些时间、精力用于休闲,例如读书、写字、画画、游山玩水,似乎没有货币的收益,却都可以从中获得诸多非货币的收益;而这些收益都要比从勤政中获得的收益要大得多。事实上,根据这个公式,建立关系网若是能减少 5% 的因错案受处罚的概率,不勤政者因错案受处罚的概率就会低于勤政者因错案受处罚的概率了。更何况建立关系网的收益决不止这些。在这种情况下,官官相护就更容易发展起来。

这种做法,在另一个层面上看,已经是在花费资源来追求不勤政了。但这并不是全部对策,有些官吏还可能会有意采取一些完全合法的措施,进一步降低自己因错案判决而受惩罚的概率。其中之一,就是尽量少审理案件,不到万不得已不审理,不介入,自然也就会少出错案,降低了因错案而受惩罚的概率。假定本来一般是每审 10 个案件就可能出一件错案,出错率为 10%;之前每年我审 10 个案件,有一个错案;现在我一年只审 5 个案件,出错率仍然是 10%,但错案只有 0.5 个了。错案少了,即使受追究的概率、被查处的概率都不变,我因错案被查办的概率还是降低了 50%。[50]

这样使用资源对于官员个体来说是有收益的。但对于社会来说,没

---

[50] 这一节的分析仍然假定了这些官吏是风险中性的;事实上他们对待风险的态度会有不同,但这并不影响这一分析。

有收益,相反有太多的耗费。对于一个正常的社会来说,应当鼓励人们投资对自己和社会均有益的活动,而不是投资于对自己有益而对社会无益的活动,这样的资源使用是没有效率的。官员若是有意减少审理案件,就会迫使一些本来由官员裁判更有效率的案件只能回到民间,去寻求非正式的裁决机制或纠纷的其他解决办法,寻找一种成本更高的解决办法。不仅如此,"司法"也因此更难发展了,司法的知识也很难积累了;进而,有更好出路的社会精英自然一般也就不愿研习司法了。因此,在前两章关于中国传统司法制度的分析之外,我们还可以有一个新的视角,理解为什么传统中国司法不发达。

上述分析并没有否定严格责任制的意图。尽管这个制度有种种弊端,但我们必须看到,这个制度针对的最主要也可能最重要的问题是,如何便利查处那些贪官污吏。只要清除了这些对国家权力危害最大的官员,不但可能增强政权的合法性,而且可以防止这些官员掠夺属于国家的资源,而对于国家来说,这可能就是最大的收益。也许为了获得严格责任制带来的这个收益,支付的代价就是严格责任制带来的其他一般的但数量巨大的官员的懈怠和懒惰,以及在当时根本看不见的制度费用——司法制度的不发达和没有法律职业。

但是,这不意味着我们今天还应当看不见。当然,这里还仅仅是一个原理上的分析,尽管逻辑上成立,验证却需要更多的经验材料。

小结

我相信,上述的分析已经从不同的角度和层面一再重申了本章的主题:清官司法的限度以及这种"司法"的人治模式的问题。我没有从道德的角度切入,而是从人们往往觉得没有多少问题的地方切入,因此更深刻地批判了,而不单是从道义上谴责了,传统中国社会"司法"上的清官模式。鉴于如今一些主要的社会变量已经变化,上面的分析也可以说是从理论上判决了传统"司法"制度的死刑,并且有助于清除可能仍然遗留在社会中(包括一些学者中)关于传统"司法"的某些迷思。

它解说了,为什么尽管中国传统社会中对错案官吏的制裁要比现代国家对犯类似错误之法官的制裁严厉得多,更强调个人的严格责任,却未能有效激励官员;因此也解说了,中国传统社会的"司法"制度为什么会陷入一个看起来很奇怪的循环。这一论证甚至对今天的某些制度改革也会有某些启发,可以预测这些改革的前景以及值得完善的地方。例如,目前在司法界采取的笼统的错案追究制,近年来对政府官员采取的一些"问责制",这些措施在不同程度上,实际都是试图重复中国古代对官吏的严格责任制。尽管可能在一段时间内有用,长期的效果则可能是负面的。

会同前两章,本章其实再一次强调了科学技术和社会劳动分工的作用。这些因素都不但会大大降低信息成本,促使审判以及其他行政事务的处置更加得当,而且它使仅具有一般素质和能力的人也都可能承担审判职能,而无需借助强调裁判者个人道德和智慧的"司法"人治模式,从而使整个社会的治理转向一个更多依靠科学技术、劳动专业分工,效率也因此大大提高的现代法治。在这样一个制度中,裁判者和决策者的个人责任大大减轻了,承担的社会期待和道德压力也弱化了,却不会导致官员的更多腐败或懈怠。即使官员们的道德水准没有提高,但由于各专业分工的支持和制约,由于信息费用降低带来的监督费用的降低,都会迫使官员的行为变得符合道德规范。在这个意义上,科学技术尽管不可能改变人们的道德信念,却可能通过一系列因素间接影响(但不是决定)一个社会中公职人员以他们的行动反映的道德水平。

2000 年 6 月 23 日初稿于堪布里奇

附录:《元曲选》中另外九出包公戏梗概

在《陈州粜米》中,地方官吏贪污腐败,小斗出,大秤进,以坏米作好米,并且草菅人命,打死了反对苛政腐败的普通百姓。包拯受命查办贪官污吏,微服私访,取得了证据,让受害人之子小撖古亲手打死了杀害其父亲的凶手,并用调包的方式以从朝廷请来的赦书赦免了小撖古。这个案件没有什么疑难之处,包拯没有展示出在审理案件上的智慧。

在《合同文字》中,伯母杨氏骗取了他乡归来的侄儿刘安住展示的有关家产分割的合同,拒绝承认刘安住是亲戚,试图侵吞本应当属于侄儿的那份家产。刘安住告到包拯那里。包拯谎称刘安住同杨氏打架受伤死了,杨氏理应抵罪;除非是杨氏有证据证明与死者是亲戚,不得豁免死罪。情急之下,杨氏为救自家性命,拿出侄儿的合同,真相大白。此案在有些方面似乎与《灰阑记》相似,但必须注意,包拯在此案中实际是用威胁和欺骗的手法获得了供词。考虑到当时的获取证据的社会和技术条件,我们可以原谅甚至支持这种做法,但问题在于这很难说是一种真正的"智慧"。事实上,许多官员完全可能用这类方法来诱使一些无辜者上当。

《神奴儿》中,婶子王腊梅贪图钱财,先是闹分家,分家后,又残忍地勒死了在自己家中玩耍的侄儿神奴儿。神奴儿鬼魂托梦给老院公,告知自己的冤情与死后的苦情。神奴儿之母和老院公到王腊梅家中寻找神奴儿,王腊梅不仅抵赖,反而诬陷神奴儿之母与奸夫谋杀亲子。神奴儿之母屈打成招。包拯复审此案,感到"其中必然暗昧着。老夫怎生下断。中间但得一个干证的来,可也好也",但束手无策。幸亏有"衙门中祗候人何正"作证,称曾目睹王腊梅之夫抱侄同行,又有神奴儿的鬼魂出庭申冤,才把事实真相弄清楚了,判决了这个案件,处死了王腊梅,神奴儿的冤魂得以超度。此剧中的包拯没有显示出任何高超才能,是一个典型的清廉但无能的官员的形象。

在《蝴蝶梦》中,豪门子弟葛彪打死王老汉,三个儿子为父复仇打死了葛彪。包拯审案时,三个儿子都称自己杀了葛彪,争着承担责任;其母也显示了孟母风范,为了救非亲生的老大和老二,情愿让自己的亲生儿子老三抵命;这令包拯深为感动。受梦中蝴蝶的启示,包拯判老三死刑,暗中却将偷马贼赵某处死,李代桃僵,救出了死囚老三,并封三位"孝子顺孙"在朝廷任职,同时表彰其母亲。这个故事不但意识形态过重,荒诞不经。而且如果不考虑案中各人的身份,包拯简直就是一个以政治替代法律、徇私枉法、草菅人命(处死偷马贼)的官吏。

在《鲁斋郎》中,包拯为了惩罚霸占民女的权豪势要鲁斋郎处死,先奏请"鱼齐即"死刑,得朝廷许可后,改动判刑者的名字,处死了"鲁斋郎"。这个例子虽然结果不错,但是包拯擅自改动公文是完全违法的。

《后庭花》头绪比较复杂,涉及到两件人命案件。廉访(官名)赵忠年老无子,皇上赐其王翠鸾为妾,因惧妻嫉妒,赵忠将王翠鸾及其母安顿在仆人李顺家中。赵忠妻还是差仆人王庆去杀王翠鸾及其母,但王庆与李顺之妻私通,有意让王翠鸾母女逃脱,同时杀死李顺,将尸体隐匿古井中,反诬陷李顺携翠鸾母女逃跑。王翠鸾途中与母亲失散,夜来投宿狮子店,因拒绝做店家之妻而被害身亡,尸体被店家隐匿另一古井中。王翠鸾冤魂后来夜遇并爱上书生刘天义,以《后庭花》词相唱和。翠鸾母寻女到此,夜来听到翠鸾语声,认定刘天义私藏了自己的女儿,到包拯处告状。与此同时,赵忠知王庆带走了翠鸾母女,也请包拯将王庆带到开封府审理。包拯准确但毫无理由地判断尸体在古井中,并借助着冤魂的提示,发现并处决了真凶。此剧反映了复杂的社会生活,但是就审理而言,剧中没有给出任何令人信服的理由或根据,为什么包拯一下子就会认定两个尸体分别在两口古井中,并且恰恰是包拯认定的古井中。

在《留鞋记》中,郭秀才与王月英一见钟情,相约相国寺月夜相会,郭秀才贪杯醉酒,王月英如约而来,悻悻而去,留下绣花鞋一只和香罗帕;郭醒来非常懊悔,吞咽罗帕自杀。王月英因绣鞋而成杀人疑犯,在包拯的刑讯威逼下,王月英如实招供。包拯差衙吏同王月英到相国寺查找罗帕,王月英从郭口中拽出罗帕,郭复活。两人同见包拯,结为美满姻缘。此中的包拯与一般的官吏没有什么区别,唯一可赞叹的是回相国寺查找罗帕,重视物证,但这也许是作者为了让王月英救活郭秀才的设计。

《盆儿鬼》讲的是汴梁人杨国用为避"百日内血光之灾",外出经商,途中投宿制作盆罐的赵家;赵家夫妇谋财害命,还将杨氏尸首放在窑内烧成灰,和着土烧制成瓦盆,并将瓦盆送给了开封府退役差人张憋古。杨的冤魂恳求张带自己去开封府告状。公堂上,盆儿鬼诉说了冤情,包拯以此作为证据将盆儿提来审讯,理清案件,依法将赵家夫妇处死,并奖赏了张憋古。在此剧中,既没有写包拯不徇私情,也没有体现包拯的足智多谋,他仅仅是作为维护社会秩序的官方权威的代表。

《生金阁》中,进京避灾的秀才郭成以传家宝"生金阁"为礼物,求见庞衙内举荐为官。庞衙内得了生金阁后,又企图霸占郭氏的美貌妻子,郭妻自毁面容以抗拒,庞衙内恼羞成怒,把同情郭妻的老嬷嬷丢入井中淹死,又铡死了郭成本人。郭成变为提头鬼到处追逐庞衙内。包拯得知此事,审理此案。重要的是要获得庞衙内巧取豪夺的生金阁以及庞衙内的供认。包拯设计请来庞衙内,假装愿意与庞衙内同流合污,"和衙内一家一计",终于诱使庞衙内有恃无恐,坦然承认了自己的罪行。包拯却随即变脸,将庞衙内押赴市曹斩首示众。

第三编　法律"文化"

第六章　德主刑辅的政法制度

> 为政以德，譬如北辰居其所而众星共之。[1]

鉴于科学技术落后、专业分工和专业知识的缺乏，信息费用高昂，传统中国"司法"制度有种种弊端，不仅审判案件容易出错，而且很难监督和考察官吏。在这种条件下，为了保证有效且廉价的社会治理，防止官吏贪污腐败，滥用权力，就必须调动其他控制手段，因此，作为一种制度的意识形态教化就变得格外重要起来了。从这一社会功能的角度看，儒家的"三纲五常"之类的说教就不仅仅是一种"文化"，而是传统中国的政治社会治理制度的重要组成部分；不仅是个人安身立命的基础，更是"为万世开太平"的必须。

意识形态教化并不仅仅是庙堂之内的儒家知识分子的主动承当，社会流行观念事实上也难免意识形态的浸染，包括大众文学在内的各类文学艺术在一定程度上也都履行了这样的功能。本书第一章就提到先秦时期伴随着复仇制度的兴衰而出现的复仇意识形态的兴衰，尽管未予展开。

---

[1]《论语·为政》。

类似的"文以载道"的现象也一直在之后的中国,甚至今天的中国延续。在这个意义上,由于具有社会控制的作用,文学因此可以说也是一种"法律"。而这就是在当代美国的法律与文学运动中的一个盲点——作为法律的文学(literature as law)。

本编把这种现象放进传统中国社会的生产力发展水平以及相应的社会政治组织结构中来考察,考察文学对于社会的意识形态功能,试图提出一种解说。我的基本命题是,在一个传统大国中,由于国家通过法律对社会进行政治治理的能力不足,或者信息和监督费用过高,因此不得不诉诸道德意识形态,并往往借助于文学艺术的表现形式来加强社会控制。本章将从总体上考察中国传统戏剧的意识形态功用,以及在更一般的意义上,文学与法律共同构成的中国传统社会的社会控制基本格局,考察这一格局对一些故事之文学表达的影响。戏剧家有关的评论以及围绕诸如赵氏孤儿、窦娥冤故事和观点的历史演变则提供了分析的素材。下一章则从一个具体方面考察中国传统戏剧,特别是其叙事方式和艺术表演方式对于中国传统社会普通人的正义观形成可能具有的影响。

必须定义一下"意识形态"。有关意识形态的分析讨论数量巨大。[2]我采用的是《布莱克维尔政治学百科全书》中的界定,即"意识形态是具有符号意义的信仰观点的表达形式,它以表现、解释和评价现实世界的方法来形成、动员、指导、组织和证明一定的行为模式和方式,并否定其他一些行为模式和方式。"[3]当这样界定和使用意识形态时,我关注的并不是意识形态表达本身的对错或真假,而是意识形态的功能;因为"在意识形态中,人们真想表达的并非他们与自己生存条件之间的关系,而是他们实现这种关系的方式。这预先就同时假定了一种真的关系和一种'虚构的'、陈旧的关系。"[4]制度经济学家诺斯也是从功能角度理解

---

[2] 一般的讨论,可参看,大卫·麦克里兰:《意识形态》,2 版,孔兆政、蒋龙翔译,吉林人民出版社,2005 年。

[3] 戴维·米勒,韦农·波格丹诺[主编]:《布莱克维尔政治学百科全书》,邓正来等译,中国政法大学出版社,1992 年,页 345。

[4] Louis Althusser, *For Marx*, trans. by Ben Brewster, Allen Lane, 1969, p. 233.

意识形态的,并突出强调了意识形态的三个特点。首先,意识形态是一种俭省的方法,个人用它来与外界协调,并靠它提供一种"世界观",使决策过程得以简化;其次,意识形态与个人理解的关于世界公平的道德伦理判断不可分割地交织在一起;第三,当个人的经验与他们的意识形态不一致时,他们会改变自己的思想观念,但是经验与意识形态之间的矛盾必须先累积,然后才由个人来改变其意识形态。[5]

道德的世界

只要读一读元杂剧,就可以感到其中充满着道德意味。我在上一章已经提到,"清官戏"习惯于把官员的能力问题转化为官员的个人道德品质问题。不仅如此,即使在一般的戏剧中,我们今天看来非常陈腐的道德说教比比皆是,例如郑廷玉的《疏者下船》、秦简夫的《赵礼让肥》"都是赤裸裸的封建说教的作品";[6]在公案剧中,道德信条甚至被直接用来决定审判结果。

例如,在《包待制三勘蝴蝶梦》[7]中,弟兄三人为父报仇打死了出身权豪势要之家的葛彪;包拯审理此案,要从中发现为首打死人的抵命。弟兄三人争着承担打死葛彪的责任;而老母亲为了救老大、老二这两个非亲生儿子,情愿让自己的亲生儿子老三抵命。这令包拯大为感动,认为"为母者大贤,为子者至孝"、"三从四德可褒封,贞烈贤达宜请封俸",认为自己应"扶立当今圣明主,欲播清风千万古"(页640)。于是,包拯命令下人把一名偷马贼赵顽驴吊死,李代桃僵,冒名顶替,用赵顽驴的尸体救了老三的命。不仅如此,包拯最后还宣判:

---

[5] 道格拉斯·C·诺斯:《经济史上的结构和变革》,厉以平译,商务印书馆,1992年,页50。
[6] 游国恩,等[主编]:《中国文学史》,卷3,人民文学出版社,1964年,页174。
[7] [明]臧晋叔[编]:《元曲选》,卷2,中华书局,1958年,页632以下。

>你本是龙袖娇民(即京城百姓。——引者注),堪可为报国贤臣:
>大儿去随朝勾当(即做官。——引者注),第二的冠带荣身,
>[老三]做中牟县令,母亲封贤德夫人。
>国家重义夫节妇,更爱那孝子顺孙,
>今日的加官赐赏,一家门望阙霑恩。(页646)

我并不把这个戏剧故事当真,我不相信有哪个社会的官员任命只看"道德",不考虑能力。但如果仅仅就戏剧而言,至少是该剧作者认为,并在某种程度上也许隐含了当时的社会观念,即,尽管个人行为违法,但只要大原则符合传统社会的道德"贤"和"孝",不仅不应当受到法律惩罚,而且应当得到褒奖甚至应当当官;而只要人品上有道德缺失(如盗马贼赵顽驴),违法者就死有余辜。这实际是在肯定传统道德在当时社会中至高无上的地位,强调法律对于传统道德的服从;但也不只是空头的道德说教,它还把遵循传统道德同世俗功名利禄联系起来了。考虑到戏剧的主要观众,这难道不也是对民众的一种道德的宣传教育?同时,不也是一种"普法"教育吗——就如同我们今天组织党员干部观看《孔繁森》、《焦裕禄》或《生死抉择》一样?

类似的判决在元杂剧中并非偶尔出现。在无名氏的杂剧《包待制智赚合同文字》[8]中,最后包拯的判词是:

>圣天子抚世安民,尤加意孝子顺孙。
>张秉彝本处县令,妻并增贤德夫人。
>李社长赏银百两,着女夫择日成婚。
>刘安住力行孝道,赐进士冠带荣身。
>将父母祖茔安葬,立碑碣显要幽魂。
>刘天祥朦胧有罪,念年老仍做耆民。

---

[8] 《元曲选》卷2,同上注,页421以下。

启杨氏本当重遣,姑准赎铜罚千斤。
其赘婿元非瓜葛,限即时逐出刘门。
更揭榜通行晓谕,明示的王法无亲。(页435)

我们暂且不管故事中的是是非非,仅仅从这一剧作者代拟的"判决书"中,我们就不仅可以看到作者浓重的道德意识,也感受到剧作中弥漫的道德说教。

甚至大受近、现代中国学者赞赏、被认为反映了劳动人民之疾苦和反抗的《感天动地窦娥冤》,[9]只要稍微跳开近代以来的流行视角,读一读剧本,你也完全可以有另一种"感天动地"的感受。剧中不仅塑造了像张驴儿这样的恶人,桃杌这样的"滥官",更重要的是把窦娥塑造成了一个在苦难中成长起来的民间的道德典范,集中反映了传统社会"三从四德"的道德。

不仅为避免婆婆受刑讯,窦娥宁可牺牲自己的性命和名誉;而且当窦娥同父亲相见时,尽管窦天章当年为了功名把年仅七岁的窦娥卖给了蔡家,由此才引发了后来窦娥的一系列悲剧,但是窦娥对此居然没有一声责难,一声怨言(在通常的情况下,责备往往是感情的流露,俗话说"打是亲,骂是爱")。这种"孝"道,令今天的人很难理解。尤其是在全剧结尾,窦娥告别父亲时有三个叮嘱,从中更可以感受到那种正统意识形态的宣传。窦娥首先告诫父亲要"从今后把金牌势剑从头摆,将滥官污吏都杀坏,与天子分忧,万民除害"(这反映了窦娥的"忠");其次是叮嘱窦天章"俺婆婆年纪高大,无人侍养,你可收恤家中,替你孩儿尽养生送死之礼,我便九泉之下,可也瞑目"(这反映出她的非同寻常的"孝");最后,才是"再将那文卷舒开,爹爹,也把我窦娥名下屈死的于伏罪名儿改"(页1517)。这哪里是一个没有受过教育的普通民间女子,简直是一个传统道德的化身,一位身体力行的意识形态专家!

当然,窦娥对蔡婆婆并非百依百顺,如果蔡婆婆违反了传统的道德教

---

[9]《元曲选》,卷4,同上注,页1499以下。

训。在剧中,当孤寡多年的蔡婆婆有心招张驴儿之父入室时,窦娥一再谴责她"可悲,可耻";称"妇人家直恁的无仁义,多淫奔,少志气"(页1505)。注意,这里的"妇人家"是泛指,而不是特指;因此窦娥是在重复"唯女子与小人为难养也"的儒家古训。[10]这足以令现代的女权主义者愤怒。

事实上,尽管现代文学研究者总是倾向于拔高窦娥的形象,但据戏剧家考证,《古今名家杂剧》中收录的关汉卿的《窦娥冤》原本中的概括是:"题目,后嫁婆婆忒心偏,守志烈女意自坚。正名,汤风冒雪没头鬼,感天动地窦娥冤。"而现有的题目是《元曲选》编撰者臧晋叔修改的。[11]因此,关汉卿本人的意图就是要塑造窦娥作为"守志烈女"的形象,而未必是要抨击传统社会的"司法"制度或皇权。

对于这种现象,最简单的解释就是,在传统中国社会中,儒家思想传统占据了统治地位。但是仅仅从中国文化的传统,特别是儒家文化传统

---

[10] 当然,对窦娥的这些道德说教也许不应当那么当真,也可以有另一种解释,即窦娥并不真的这样相信,她这样说是一种自我防卫的策略必要。如同不少学者指出的窦娥"贞节并不是人物行为的真正动力,只不过是自卫的手段"。(周晓痴:"人物的情感轨迹与作家的审美评价",《元曲通融》(下),山西古籍出版社,1999年,页1581;又请看,张一木:"莫使窦娥再蒙冤",《元曲通融》(下),同上,页1593;周月亮:"对吴小如先生评《窦娥冤》的几点意见",《元曲通融》(下),同上,页1599;以及黄克:《关汉卿戏剧人物论》,人民文学出版社,1984年,页50—74)。同时,这些道德说教也是窦娥保证自己抵抗压迫的同盟不被瓦解的一种策略。因为一旦蔡婆婆同意招张驴儿之父为婿,那么窦娥就没有外围防线了,其处境就极为危险。而鉴于"三从四德"的约束,窦娥又不能直言相告。正是在这种情况下,窦娥为了自己的安全必须摆脱百依百顺的形象,为了自己的利益,依赖传统社会的正统道德忠告,提升自己的正当性,挑战婆婆的权威。这种解释当然可以成立,甚至更能反映出窦娥的复杂性。但是,即使接受这种说法,其前提必须是窦娥选择的"从一而终"说法在当时的道德上具有优先性和不可质疑性。正是这种优先性,或者——如果剧情反映了当时的现实——使窦娥即使作为晚辈也可以对传统社会的长幼秩序提出有限然而直接的挑战,或者是——如果这仅仅是关汉卿的创造——在戏剧作者看来这种正当性使窦娥可以对这种秩序挑战。而无论是哪一种情况(或者两者情况均有),我们看到的都是传统社会中道德礼教的力量。因此,本文的论点仍然可以成立。

[11] 邵曾祺:"关汉卿作品考",《元曲通融》(下),同上注,页1277。

来解释,缺乏充分的说服力。不错,以孔子为代表的儒家一直强调德治、礼治,强调忠孝,强调官员爱民、施仁政、"民贵君轻",强调"人存政举,人去政亡"。同时,不可否认,这种文化传统确实为当时的人们提供了一个便利的理解社会问题的进路,为将这些问题进行概括、分类提供了基本的框架,并进而影响了他们可能提出的解决问题的办法。

但是,无论解释者对于传统中国文化持什么态度(批评还是赞赏),这种解释都难以令人信服。这种解释假定的是,文化传统的形成仅仅是一个学说创始人的个人选择问题;这几乎等于说,孔子从一开始犯了一个很大的错误,此后中国人就一直跟着犯这个错误;或者是,"天不生仲尼,万古长如夜";至于你接受哪种说法,则取决于你个人对这一传统的好恶。

我不否定文化传统的重要性,我也相信制度和文化的路径依赖。但是第一我不相信文化传统的创立完全是偶然的,第二我不相信文化传统一旦形成后就是固定的,恒久不变的,是脱离现实生活中的人的行为,没有任何社会功能的。文化传统的确会塑造人,但每一代人都不会仅仅因为某种做法是传统就予以固守。人们总是会在现实生活中获得新的信息,根据新的情况改变自己的行为、表述,从而改变着文化传统。因为绝大多数人——如果还不是所有的人的话——在我看来都是一种常识意义上的实用主义者,他们更看重的是各种利益,在一系列制约条件下,他们总是"争名于朝,争利于市"。而且,就算是文化传统的说法成立,它最多也只能回答传统社会中知识分子"文以载道"的主张(即所谓的大传统),却无法回答为什么戏剧这种更为民间的娱乐(我会在后面分析这一点)同样充斥着这种道德说教(即所谓的小传统)。

还应当注意,尽管上面提及的元杂剧渗透的都是传统社会中占正统地位的所谓"儒家"的道德,但并不是所有渗透在戏剧中的都是儒家的思想。只要仔细阅读,就会发现在许多戏剧中,渗透的是一些与儒家正统无关的思想。例如《崔府君断冤家债主》一剧[12]讲的是一位妇女贪财不

---

[12] 《崔府君断冤家债主》,《元曲选》,卷3,同前注7,页1130—1145。

义,将他人(五台山僧人)寄存的十锭银子吞没,虽然得计于一时,多年后不仅她自己而且两个儿子却都无缘无故地死了;直到全剧最后,才得到高人指点,这是贪图他人财物的报应。特别要指出的是,在此剧中受报应的两个儿子完全是无辜的——当年他们的母亲贪财时,他们尚未出生,更谈不上知情和参与。因此这个戏剧更多宣扬的是佛教的,甚或是民间的,因果报应特别是子孙报应的思想。[13]又比如,元杂剧《相国寺公孙汗衫记》宣扬了民间朴素的恶有恶报、善有善报的思想,被学者认为是一部"劝善剧"或"疾恶扬善的道德劝化剧"。[14]这些杂剧,从社会功能上看,从对受众之观念和行为的可能影响来看,它宣传的不过是不要贪财、要守信用、要知恩图报这样一些基本的社会行为准则。还有前面提到的《蝴蝶梦》中偷马贼赵顽驴被处死,《赵氏孤儿》中表达的复仇,以及许多公案剧中对滥官污吏的谴责、对清官能吏的赞美,尽管都与儒家道德相兼容,却未必仅仅属于儒家。[15]正如有学者指出的,道教和佛教思想对元杂剧创作也有着直接的影响。[16]

虽不能说是为儒家思想垄断,但有一点却可以肯定,即元杂剧中,戏剧的故事和人物组合展现了一个高度道德化的世界,强化了一个或一系列道德的主题。

还必须重提前一章指出的现象,即在许多公案剧中,例如《窦娥冤》,裁判者因各种社会条件或自身能力的局限而导致的审判错误,往往会被转化为一种对裁判者个人道德的评价;似乎案件是否能公正、妥当处理,基本是甚或完全是一个道德的问题。即使有些剧作者事实上已经展现甚或察觉了某些冤错案件与裁判者的个人道德无关,却还是从道德的角度

---

[13] 关于"报应"作为一种民间的惩罚概念,请看,Richard A. Posner, *Economics of Justice*, Harvard University Press, 1980,特别是第 8 章。
[14] 邓绍基:《元代文学史》,人民文学出版社,1991 年,页 220;张大新:"农家善恶义利观的素朴显现——张国宾杂剧的文化意蕴",《平顶山师专学报》,1999 年 1 期,页 18。
[15] 我们必须慎重,不能从戏剧中表现的道德在儒家教义中都有这种或那种的表述这一点就结论认为,儒家的道德意识形态支配了传统戏剧。这种貌似成立的推论是唯心主义的,并且夸大了政治意识形态对于文学的影响。
[16] 游国恩,等[主编]:《中国文学史》同前注 6,页 175。

切入,宣扬传统社会的正统道德。因此,我们必须问,在中国传统社会中,为什么官吏的"能力"问题会长期被视为"道德"问题?它是如何转换的?

我们当然可以从传统社会主流话语的角度来解释(interprete)这一问题:主流道德话语提供了理解和讨论这类问题的基本概念、语式、命题和理论框架,因此具有节省费用的功能,并且容易获得正当性,便于进入社会等等。但是,这都是限于观念、思想范围内的解释,而不是解说(explain),它无法说明为什么这种现象长期存在,更无法解说这种现象是如何发生的。由于仅仅从观念层面来解释思想和行为,这种解释实际上放弃了对这种现象在社会中的功能和效用的考察。我们必须寻求新的切入视角。

意识形态作为治理制度

在前面的一些章节中,我始终强调,在传统社会中,由于社会生产力水平很低,科学技术不发达,因此人们交往的信息费用很高,统治者即使有愿望也很难对社会基层有很深入的了解,进而难以获得为治理所必需的关于治理对象的知识;加之生产水平低,可供公权力调动支配的各种资源数量都很有限,公权力哪怕是拼命压榨也很难获取足够的资源来支撑一个有效的深入的行政、"司法"制度,甚至"压榨"本身就会耗费资源、需要信息并且会边际效益递减。因此,从总体来看,传统中国社会,相对于现代社会,国家的力量实际上一直比较软弱。

元杂剧中就屡屡透露了这种公权力资源不足的情况。例如,在许多元杂剧中,都出现了地方官吏通过索取"诉讼费"来维系地方财政,养活自身的现象,即《窦娥冤》中楚州太守桃杌所说的,"但来告状的,就是我衣食父母"。[17]而历史记载,至少在元代初年,军官和州县官吏都没有俸

---

[17] 《元曲选》,卷4,同前注7,页1507;类似的说法还有《张孔目智断魔合罗》中河南府县令称:"你不知道,但来告的,都是衣食父母"(页1375)。又如,《都孔目风雨还牢末》中东平府尹尹亨"做官都说要清名,偏我要钱不要清;纵有清名没钱使,依旧做官做不成"(页1608)。

禄,[18]因此,州县这一级的官吏在很大程度上必须依赖收取原被告的诉讼费来维持生活。

由于没有财力,历代地方政府就不大可能维系一个比较庞大的廉洁、公道且有效率的官员和胥吏队伍,更不可能对地方实行有效的治理。[19]结果不仅是农村或边远地区"天高皇帝远",而且从元杂剧中看,即使在城市地区,官吏的统治也比较孱弱。证据之一是,在元杂剧中,即使在城市,即使是人命案件,即使明显有谋杀的嫌疑,也常常会出现争议双方关于"官休还是私休"的说法,以及相关人对"私休"的认真考虑。[20]这种在谋杀案件上私人的"裁量权"在任何一个现代社会都不可能存在,即使在还处于发展中国家行列的当代中国,至少在城市地区也已基本不可能,在一般的农村可能性也不大。因此,我们可以据此推定,官休私休的议价之所以在反映市民生活的元杂剧中频频出现,不可能仅仅是剧作者的一厢情愿或虚构,而必定是私休确有很大可能。

类似的证明政府治理无力的证据或范例在元杂剧中也并非这一两件,相反,可以说比比皆是。仍然以并且仅仅以《窦娥冤》为例。首先是,大白天里,债权人蔡婆婆讨债却几乎被债务人赛卢医勒死;紧接着,张驴儿父子又公然威胁要霸占窦娥婆媳,同样以勒死蔡婆婆做要挟(页 1500—1501);接着张驴儿父子强行住进窦娥家中,一住就是几个月;尽管窦娥强烈不愿意,却无法诉诸官府把张驴儿父子赶走。这些状况,官府通常是不

---

[18] 朱东润:"元杂剧及其时代",《名家解读元曲》,山东人民出版社,1999 年,页 34。
[19] 参看,瞿同祖:《清代地方政府》,范忠信、晏锋译,法律出版社,2003 年。
[20] 例如《窦娥冤》中张驴儿就对窦娥说:"你药杀了俺的老子,你要官休还是私休"(页 1507);在《灰阑记》中谋杀者马氏正妻也对张海棠说:"小贱人,这里是开封府门首了。你若经官发落。这绷扒吊拷,要桩桩儿捱过,不如认了私休"(页 1116);在《魔合罗》中杀人者李文道对叔伯嫂子刘玉娘说:"俺哥哥已死了,你可要官休私休?"(页 1375);《神奴儿》中也有这样的细节(页 567)。尽管在这四出戏中,首先提出官休私休的都是罪犯(我是否应当称其为"犯罪嫌疑人",以保持政治正确?),但是即使受害人例如窦娥和刘玉娘都曾考虑过私休的可能性,仅仅因为私休对自己太不利,才拒绝了。

可能允许的,[21]因为这种状况不仅会间接威胁皇权存在的合法性,而且这种民间的、赤裸裸的弱肉强食本身就是对国家权力的挑战。在一个现代社会,这些状况是不可思议的。因此,《窦娥冤》等元杂剧中出现的这类情况,如果不是关汉卿等作者为了追求戏剧效果的胡编乱造(在我看来,不可能是),那么就只能表明当时国家的正式行政、"司法"制度——即使不考虑贪官污吏的因素——很难保证人民的基本自由、财产和安全。

提到行政、"司法"制度,自然必须注意到官吏,因为——至少到目前为止——治理总是得通过官吏来实现。因此,任何有效的治理也从来都必定涉及如何监督管理官吏的问题。这倒不是说统治者仁慈,也不是说他想用"法治"来约束公权力,而是说,对于最高统治者——无论他是暴君还是哲学王——来说,这都是一个非常现实的、必须解决的问题,即他不能也不会听任官吏利用公职的权威谋求自身的利益。这种"以权谋私"会造成最高统治者的各种资源的流失,不仅是物质性资源(财富),而且还有符号性资源(合法性),最终会天下大乱,甚至导致政权丧失乃至个人和家庭成员的生命丧失。因此,只要有可能,无论什么政府都会尽可能强化对官吏的监督管理,不会听任官吏盘剥百姓,草菅人命。

但是,仅仅有愿望是没有用的。在传统社会中,由于科学技术的限制,生产力水平低,老百姓手中的财富很少,国家不可能无中生有,从石头里榨出油来。其次,即使某些老百姓手中有财富,也存在一个问题:如何区别对待,使得有钱者多出钱、实现一种类似现代国家的累进所得税的制度,这需要大量的信息收集、处理,并要有一个强有力的执法队伍。而在一个传统社会中,在中国这样一个大国,在科学技术、信息、交通都非常不发达的条件下,仅仅凭人力几乎无法有效汇集和处理这些信息。最多只能采取按人头、按户和/或按土地数量的赋税(包括各种劳役)制度,后来货币经济发展了,才有了可能采取"一条鞭"法,将所有国家征收的徭役赋税量化,简化了税收。从这一角度看,现代的许多税收制度,特别是累

---

[21] 在元杂剧特别是公案戏中,一个重要的主题就是代表皇权的官吏如何运用自己的才能和权力,冲破重重阻挠,打击、制裁有权有势的官员和衙内,保护普通百姓。

进所得税制度,以及相伴随的经常变动的税率和税种,只有在一个信息费用和交易费用都大大降低的社会中才可能建立。而如果仅仅为了征收税赋就建立一个庞大的税收执法队伍,本身就会耗费很多财富,同时还需要很高的监督成本,否则的话,这支队伍不无可能将征收来的、本属于国家的财富侵吞了,或者是将国家赋予这支队伍的权力挪作私用。这种情况对于统治者来说更是得不偿失,还不如藏富于民,建立一个"小政府"。

因此,在传统社会条件下,中央政府几乎是注定不可能有足够的财富建立一个有效的行政、"司法"制度。而且,由于财富和信息的问题,中央政府甚至也不可能设立广泛、细致且有效的监察机制来监督官吏,这就留下了官吏贪污腐败或至少渎职的可能性,使得本来就有欠缺的制度更加难以有效运作。

统治者由此面临着一个治理社会或社会控制上的巨大难题:如何有效调度一切资源来维护这个政权,不仅要"牧民",而且要治吏。正是从这一角度切入,针对这样一个基本的问题,我们看到传统社会中的道德伦理意识形态话语实践实际上是另一种制度,一种法律,并且是传统社会行政、"司法"官僚体制中的一个不可缺少的制度,一个在功能上互补的制度。从这个层面上看,传统社会中的道德话语至少针对了两方面。一方面是针对普通百姓,例如"三纲五常",规定了人们行为思想的基本准则,起到了最基本的社会规范作用,其作用就是今天的宪法;而一般的讲信用、守本分、不贪财的民间规范也有规制思想行为的作用,同样规范了人们之间的各种交往和交易关系。加之传统社会中关系紧密的社会组织结构所构成了小群体内权力关系、社区压力和制裁,迫使人们自我规范,消除冲突,或是将大量日常的冲突和纠纷都化解在社会层面,从而保证了社会和平与基本秩序。只有在这个初步格式化了的基础上,从统治者的角度看,他们才有可能比较从容地调度和运用其余的有限物资和人力资源,更有针对性地,也更有效地处理那些意识形态以及农业社会组织结构本身无力化解的较大社会冲突。而从一般民众来看,他们才有可能生活在一个相对有序的社会中,进而有效地且有意义地组织安排自己的日常生活。

这种道德话语的另一面则是针对官吏,例如"忠"、"德治"、"仁政"、"爱民"、"民贵君轻"、"载舟覆舟"等。其作用就是通过这种意识形态来规制官吏的行为,尽可能将这些意识形态内化成官员的一种自我约束,同时也还造成一种舆论的压力,防止官吏利用权力谋求私利,具有一定的约束和整合功能。它强调官员个人道德品质对于治理的重要性,要求官员勤政爱民,廉洁奉公,关心民间疾苦,努力运用自己的智力、才能和勤奋来弥补由于财政资源、技术资源和人才资源不足带来的治理上的一系列问题,充分鼓励并迫使官吏运用最大的主观能动性,即所谓"尽忠",来实现有效治理。

因此,传统社会的道德话语并非今天大学哲学系讨论的那种作为一个学科的"道德",也不仅仅关涉官员和知识分子(候任官员)个人的道德修养;就其功能来分类,它其实是一种政治学,一种治理学,一种法学,是当时社会占主导地位的统治阶级的意识形态,并且是制度化的政治的意识形态。它实际是治理国家的最主要的方法和技术之一。在这个意义上,在传统社会中,所谓的"德治"就是当时的政治,就是当时的法治。

"不关风化体,纵好也枉然"[22]

意识形态是传统社会(甚至是任何社会)治理制度的一部分,但是意识形态并不具有物性,无法独立存在。作为一种话语的实践和实践的话语,它必须在社会中流转起来,才能体现出来;它必须借助于各种载体,同时依赖各种由于社会结构形成的基本的权力关系,才能发挥作用。而且意识形态还不仅仅限于官方的体系。作为占主导地位的观念文化,一个社会的主流意识形态总是会如同水银泻地,无孔不入,寄居或附着于一切它可能渗入的地方。文学艺术显然也是这种意识形态得

---

[22] 高明:《琵琶记》,黄仕忠[导读],黄山书社,2001年,页1。

以寄身、得以传播的一种重要形式。正是且也只有在这个大的制度框架中,我们才可能理解文学艺术特别是戏剧在这个道德话语机制和实践中的作用。

事实上,这一点,在传统中国,一直为知识分子所理解,并自觉实践。孔子追求的文艺最高标准就是"尽善尽美"。后代学人,包括诸多元代学人也清醒地意识到这一点,大力提倡包括戏剧在内的各种文艺形式的意识形态功能。例如,元代诗人、学者杨维桢在《朱明优戏序》和《沈氏今乐府序》中就特别强调戏剧的"讽谏"功能和"劝惩"功能,[23]另一位元人夏庭芝也认为,在君臣、母子、兄弟、朋友关系上,杂剧"皆可以厚人伦、美风化"。[24]

当然,有人提倡并不等于戏剧必定在社会中可能具有和实际履行了这种功能。因此,有必要指出戏剧的特点,以及与这种特点相伴随的接受和传递传统意识形态的可能性、现实性和有效性。

戏剧是文学艺术的一种,但是戏剧与此前的诗歌散文等艺术形式相比有其特殊性,甚至与后代出现的小说相比也有其特殊性。最早的诗歌散文大约不是为了传播,而主要是"诗言志"、"歌咏言",因此具有很大的私人性,没有太多的"外在性"。即使有,由于诗歌、散文对受众有特定的格式化的要求,即要求读者能识字,必须是"知识分子",以及对媒介(纸、笔)的要求以及古代技术水平对复制的限制,因此其受众相当有限。而且,受众必须通过阅读这种行动才能接受文本中传达的思想。即使后来出现了小说,其生产已经更多为了受众的消费,却也会受到类似的技术条件的限制。

而戏剧与上述文学形式不同,戏剧主要是通过演出产生效果的,是一种综合的艺术。它对受众的文字水平要求相对较低,由此可以推定戏剧的观众起码可以是,尽管不必定是,目不识丁的普通人。并且,至少在戏剧产生初期,其主要受众也确实主要是当时中国社会城市的普通市民。

---

[23] 叶长海:《中国戏剧学史稿》,上海文艺出版社,1986年,页55。
[24] 谭帆、陆炜:《中国古代戏剧理论史》,中国社会科学出版社,1993年,页301。

这不是说受众不能是野老村夫,也不是说那时没有"文艺下乡"或"文艺为工农兵服务"的政策,而是说,戏剧的产生必定需要社会劳动分工(艺术生产),需要相对集中的(否则就需要便利的信息交流和交通,以便汇集消费者)且有支付能力的消费者。事实上,一些研究也证明了这一点。[25]

由于戏剧(以及话本)要比传统的精英文化更"民间",是"俗文学"、"市民文学"或"大众文化",是为了他人的消费(而不是出于个人或少数人的消遣或抒情),因此,可以预期,传统戏剧受社会主流和正统意识形态的制约也一定更大,而未必如同如今的一些学者[26]认为或信奉的那样,受传统社会的意识形态制约更少,甚或认为其"反封建"。因为,即使是为了吸引更多的观众,以保证戏剧的生存,戏剧就不可能是精英的,而是势必要适合、迎合但同时也塑造观众已经形成的最一般的艺术、道德、政治的口味;而在任何时候,真正的大众文学的底线就是"不冒犯他人"。[27]因此,可以想见,市民大众的审美趣味、欣赏水平和道德评价一定要并且会对杂剧家的创作和戏剧的演出产生一定的影响。[28]

因此,在各类作品中,作者本人的主观意图和偏好往往不是决定作品

---

[25] 请看,廖奔:"冲州撞府:从瓦舍勾栏到庙会戏台——元杂剧活动方式考察",《元曲通融》(上),同前注10,页912以下。

[26] 作为中国俗文学学派的主要代表人物,郑振铎虽然赞扬俗文学,指出了俗文学的有进步性质,但他明确指出,俗文学要比正统文学更多反映了民众的保守性。郑振铎:《中国俗文学史》,商务印书馆,1998年(原版1938年)。但是如今却有一些学者,也许是为了使自己的专业领域获得合法性,往往比较多地强调甚至夸张包括元杂剧在内的俗文学的"反封建"特点或"叛逆"精神。例如,郑传寅:《中国戏曲文化概论》(修订版),武汉大学出版社,1998年,页328;谢桃坊:《中国市民文学史》,四川人民出版社,1997年;马积高:"清代雅俗两种文化的对立、渗透和戏曲中花雅两部的盛衰",《西北师范大学学报》(社会科学版),1994年3期;金丹元:"试论元曲中的民间因素对传统儒家伦理的冲击",《云南大学学报》(社会科学版),2004年5期,页81。

[27] 参见,朱光荣:"论元杂剧繁荣的原因",《元曲通融》(上),同前注10,页383。又请参看对当代通俗文化的分析,王朔:"我看大众文化、港台文化及其他",《无知者无畏》,春风文艺出版社,2000年。

[28] 钟涛:《元杂剧艺术生产论》,北京广播学院出版社,2003年,页146—151。

是否"反封建"的决定性因素。不错,文学作品往往是通过个人或首先通过个人创作,然后才形成了文字,但这并不意味着作品主要反映的是作者个人的思想。先前确有许多这类的研究,但这些研究往往是从单个作品出发,从作者的生平事迹出发,考察俗文学和雅文学之作品的意义,并且往往大量采用枚举法。这种论证方式没有说服力。因为,这里有个社会科学研究上的分析单位问题。由于数量的关系,我们不可能枚举一个个单个事例来回答一个有关俗雅文学的总体性问题。一般说来,我们只能假定,无论是雅文学还是俗文学,其中都有些作者是反传统、"反封建"的。但如果要在一般意义上比较雅文学与俗文学,只能用两种方法,或者是统计分析的经验方法,对所有的雅俗文学进行一个统计分析。这种方法显然无法运用。剩下的就只能是理论的分析和论证,并且必须从文学作品发生作用的社会环境和制度环境的角度考察。在这个意义上,"作者死了"的命题是正确的。

正是从这一视角的分析,我认为,由于文学作品发挥影响的社会因素,就总体而言,俗文学诸如戏剧(而不只是剧本)的作者一般要比雅文学诸如诗歌、散文甚至非话本小说的作者更少表达的自由,尽管在传统社会中前者要比后者更多"人在江湖",而不是在庙堂之内。这就意味着一个悖论,精英创作的阅读性的文艺作品一般说来反倒可能具有更多的个人性,更多反映了个人的特殊经验和感受,也更有可能突破正统意识形态;而民间创作的主要供大众消费的文艺作品一般说来会更多受制于正统意识形态。

有大量证据表明,在相当程度上,元杂剧是作者和观众共同创作的,是作者、他的文化环境以及时代语言习俗和舞台技巧各方面协调的结果。[29] 这不仅表现为,诸如《窦娥冤》、《赵氏孤儿》、《灰阑记》这些"创作的戏剧"本身就是作者对历史作品或素材的借鉴和改编,而且还表现在其他方面。例如,明代就有不少戏剧艺术家怀疑:许多元杂剧的说白部分不出自原作者之手,而是演员依据人物的角色程式以及故事的发展临时创作的;后代

---

[29] 奚如谷:"臧懋循改写《窦娥冤》研究",《文学评论》,1992年2期。

也有部分学者持这种看法。[30],如今流传下来的元杂剧大量为无名氏所作。[31]无名的原因自然很多,但至少有相当部分是由于作品经历了多人长期创作、改编、演出、记录,乃至忘记了原作者,或是原作者在这一过程中变得无关了。还有一些研究表明许多剧本都经过了不同时代的作者、编者的改变。[32]在这一过程中,也肯定还有许多作品是在作者、演员和观众的公共选择中被淘汰了。在这个意义上,作为一个总体,今天保留下来的元杂剧基本可以视为在一个比较长的时期内经由诸多作者、演员和观众互动产生的包括了当时社会的世俗艺术、社会观念和社会正统意识形态的"社会契约",一种以戏剧形式凝固下来的一个长期的世俗社会的共识。

强化这一论证的还有另外一点:戏剧与其他供阅读的文学艺术作品相比,艺术效果发生的场域不同。诗歌、散文乃至小说一般是要阅读的,阅读(除了朗读外)一般说来最大也只是对许多时间上断裂的、空间上分散的个体产生影响,并且一般是在家庭这样的私人空间中。但是,哪怕是一个草台班子的演出,这种演出也会构成一个临时的"公共空间",会在同一时间内对很多人产生影响。戏剧的这种特点使得统治者势必对戏剧有更多的关注和规制。事实上,元代的一些法律就明显对戏剧的内容以及因戏剧引出的"聚众"作出了限制。[33]这就意味着,戏剧创作和演出所受的政治性压力一般要大于诗歌散文创作和阅读所

---

[30] 参看,顾学颉:《元明杂剧》,上海文艺出版社,1979年,页23—25;人民文学出版社编辑部[编]:《元明清戏曲研究论文集》,人民文学出版社,1958年,页53—54;徐树恒:"关于元人杂剧的宾白",《中国古代戏曲论集》,中国展望出版社,1986年,页137—38。相反观点的一般性讨论,可参看,周贻白:《中国戏曲史长编》,上海书店出版社,2004年,页214—15;基于个案(《窦娥冤》等)的实证分析,可参看,徐扶明:《元代杂剧艺术》,上海文艺出版社,1981年,页202。
[31] 《元曲选》中收纳的100种戏剧中有近1/4为无名氏所作。
[32] 奚如谷:同前注29;又见,邓绍基:"从《窦娥冤》的不同版本引出的几个问题",《元曲通融》(下),同前注10,页1583以下。
[33] 请看,严敦易:"论元杂剧",傅璇琮:"读《论元杂剧》",以及张培田:"论元杂剧与元代法制",均见于《元曲通融》(上),同前注10,页323—324,330,409—410。

受的政治性压力。即使作者、演员主观上反主流意识形态,他/她们也还是会更多一些顾忌。当然,这种压力并不必然明显或总是在场,但是作为一种大环境,一种背景,则一定并随时会对戏剧的创作和演出发生影响。此外,当时,还有一些戏班子常常被官人喊到或请到府邸演出。[34] 不可能设想,达官贵人会允许戏剧宣扬与正统意识形态相违背的人和事。

事实也是如此。正如同我们看到的,某些传统戏剧尽管对传统社会包括对社会中的主流道德话语似乎有所挑战,但是总体看来,这种挑战远不如其对于这种主流话语的肯定和重申。我在本书分析的一些传统戏剧,无论是《窦娥冤》、《赵氏孤儿》、《灰阑记》、《魔合罗》、《十五贯》还是其他不那么知名的戏剧中都凝结了传统中国社会的主流道德话语:善恶、忠孝、三纲五常等等。即使是《梁祝》这部古代的琼瑶,也如同我分析的,从来没有真正质疑传统社会婚姻制度的合理性,最多只是通过艺术形象地暴露了包办婚姻制度的缺陷。

当这些作品演出时,它们就会发生对观众"普法"和进行"政治思想道德教育"。如果将这一点同当时的主要消费者——市民阶层——联系起来,这种社会控制的功能则格外明显。尽管作者、演员以及观众都不是为了接受这种教育而进入剧场的,作者和演员仅仅是为了谋生,观众仅仅是为了娱乐;但是"普法"、"政治思想道德教育"就这样发生了。

此外,与前面提到的"公共空间"相关,我们还必须考虑到,剧场作为"公共空间",戏剧演出作为一种特殊舆论传媒,对地方官吏也具有一种来自民间的社会控制作用。当贪官、昏官受到贬斥,清官、智官受到赞美时,肯定会对本地的某些官吏产生间接的影响,尽管不能夸大。因此,元代就有所谓"台官不如伶官"的说法,甚至夸张戏剧"有回天倒日之力"。[35] 尽管这样夸

---

[34] 参见,廖奔:"冲州撞府",同前注25,页914,915。
[35] 杨维祯:《优戏录序》,转引自,姚文放:《中国戏剧美学的文化阐释》,中国人民大学出版社,1997年,页18。

大戏剧的社会功能可能是学者或戏剧作者的一厢情愿,是获得良好自我感觉的一种方式,但不可否认,戏剧确实在一定限度内具有这种功能。也因此,在这样的社会语境中,不仅是戏剧本身肯定的主流意识形态具有社会控制的功能,而且戏剧本身的生产和表现形式都可能具有一种社会控制的功能。

由此我们就可以得出一个判断,在中国传统社会中道德话语之所以很强烈,元杂剧中道德话语之所以很强烈,可能与中国传统文化创始人、奠基者的文化选择,关系不是那么大,而可能与传统社会的政治治理能力不足关系更大;这也许是在这种制约条件下通过制度试错淘汰方式逐渐演化形成并稳定下来的一种基本的治理格局和战略。[36]道德话语以及戏剧中的道德话语至少在功能上弥补了这种国家治理能力的不足。这不仅印证了制度经济学家道格拉斯·诺斯关于意识形态作为一种制度构成一个社会的更大制度的一部分的观点,[37]而且,对于中国来说,这种分析有助于深刻理解冯象关于中国社会广义的法律制度(包括今天在一定程度

---

[36] 在一定的社会条件下,人们为生产生活,会自发地形成各种社会组织方式,这些组织方式,有些比较有效率,有的则不大有效率,现有的这些制度实际上是处于竞争状态。在既定条件下,久而久之,凡是不能有效保证社会有序的制度都会因为其缺乏效率而在人们以行动体现出来的公共选择中逐渐被淘汰了。我在本书第一章有关复仇制度的解说,关于中央集权制度的出现,就是从这一角度进入的。如果从这一角度看,秦王朝强调"以法为治"、"以吏为师"的中央集权统治可以说从一开始就注定是短命的,因为当时的社会资源不足以支撑这一制度。也是从这一角度看,西汉初年崇尚黄老的无为哲学,封建与郡县并存的制度共存,就是必然的,但也是不可能长久的,几乎注定会发生政治分裂和社会动荡。还是从这一角度并且事先来看,汉武帝时采纳董仲舒之建议"独尊儒术"也还是一种试错。仅仅因为这种实验为事实证明是相对(相对于秦制和汉初的制度)有效的,才逐渐形成了中国古代的基本格局,形成了"德主刑辅"的基本治理战略。在这个意义上,儒家学说成为中国自汉以后的正统意识形态,是一个社会对制度和相应意识形态选择的结果,是制度对于社会条件的适应,具有历史的必然性。

[37] 道格拉斯·C·诺斯:《经济史上的结构和变革》,厉以平译,商务印书馆,1992年,特别是第5章。

上)是"政法"制度的理论概括。[38] 在这个制度中,政治(即行政、道德和相关的政治意识形态)是统治者实现社会控制或社会治理的主要工具,而狭义的法律则必定处于边缘。用传统中国学者的说法就是"德主刑辅"。从这一角度看,甚至有助于我们理解新中国建立以来的一些政治、文艺、法律实践的历史渊源以及更重要的是其社会根源,在一个更开阔的视野中非道德化地理解中国法律建设的经验和教训,[39] 对当代中国法治建设保持一种清醒的认识。

---

[38] 请看,冯象:"法律与文学(代序)",《木腿正义》,中山大学出版社,页23;又请看,冯象:《政法笔记》,江苏人民出版社,2004年。也许我应当把这里的意义说得更明白一点。"政法"自1949年新中国成立以来一直是普遍的说法,但这种说法在当代中国法学界(包括我自己在内)近年来的"法治"话语中似乎已经过时,甚至已经具有某种贬义,有可能被抛弃。冯象在讨论法律与文学的关系时却在当代中国第一次将之真正提升为一个学术的概念。所谓学术的概念,我指的是剔除了不同的人赋予这个词的主观偏好的色彩,将它从新中国以来主导的政治话语中剥离出来,也将它从作为当代中国法治话语的反衬(因此在这个意义上,这种法治话语还是一种政治话语)剥离出来,把它作为一个描述现实的同时也可能作为分析现实的概念;并且在这个意义上,在我看来,它甚至有可能作为一种法理学、法社会学的研究进路,一个核心的概念,一个关键词。作为一个学术概念,政法的意义不仅在于它准确界定了在中国社会中(直至今天)法律与政治的关系(在这个意义上,这个概念是描述性的),因此任何试图理解中国法律的学者都不可能将其关注的那一时段的政治因素完全遗留在其分析框架之外。但是这个概念还可以更加一般化,作为一种考察法律的一般进路,即在考察任何国家或社会的法律制度,有时甚至是某些具体法律时都同时要考察法律与政治的关系,而不是仅仅按照西方的某些法条主义者所叙述的那样把法律看成是完全自己自足的。

[39] 一个突出的例子就是《十五贯》在1956年的改编上演和1979年重新上演,及其引发的社会轰动。除了其他因素之外,最大的一个因素就与当时的政治有关。1956年的轰动与1956年防止"肃反"("肃清反革命")扩大化,要求深入调查案件有关;而1979年的轰动与"文革"后平反冤、假、错案有关。1956年,"毛主席两次观看了演出……并表示:'这个戏全国都要看,特别是公安部门要看。'四月二十一日……中央负责同志向剧团传达了毛主席的指示:'《十五贯》是个好戏。这个戏要推广,全国各剧种有条件的都要演"(着重号为引者添加)。见,王世德:《〈十五贯〉研究》,上海文艺出版社,1981年,页2。周恩来则多次就《十五贯》发表讲话,其中提到"《十五贯》的思想性很强,反对主观主义,也反对官僚主义。封建时代的官僚主义是很坏的,主观主义草菅人命。今天干部的主观主义也很误事,性质是一样的,思想方法差不多。"见,周恩来:《关于昆曲〈十五贯〉的两次讲话》,《文艺研究》,1980年1期。

应当注意的是,我并不想把文学艺术都政治化,把文学艺术发展史说成是一部政治意识形态发展史。事实上,正如王朔所分析的,至少在今天中国社会,许多"文学艺术"已经变成了一种"娱乐",而未必是"文学艺术"了。[40]但是我们在理解中国法治的时候,仍不应当放弃从这一角度对文学艺术的可能考察。我试图论证的是,在文学艺术发展中具有这样的因素。而如果完全摒弃考察这个因素,其结果可能不仅失去了一个可能的考察理解文学的视角,也失去了一个深入考察理解政治和法律的视角。

例证:道德对戏剧素材的重塑

上面的分析还是太多理论分析和构建,即使逻辑上成立,也还是容易令人怀疑。并且,自"五四"以来,许多研究者都趋向于强调传统戏剧的民间色彩,强调其与传统社会正统思想的对立,强调戏剧作者的民间身份,突出作者有意、自觉"反封建"。[41]这些判断显然与上一节的分析不可能同时成立。因此,为了支持上一节的理论分析,就需要经验的证明,即古代的戏剧创作的确关注了传统社会正统意识形态,也难以挣脱这种意识形态。

确实,也有学者曾告诫,在戏曲创作上,不要有太强烈、直接的政治意图。清末民国初年的著名戏曲研究家吴梅曾就戏曲创作的问题"摭采成说",强调要"戒讽刺"。但他反对的只是"世之刻薄者流,以此意倒行逆施,借此文为报仇泄恨之具,心所喜者,施以生旦之名,心所恶者,变以净丑之面,且举千百年未闻之丑行怪状,加于一人之身……"他认为戏曲的发生是"因世间愚夫愚妇,识字知书者少,劝之为善,戒之为恶,其道无

---

[40] 王朔:"我看大众文化,港台文化及其他",同前注27。
[41] 最典型的是田汉的话剧《关汉卿》,集于,王季思[主编]:《中国当代十大正剧集》,江苏文艺出版社,1993年,页273—371。又请看,金丹元:"试论元曲中的民间因素对传统儒家伦理的冲击",《云南大学学报》(社会科学版),2004年5期,页81。

由,乃设此文字"。因此,他主张"借优人说法,与大众齐听,意谓善者如此,恶者如彼","意主劝惩,不当影射";"切要涤去[讽刺]肺腑,务存忠厚之心,勿为残毒之事"。[42]他认为"最妙以前人说部中可感可泣,有关风化之事,揆情度理而饰以文藻,则感动人心,改易风俗,其功可券也"。[43]

由于吴梅是清末人,显然不能用这些观点代表或包容元代或古代中国戏剧作者的一般观点和实践。但是,从这些文字中,我们还是可以看出一些问题。第一,至少在吴梅看来,历史上有一些戏剧作者是用戏剧作报仇泄恨之具的(但是,即使吴梅批评的这种现象在当时也具有一定的政治功能)。其次,吴梅认为戏剧至少有部分甚或主要功能(即所谓"意主")应当是"劝惩",是要"感动人心,改易风俗",并且其教化的主要对象是不识字的普通民众,而不是知识分子;因此他赋予了戏剧相当高的社会功能,并且显然是将其作为一种社会控制的工具来处理的。但是,第三,吴梅又认为,戏剧不能直统统地说教,而要注意选材("前人说部中可感可泣有关风化之事"),注意故事情理和文采("揆情度理,饰以文藻"),要注意戏剧的特点("借优人说法")。第四,从吴梅的叙述中,我们看到最重要的是,这是有关传统戏剧的长期稳定的主流观点,即所谓"成说"。而另一个例证是元代南戏的著名剧作家高明在《琵琶记》中宣称的"不管风化体,纵好也枉然"。尽管这还是不能作为当时剧作家特别是元杂剧作家的代表,[44]但多少反映了当时一部分剧作家的创作思想。

如果将吴梅的观点放进艺术发展和欣赏的社会条件中看,是很有道理的,但这样一来,戏剧就更难脱离传统社会的正统意识形态了。这首先与接受美学有关。特别是在元杂剧初创并兴起的年代,戏剧必须借助民

---

[42] 吴梅:《顾曲麈谈·中国戏曲概论》,上海古籍出版社,2000年,页54;参见,"曲原",《元曲通融》(上),同前注10,页5。

[43] 《顾曲麈谈》,同前注,页62;《元曲通融》(上),同前注10,页7。

[44] 有学者分析指出,相比其南戏,元杂剧更多一些反对儒家伦理的因素;尽管由于使用的是枚举法,因此其论证并不令人信服。请看,金丹元:"试论元曲中的民间因素对传统儒家伦理的冲击",同前注41,页84—85。

众中通过其他途径已经熟悉的故事、习惯遵守的社会道德常规以及与之相伴的"天然的"艺术欣赏惯习和趣味来逐渐培养和创造自己的观众,这是一种艺术欣赏所必须有的预先的社会"格式化";[45]即使从艺术欣赏的角度看,当时戏剧最多也只能边际性地挑战传统社会及其政治意识形态培养起来的这种艺术趣味。因此,吴梅总结的、从前人著作中感人的有关风化故事中选材的经验不是偶然的。同时这也解释了为什么元杂剧中大量取材于历史故事(例如《窦娥冤》、《赵氏孤儿》),或是以符号化的人物(例如公案戏中的包拯)同历史联系起来。

即使我们承认有些剧作者桀骜不驯,如同关汉卿自称的那样,是一颗"蒸不烂、煮不熟、捶不扁、炒不爆、响当当地铜豌豆",[46]但在一个社会中,反抗者的抵抗,如果要有效,也往往必须借助于正统的意识形态。事实上,甚至反社会者也往往不得不借助正统的意识形态。庄子所言所析的"盗亦有道",就指出了强盗的道德规范与当时社会主流意识形态的一致性;这可以说是最深刻、最犀利的范例了。[47]元杂剧中也有大量这类范例。例如,《窦娥冤》中窦娥为抵抗张驴儿的欺侮和凌辱,就大力诉诸"从一而终"的传统道德规范;[48]《魔合罗》中张鼎为推翻已定的错误判决,说服行政主官允许重审此案,也曾成功地运用这种战术。[49]因此,古代戏剧作者不大可能完全挣脱或反抗正统意识形态。他们最多也只能不考虑意识形态,不追求作品的思想性,而仅仅是"为了艺术而艺术";但就在这种为艺术的过程中,正统意识形态作为他存在的自然背景也会悄然进入其剧作,塑造了其作品。

让我再次回到一些具体范例上,分析一个社会的主流政治(道德)意识形态如何塑造、改造了这些戏剧。我仍然用《窦娥冤》和《赵氏孤儿》及

---

[45] Pierre Bourdieu, *Distinction, A Social Critique of the Judgement of Taste*, trans. By Richard Nice, Harvard University Press, 1984.
[46] 《南吕一枝花·不伏老》。
[47] 《庄子·胠箧》。
[48] 请看前注10的分析。
[49] 请看本书第四章第三节中关于张鼎的分析。

其相关的艺术素材为例。[50]

许多研究者都指出窦娥冤的雏形是《说苑》或《汉书》中东海孝妇的故事,尽管关汉卿是把窦娥冤作为另一个故事来表述的。[51] 如果细细阅读,刘向在《说苑》和班固在《汉书·于定国传》中记录的东海孝妇的故事不仅没有多少神话的色彩,而且道德色彩也不那么重。故事不长,照录如下:

> 东海有孝妇,少寡,亡子,养姑(即婆婆。——引者注)甚谨。姑欲嫁之,终不肯。姑谓邻人曰:"孝妇事我勤苦,哀其亡子守寡,我老,久累丁壮,奈何?"其后,姑自经死。姑女告吏:"妇杀我母。"吏捕孝妇,孝妇辞不杀姑。吏验治,孝妇自诬服。具狱上府。于公以为此妇养姑十余年,以孝闻,必不杀也。太守不听。于公争之,弗能得,乃抱其具狱,哭于府上,因辞疾去。太守竟论杀孝妇。郡中枯旱三年。后太守至,卜筮其故。于公曰:"孝妇不当死,前太守强断之,咎党在是乎?"于是太守杀牛自祭孝妇冢,因表其墓。天立大雨,岁熟。[52]

严格说来,这个故事并没有多少神话色彩,仅仅两次分别描述了后来可能被误解为因果的现象关联——冤屈与大旱以及昭雪与岁熟;于公将社会现象同自然现象联系起来了,在今天看来,这只是作了一个错误的解说,或者是出于某种策略考量有意作了这种解说;鉴于汉初董仲舒强调"天人合一",于公作出,后任太守接受,这样的解说,刘向或班固如此记录,或如此暗示性地描写,也不意外,甚至天经地义。

然而,诸如此类的错误常常为神话的产生创造了一种可能,[53] 冤屈

---

[50] 宋耕的一篇论文也讨论了这个问题,请看,宋耕:"元杂剧改编与意识形态——兼谈'宏观文学史'的思考",《二十一世纪》,2003年5月。

[51] 剧中的窦娥曾提到东海孝妇的故事,请看《窦娥冤》,同前注17,页1511。

[52] [汉]班固:《汉书》卷71,《隽疏于薛平彭传》第41。

[53] 神话有时是文本误读的产物。参见,Edward Even Evans-Pritchard, *Theories of Primitive Religion*, Clarendon Press, 1965, pp. 21—22。

同大旱联系起来了。到了晋代,干宝在民间故事集《搜神记》重复了这个故事,但出现了鲜血逆流的神话。故事也照录如下:

> 汉时,东海孝妇养姑甚谨,姑曰:"妇养我勤苦,我已老,何惜余年,久累年少。"遂自缢死。其女告官云:"妇杀我母。"官收,系之。拷掠毒治,孝妇不堪苦楚,自诬服之。时于公为狱吏,曰:"此妇养姑十余年,以孝闻彻,必不杀也。"太守不听。于公争不得理,抱其狱词哭于府而去。自后郡中枯旱,三年不雨。后太守至,于公曰:"孝妇不当死,前太守枉杀之,咎当在此。"太守实时身祭孝妇冢,因表其墓,天立雨,岁大熟。长老传云:"孝妇名周青,青将死,车载十丈竹竿,以悬五旛,立誓于众曰:'青若有罪,愿杀,血当顺下;青若枉死,血当逆流。'既行刑已,其血青黄缘旛竹而上,极标,又缘而下云。"[54]

直到这时,无论刘向还是班固甚或干宝笔下的东海孝妇基本还是一个常人的形象,她虽然孝,但还只是一个一般意义上的好人,有责任感和同情心。值得注意的是这个故事中提及的"姑"也是一个好人,她为了解脱媳妇的负担,牺牲了自己。这种利他主义是可以理解的,在日常生活中不仅比较常见(长辈为了后代而牺牲自己),而且在生物学上也可以得到解释,即社会生物学上的"包容性适应"(inclusive fitness),[55]为的是"留得青山在"。在这个故事中,东海孝妇的不嫁和婆婆的自杀同样令人尊敬和令人感慨。即使是指控孝妇的小姑(相当于《窦娥冤》中的张驴儿)和处死孝妇的太守也都不是严格意义上的"恶人"或"坏人"。他们的言行都不是有意陷害;尽管他们的判断和推论错了,带来了悲剧,但是这些人不是道德上的恶者。[56]全篇文字简洁,但人物形象鲜明、逻辑合理,惊

---

[54] [晋]干宝:《搜神记》,卷11。
[55] Edward O. Wilson, *On Human Nature*, Harvard University Press, 1978.
[56] 因此,有学者在评价《窦娥冤》时就指出,该剧的原型都没有指责坚持处死孝妇的太守,认为只是到关汉卿这里才改变了这一形象。祝肇年:"《窦娥冤》故事源流漫述",《元曲通融》(下),同前注10,页1537。

心动魄,感人肺腑。这个故事具有古希腊悲剧的特点:悲剧主要不是由于小人恶棍的作为,而是特定的情势使然。足以证明作者是写人物事件的高手。

但到了元杂剧《窦娥冤》,我们看到窦娥的形象已经完全是一个"高大全"的传统道德楷模,并且是剧中唯一的道德楷模。蔡婆婆的形象没有任何道德的光彩,她不仅贪财(放高利贷),而且不能"从一而终"(有专家考证,关汉卿的原作中蔡婆婆已经招了张驴儿之父做"接脚",现传的剧本中也留下了这样的痕迹),从而导致了窦娥的悲剧。刘向或班固笔下的小姑形象也改变了。原先的小姑深爱自己母亲,因此有理由甚至在一定意义上有责任怀疑东海孝妇;而在元杂剧中,恶棍张驴儿完全是为了满足自己的淫欲而有意陷害窦娥。原先的前太守仅仅是不听于公之告劝,仅仅是固执而已,而且没有名字;而《窦娥冤》中的太守变成了"桃杌",在舞台上是一个由"净"扮演的小丑人物,而且这个名字本身就具联想上的贬义。[57] 这两个人物的改变,使观众很容易将窦娥之死更多归结为张驴儿的邪恶和桃杌的昏庸,而忽略了或忘记了使个人的道德和智识因素在人物命运中变得重要起来的社会历史因素。该剧中道德教化的因素强化了,窦娥似乎更视死如归,蹈汤赴火,完全出于主人翁的意志。[58] 但如果仅仅就人物的艺术形象而言,至少在我看来,窦娥却远不如其原型东海孝妇及其婆婆的形象真实、生动和感人。作者的道德意识形态需求湮没了人的形象。

社会主流意识形态对赵氏孤儿的侵蚀甚至更为明显,并且一直持续到今天。该事件最早是春秋时期晋国发生的一件宫廷事变,见于《左传》、《国语》。[59] 司马迁在《史记》中对这个故事有过创造性的生动文学

---

[57] 王起[主编]:《中国戏曲选》(上),人民文学出版社,1985年,页13注34。
[58] 王国维:"宋元戏曲史",《王国维学术经典集》(上),江西人民出版社,1997年,页281—282。
[59] 故事见《左传》宣公二年和成公八年,《春秋左传》,辽宁教育出版社,1997年,页117—118,150—152。

描述。[60]元代纪君祥改编成杂剧《赵氏孤儿》。后王国维称该剧"即列之于世界大悲剧中,亦无愧色"。[61]欧洲启蒙运动时期,该剧曾被翻译成多种西文,介绍到西方,据说得到了西方当时许多思想家的喜爱。[62]近年来,经过改编,《赵氏孤儿》在中国又再次上演。因此,考察这个故事的来历和演变有可能有助于我们理解文学与复仇制度变化的微妙互动,理解社会主流意识形态对戏剧原型的不断塑造。

这里我们首先要区分故事讲述中的两种变化。一种是为了追求戏剧性,戏剧与历史记载的背离。从戏剧艺术的角度来看,这种变化是必要

---

[60]《史记·赵世家》,卷43,中华书局,页1783—1785。
[61] 王国维:《宋元戏曲史》,同前注58,页282。
但是,我认为许多元杂剧研究者都过分延伸了王国维的评论,抛弃了王国维的限定。或者是过于迷信王国维之评价;或者是为了抬高某些戏剧,提高元杂剧在学界之研究地位,而有意利用了王国维的这一评价。首先,王国维是在讨论"元剧之文章"时说这话的,因此他的评价标准基本是中国主流的抒情文学,用的是他在《人间词话》中的标准,而不是从与戏剧更相关的叙事文学的标准。只要看他随后所引证的元杂剧中的曲子以及所作评价就可以看出他的这一局限:"有意境而已矣","写情则沁人心脾,写景则在人耳目,述事则如其口出是也","话语明白如画,而言外有无穷之意";这些都是评论诗文的标准。在其他地方,王国维自己也称"元剧最佳之处,不在其思想结构"。在分析元代四大家特色时,王国维又称关汉卿"自铸伟词,而其言曲尽人情,字字本色",称白朴、马致远"高华雄浑,情深文明";郑德辉"清丽芊绵,自成馨逸";并"以唐诗喻之"。(前注,页282,286)。这一切都足以证明王国维讨论的元曲不是其戏剧,而是其词曲。

其次,还应当指出的是,由于各种限制,王国维对西方叙事文学包括戏剧的了解和理解其实是相当有限的,并且主要是基于他的中国文化背景和前见。他把《窦娥冤》、《赵氏孤儿》同西方戏剧并列,强调剧中主人公的意志(这很可能来源于影响王国维的叔本华哲学),敢于赴汤蹈火。但他对西方经典悲剧的这种概括显然是错误的,至少就莎士比亚的四大悲剧《哈姆雷特》(犹豫)、《李尔王》(背弃)、《麦克白》(野心)和《奥赛罗》(嫉妒)都与主人公的意志无关,古希腊悲剧《安提戈涅》也与此无关(可参看本书第九章)。
[62] 有关《赵氏孤儿》的对外翻译和传播,可参看,王丽娜:"元曲在国外",《首届元曲国际学术研讨会论文集》,河北人民出版社,1994,特别是第1、2和9节;更一般的介绍,可参看,王丽娜:《中国古典小说戏曲在国外》,学林出版社,1988。文化传播中的这种接受也表明复仇作为一个问题是跨文化的,尽管对这个问题的具体回答往往具有强烈地方性文化色彩。换言之,这从另一个侧面支持了复仇基于人的生物因素的观点。

第六章 德主刑辅的政法制度

的,也是完全正当的。若是从这一角度比较司马迁的赵氏孤儿故事和元杂剧《赵氏孤儿》,我发现,除了人物的名字、身份有些合理改动外,元杂剧强化戏剧性的重要情节只有一点,即程婴以自己儿子替代赵氏孤儿(《史记》说的是"谋取他人婴儿");却令人难以理解地删除了司马迁笔下的许多动人的细节:公孙杵臼与程婴密谋分工的细节(例如前面讨论过的"请先死");赵氏孤儿复位后,程婴毅然自杀的情节。甚至有意改变了程婴和公孙杵臼视死如归、大义凛然的性格,增加了许多平庸的市民气息。例如,纪君祥不仅没有让程婴自杀,而且把程婴塑造成一个相当庸俗、功利、时时提防他人、处处算计他人的令人反感的人。[63] 因此,这种改编的变化肯定不是出于戏剧性或文学性的考量。改编后,全剧从司马迁笔下的"文武不和"的权力斗争落入了一种奸臣当道,忠良受害,幸得义士相助,忠良后代最终得以雪冤报仇的俗套,充满了儒家道德意味。[64] 这种对故事细节的取舍和改编,从戏剧和文学效果上看实属败笔,从美学上考察令人费解,似乎只能感叹纪君祥太缺乏文学鉴赏力和戏剧感了。

但这样理解和解释一定是错了。

我在本书第一章就曾指出,在出现公权力之前的时代,复仇是维系社会秩序的基本制度,因此不问是好人对坏人复仇,还是坏人对好人复仇,

---

[63] 最典型地表现在,为了防止走漏风声,程婴对有关知情人——赵氏孤儿的母亲与私放程婴将赵氏孤儿带出后宫的将军韩厥——的忠诚或坚定性都表现了极大的不信任,最后逼得他们只能当场自杀来明志;程婴甚至怀疑公孙杵臼能否挺得住。纪君祥笔下的程婴与司马迁笔下的程婴形成了鲜明且强烈的反差。

[64] 关于这一题材演变的介绍分析,可参看,茅盾:《关于历史和历史剧:从〈卧薪尝胆〉的许多不同剧本说起》,作家出版社,1962年,页80—91。关于这一题材的道德意味的发展,可参看,陈中凡:"从历史素材到《赵氏孤儿》杂剧",《戏剧报》,1961年第15、16期;吴敢有:"《赵氏孤儿》故事的发展与流传",《曲海说山录》,文化艺术出版社,1996年,页1—19;周先慎:"《赵氏孤儿》对历史素材的改造",《文史知识》,1992年11期。关于纪君祥把"文武不和"塑造为"忠奸矛盾"的技术分析,请看,刘荫柏:"纪君祥《赵氏孤儿》及其影响"以及邓绍基、幺书仪:"纪君祥的《赵氏孤儿》",(均集于《元曲通融》,同前注10,页2187—2189,2189—2191。)两文都从中国传统的正义观出发赞同这种塑造。

复仇既是复仇者的责任,也是一种荣誉,一种道德,得到人们普遍的赞赏。这种复仇的意识形态在当时非常必要,因为在没有公权力或公权力的职能尚未充分发展,或由于种种原因无法有效满足人们基本需要时,复仇是当时维系社会秩序和安宁的制度核心和基础。但由于复仇是基于本能的,需要意识形态的支持,才可能制度化,否则机会主义就难以制约,很多人会在复仇得不偿失或无力复仇时放弃复仇,时间推移也会使复仇的冲动弱化甚至完全遗忘,久而久之,复仇制度就会完全崩溃。特别是在春秋战国时期,这时社会群体扩大,人员流动性增大,复仇也更难了。正是在这一社会条件下,复仇的意识形态在春秋时期得到了强化。尽管有法家反对复仇,主张禁止复仇,但这种影响还相当有限。直到司马迁的时代,复仇仍然几乎是非道德的,[65]在司马迁的笔下获得了激赏。

但随着秦汉中央集权的治理制度逐步形成和完善,特别是汉武帝时期的中央集权制度的建立和完善,尽管公权力还不足以满足人们的需要,但先前的不论道德是非的复仇观念已不再能作为社会主导的意识形态了。一系列有关复仇和"侠"的表达都表明,在这一时期,整个社会的复仇意识形态逐步弱化了。[66]为了保证公权力的权威和有效运作,复仇也必须受到压制。逐渐地,"忠"成为第一位的意识形态,并且忠几乎成了附着于皇权的专有概念。复仇因此逐渐变成了一种有条件的意识形态,复仇必须服从皇权,只有在皇权所不及的地方,并只是为了皇权的利益才能行使。只要看看关于复仇话语的历史演变,就明显可以看到这一点。[67]

只有在这个历史过程中,我们才可以理解,为什么到了元代,在一个人们早已遗忘复仇对于古人之意义的社会环境中,纪君祥要把赵氏孤儿的故事改编成一个忠臣与奸臣斗争的故事。改编后的剧作对赵氏孤儿复

---

[65] 更准确地说,不带我们今天附加或后来儒家附加于复仇的那种道德意味,即复仇是好人对坏人或忠臣对奸臣的行动;但是司马迁赞美复仇,这本身就是他接受的、他之前的时代接受的一种道德。

[66] 参见本书第一章第六节的分析。

[67] "在儒家经典中,关于复仇的意见……越到后来,限制越渐增多"。张国华:《中国法律思想史新编》,北京大学出版社,1998年,页195。

仇有了新的正当性的表述：复仇不再仅仅因为杀父之仇，而首先因为他的父亲是忠臣，是被奸臣谋害了；此外，赵氏孤儿为父亲报仇还具有孝的因素；第三，公孙杵臼和程婴的行为也有忠于君主、忠于主人的因素，但不再是义无反顾，大义凛然，而是有了更多的个人考量。赵氏孤儿的慷慨悲凉，如今只能在忠奸善恶、在对主人的忠诚这样一个儒家道德的宏大叙事中才获得意义，甚至只有附着在这一宏大叙事中才能保留下来。元代的市民文化和政法意识形态已经深深地打在作者和民众对历史的理解上了。

　　在这个意义上，我们可以说，纪君祥不是一个洞察人性的作家——尽管他的这种不具洞察力反倒成就了我们对复仇历史演变的研究和理解。但是，从另一个角度看，也许，恰恰由于这一点，纪君祥又是一个洞察当时社情和观众心理的作家。最根本的原因也许是，只有改编成这种忠奸故事，才是当时的大众文化能够接受的，才能与统治者以及占统治地位的政治法律意识形态大致相兼容，[68]《赵氏孤儿》也才有可能登上舞台。也正因此，我认为，王国维对此剧的艺术评价言过其实，而这种夸张又与王国维本人钟爱且恪守的儒家纲常伦理有某种关联。

　　文学的社会控制功能至今没有完全消失。事实上，伴随着《赵氏孤儿》，仍然有不断的意识形态话语。新中国成立以后，尽管因王国维对该剧的高度评价以及该剧曾最先"走向世界"，学界对《赵氏孤儿》评价很高，但1950年代初顾学颉选注《元人杂剧选》却未收入《赵氏孤儿大报仇》，理由是"有人说它有复仇主义倾向"。[69]考虑到当时正是武装暴力革命和"镇反"之后，是一个特殊的政治敏感时期，这种顾忌完全可以理解。只是文革后，尽管1998年版的《元人杂剧选》重新收入了《赵氏孤儿》，也尽管文学戏剧界重新给予《赵氏孤儿》高度评价，但该剧的诸多评论者仍然试图回避该剧最鲜明的复仇主题，反而强调该剧反映了什么"自我牺牲、前赴后继、不屈不挠的斗争精神"，[70]"揭露[了]统治集团内

---

[68]　元代有"诸乱制词曲为讥议者流"的法律，见《元史》，卷9，中华书局，页2685。
[69]　顾学颉[选注]："前言"，《元人杂剧选》，人民文学出版社，1998年，页11。
[70]　张庚、郭汉城[主编]：《中国戏曲通史》，中国戏剧出版社，1980年，页220。

部的尖锐矛盾和奸臣迫害正直者的罪恶行为",[71]认为该剧颂扬了壮怀激烈的"正义感"和"中华民族的优秀品质"。[72]特别令人震惊的是,2003年年底,北京人艺和国家话剧院均以"戏剧情节强"——因此还是有意回避了复仇问题——各自改编了《赵氏孤儿》在北京上演。两个版本的最大改动都是在结尾处对复仇提出了质疑:"人艺版"的结尾处,赵氏孤儿质问"前人的过错为什么我来承担?""国话版"的结尾则是赵氏孤儿称"今天以前我有两个父亲,今天以后我是孤儿"。而据报道,有观众认为这种改编可以让观众既了解了原著的魅力,又可以用今天的观点来看待这部名著;认为结尾的改动表现了"时代转轨"的新命题。[73]这些话究竟是观众的反映,还是记者的杜撰,其实无所谓;它以及这一改编都反映了,今天流行的"人权"也开始强奸《赵氏孤儿》了!

现代的法治和政治意识形态正在继续重新塑造这一故事。

道德主义进路的批判

本章尽管更多分析了意识形态的问题,讨论的是一般的政治治理问题,但是会同前几章的分析,它有助于深入理解本书对中国传统社会中"司法"问题的分析。例如,为什么在今天看来并非有效的道德主义的、强调裁判者个人道德品德的进路在传统社会条件下能够长期坚持,乃至对今天仍然有强烈影响?

尼采曾经对道德意识与因果意识之间此消彼长提出了一种深刻的洞见,他认为,

---

[71] 刘大杰:《中国文学发展史》下册,上海古籍出版社,1982年,页864;张燕瑾:"《赵氏孤儿》的脚色安排和戏剧结构",《光明日报》,1983年3月1日。
[72] 阙真:"元代四大悲剧的审美特征",《广西师范大学学报》,1991年4期;周先慎:"《赵氏孤儿》的审美特征",《文史知识》,1992年7期。
[73] 请看,"三大问题质疑各版本《赵氏孤儿》热",http://www.qianlong.com/,2003-11-11。

> 道德意识随因果联系意识的增加而减少:人们一旦认识到事物的必然结果,知道如何从所有偶然的和不重要的结果中把它分离出来,那么,迄今为止被当作习俗基础和被人们信以为真的无数想象中的因果联系也就不再能够存在了……。[74]

尼采说的是,一旦人们对基于实证的因果关系有更多理解,虚构的道德上的因果关系就会衰败;反过来说,当人们对世界的因果关系理解越少,就越是可能凭借虚构的、想象的道德因果关系来理解和控制世界;并往往试图通过强化道德责任来解决问题。美国著名法学家霍姆斯也几乎与尼采同时提出了同样的洞见。[75]这一点应当对我们反思中国传统"司法"中强烈的道德主义进路有所启发。关键在于科学的缺乏、信息的缺乏、专业分工以及与之相联系的专业知识的缺乏,统治者很难建立有效且廉价的监督制度,因此社会只能试图通过一系列正式制度(严格责任)和非正式制度(提升对官吏的道德要求)来解决由此带来的一系列问题。但结果仍然是悲哀的。

必须指出,即使在科学与民主作为理念引入中国之后,这种状况也没有被打破。在考察传统戏剧中的道德世界时,在考察古代"司法"悲剧时,无论是人文学者还是法学学者基本上没有认真考察影响悲剧发生的社会经济、制度条件和科学因素,最多只是比较笼统地介绍一下时代背景,加一点粗糙的阶级压迫或民族压迫分析,总带着很浓重的道德意味。由于缺乏科学的实证的训练,不善于细致周密地将不同的因素分离开来;因此,尽管1949年以后的中国戏剧研究非常甚至过于强调社会分析,但至少在公案剧的分析上一直缺乏一种真正科学实证的精神。

甚至"五四"引入的民主也有某种扭曲。在中国传统文化的影响下,民主往往被转化为对民心、民情的考察,转化为强调官员要"体恤民

---

[74] 尼采:《曙光》,田立年译,漓江出版社,2000年,页8。
[75] Oliver Wendell Holmes, Jr., "The Path of the Law," 10 *Harvard Law Review*, pp. 457, 470—471(1897)。

情"、"为民做主"。民主仍然是作为一个统治者的个人道德问题来理解。尽管这种理解有一定道理,但在分析古代戏剧中的审判问题时,就很容易把审判问题看作是一个官吏的个人品德问题。甚至由于片面地或简单化地强调阶级斗争,这种传统道德主义对文学作品的前理解得到了强化。[76]所有这类"司法"悲剧的原因都一律被简单归结为阶级压迫、黑暗吏治和贪官,阶级分析替代了具体的分析。这种道德主义的进路不限于文学研究者,也广泛存在于法律史学者之间,存在于法律学者对古代法律的理解之中。而这种对古代中国法律问题的道德理解又反过来影响了学者对今天中国法律和司法问题的理解,容易或习惯于仅仅从道德的(实际上又常常是传统政治的)角度理解当代中国的司法制度。

本章的观点如果能够成立,那么它就不仅解说了中国传统法律文化的基本格局,而且提出了研究中国传统法律文化格局的另一种进路,一种制度主义的进路,一种法律的进路。这是一种文化的法律或制度解释,而不是法律的文化解释。它通过分析中国传统社会中因诸多因素而发生的制度弱点来理解中国文化所展现的基本格局和态势,它不仅解释了中国政治上长期的政法制度,而且解释了审判上为什么总是强调官吏个人道德品质。文化或法律文化的概念因此不再作为一个具有解释力的变量,而是一个必须予以解释的变量。

必须强调,当我说德治是一种政治,道德话语是一种意识形态时,我是在中性意义上使用的。政治和意识形态本身不必然具有贬义,传统社会的道德话语也并不仅仅因为它是政治意识形态就自然应当受到批判和谴责,正如同也不是今天的什么问题一变成法治话语或人权话语就不能予以批判一样。事实上,任何社会都必须有一种意识形态作为其治理机制的一部分。在这个意义上,今天中国当代法学家倡导的"法治"并不像我们这些法学家自我感觉的那样,是超意识形态的,是对"永恒真理"或

---

[76] 参见,徐朔方:"元曲中的包公戏",《文史哲》,1955 年 9 月号以及,冯沅君:"怎样看待《窦娥冤》及其改编本",《文学评论》,1965 年 4 期,均转引自,《名家解读元曲》,山东人民出版社,1999 年,页 144—151 和页 212—226。又请看,顾学颉:同前注 69,页 12—13。

"终极真理"的发现或到达。重要的问题已并非治理是否需要意识形态本身,而是——从实用主义的角度出发,从法律人的职业以及容易与之相联系的务实立场出发——这种意识形态对于社会稳定、经济发展、人民生命财产安全是否具有相对说来更为有效的功能,与社会的其他制度是否兼容。如果一个社会的意识形态能起到这个作用,并且在其他条件没有发生变化的情况下是最有效的,那么在特定意义上就可以说它是一种保证和创造社会福利的工具,是可以接受的;而如果它不能起这个作用,那么就应当替换,而且事实上终将被替换。对于传统中国社会中的道德话语实践和机制,似乎应当且只能这样理解和评价。

写到这里,本章的最重要的意义已不在于考察古代,而在于当下。在考察中国古代政法制度以及法律与文学的同时,本章隐含地提出了当代法学研究一个可能的、但被忽视的领域;这个领域曾经被搞得很乱,如今又很容易被误解,却是不能不考察的。这就是,我们不能仅仅考察法治发生的物质性历史条件,而且必须考察一切具体社会形态中"法制"或"法治"的意识形态条件及其局限。就如同冯象所言,哪怕是考察现代的"法治",我们也:

> 必须超越市场资本主义意识形态的"终点",冲破关键词的限定,而反诸自身,质问〔文学中的法理学以及作为文学的法律〕成为可能的历史、伦理及意识形态条件。为此得首先检讨文学和法律最基本的对应关系,即两者在法治的话语实践中相互依存的策略性位置……只有先回答了这一"知识考古"的问题,法律与文学才有可能进入人们认真对待的(而非修辞性和自问自答的)批判者的角色。[77]

2000年7月2日于堪布里奇
8月26日二稿于北大蔚秀园

---

[77] 冯象:《木腿正义》,同前注38,页24。

附录：中、西法学语境中的"法律道德性"

必须澄清我在本文中所说的"德主刑辅",以及我对它的批判,因为这可能引出一些误解。

一种最可能发生的误解来自中国传统的思想。在这种传统中,儒家的"德主刑辅"往往被视为法家的"严刑峻法"的对立面,因此受到称赞。但我不是在中国传统的这种道德进路中评价德主刑辅,而是从现代的政治社会学和法律社会学的进路中分析传统社会的治理策略;我努力分析、理解、并试图解说(explain)为什么传统社会中重视道德,而为什么道德的作用又并不如同人们想象的或认为的那样有效。我只是分析了道德话语的局限性,而并非表示自己的偏好,我更不反对道德。

在我展示的中国传统社会的"政法"制度中,至少依据元杂剧所展现的当时的"司法"实践,可以看出,德主刑辅与严刑峻法并不矛盾。两者其实针对的是不同层面的问题,前者是关于国家治理或社会控制的基本策略和方针,是"政制"或"宪法"问题;而后者仅仅是"法律"领域内的从属性政策。这就好比在政治上讲"以人为本"与在政法会议上讲"严打"没有矛盾。将这两点对立起来,是我们基于今天的知识建制而发生的关于中国传统的一种想象性建构。若是从窦娥遭遇的冤屈来看,问题并不出在古代的严刑峻法;强调德主刑辅也救不了窦娥,相反会支持对窦娥的严刑峻法,因为窦娥所谓的犯罪属于"十恶"。而另一方面,在《窦娥冤》一剧最后,窦天章将张驴儿"钉上木驴,剐一百二十刀处死",我相信那个时代不会有人(甚至今天也很少会有人)认为对这种坏人应当"德主"。

还有一些中国学者因对中国传统语境的不自觉而对西方自然法传统或自然法与实证法之争论产生了误解。这些学者又分为两部分,一部分接受西方所谓的新自然法观点,特别是富勒、罗尔斯、德沃金的观点,强调法律必须基于道德,强调法律的道德性和自然法基础;而由于中国传统法律或法律思想中没有自然法这个术语,他们因此批评中国传统的和当代的法律道德性不够,是法律(laws)而不是法(Law)。与这一观点对立的是主张道德与法律的分离的实证法学者。他们从道德、法律的抽象概念出发,在批判中国德治传统的意图指引下,认为中国传统法律的问题之一就是没有区分道德与法律,因此现代中国法律应当强调法律实证主义和法条主义,严格区分法律与道德规范的领域。这种区分当然只是一种理论的构建,因为在现实的中国法学界,这种区分并不严格。不少法学家是"两样货色齐备,各有各的用处",全看针对的是什么问题,在什么场合。因此,在"二奶继承案"的审理上,他可能认为法院判决是"以德代法";但在"收容遣送条例"问题上,他又会认为该法由于不道德因此是"恶法"。由于概念不清、思路混乱,有时在同一个问题上也会"十八般兵器,轮流上阵"。

但是,无论是自然法还是实证法,如果用来分析中国传统法律和道德关系问题,都不很恰当,都是把中国传统社会的法律和法律思想填入西方的概念体系。这种填充是令人误解的,无法有效展开分析和论证。传统中国的德法关系讨论并不是如今的法理学讨论,即法律与道德在哲学或形而上层面上如何统一的问题,而是一种政治学和社会学的讨论。尽管可以归入广义的法哲学,但后者在当时所要回答的问题首先是在一个农业经济、科技不发达的大国中,基本的且可能的政治策略是什么?按照这一策略,法律仅仅是其中的一部分,道德教化是首要的。在与司法问题上,德主刑辅则要回答的问题之一是,当不存在有效且可靠的司法制度(包括独立的职业司法部门以及司法部门的内部分工)以及相应科学技术的条件下,除了裁判者个人的智慧外,如何可能通过其他变量的变化来保证审判的公正。中国传统的回答是,关注官员个人的道德品行。如果用抽象概念来替换本书第五章表5.1中的戏剧人物,我们就得到下面这一个表:

表 6.1　传统中国对司法官的分类

	清廉	贪婪
精明	精明清廉	精明贪婪
平庸	平庸清廉	既愚又贪

在这个表中,我们可以看到,在传统中国,裁判者的个人道德品行一直被视为司法公正的最基本因素之一。个人道德也可以说一直是中国传统的"司法理论"或"司法哲学"中的基本问题之一。甚至直到今天,在这一点上,也没有什么太大变化,几乎表现在有关司法的一切方面。例如,在司法独立问题上,至今为止,我还没有看到从比较制度能力的角度讨论,而总是从法官个人道德的角度切入;一提到法官,人们比较多强调的仍然是"刚直不阿"、"疾恶如仇",然后才会强调其能力;甚至司法改革,也是从反对司法腐败或司法不公的角度出发。道德性是在这一层面进入中国传统"司法"的。

这种分类是一种地方性知识,一种地方性的想象力——尽管中国当代这样想象司法问题的绝大多数法学家都以为自己正在同世界接轨。但是,只要将西方学者在司法问题上的两个分类提出来一作比较,我们就可以发现这种想象力的区别,就可以发现西方学者讨论的、所谓的法律的道德性问题是完全不同的。西方学者讨论的法律或司法的道德性问题与法官个人的道德完全无关,他们的法律道德性问题,概括起来,大致相当于中国的天理(有时还有人情)与国法之间的问题。用西方的学术概念来说,就是自然法和实证法的冲突问题。而这个问题在中国传统社会中,虽然也有涉及,但并不是作为一个法律哲学或司法哲学问题讨论的。

首先让我们看看韦伯的分类。韦伯在《经济与社会》一书中用是否形式化以及是否理性化这两个基本范畴[1]对统治类型包括司法类型进行了分类,可以构成下面这样一个表:

---

[1] 韦伯:《论经济与社会中的法律》,[英]埃德华·希尔斯、[英]马克斯·莱因斯坦英译;张乃根译,中国大百科全书出版社,1998年。

表 6.2　韦伯的司法类型分类

	形式	实质
理性	形式理性	实质理性
非理性	形式非理性	实质非理性

美国法官、法学家波斯纳提出了一种在美国法律共同体中更容易理解的分类,[2]与韦伯的很相似:

表 6.3　波斯纳的司法类型分类

	自然法	实证法
形式主义	自然法形式主义	实证法形式主义
现实主义	自然法现实主义	实证法现实主义

在这两个矩阵中,形式/实质的问题,自然法/实证法的问题是西方法学中"法律是否道德"的问题,而理性/非理性、形式主义/现实主义问题则与法官如何适用法律有关,大致相当于中国司法理论中法官能力和智慧问题。如果用日常的话语来说,前一个问题关系到法官是否可以、是否应当以及在多大程度可以和应当将自己偏好的(有可能也是社区认同的)道德(天理、人情)认定为法律的规则,特别是当法律本身有缺陷甚至不公正时;后一个问题涉及的是当法律渊源确定无疑时,是否可以以及在多大程度上可以解释甚或"牵强附会",适用法律规则,以便在具体案件上获得自己认为更好的结果。

只要将这两个表同我勾勒的传统(也许还包括目前正在转型的)中国社会人们对司法根本问题的理解,就可以看到一个根本的区别:在西方(不仅是欧陆,而且也是英美)的司法理论中,法官个人的道德与司法根本问题无关。更准确地说是,法官的道德问题是被放逐在司法的根本问

---

[2] 本表是根据波斯纳的表及相关论述制作的,请看,波斯纳:《法理学问题》(新译本),苏力译,中国政法大学出版社,2001年,页14。

题之外的,仅仅是间接地相关。那是一个如何挑选法官的问题,是一个政治的问题。而在中国司法理论中,这两个问题是混在一起的。

几个因素可能促成了中西方司法理论的不同。就西方的司法理论而言,西方人可能认为裁判者的个人道德是一个前司法问题,应当由政治(例如选举或任命)过程来解决,通过诸如法官终身制来保障。这反映了制度的分工。同时也反映了社会对裁判者的私人道德没有不切实际的要求。道德水平一般的人都可以成为裁判者,由于制度的保证,可以假定裁判者是基本公正的。而中国的司法理论反映的或许是,由于传统上没有独立的司法部门,因此没有产生独立的司法哲学,司法理论还是同政治哲学搅在一起,甚至是后者的一部分。

许多当代中国法学家都可能质疑我上面这个结论。他们会指出西方法律哲学或司法哲学中,道德一直是一个重要参数,历时两千多年的西方法学中的自然法与实证法之争在某种程度上就是法律的道德性之争,[3]富勒甚至有专著讨论法律的道德性。[4]我何以说西方法律哲学实际是放逐道德的呢?

不错,自然法与实证法是法律的道德性之争,但这种法律的道德与中国传统社会讲的那种司法官或裁判者的道德不同,尽管都用了"道德"或 morality 这个语词。当西方学者谈论法律是否道德时,他们谈论的不是法官个体的个人品性,而是作为规则的法律本身是否道德或能否更为道德。从法理学上看,这不是中国法学家说的那个道德问题,与法官个人的品性道德无关;而是一个法律认识论的问题:我们是否有能力发现最好的或更好的作为规则的法律,间接地可能还涉及法律的本体论问题:世界上是否有那样一个道德的法律在那里等着法官去发现。由于涉及到认识论和本体论问题,这种关于司法的道德性问题在西方的智识传统中,特别是在近代西方科学技术发展的社会条件下,就有可能且比较容易(相对于中国)

---

[3] 可参看,波斯纳:《法理学问题》,同上;以及 Lloyd L. Weinreb, *Natural Law and Justice*, Harvard University Press,1987.

[4] Lon Fuller, *The Morality of Law*, rev. ed., Yale University Press,1969.

第六章 德主刑辅的政法制度

转化为一个科学技术问题。当然法官个人品质也是司法中的一个问题，也要解决，只是司法理论不讨论这个问题。

中国传统社会乃至今天讨论的司法道德问题则与认识论和本体论无关，基本被归结为一个个人品质的问题。一旦把司法问题都转化为裁判者的问题，因此就没有必要也没有可能转化为科学技术问题来讨论和解决，只能并总是通过教化、监督、惩罚、整顿等政治控制方式来解决。而这样一来，又再一次强化了和重申了政治与法律、与司法的一致性。

为进一步说明这一点，我们可以非常简单地分析一下被认为使最早提出自然法概念的古希腊悲剧《安提戈涅》。[5]概要说来，安提戈涅的一个兄弟叛变了底比斯城邦，并率领敌军攻打城邦，后来被打死了；底比斯城邦的僭主克瑞翁下令（一个实证法）为惩罚叛徒，不允许他安葬（古希腊时认为人必须入土为安，否则灵魂没有归宿，因此这是一种惩罚）。安提格涅挑战克瑞翁的政令，认为即使是叛徒也应当得到安葬，人死了灵魂应得到安息，这是永恒不变的神的法律，克瑞翁的法律违反了神的法律因此是不道德的。这个故事在西方文化传统中，被认为第一次提出了非常抽象的自然法与实证法的问题。[6]

但是，在一般中国人当中是不大可能提出这样一个问题的，谁要是提出来反倒会被认为很没意思。只要将这个故事中的人物一个个都换上虚构的中文名字，想象在中国社会中，人们会如何讨论这个问题，就可以鲜明地看出中西方人所说的法律的"道德"完全不同。一个正常的中国人会首先问，这个叛徒是好人还是坏人（如果是好人的话，甚至不能用"叛徒"或"叛变"这样的词）？克瑞翁是好人还是坏人，他不允许安葬叛徒的目的是要保护本城邦的人民还是为了维护自己的权力？安提戈涅是否应把亲缘关系放在"国家"之上？在这样一种语境中，安提戈涅所谓的法律

---

[5] 索福克勒斯：《安提戈涅》，《索福克勒斯悲剧四种》（《罗念生全集》卷2），世纪出版集团/上海人民出版社，2004。

[6] 例如，博登海默：《法理学》，邓正来、姬敬武译，华夏出版社，1987年，页2—3；波斯纳：《法理学问题》，苏力译，中国政法大学出版社，2001年，页11（原版1994年）；考文：《美国宪法的"高级法"背景》，强世功译，三联书店，1997年，页1—2。

的道德性问题在中国人当中可以说是根本不存在的。[7]

我并不是在比较中西司法理论的优劣。仅仅从智识上看,无法判断谁优谁劣。只有在同一定的问题相关,因此会带来后果时,我们才可能以我们的欲求作为标准判断优劣。此外,由于英美法系与欧陆法系,甚至英国司法与美国司法在细节上也有不少差异,[8]匆忙比较所谓的中西司法理论的优劣,注定会是"水面打一和,糊突成一片"。在这里,我想表明的只是,在中国传统的"司法"理论中的道德问题在西方的司法理论框架中并不存在,而西方司法理论中法律道德性问题也不见于中国传统的"司法"理论。为了区分中西法律话语中的法律道德性问题,我们可以暂且称中国传统社会案件审理中所涉及的道德为司法者的道德性,而西方法理学特别是自然法强调的道德可以暂且称之为法律或司法的道德性。这一点,是值得谈论法律道德性或道德的中国学者注意并区分的。

---

[7] 具体的分析请参看本书第九章。
[8] 关于英美法系与欧陆法系以及英国法与美国法在法理学特别是司法哲学差异的一种概括,可参看,Richard A. Posner, *The Problematics of Moral and Legal Theory*, Harvard University Press,1999,特别是第 2 章中对哈特、德沃金以及哈贝马斯法理学的分析批判;又请看,Richard A. Posner, *Law and Legal Theory in England and America*, Oxford University Press,1996。

第七章　戏剧空间与正义观之塑造

> 惠子曰:"子非鱼,安知鱼之乐?"庄子曰:"子非我,安知我不知鱼之乐?"惠子曰:"我非子,固不知子矣;子固非鱼也,子之不知鱼之乐,全矣!"庄子曰:"请循其本。子曰'汝安知鱼乐'云者,既已知吾知之而问我。我知之濠上也。"[1]

在上一章,我主要是从一种宏观视角对法律与文学的关系作出了一种功能主义的一般的解释,既与具体的文学文本基本无关,也与文学表现的形式无关。这种宏大层面的分析和解释必须予以适当的限定,否则可能误导人,至少是会掩盖一些问题。首先,这种解释没有细致讨论文学与政治之关系的不同表现方式,容易使人把文学简单地等同于政治。其次,这种解释也忽略了不同类型的文学艺术,没有指出,进而会妨碍充分理

---

[1]《庄子·秋水》。

解,各种形式的文学艺术——特别是本书讨论的戏剧——之间的差别。第三,这种解释过分强调文学作品所传达的内容,而可能导致对传达内容的艺术表现形式熟视无睹,似乎形式是不重要的。第四,即使是戏剧这个概念,如果作为单一分类体系,也会掩盖各种戏剧的某些独特表现方式。要避免这类问题,就需要更细致的分析。

我只是提出这些潜在的问题,却不打算全面分析这些问题;那将超出这本著作的范围,也超出了我的专业能力。在理解传统中国戏剧的叙事方式、表演特点以及戏剧空间之构建的基础上,本章试图讨论这些因素如何可能影响观众感知和理解古代的以及一般的审判,并为将审判中的智识、技术问题转化为道德问题这样一种社会思维(集体无意识)创造了一种社会条件。我的核心论题因此是:"文以载道"的路径是多种多样的;除了直接宣传、重申正统意识形态的内容外,中国传统戏剧还通过其戏剧表演的形式因素构建了当时人们的、同正统意识形态相兼容的司法正义观和社会共识,为中国传统社会的道德化的司法正义制度创造了社会认知条件。

在一定意义上,本章既是对前一章可能导致的误解的一种反拨,同时也是对前一章主题的一种补强。"反拨"在于,我不再讨论抽象意义上的文学艺术,而是努力考察具体的文学艺术作品类型、艺术表现形式和艺术效果发生的社会语境。"补强"在于,由于更多注意了文学艺术的表现形式对法律的影响,而不是强调文学艺术的内容对法律的影响,因此把一个容易为人们忽视的、并事实上一直为人们忽视的艺术形式问题,带进了法律与文学的研究领地,从而有可能为这一研究开拓新的视角。

中国戏剧的叙事

尽管同为文学,但是一般说来,戏剧与传统中国社会的主流文学有一个重大不同,戏剧毕竟是叙事的作品,而不是抒情的作品。即使是元杂剧的主要构成成分是诗性的(曲),勾连整合这些唱段的框架仍然是一个故事。在这一方面,元杂剧与唐宋以后的话本、小说有更多类似之处。叙事作品除了要有头有尾外,叙述方式也很重要。事实上,近年来,人们对叙事方式日益重视,不仅有关叙事学的著作日见增加,[2]而且1990年代以来马尔克斯、博尔赫斯等拉美作家的作品[3]之所以受许多读者的欢迎,很大程度就在于其作品的叙事给人带来了一种特殊的美感。

中国传统叙事作品的叙事方式是相当单纯(或单调)的。读者只要对中国传统叙事作品有较多了解,并对西方文学作品有所了解,就会明显感到这一点。就总体来看:

> 尽管有个别采用倒装叙述的[……],有个别采用第一人称叙事和第三人称限制叙事的[……],也有个别以性格或背景为结构中心的[……];但总的说来,中国古代小说在叙事时间上基本采用连贯叙述,在叙事角度上基本采用全知视角,在叙事结构上基本以情节为结构中心。[4]

陈平原这里说的是中国古代小说,但是这三个特点以及由此形成的基本格局也为其他中国传统叙事作品分享。在更为民间的白话文学中,这一特点甚至更为突出。[5]在元杂剧中,这种叙事模式可以说是唯一的。

此外,尽管中国传统戏剧属于"戏剧",但戏剧内部的差别很大。初

---

[2] 浦安迪:《中国叙事学》,北京大学出版社,1996年;申丹:《叙述学与小说文体学研究》,第2版,北京大学出版社,1998年;赵毅衡:《当说者被说的时候:比较叙述学导论》,中国人民大学出版社,1998年;陈平原:《中国小说叙事模式的转变》,北京大学出版社,2003年。

[3] 马尔克斯:《百年孤独》,高长荣译,中国文联出版公司,1994年;博尔赫斯:《博尔赫斯文集》(小说卷),王永年、陈众议等译,海南国际新闻出版中心,1996年。

[4] 陈平原:《中国小说叙事模式的转变》,同前注2,页4。

[5] 陈平原的研究发现,中国古代的一些文言小说,例如《聊斋志异》,还曾采用过倒装叙事,但同一故事改编成话本小说时,小说的时间就重新"理顺"了;中国古代的少数情节单纯的文言小说还曾突破过"全知叙事",但白话小说却大都借用一个全知全能的说书人口吻。《中国小说叙事模式的转变》同前注2,页38、63—65。

  当然,这一点也从另一个角度进一步证明了我在上一章提出的观点:读者的因素会令更为民间或大众的文学艺术更为保守——即使是在艺术表现的形式上。

略划分一下,在西方,也有以古希腊悲剧为代表的强调剧情的戏剧,和以意大利歌剧为代表的更强调抒情的戏剧。中国传统戏剧内部自然也有这种差别。但总的说来,中国传统戏剧,特别是元杂剧,是从诗词曲发展过来的,更侧重于抒情,而不是讲故事。很多学者因此往往称之为"戏曲"而不是"戏剧",因为它"将歌曲置于故事情节、戏剧冲突之上",是一种"曲本位"。[6]也有学者指出很多元杂剧非常缺乏戏剧成分,[7]甚至认为元杂剧严格说来尚"未成熟"。[8]因此,欣赏中国传统戏剧,在很大程度上,故事只是一个背景,观众欣赏更多的是演员的"念、打、作、唱"。如今保留下来的许多元杂剧剧本仅仅是唱词的集合,没有对白,没有对舞台表演动作的提示。即使那些比较"完整"保留下来的剧本,其中的对白、动作指示和提示也非常简单,只有诸如"科"这样的提示;[9]即使如此,据学者研究,这些元素以及其他过场交代、动作提示也都是后代人加上去的。[10]剧本中的唱词与传统的诗词歌赋非常类似,有很强的抒情性和主观性。经常获得学者赞扬的一些元杂剧中的唱段,例如《西厢记》中的"碧云天,黄花地,西风紧,北雁南飞。晓来谁染霜林醉?总是离人泪"之类的,完全可以作为诗歌独立出来;从各方面看,与唐诗、宋词或元代的散曲没有什么区别。由于中国传统戏剧的这些特点,今天的观众——他们已经为现代的艺术训练得更习惯于欣赏故事,而不是抒情了——往往感到传统戏剧"节奏太慢"。一些学者对此的解释是,现代社会的生活节奏

---

[6] 钟涛:《元杂剧艺术生产论》,北京广播学院出版社,2003年,页4。
[7] 例如对元杂剧《梧桐雨》(《元曲选》,中华书局,1958年)的一般评价大致是该剧的抒情性。"是一部抒情诗",李修生:《中国文学史纲要·宋辽金元文学》,北京大学出版社,1990年,页214。台湾学者俞大纲认为《梧桐雨》和《汉宫秋》"文学价值非常的高,戏剧价值似乎赶不上[其他一些]杂剧";还认为白朴、马致远的作品都"缺乏戏剧成分"。俞大纲:"从另一角度看元杂剧《梧桐雨》和《汉宫秋》",《戏剧纵横谈》,传记文学出版社,台湾,1969年,页77。又比如关汉卿的《单刀会》"没有一个贯穿全剧的情节和人物","总是"自说自话"或"自抒其情";马致远的《西华山陈抟高卧》"几乎没有故事情节和戏剧冲突,当然更无戏剧高潮"。钟涛,《元杂剧艺术生产论》同上注,页4。
[8] 洛地:《戏曲与浙江》,转引自,李修生:《元杂剧史》,江苏古籍出版社,1996年,页1。
[9] 可参看,隋树森[编]:《元曲选外编》,3册,中华书局,1959年。
[10] 参看,顾学颉:《元明杂剧》,上海古籍出版社,1979年,页23—25。

加快了,现代观众要求"速度感"。这样的评论和建议似是而非。它既无法解释我们今天为什么还会欣赏一幅画、一幅摄影,也无法解释为什么不是所有的"枪战片"、"动作片"都能吸引观众(甚至有些还特意制作了慢镜头)。在我看来,现代观众的评论反映的是,即使看的是同一些传统戏剧,今天的观众和昔日的观众欣赏的维度也已经有了重大改变。话说远了,但上述的分析足以表明,中国传统戏剧的其侧重点不是叙事。

不侧重叙事,自然传统戏剧也就谈不上关注故事的结构和叙事方式了。

不关注却不是没有。"元杂剧一般一本只有四折,篇幅较为短小,不可能安排复杂曲折的情节,而且剧作起、承、转、合的情节发展过程也常有互相雷同或互相蹈袭之处,剧作的第四折更往往有'强弩之末'的缺陷"。"元杂剧作品大多设置一人一事、一线到底的情节结构主线,造成集中、紧凑、简炼、清楚的艺术效果。"[11]只是按照今天的叙事作品或戏剧结构标准,中国传统戏剧的结构看来很有问题。

这一点在所谓结构"紧凑而严密"[12]的《窦娥冤》中也非常明显。从该剧第二折开始,窦娥就一次次交代之前发生的、并在舞台上表现过的事件经历。并且,这种交代完全是非个人化的,即不存在因个人视角造成的理解误差,不存在因时间流逝造成的个人记忆误差,也不存在因境况变化自然会发生的、因此观众可以理解的叙述者对相关事实的选择性描述。窦娥每一次都"真实、准确、完整"地叙述了之前的事件。这样的叙述,加上之前的舞台表现,给观众/读者造成了一种所有事实的高度确定性和无可置疑的客观性。

也许是因为连续叙事的要求,也许还因为有意追求这种效果,元杂剧作者运用的另一种手法是,完全没有西方戏剧的"三一律"的概念,运用了中国绘画中的所谓的"散点透视";即使在一折戏甚至一段戏中也不加

---

[11] 郭英德:"元杂剧:中国古典戏曲艺术的奇葩",《光明日报》,1999年5月10日,版12。
[12] 陆侃如、冯沅君:"中国文学史稿(12)",《元曲通融》,张月中[主编],山西古籍出版社,1999年,页36。

节制地或"自由地"运用舞台空间。有学者曾对《窦娥冤》第一折的头一段戏作了分析,发现仅这一段戏中就五次"走马灯一般"地变化了舞台空间。[13]也正因此,即使高度赞赏元剧的王国维也不得不承认元杂剧的结构安排("关目")糟糕透了。[14]一些当代学者也有类似的评价。[15]

但仔细琢磨一下,王国维等人的这一判断中隐含的、有关戏剧结构的评价标准基本是西方的,或者是阅读的。我不能赞同这一评价标准。在我看来,元剧追求的是一种在当时中国戏剧演出环境中更能凸显传统中国戏剧的抒情维度、便利戏剧受众欣赏的结构。在这个意义上,评价元杂剧之戏剧结构的标准应当是当时条件下的戏剧演出效果,而不是抽象的唯质主义的戏剧标准。后面我会论证,相对于古代戏剧观赏的社会环境而言,今天在我们看来冗长拖沓的戏剧文本结构完全不是演出的元杂剧的"缺点",相反是优点。但此刻,我暂时摒弃这类比较,而把注意力放在:这种戏剧结构方式和叙事方式相对于那种强调戏剧冲突的结构方式而言所具有的特点,以及这些特点对观众理解司法审判问题可能产生的影响。

这首先是一种浦安迪称之为"正史叙事者"的叙述方式,它呈现给人们的关于事件过程是高度确定的,造成了一种纯客观的叙事幻觉。这也还是一种全方位或"全知视角"的叙述,即叙述者不是一个具体的生活参与者、因此必然有观察理解之局限的人,而似乎一个总是在场因此清楚了解事件发展全过程的旁观者,甚至是洞悉所有行为者之动机的智者。在这个意义上,我更愿称其为上帝的叙述。[16]尽管中国文化中没有西方的

---

[13] 陈晓鲁:"戏曲舞台时空形式在关汉卿杂剧中的最初表现",《元曲通融》(下),同上注,页1362。
[14] "元剧关目之拙固不待言,此由达日未尝重视此事,古往往互相蹈袭,或草草为之","元剧最佳之处,不在其思想结构"。《王国维学术经典集》(上),江西人民出版社,1997年,页282。
[15] 幺书仪:《元人杂剧与元代社会》,北京大学出版社,1997年,页53以下。
[16] 有学者也注意到这一点,并将这一特点准确表述为"透明";请看,郭振勤:"元杂剧包公戏发案情节'透明'的构思艺术",《元曲通融》,同前注12,页708—709。但,"透明"实际是这种叙事的效果,而不是一种叙事风格。

那个无所不在、无时不在且无所不能的上帝的概念,但是中国古代作品的许多叙述都必须以这种上帝的眼光为前提。例如我在其他地方提到的司马迁《史记》的叙述方式,司马迁仿佛亲临其境地看到并听到了程婴与公孙杵臼的言行,听到了项羽、刘邦等人的言行。[17] 而事实上,司马迁没有可能,司马迁使用的历史材料之作者也不可能看到或听到。就戏剧而言,这种视角和叙述方式因此也可以称之为一种观众视角和叙述,因为只有剧场中的观众才有可能总是从旁观者的角度、从与剧中人没有直接利害关系的角度观看事件全过程。

这种叙事方式有其长处。其艺术结构比较容易,连贯叙事也符合普通民众的日常经验,因此便于观众尽快进入戏剧故事,无需花费时力来注意一些稍纵即逝的细节,容易造成一种身临其境/物我两忘的感受,强化艺术的感染力;每折戏中对前一节的重复不仅便利了单折戏或单出戏的演出,也便利了因没有时钟、赶路等姗姗来迟的以及其他未能观看上一折戏的观众;[18] 简单的结构和情节都有利于观众或读者从总体上把握人物和事件,促使观众或读者将整体同那些突出的细节联系起来考虑,从而既强化了对细节的感受,同时也强化了对整体的把握;此外,这种结构和叙述还"规定了观众注意力的趋向,将之引向作者既定的内容范围",[19] 让观众集中欣赏演员的念、唱、做、打,从情绪上感受元杂剧的抒情特点。从追求观众最大化的角度——而这恰恰是大众文化追求的——来看,这种艺术结构是完全合理的。只是从今天阅读者的角度,才会让人感到这种结构过分拖沓、松散和太多重复。

但是,若是从智识的角度——这更多是精英文化的角度——看,这种叙述方式又有一些显著的弊端。首先,在现实生活中,没有任何人是或能够这样感受生活和事件的。现实生活中的每个人都生活在具体的时空中,他/她都只能从自己那个具体时空位置和特定视角去感受世界,他/她

---

[17] 请看本书第八章。
[18] 这种重复对于非集中的、非连续性的演出非常重要,它的效果有点相当于今天电视连续剧的"上集回放"。
[19] 郭振勤:"元杂剧包公戏发案情节'透明'的构思艺术",同前注16,页709。

既不可能有观众的视角,也不可能有上帝的视角。正如毛主席所言,"每个人都在一定的阶级地位中生活,各种思想无不打上阶级的烙印";[20]由于受各种社会关系所规定的角色限制,他/她对其他人物和事件的理解力和感知力都受社会关系和利益关系的影响。尽管每个人由于生物性以及社会交往能力可以在一定程度上分享他人的经验,获得某种程度的相互间性,但至少会受到两种限制。第一,这种相互理解往往要通过语言或其他符号来传达,因此是间接的。其次,任何语言和符号都有个"道可道,非常道;名可名,非常名"的问题,语言既不可能完全传达那个"真实",也不可能完全(而不是完全不能)传达传达者本人对事实的感受。在这一意义上,主体间性是有限的,我们每个人都被禁锢在自己的世界之中。因此,传统中国戏剧叙事方式在赋予了一种上帝的眼光,给人一种无所不知的感觉之际,却使人们遗忘了自己的局限,不易反思自己有所不知或不可能知。

第二,当戏剧引导观众从情绪上感受戏剧时——这是中国传统戏剧的特点——却会在一定程度上压制了观众从理智上感受戏剧;尽管这两者从理论上讲可能互补。就本章讨论的司法审判来说,更重要的是,这种叙事完全压制和湮灭了裁判者的视角,湮没了他所面临的法理学的核心问题之一,即一个没有参与事件全过程的人何以可能确定地知道要求其予以裁判的争议之真相,并做出合理公道的裁判。[21]我当然不是要求戏剧一定要从裁判者的视角进入,这种要求是荒唐的,是蛮横的;我只是说,在戏剧演出空间中,传统中国戏剧的叙述方式是排斥裁判者视角的。在这一特定空间内,中国传统戏剧的叙述方式给观众提供了一个在现实生活中不可能获得的视角,让观众分享了一种上帝的眼光,从而使得他们遗忘甚或排斥视角主义,排斥视角主义的叙事;它使得观众难以深入感受和面对视角主义提出的问题,难以理解戏剧中裁判者的困境和难题。

第三,也是从司法上看,这种叙事很容易导向一种实质正义的公正

---

[20] 毛泽东:"实践论",《毛泽东选集》,卷1,第2版,人民出版社,1991年,页283。
[21] 波斯纳:《法理学问题》,苏力译,中国政法大学出版社,2001年,页7。

观。一位研究元杂剧包公剧的学者就指出,由于案件事先已在舞台上完全展示,因此"观众在包公断案前心目中已有了一杆公平的秤。这引起观众极大的兴趣,看场上审案者如何审断,如何结案。当包公最终作出公正或比较公正的判决,惩恶扬善,伸张了正义时,包公清正廉明的形象也就令人信服地树立起来[了]"。[22]这当然不错。但是这位研究者没有指出,如果另一个官员由于视角之局限、信息之局限,未能如同包公那样作出公正或比较公正的判决时,观众心目中树立起的又是一种什么形象?

我们可以从《窦娥冤》来理解这个问题。当我们作为观众或读者看到张驴儿欺负、威胁和陷害窦娥时,我们已经得出了张驴儿罪该万死的道德判断,我们自然希望审理案件的官员也得出同样的判断。但这时,我们已经忘记了我们是观众,是剧场观众席上的上帝,我们会用剧场为我们创造出来的在那一段时间内无所不知的眼光以及相应的预期要求剧中的裁判者。当楚州太守桃杌未能满足这种预期时,犯了错误时,问题就来了。当然,如果这个错误后果不严重,我们可能无动于衷,甚至由于观众的优越视角,我们还会流露出会心的微笑,感受到一种生活的幽默。如我们看京剧《三岔口》的感受。然而,这种感受只是旁观者的感受,行动者——焦赞和任堂惠——则处于高度的紧张和生死关头。一旦这种错误或误解造成了严重后果,我们就不仅会失望,惊愕,而且会产生道德的义愤。如果《三岔口》展示了另一种结果,比方说,在黑暗中,焦赞或任堂惠砍下了对方的头,那么喜剧就会变成悲剧,我们就完全有可能对其中某个人物产生强烈的愤慨,我们会谴责其鲁莽,甚至可能认为其嗜血成性、杀人如麻,认为有道德问题了。尽管从理论上讲,道德判断只关涉行动者的主观意图;但实践中,道德反应往往是(尽管不总是)后果的产物。[23]在《窦娥冤》中,楚州太守的错误恰恰带来了严重的后果。在一般情况下我们可能容忍一些人类通常都有的弱点、缺陷,例如自私、软弱、偏见、固执、好

---

[22] 郭振勤:"元杂剧包公戏发案情节'透明'的构思艺术",同前注16,页709。
[23] Bernard Williams, "Moral Luck," in *Moral Luck*: *Philosophical Papers 1973 — 1980* 20 (1981),转引自,波斯纳:《道德与法律理论的疑问》,苏力译,2001年,页43。

色,但一旦这些弱点带来了甚或仅仅是伴随了严重后果,人们往往就无法容忍这些弱点了。而且,戏剧效果越好,艺术感染力越强(越"真实"),观众就越容易为这种情感左右,就越不容易理性、冷静体察和感受裁判者的视角。一种强大的对于共同体团结(social solidarity)的情感和心理需求会推动我们去寻找和发现敌人,创造坏人。[24]

"你说的只是剧场的效果!"有人会说,人们一般并不像堂吉诃德那样,把文学或戏剧中表现的生活当真。未必。看了书、戏、电影,有意无意地钻进书本充一个角色的人还是不少的。看了《红楼梦》,爱上林妹妹或薛宝钗或史湘云的男孩子,或是喜欢上宝哥哥的女孩子,从来就有。而看了电影喜欢上某个男(女)演员,成为自己梦中情人的现象也比比皆是。还记得20世纪八十年代"满地都是高仓健"的现象吗?也不要以为这只是年轻人中的现象。把艺术作为生活,这其实是相当普遍的一种社会现象。毕竟文学艺术本身就是人们汲取社会生活的有关信息,影响自己生活决策的一类重要资源。尽管成年人不会去"追星",但是,从戏剧/电影/小说去理解生活,给生活问题开药方的人还是不少的。在七十年代末/八十年代初,有多少人为"乔厂长"所激动,[25]并以这样的人物或作者对生活的理解,为改革开放开药方?九十年代初,又有多少人为电视剧《渴望》中的人物而激动、愤怒?堂吉诃德并不只是西班牙小说中一个过时了的可笑人物。作为一种使用符号的动物,在一定的程度上,我们每个人都是堂吉诃德。

也正是这种堂吉诃德因素使得作为观众的我们,在面临像窦娥、苏戍娟/熊友兰式的悲剧时,很容易对审判出错的裁判者产生一种道德的义愤。由于不能理解案件裁判者的难题,也由于普通观众和读者一般也很难设身处地地理解这种错误的性质,在没有其他参照系以及其他可能的情况下,在我前面提及的其他因素的共同作用下,人们很容易"道德成瘾",习惯性地从裁判者个人品德的进路来理解和塑造和概括生活的

---

[24] 涂尔干:《社会分工论》,渠东译,三联书店,2000年。
[25] 蒋子龙:"乔厂长上任记",《人民文学》,1979年7期。

问题。

这种视角一般同剧场空间和氛围相伴,但这种视角并不限于剧场。剧场效果对观众和读者的思考方式会有某种程度的塑造作用,会养成一种布迪厄所说的思考"惯习",影响人们在社会生活中理解和判断问题。同时,由于这种视角往往伴随对戏剧中的生活事件和人物的政治和道德评价,是一种文化和普法教育,因此,它也会培养一种思考和理解社会问题的基本进路和参照系,在这个意义上,审美的姿态有可能转化为一种社会生活的姿态。

传统戏剧的叙述方式固然可以湮灭裁判者的视角,视角主义的问题却是现实的、无法回避的;传统戏剧是如何处理这个问题的呢?中国传统的公案剧一般说来总是回避这个问题。如同我在本书第五章中分析过的,现存的元杂剧中,只有一种可以算得上是裁判者在案件审理中运用了智慧。[26]其他的公案剧或者是关注执法的问题,因此,只要有可以先斩后奏的大官强制执行法律(例如《包待制陈州粜米》)或智慧地执行法律(例如《包待制智斩鲁斋郎》、《包待制智赚生金阁》、《包龙图智赚合同文字》),就可以了;或者是把裁判问题转化为一个勤政问题,只要官员勤政、细心,加上某些幸运和巧合,审理裁判中的事实真相问题就可以被克服(例如《魔合罗》、《勘头巾》、《救孝子》、《留鞋记》以及后代的《十五贯》)。

一旦遇到权力和勤政都不能解决问题时,戏剧作者就会借助鬼魂或"托梦"来解决(更准确地说,是回避)这个认识论的问题。《元曲选》的公案剧中,为什么将近一半出现了鬼魂(《窦娥冤》、《神奴儿》、《蝴蝶梦》、《后庭花》、《盆儿鬼》、《生金阁》、《冯玉兰》以及《元曲选外编》中的《绯衣梦》)?这也许是一个解说。鬼魂的出现,一方面表明了对这个问题的回避,但另一方面也恰恰表明了这个问题的严重。当戏剧家的智慧没有办法解决裁判者的问题时,他们最方便的、但也最拙劣的解决问题的办法就是把鬼魂牵出来。

---

[26] 《包待制智赚灰阑记》,《元曲选》,卷3,中华书局,1958年。

在这个意义上,我结论说,中国传统的戏剧从来没有真正思考过这个司法的核心法理学问题,最多是间接地触及了这个问题。而这种忽略,促成了道德主义进路的形成。

传统戏剧的艺术空间之构建

如果说叙事区分了戏剧、小说、话本、传奇等与抒情诗,那么区分戏剧与小说、话本、传奇的就是表演(尽管说书也有某种表演的成分)。戏剧的艺术效果基本不是通过受众阅读(对于话本来说,则有聆听)实现的,主要是通过受众观看聆听实现的。鉴于这一点,尽管我在这里分析的戏剧资料都是记录下来的文本,我们却要注意,在这些戏剧发生其艺术效果的年代,它们都不是文本,甚至无需文本;剧本仅仅是促成戏剧艺术效果的一个指南,尽管可能是最重要的指南。因此,要细致地通过戏剧来考察法律与文学,研究者就不能仅仅阅读文本,而必须想象性地构建一个戏剧发生的空间,想象戏剧的表演,想象戏剧是如何、对什么人以及在什么样的环境中发挥作用的。只有这样,一些如今仅仅当作阅读提示的文字和符号就可能成为一个更大戏剧文本的组成部分;阅读者在其日常观赏戏剧演出时获得的有关戏剧的知识和经验就有可能成为他阅读狭义戏剧文本的重要补充。

举个例子。在《窦娥冤》剧本中,审理窦娥一案的楚州太守桃杌出场时,有一段括号内的文字"(净扮孤引祗候上,……)"。如果仅仅从文字叙事的维度来看,"净扮孤"这三个字对于该剧剧情发展并不重要,完全可以用具体人物——桃杌——替代;但若考虑到这是戏剧,这三个字就具有不可替代的重要意义,是作为演出之用的戏剧文本——而不是作为文学阅读的剧本——的重要组成部分。这三个字并不仅仅是一个艺术表演的提示,至少对我来说不仅仅是。它提醒了我在传统中国戏剧中由其他艺术形式构建的一个高度形式化的世界,这种形式化艺术世界有可能隐含了作者和表演者对于这一戏剧的政治、道德评价,隐含了他们对观众或读者的政治和道德引导。

如果从这一角度再来阅读传统戏剧文本,加上对戏剧的其他因素的考察,我们就可以看到传统中国戏剧大量运用了一些形式要素来构建和传达某种社会的政治道德评价。这些形式性要素有:

主要人物的姓名。通过姓名谐音暗示或字面含义,作者构建了一个善恶对立的世界。例如,《窦娥冤》中判决窦娥死刑的楚州太守桃杌,和《十五贯》中做出冤案判决的县官过于执就是两个最典型的例子。桃杌的名字来自古代的四凶之一梼杌。[27] 而过于执的名字则更为直白,"过于固执"。显然,作者用剧中人物与古人重名或谐音预先对观众和读者作了某种暗示。在元杂剧中,这种例子颇多。例如,《救孝子》中"本处推官鞏得中"的名字谐音为"功德终";《遇上皇》中的臧府尹的谐音是"赃府尹";《都孔目风雨还牢末》中东平府尹尹亨谐音则为"阴狠";《神奴儿》中令史宋了人("鸟人")"表字赃皮"等。

对剧中作者认为的"正面人物"也是如此。例如,《窦娥冤》中最终为窦娥平反昭雪的窦天章。"彰"字,具有明白、显露的含义,同时又具有表彰的含义;"天彰"因此具有了丰富的正面寓意。又如《都孔目风雨还牢末》中的六案都孔目李荣祖(光宗耀祖)。但最明显的方式则是借助民间公认的或已得到确认的道德权威人物,例如包拯、王翛然、钱可(钱大尹)、张鼎,把这些道德权威人物普遍化、符号化。由此我们甚至可以理解,为什么《元曲选》中共有十五出"公案剧",其中十出清官都是包拯,两出是王翛然,另外两出是张鼎,后面两人也都是历史上的著名人物,至少在当时。

上场诗和开场白。人物的名字固然有暗示作用,但是,人物名字往往对阅读者作用更大,在传统戏剧舞台上则很难起大作用,因为舞台很少直呼其名。为避免这种暗示"失效",传统戏剧中更多利用了"上场诗"和"开场白"来界定戏剧人物的身份或性格。在一些戏剧中甚至一些人物

---

[27] "颛顼氏有不才子,不可教训,不可话言。告之则顽,舍之则嚚;傲很明德,以乱天常,天下之民谓之梼杌。"《左传·文公十八年》,转引自,王起[主编]:《中国戏曲选》(上),人民文学出版社,1985年,页13,注34。

的名字都省略了,而只有其上场诗。一项有关元杂剧上场诗的实证研究发现,在元杂剧的全部上场诗中,界定身份的占了80%以上,界定性格的则占了40%,因此,刻画人物是上场诗的最主要功能。[28]

例如,《窦娥冤》中桃杌的上场诗是"我做官人胜别人,告状来的要金银;若是上司当刷卷,在家推病不出门"(页1507);可谓最典型的,但这样的例子是大量的。[29]相反,戏剧中作者的正面官员上场诗则充满了正义和豪气。例如包拯,"法正天心顺,伦清世俗淳;笔题忠孝子,剑斩不平人"(《盆儿鬼》,页1404);"当年亲奉帝王差,手揽金牌势剑来;尽道南衙追命府,不须东岳嚇魂台"(《灰阑记》,页1125);"咚咚衙鼓响,书吏两边排;阎王生死殿,东岳摄魂台"(《留鞋记》,页1272;《蝴蝶梦》,页63);完颜"王法条条诛滥官,明刑款款去贪残,若道威权不在手,只把势剑金牌试一看"(《勘头巾》,页683)。正面人物哪怕贫困潦倒,也是胸有大志,例如《窦娥冤》中的窦天章的上场诗是"读尽缥湘万卷书,可怜贫杀马相

---

[28] 游宗蓉:"元杂剧上下场诗探究",《中国文学研究》,第13期,台湾大学中文所编,1999年5月。
[29] 其他反派官员的例子有:
《魔合罗》中无能的"河南府县令"的上场诗是"我做官但爱钞,不问原被都只要。若是上司来刷卷,厅上打的鸡儿叫"(页1375);
《神奴儿》中的"本处县令"的上场诗是"官人清似水,外郎白似面。水面打一和,糊塗成一片"(页568);
《勘头巾》中的"本处大尹"的上场诗是"官人清似水,外郎白如面。水面打一和,糊塗成一片"(页671);
《救孝子》中"本处推官鞏得中"的上场诗为"小人姓鞏,诸般不懂,虽然做官,吸利打哄"(页764);
《灰阑记》中郑州太守苏顺的上场诗是"虽则居官,律令不晓;但要金银,官司便了"(页1116);
《魔合罗》中萧令史的上场诗是"官人清似水,外郎白似面。水面打一和,糊塗成一片"(页1376);
《神奴儿》中宋令史的上场诗是"天生清干又廉能,萧何律令不曾精;才听上司来刷卷,登时唬得肚中疼"(页568);
《灰阑记》中赵令史的上场诗是"我做令史只图醉,又要他人老婆睡;毕竟心中爱者谁,则除去花花作一对"(页1109)。

如;汉庭一日承招恩,不说当垆说子虚"(页1499)。

角色分类和脸谱。上场诗以及开场白尽管很重要,但它只诉诸了听觉,并且只出现一次,而戏剧是多种感官的艺术。因此,传统中国戏剧也非常注意诉诸其他感官。其一是非常注意角色的分类。只要阅读元杂剧剧本就可以发现,剧中的一切主要人物都是以角色登场,而不是以人物登场。[30] 即是以类型化的人物登场的,而不是以演员所饰的具体人物登场。

值得注意的是,这种角色分类不仅仅是对演员类型的分类,而且还是对所饰人物的性格、品性的粗略分类;尽管研究者通常更看重这种分类的艺术功能以及对剧团内的组织功能,但就其社会功能来看,可能主要是针对观众的,它大大便利了观众对人物的分类把握。

据专家研究,元杂剧中演员的角色大约可以分为四类,末、旦、净(包括丑)、杂。[31]

末是剧中正面的男角,男主角即为"正末",此外还有外末、副末、冲末等。就元杂剧而言,例如《窦娥冤》中的窦天章(冲末),《灰阑记》以及其他剧作中的包拯(冲末),以及《魔合罗》中的张鼎(正末)和完颜(外末)都是末角。在这个意义上,末角几乎是正面人物专有的角色。[32]

旦是剧中女角,女主角为"正旦",此外有副旦、花旦、老旦、大旦、小旦、搽旦等。值得注意的是,一般说来,旦角都是正面或中性的人物,唯有搽旦一般都是反面人物。元杂剧中那些可恶的女角都是搽旦扮演,例如《灰阑记》中的谋杀丈夫夺人儿子的马氏正妻、《神奴儿》中害死侄儿的王腊梅、《盆儿鬼》中同丈夫一同谋杀住店客商的撇枝秀等。

净,即通常所说的花脸。元明清时期的戏剧中净与丑的区别还不明

---

[30] 有学者认为,"'脚色'是我国戏剧构成中特有的事物,它既是班社一群演员各有所司又互补相成的分工,又是剧中众多相互关系的人物的分类。……所以中国传统戏剧(剧本)以'脚色'登场并不以'人物'登场"。洛地:"中国传统戏剧研究的缺憾",《社会科学研究》,2000年3期,页133注7。

[31] 关于传统戏剧中的角色,一般性的介绍,请看,顾学颉:《元明杂剧》,同前注10,第4章。

[32] 我所查阅的包公戏中,唯一的例外是《鲁斋郎》剧中的反面人物鲁斋郎是由冲末扮演的。

显,[33]丑还不构成一个单独的类别,因此净常常包括了丑。在元杂剧中,尽管也有不少正面人物是净角,但是一切在剧作者看来是反派人物的官员都是净角。例如《窦娥冤》中的桃杌、陷害窦娥的张驴儿以及谋财害命的赛卢医,《灰阑记》中的苏顺,《魔合罗》中的"河南府县令"以及毒兄害嫂的李文道,《神奴儿》中的"本处县令",《勘头巾》中的"本处大尹"以及奸淫杀人的王知观,《救孝子》中"本处推官鞏得中"和杀人害命的赛卢医;注明"丑"的胥吏则均为污吏,例如《魔合罗》中萧令史,《神奴儿》中宋令史,《灰阑记》中赵令史。

杂,则是上述三类之外的和角色不明的人物。

为了凸现角色分类,传统戏剧为不同角色设计了包括唱腔、声调、台步、身段等在内的种种高度直观且强烈的艺术表达方式。其中最重要、也最直观的无疑是与这些角色相伴的面部化妆。由此形成了脸谱以及脸谱的基本色调。据顾学颉称:

> 逮相沿日久,各种不同的颜色,遂逐渐成为显示人物品格的特殊化妆手段。例如红脸多表现忠义正直的人物(如关羽、姜维);黑脸多表现鲁莽勇敢的人物(如张飞、牛皋);白脸多表现机智狡诈的奸佞人物(如赵高、曹操);黄脸多表现内有心计、暴烈不外露的人物(如王僚、宇文成都);蓝脸多表现刚强凶猛而有心计的人物(如马武);绿脸多表现性格顽强急躁的人物(如单雄信);其他还有金、银、紫、赭、粉红、灰等色的脸谱。以上、红、黑、白等基本颜色脸谱,元明杂剧已都采用……[34]

不仅基本色调,而且许多脸谱的构图也有象征意义。例如清宫升平署戏曲人物画中留下的早年京剧《铡判官》的包拯的脸谱,戏剧说的是包

---

[33] 顾学颉,同前注10,页29;又可参看,赵景深、胡忌[选注]:《明清传奇选》,中国青年出版社,1957年,"导言",页10。
[34] 顾学颉,同前注10,页32。

拯魂下阴曹,查明颜察散的冤案,刀铡了阴曹地府袒护至亲嫁祸于人的主事判官的传奇故事。脸谱黑白两色各占一半,额头勾弯月,连头戴的相纱也黑白分明,近代京剧中《铡美案》包拯的额面也勾白色弯月,均表示包拯日断阳,夜断阴。白色双眉紧锁,示其日夜忧国忧民。满脸的黑色突出人物的正直无邪。[35]

脸谱同角色的结合和相互强化,创造了一个高度形式主义的预先设定的艺术体系。[36]应当注意,角色和脸谱与姓名和上场诗相比有很大不同,角色和脸谱更为直观,并且只要人物登台上场表演,就会持续呈现出来,不断地对观众发挥作用,不像姓名和上场诗或开场白很容易被人遗忘。随着故事情节的展开,戏剧人物的行为会不断印证和充实角色和脸谱预先传达的信息。

虽然这个体系由于过于形式化和简单化,表现力必然有限,但是它的作用大致相当于预先的"格式化":一方面它为观众提供了一个最基本的艺术分类,一个初步的艺术参照体系,因此大大节省了观众理解剧中人物性格、道德品行和人物之间的基本关系所需要的"费用";另一方面,在任何具体的戏剧中,这种角色、脸谱所构成的基本格局,辅之剧中人物的姓名和上场诗,就可以迅速构建一个比较复杂的象征性的艺术世界和道德世界,便于观众利用其最基本的艺术直觉或是其先前观看戏剧演出中累积的艺术经验迅速进入新的剧情,理解新的故事。这个艺术欣赏过程是一个艺术经验的强化过程,为观众下一次遭遇戏剧做

---

[35] 傅学斌[编绘]:《脸谱钩奇》,中国书店,2000年。
[36] "脸谱成为一种规矩,每个净角的脸谱不变,还产生一种极有力的戏剧功效。戏剧中的主角,都需要介绍使观众对他们的性格不但有认识,并且有深切的认识,不但有反应,并且有强烈的反应。但是戏剧家不像小说家有许多时间许多篇幅来介绍主角。有了脸谱,观众对已经认识的角色一见面就完全认识,不必再介绍。就是观众不认识的一个净角,只看他的红整脸,或粉脸带奸纹,或是绿碎脸,就大略知道他的素质和性格,可以省掉好多介绍工夫。净角之所以能够有这样的效果,是因为观众的心理有所谓之'联想'(association)的作用。看了几十次的包公,自然一见那一副黑脸,就想起他的刚直。同样地看红脸或白脸都是具有那种的性格,自然一见红脸或白脸,心中就立刻产生那种的反应。"许逸之:《怀梨偶寄》,宝文堂书店,1987年。

好了准备。

　　这些今天人们称之为艺术特点的,既非中国传统戏剧的本质之规定,也非艺术自身规律的产物,如果从戏剧发生学、谱系学的角度来看,这是一系列生存的激情、利益、力量碰撞、挤压和挣扎的结果。[37]在一个戏剧作为世俗艺术刚刚兴起,剧团到处流动,演出通常没有固定剧场,社会中普遍没有精确计时装置因此没有统一且固定的演出时间,观众可能随时出入"剧场"的社会空间中,[38]戏剧很难生存。因此这些形式化的艺术手段对于保持戏剧的可观赏性和可理解性,对于吸引、塑造戏剧消费者,造就戏剧市场,进而保证演员、剧作家和戏剧生存和发展具有无可辩驳的重大意义。从这种发生学、谱系学的角度看,这个形式主义系统注定不仅是艺术的,而更多是社会的、功利的。它不是为了艺术的艺术(尽管创造者、改进者或是今天的研究者可能会这样认为,这样演绎),而更多是为了生活的艺术,首先是为了演员、剧作家生存的艺术。[39]它的发展形成不是唯质主义的,而是社会建构的。当然,这并不是否认这个形式主义系统本身具有重大的艺术意义,如果深入研究,它完全可以丰富中国的戏剧研究,甚至对研究人们的认知心理学也可能有意义;只是仅仅从艺术本身的发展很难解说其缘起和演变。

　　必须注意的,并且与本研究关系更大的是,在漫长的发展进程中,受到上一章所分析的政治治理的挤压,这个高度抽象的形式化体系也逐渐承担了道德的、政治的功能,因此成为一种戏剧人物的道德和政治分类系统。这就是所谓的"心所喜者,施以生旦之名,心所恶者,变以净丑

---

[37] 参看,Michel Foucault, "Nietzsche, Genealogy, History", *The Foucault Reader*, ed. by Paul Rabinow, Pantheon House, 1984, pp. 76—97.

[38] 关于元杂剧之演出场地,可参看,周贻白:《中国戏剧史长编》,上海书店出版社,2004年,页228—232;王季思:"元杂剧的形成和兴起",《元曲通融》(上),同前注12,页341—342;李修生:《元杂剧史》,江苏古籍出版社,1996年,页4050;张庚、郭汉城:《中国戏曲通史》上册,中国戏剧出版社,1980年,页303—307。

[39] 可参看,张燕瑾:"谈戏曲在元代繁荣的原因",以及,朱光荣:"论元杂剧繁荣的原因",两文均集于《元曲通融》(上),同前注12,页380,383。

面",[40]或"公忠者雕以正貌,奸邪者与之丑形"。[41]抽象的角色和脸谱等艺术形式,在其创造的艺术世界中,不仅把人物性格形式化了,标准化了,简单化了,类型化了;它还在一定程度上把传统社会的道德评价体系高度形式化了,进而把传统社会的社会生活也进一步形式化、标准化、简单化和类型化,将之同艺术紧密地混合在一起了。在戏剧演出的过程中,这个体系不仅创造了一种对人物的艺术预期,更创造了一种对人物的道德或行为预期。当一个末扮演的官吏出场时,我们不仅看到了一个末角,预期一套与末角相适应的念、唱、做的艺术表演,我们还预期着一种我们可能赞赏的人物性格,一种我们推崇的道德,一种值得效仿的行为,一种渴求实现的生活。而当一个净/丑角扮演的官员或胥吏上场时,我们也不仅有一套艺术的预期,我们还预期着这是一个愚蠢无知的人物,一种卑下无聊的人格,一种肮脏可厌的生活。在这套形式化的艺术体系中,你无法设想一个由丑角演出的包拯,你也不可能有一个由搽旦演出的窦娥。不仅你的艺术世界被格式化了,你的道德世界被格式化了,你的生活世界也被格式化了。由于这个艺术世界的形式化分类是如此简单,你在生活和道德世界的分类也很容易(尽管不必然)相应地简单化、形式化起来。结果是敌我分明,忠奸分明,爱憎分明。

这种形式化的角色脸谱分类体系本身的简单,至少在某些时候,也会强化了这种黑白分明、善恶对峙的道德世界。在这个艺术体系中,既然有差错的官员(例如桃杌)同道德上的恶人(例如张驴儿)都由净扮演,那么净这个艺术分类就实际具有一种暗示性的组合作用,它把这些在今天看来道德法律责任显然不同的人组合起来,构成了一个艺术角色的同时也是道德角色的团队,同以包拯这样的末角、以窦娥这样的旦角构成的正面人物的团队相对立。[42]当然,细心的读者会指出,并且我也同意,戏剧中的这种善恶对立的世界首先只能来源于生活中的善恶对立,而不是相反。

---

[40] 吴梅:"曲原",《元曲通融》(上),同前注12,页5。
[41] 《都城记胜》,转引自,王季思:"元杂剧的形成和兴起",同前注38,页341。
[42] 当然,这种分类系统也许是有道理的,我在前面指出,由于信息成本问题,传统社会采用的严格责任制,除了例外,在处罚上并不严格区分在我们看来明显不同的错失和故意。

我无法证明也不想证明这个形式化艺术体系同人们的形式化道德体系之间,究竟谁是因,谁是果;但符号世界本身具有一定的构成或强化作用,这一点不可否认。在日常生活中,由于知识分子往往戴眼镜,因此当我们看到一位戴眼镜的人,眼镜这个符号就会令我们预期他可能是知识分子。因此,在不追究终极因果关系的意义上,说这个艺术世界对人们的道德世界的形成有一定影响,或有强化作用,大致是不会错的。在这个意义上,我们可以大致结论,这种高度形式化的艺术体系在其便利了艺术欣赏时,便利了人们道德化地理解戏剧中的生活世界和生活中的戏剧世界时,它也在一定程度上阻碍了人们现实地、理性地、更精细地考察和理解自己的生活世界。

想起了《哈姆雷特》

在这里,作为例证,我想简单考察一下莎士比亚的悲剧《哈姆雷特》。这一剧作是许多读者都熟悉的,对它有各种解说,我没有能力而且也不打算对其作全面回顾和深入分析;我只想根据我的阅读,从认知的角度分析一下哈姆雷特为什么会在复仇问题上一直犹豫不决。

戏剧一开始,哈姆雷特的父亲已经死了,母亲已经改嫁给哈姆雷特的叔叔、继任国王、哈姆雷特心目中谋杀父王的嫌疑犯。尽管哈姆雷特有这种怀疑,但是他没有任何可靠的证据,戏剧中也没有为观众提供任何直接的表现。所有的证据都是推断的,甚至有迷信的色彩:哈姆雷特首先是从鬼魂那里得知父亲被叔叔杀死(但这也可以作一种日有所思,夜有所悟的解释),后来又从叔叔对戏剧化的谋杀情节的反应获得了某种印证(但这足以作为证据吗),还发现有人试图谋杀自己(但即使是受了叔叔的指使,也可以作其他解释,并且仍然无法作为证明新国王谋杀老国王的证据)。问题因此是,所有这些是否足以证明叔叔就是杀害父亲的凶手呢?对于一个现代的理性的人——哈姆雷特——来说,这显然很不充分。哈姆雷特是一个需要和渴求高度确定性的人(不仅因为他的现代,而且有后面将讨论的原因),因此,他又是一个质疑一切未知事物的怀疑主义者——因渴望确定而怀疑。许多中国读者都熟悉他的"活着还是死去,这是一个问题"的名言,但与我这里的分析相关的是他提出这个问题之后的那整段话,因为他不知道死亡是否能解脱他的思考的痛苦,是否能给他一种完全的确定性:

> 生存还是毁灭,这是一个值得考虑的问题:默然忍受命运的暴虐的毒箭,或是挺身反抗人世的无涯的苦难,通过斗争把它们扫清,这两种行为,哪一种更高贵?死了;睡着了;什么都完了;要是在这一种睡眠之中,我们心头的创痛,以及其他无数血肉之躯所不能避免的打击,都可以从此消失,那正是我们求之不得的结局。死了;睡着了;睡着了也许还会做梦;嗯,阻碍就在这儿:因为当我们摆脱了这一具朽腐的皮囊之后,在那死的睡眠里,究竟将要做些什么梦,那不能不使我们踌躇顾虑。人们甘心久困于患难之中,也就是为了这个缘故;……谁愿意负着这样的重担,在烦劳的生命的压迫下呻吟流汗,倘不是因为惧怕不可知的死后,惧怕那从来不曾有一个旅人回来过的神秘之国,是它迷惑了我们的意志,使我们宁愿忍受目前的折磨,不敢向我们所不知道的痛苦飞去?这样,重重的顾虑使我们全变成了懦夫,决心的赤热的光彩,被审慎的思维盖上了一层灰色,伟大的事业在这一种考虑之下,也会逆流而退,失去了行动的意义……[43]

对于这样一个怀疑人的认识能力同时又追求确定性的人,显然,鬼魂的告知、叔叔的异常反应都不足以让他得出一个"没有合理怀疑"的判断。而正是这种对确定性的追求剥夺了他行动的能力,"决心的赤热的光彩,被审慎的思维盖上了一层灰色"。

许多人会说,戏剧中的哈姆雷特并不是一个案件裁判者,因此,与司法裁判官没有可比性。但是,提出这个问题的人只是从制度的名称上考虑问题;如果就思考的境况而言,哈姆雷特更类似一个司法裁判者,尤其

---

[43] 《哈姆莱特》,朱生豪译,《莎士比亚全集》卷9,人民文学出版社,1978年,页63—64。

是他的审慎。哈姆雷特有强烈的复仇愿望——如果他的父亲确实是被谋杀的话。并且在那个时代,或者仅仅是由于哈姆雷特无法诉诸公权力来复仇,这种复仇就成了死者直系亲属的一种义不容辞的义务。[44]但是复仇者的第一个任务就是判断应向谁复仇,光有"赤热的决心"是不行的,他必须发现这个复仇对象,然后才能执行自己的判断。哈姆雷特清楚地意识到,必须对自己的判断以及由此判断引发的复仇行动之结果直接负责。哈姆雷特的迟疑不决因此已不仅仅是一个性格问题,也不是对生命的尊重,对国法的尊重(国法现在是在他可能的仇人手中),而主要是因为他可能的复仇对象是自己的叔叔,既是自己的亲属之一,又是母亲的丈夫——自己最亲爱的人的亲人;而父亲的鬼魂也曾告诫他"不可对你的母亲有什么不利的图谋"(页29)。在这种境况下,哈姆雷特必须对自己的复仇行为高度确定。如果是对其他人复仇,如果发生了错误,他可能内疚,甚至也有某些痛苦;但是那种痛苦不会非常重,也不会持续很久,时间将洗去或冲淡一切。但是如果他是对母亲和叔叔犯了错误,这种错误不仅永远无法补救,而且根据复仇的铁律,他必须作为母亲和叔叔的复仇者对作为母亲和叔叔的杀害者复仇,即对自己复仇。[45]只要活着,他就永远无法摆脱那种巨大的痛苦。哈姆雷特的犹豫实际上表现了对自己复仇行为的负责。复杂的亲属关系使他必须对自己的判断和行动格外慎重、审慎。

哈姆雷特甚至对自己看到的父亲的幽灵也有怀疑,而这在当时是他认为父亲为叔叔谋害的唯一直接证据(被害者的证言)。他怀疑:

---

[44] 参见本书第一章。
[45] 古希腊埃斯库罗斯的悲剧三部曲《俄瑞斯特亚》(分别为《阿伽门农》、《奠酒人》和《报复神》)中就深刻反映了这种自我对自我复仇的悲剧。阿伽门农为率军攻打特洛伊而牺牲献祭了自己的女儿,因此其妻子为女儿复仇杀死了阿伽门农;阿伽门农和妻子的所生之子奥雷斯特斯为父亲复仇,杀死了母亲;最后轮到奥雷斯特斯来为自己母亲复仇,即对自己复仇。导致了古希腊法院的出现。波斯纳认为此剧展示复仇制度的根本弱点,标志着复仇制度的崩溃和司法制度的创立。此剧的中文译本见,《埃斯库罗斯悲剧集》,陈中梅译,辽宁教育出版社,1999年。波斯纳的分析,请看,Richard A. Posner, *Law and Literature*, rev. and enlarged ed., Harvard University Press, 1998, p. 61。

> 我所看见的幽灵也许是魔鬼的化身,借着一个美好的形状出现,魔鬼是有这一种本领的;对于柔弱忧郁的灵魂,他最容易发挥他的力量;也许他看准了我的柔弱和忧郁,才来向我作祟,要把我引诱到沉沦的路上。(页60)

因此,哈姆雷特才得出结论认为"我要先得到一些比这更切实的证据"(页60),他知道"真正的伟大不是轻举妄动"(页101)。但即使到最后,他的证据也并非"不存在合乎情理的怀疑",他只是通过戏剧舞台上重现了他想象的父亲被谋杀的场景,发现了叔叔对此有异常反应,以及他受到了叔叔的严密监控甚至迫害。但是,前一点仍然不足以证明父亲是叔叔谋杀的;所谓的叔叔的异常反应难道不会是一种主观的想象——如同遗失斧子的人对邻居的观察?而后一点,也完全可以做另一种解释,即叔叔对侄子的预先防范。在这种条件下,无论哈姆雷特选择复仇还是放弃复仇,他都无法消除自己由于信息不完全、不充分而带来的困惑,他都会面临终生的"生命无法承受之重"的道德责任,注定了他一生无法幸福。因此,他才会思考"在那死的睡眠里,究竟将要做些什么梦"这样一个普通人会感到极为荒唐的问题。他希望得到一种确定的永远解脱!

正是在这个意义上,哈姆雷特遇到的问题就是一切审判者在审理疑难案件中都会遇到的两个问题,首先是,在未参与事件全过程因此不了解事实真相的情况下,如何依据现有的并不充分的证据做出判断并据此行动;其次是,如果出错,由谁来承担或来分担这一道德责任。前者是一个无法解决的认识论问题;但还不仅如此,更重要的是加了着重号的问题,即司法是要行动的,常常要在信息不完全的条件下行动,决定他人的身家性命。裁判者不可能等到一切都弄清楚了——这一天也许永远不会来到——再行动。设立司法机构的目的就是要审判者在现有的不完善的信息条件下作出人们认为比较正确的而不是绝对正确的判断并行动。法官无法逃脱这一任务。因此后一个问题接踵而来:出了错又怎么办?

现代司法通过设立一系列制度在一定程度上化解了,或是回避了裁判者面临的这两个问题。通过确定举证责任、举证责任的转移以及其他机构和程序来提供证据,然后由裁判者做出判断,化解了第一个问题。同时也化解了第二个问题:由于诸多机构的参与,有多个审级,也由于裁判者不承担举证责任,因此即使裁判者发生裁判错误,他也可以推卸或至少减轻这一责任。例如有警方收集证据,检察官提出指控,[在英美]由陪审团认定罪错,此外还有上级法院的复审,法官的责任因此大大减轻了,只要不违反程序法的规定,几乎全部责任都可以推卸。但是哈姆雷特(以及中国传统社会的审判者在某种程度上)没有这种可能,他没有其他机构和程序可以诉诸,他自己就是这些其他机构和程序。复仇一旦启动就一定是一个没有上诉的终审判决,无法事后予以救济。所有的责任都加在了哈姆雷特身上,要求他依据自己的认知能力来做出判断。

  哈姆雷特在这里面对着两个同样至高无上却可能无法兼容的责任和律法:为父亲复仇申冤(这意味着要杀死或伤害另一个或几个亲人),并且要尽可能避免自己无辜的亲人受伤害(严格说来,这就意味着要放弃复仇)。更重要的是,哈姆雷特的这种责任与法官还不同,司法裁判者决定的案件往往与自己没有直接的情感或利害联系,由于回避制度,司法裁判者是明确不允许审理这种案件的。而哈姆雷特面对的双方都是自己的亲爱的人。无论如何选择,只要信息不充分,他的痛苦就无法逃避,是永久的内心折磨。在这个意义上,尽管《哈姆雷特》的核心也许不是讨论司法的问题,但是它对于从直观上理解司法的核心问题、理解法官的视角和难题却有巨大的启发和震撼。据此,《哈姆雷特》可以说是一部有关司法的经典作品。

  还要考察这种巨大的冲突以及其中隐含的认识论和道德问题是如何在《哈姆雷特》中呈现出来的。如果同中国传统戏剧相比,例如同《窦娥冤》或《十五贯》或类似的公案剧相比,读者就可以看到,凸显这一问题的主要是《哈姆雷特》一剧的叙述方式和视角。莎士比亚没有把哈姆雷特父亲之死直接搬上舞台。戏剧是从事件中途开始的。莎士比亚的叙事方式和视角使受众在一定程度上分享了哈姆雷特的位置,由于不了解哈父的死亡真相,受众(包括读者)都必须且只能根据在某些人看来充分而在另一些人看来并不充分的证据做出判断,受众分享了哈姆雷特的那种有局限的人的焦虑和怀疑,从而凸显了人类在裁判上面临的注定是永恒的难题。

《哈姆雷特》的叙事和提问方式在西方社会的司法文化中可以说一直是比较显著的。我们在许多近现代西方戏剧、电影和文学作品中都曾看到不同的人如何重构自己未参与的案件真相,例如爱伦·坡的小说、《福尔摩斯侦探记》、克里斯蒂的小说,以及根据这些小说改编的影视作品。一些研究中国元杂剧的外国学者也曾指出中国公案剧与西方侦探文学相比的这一特点。[46] 西方的司法/正义女神雅典娜就是一个蒙上眼睛的女神。这一形象的意味,或许并不完全如同中国当代法学家所认为的那样,仅仅是不考虑个人特点平等地适用法律(那是实体法的意义);她也完全可能是对司法裁判官的发现真相的能力的一种隐喻。[47] 而中国传统社会人们心目中的正义之神(如果可以这样说的话)——老天爷——似乎必须是"长眼的"。[48]

必须申明,我并非在比较东西方司法正义的优劣。脱离了司法正义发生的具体语境,这种比较是没有意义的,势必是一通政治正确的胡说。我在这里试图强调的仅仅是,戏剧(以及其他故事性文艺作品)的叙述方式和视角不同可能对人们的正义观有一种潜移默化的影响,塑造他们对于司法的预期,影响他们对司法难题的理解,并进而影响他们对司法判决的判断。只有在一个承认审判不可能完全重构以往之真相的社会中,人们才可能对案件裁判者的困难有所理解,并对其智识和判断错误予以适度的宽容;而在一个确信和强调案件真相可以完全重构的社会中,案件裁判者的错误就难以容忍,智识的或判断的错误就更可能被视为道德的缺失。

---

[46] 孙歌、陈燕谷、李益津:《国外中国古典戏曲研究》,江苏教育出版社,1999年,页218。

[47] 关于西方正义女神之来历和寓意的介绍和分析,可参看,冯象:"正义的蒙眼布",《政法笔记》,江苏人民出版社,2004年,页144以下。

[48] 请看:"有日月朝暮悬,有鬼神掌着生死权。天地也只合把清浊分辨,可怎生糊突了盗跖颜渊?!"《窦娥冤》,页1509。

另一种《窦娥冤》

为了进一步说明这一点,也许可以进行一个思想的试验,或者说对《窦娥冤》作一种想象性的改编,我们会发现《窦娥冤》的悲剧同样会出现,甚至,张驴儿本人也可能是一个悲剧人物。

我们所见到的《窦娥冤》从一开始就告诉了观众故事的全部真相,并且在剧中不断重复"真相":张驴儿无意间毒死了自己的父亲,并陷害窦娥。但是,这个"事实"是关汉卿运用其作者/上帝(creator)的视角获得的。因此,当这个案件来到衙门审理时,关汉卿前面的交待已经使受众不知不觉地设定了应当审理的问题:究竟是谁下的毒?但是,关汉卿的艺术想象力显然受他那个时代人们关于人为什么突然死亡的知识的限制。因此,当他在舞台上把现实的一切都展现在观众面前时,我们就失去了思考可能的一切,他的叙述方式不仅界定了审理案件的官吏必须审理裁断的问题,而且界定了我们只能这样提出或只能提出这样的审判问题。

但是,如果戏剧是从张驴儿父亲死亡开始;甚或结构基本不变,仅仅删除舞台上出现的张驴儿购毒、下毒的情节,即作者和观众都摒弃那种全知全能的上帝的眼光,那么,这个故事就会复杂得多,我们对窦娥、甚至对张驴儿都会有更为复杂的推断,因而会有更为复杂的道德评价。当然,我们还是可以做出张驴儿下毒的推断。但是,我们即使可以从前面的剧情所展示的窦娥的性格逻辑排除窦娥下毒的可能,我们却无法排除这样一种可能:没有任何人下毒,张父因突发脑溢血或心肌梗塞而死亡。也许,喝羊肚儿汤仅仅是一个与张父突然死亡偶然重合的现象。至少从我们今天的知识来看,生活中完全可能发生这样的意外。不错,张驴儿好色、无赖,但没有证据证明他一定会无赖到投毒杀害蔡婆婆的程度。毕竟蔡婆婆是他父亲钟情的对象;有蔡婆婆在,也许更容易控制孝顺的窦娥,至少窦娥不会出走,而一旦蔡婆婆死了,无牵无挂的窦娥可能反抗性更强;毕竟张驴儿也曾有过光荣的"见义勇为"的历史,从赛卢医手下救过蔡婆婆。而另一方面,剧中的张父也有六十多岁了(剧中蔡婆婆已经六十多岁了),非常好色,每每大献殷勤,又每每受挫,在色迷心窍的情况下,突发脑溢血或心肌梗塞而一命呜呼,并非没有可能。

如果我的这种思想的实验能够成立,那么我们作为受众就有可能理解审理此案的桃杌所面临的困难了。事实上,审理案件的官吏每每处于这样的立场上,甚至境况更糟。在这种情况下,我们所思考的问题首先会是,究竟什么原因造成了张父的死亡?然后,才可能是,如果是投毒谋杀,究竟谁更有可能?我们的注意力就会首先关注第一个事实问题,我们在欣赏此剧时,就会把道德判断暂时悬置起来。

即使没有任何人下毒,在传统社会的技术条件下,只要张父突然死亡,就仍然可能导致窦娥的悲剧。因为张驴儿有同样的冲动提出指控,而且他也有理由这样怀疑窦娥;尽管他仍然可能想用父亲之死来威胁窦娥就范,这有点无赖,但他未必是有意陷害窦娥。人们所能了解到的也只是张父喝了窦娥做的汤之后死了,只能根据这两个事件的先后次序来推定两者之间的关系。他们会感到窦娥并不是完全没有可能进行这种反抗。"兔子急了也咬人",为什么贤良的窦娥就不可能做出不可思议的事来呢?是的,以往人们看到的或我们从舞台或剧本中看到的窦娥是贤良的,但这就足以证明窦娥无辜吗?生活中,人的行为出乎意料并不少见。我们不是常常会感到自己"没有看清某某某"吗?我们经常不是说某某某善于伪装吗(尽管有些并非伪装)?只要没有现代才可能有的科学技术手段来分辨究竟什么是张驴儿父亲死亡的真正原因,那么窦娥的悲剧依旧可能发生。

如果上面的思想实验能够成立,我们甚至有理由怀疑,张驴儿最后被处死是否是另一个悲剧。张驴儿好色、无赖,他经常外出因此有机会购买毒药(尽管戏剧不必表现他购买了毒药),他也曾替窦娥端过汤因此有机会投毒,他也有陷害窦娥解脱自己的动机和利益;加上窦天章对自己女儿的信任,加上窦娥的誓愿以及作为验证的当地三年亢旱;在一个人们普遍坚信突然死亡必为有人投毒所致的时代,在排除了窦娥投毒之后,窦天章完全有理由甚至只能相信张驴儿是真正的凶手。而在窦天章施加的重刑之下(记住,元杂剧中的清官也同样大量使用刑讯),张驴儿屈打成招,最终被处死,几乎成为必然。这样的一个戏剧中的张驴儿会是一个更为复杂的,但在现实生活中并非不存在的人物。而一旦这种设想可以成立,那么张驴儿最终作为投毒者被处死就是另一个悲剧。我们的心会感到十分沉重,甚至更为沉重。

这种可能被排除了——仅仅由于关汉卿在剧本中将张驴儿购毒和投毒的情节都搬上了舞台,使我们尝到了上帝的视角。一个确定的事实就改变了我们理性和道德思考的空间,改变了我们可能提出的问题,湮灭了事实上我们经常遇到的、因为事实不确定而无法做出判断的问题,湮灭了我们更经常遇到的自以为是因此做出了追悔莫及之决定的问题。确定使我们不再宽容。只要同前一节《哈姆雷特》的结构、叙事和视角相比,我们就可以看到这种上帝视角和剧场效果对我们判断的影响。

尽管我在此用《窦娥冤》作分析的范例,但我并不是以偏概全。我在本书提到的,事实上是我所阅读的一切传统中国戏剧剧本中,作者都是以这种上帝的视角从头到尾告诉我故事的始末,还往往会把一切相关细节、包括人物的内心想法都确定无疑地展示在观众面前。在传统中国戏剧中,观众从来没有面临哈姆雷特式的困惑,从来无法感受"司法"官吏总是会面临的难题。并且,这不仅是中国传统戏剧的特点,在我阅读的不算多的其他中国古典的叙事文学作品中,也几乎都是这种上帝眼光的叙事(包括《史记》,还记得司马迁笔下的程婴与公孙杵臼的对话吗?),没有哪位作者是从一个会犯错误的普通人的视角来讲述故事的。

小结

我不愿在此全面评价这种叙事方式可能带出的其他一系列思维和情感的特点,更不愿简单地评价其优劣,这不仅超出了本书的主题,更超出我的能力。而且最根本的问题在于,我能以什么作参照系?什么是应然的叙事方式和标准?为什么应当——比方说——以《哈姆雷特》作为标准?一不留心,我就可能滑落到我深恶痛绝的"以物观之,自贵而相贱"[49]的立场上去了。我也不想做出一般的概括性断言,说这是中国传统的永恒不变的文化基因,因为今天中国的许多小说,包括破案故事,都已经不再延续这种叙事程式了。有一分事实,说一分话,在这里,我只想暂时地但有根据地说,中国传统戏剧的叙事方式会在一定程度上影响人们对现实的理解,塑造人们的认知结构,养成一种并不仅限于艺术欣赏的思考、分析问题的习性或便利;[50]并且,由于认识论怀疑主义的缺失,使得中国人更容易转向用实质正义和道德主义的视角来理解人的错误。

这一分析其实还告诫了我们,道德评价的另一个限度,只有当事实是明确无误时,道德评价也许必要;而在事实还不清楚时,匆忙的道德评价往往会湮灭对事实的探讨,并且可能带来更多的悲剧。这一点对于当代中国法学界(事实上是中国社会人文的各个学科)多年来一直流行的各种匆忙的政治正确表态应当是一种警告,尽管我并不指望也不相信这种警告会产生多大的实际效果。

这一分析也推进了有关实质正义的研究。在其他地方,我曾经从农耕社会的生产方式以及与之相伴的熟人社会组织结构的角度简单探讨了为什么中国社会一直缺乏程序正义而注重实质正义。[51]我认为,最主要的社会因素可能是农耕社会的熟人社会结构以及相应的社会控制机制,人口高度流动的工商业化的陌生人社会在司法上会更多趋向关注程序正义。我仍然坚持这一历史唯物主义的分析思路及其结论。尽管如此,作为一个补充,本章还是从另一个角度揭示了实质正义在中国得以流行的一个狭义文化的变量,与中国传统戏剧表演艺术和戏剧发展有着或许是非常偶然的联系。

2000 年 7 月 6 日初稿于堪布里奇

---

[49] 《庄子·秋水》。

[50] 可参看,Pierre Bourdieu, *Distinction*, *A Critique of the Judgement of Taste*, trans. By Richard Nice, Harvard University Press, 1984;以及, Gary S. Becker, *Accounting for Tastes*, Harvard University Press, 1996。

[51] "语境论——一种法律制度研究方法的构建",《中外法学》,2000 年 1 期,第 6 节。

第四编 方法问题

第八章 这是一篇史学论文？

——有关《梁祝》一文的反思

> 实录正史,未必皆有据;杂史小说,未必皆无凭;在高鉴择之。
>
> ——司马光[1]

问题

必须预先交代一下本章的来历。

2002年夏天,中国人民大学清史研究所杨念群教授在北京香山组织了一个"新史学"学术会议,我向会议提交了"历史中的行动者",即本书第二章有关戏剧《梁祝》的文章。[2]但我的心一直有点放不下。我当然认为自己提交的是论文,而且自认为还不错。但是,那是一篇史学论文吗?

---

[1]《司马文正公传家集》,卷63,《答范梦得》,转引自,王永兴:《陈寅恪先生史学述略稿》,北京大学出版社,1998年,页110。

[2] 苏力:"历史中的行动者——从梁祝的悲剧说起",《新史学——多学科对话的图景》(下册),杨念群、黄兴涛、毛丹主编,中国人民大学出版社,2003年,页547—563。

好像是有点史学的意思。借助了梁山伯与祝英台的戏剧故事,这篇论文集中关注的却是分析、理解和概括中国历史上长期存在的、韦伯意义上的"理想型"的结婚制度,其发生的社会条件制约以及历史合理性(也因此,不合理性)。在这一层面上,这也可以说是一个历史研究,因为历史学关心和研究的就是历史上有过什么人和事(包括制度);只不过该文的分析单位不是某个年代或某个朝代,而是"传统中国社会",因此,这是一个"理想型"的历史研究。此外,比较特别的是,这一研究还跳出了一般的考察制度沿革或重要人物的历史活动这样一种历史研究的传统,试图从古代社会的一些基本制约因素来理解这些人、事和制度为什么会发生(因果关系),因此,这个研究在一定程度上又背离了更为人文传统的历史研究,而具有一种社会科学的风味。

其实,《梁祝》一文还在两个方面涉及到了历史研究的问题。由于涉及到历史变迁对《梁祝》戏剧文本的重塑,因此我在试图重构传统中国人对这一文本的可能理解之际,还必须在一定程度上重构并理解已经远去了的他们的情感方式和感受,包括 50 年代至今中国人对于《梁祝》的一般性理解,以及支撑这些理解的社会条件。这些都有一定的历史研究的成分。而在最后三节的反思,我讨论了历史中的人或普通人对于历史力量的盲目,长时段的历史力量对人的影响,人在制度和历史中的无奈,个体理性的有限,历史规律,规律的主观性或客观性,人能否通过总结历史来把握未来等等。尽管在许多中国史学家看来,这些问题更多是哲学问题,或者是历史哲学或人生哲学问题;但我认为,这都与历史有关。也尽管中国史学家往往都有他们自己的历史哲学问题,因此,我提出的这些一般不是中国史学家关心的具有史学意味的问题,但在今天的学术世界中,很难否认这也可以是或者就是历史学的问题。因此,凭着上述三点,参加一次"新史学"会议,一个重视交叉学科历史研究的会议,那篇论文应当说可以凑合过去。而且如今中国学界坐到一起开会时,互相都很留面子,很少会提出什么太尖锐、让人下不了台的问题,甚至未必会或能提出什么象样的问题,尤其对我这样根本不会影响史学人士生计的"外来户"。

我还是不安。不安在于，即使读者可能觉得还有点意思，[3]但该文利用的最核心材料竟然是一个剧本，一个虚构的故事，而且这个剧本还是不完整的。该文"考证"的梁、祝二人的年龄，完全是子虚乌有，因为戏剧人物是戏剧作者的创造，即使戏剧作者明确了戏剧主人公的年龄，这个年龄也是虚构的，更何况剧本中没有明确主人公的年龄，我又怎么可能知道戏剧作者心目中梁祝二人的年龄了？而如果这个年龄没法落实，或者说是杜撰的，那么此后的一系列分析论证也就都是建立在沙滩上的大厦。按照历史学研究的基本标准来看，这篇论文连起码的标准都没达到，完全是"混进革命队伍的一个阶级异己分子"，是一个内奸。

内奸是具有颠覆性的。我的论文也是。

也许，我们不应当过于匆忙地按照史学的定义——无论是明确的还是默示的——来判断那是或不是一篇史学论文，而首先应当看看这篇东西有没有意思，有没有什么哪怕是很小的道理，因此值得不值得称之为一篇论文。然后思考一下它对理解我们所说的那个"历史"，以及什么历史，是否有以及有什么帮助。是否"史学论文"，也许并不是教科书上的，或我们习惯了的、模糊的，史学标准界定的；相反，教科书上的或我们心中的史学论文标准也许是由一篇篇实在的论文逐步形成的社会约定。

但是，尽管我个人认为那篇文字是一篇论文，许多朋友也会隐隐约约地感到那是一篇论文，而且有可能确实是一篇史学论文，当时我还是写了一篇"附录"，试图把自己在写作之前、之际或之后思考并努力融入论文中的一些问题提出来。只是有些问题暂时"存而不论"。

"存而不论"并不是为了蒙混过关，糊弄读者和学者，我只是觉得这些问题本应由史学学者来研究回答。作为一位法学人，我的主要任务是阐明有意义的法学问题，"安分守己"；越出自己的学科或知识边界去进行"无后方作战"，几乎从一开始就注定是要失败的。我不可能系统阅读

---

[3] 该文在《比较法研究》(2003年2期)发表之后，先后为《人大复印资料》(法理学、法史学，200309)、上海《文汇报》(2004年2月15日，6版)以及《新华文摘》(2004年9期，页11—15)转载。

相关的史学或史学理论的文献,战线一长,必定漏洞百出,容易受到尽管善意却仍然是致命的批评。此外,我还感觉到,并不是所有的学术问题都值得即刻讨论,有些讨论必须有待学术共同体的知识准备——而中国当代史学以及相关的社会科学研究还存在一些知识准备的不足;否则,有些讨论就不可能获得有意义的学术推进,弄不好,政治正确或学术正确一来,结果反而可能是学术讨论和智识空间的压缩。在这一方面,我仍然是一个实用主义者,投鼠忌器,会考虑讨论的实际后果。我并不一般地相信诸如"学术讨论会拓展学术空间、推进学术研究"这样的命题。有许多问题,我们也许只能是先提出来,当条件不具备时,广泛深入的讨论只能由后代学者去做。出于这种种考虑,一个比较安全的学术"战略"就是尽量避免讨论这些前提问题。

任何战略都有利有弊。弊端是,从大的方面看,试图这样不清不楚地绕过去,必定湮灭或至少推迟学界对这些学术问题的思考和讨论,因此,维系了现有的学术格局和理论思维的空间。而从我本人的研究来看,不回答这些问题,也会限制学界对该文乃至本研究的认同或接受。因此,对于我的研究来说,这一关是绕不过去的。当然,这也可能成为推进我的思考的一个机会。

我必须回答的问题是,为什么以及在什么意义上,研究虚构的文学作品,有可能成为一种一般的历史的(特别是社会史、思想史的而不是文学史的)研究。这看起来只是一个方法论的问题,但它必定涉及许多基本的哲学理论问题。

对这个问题的回答大致说来可以有两种进路。一种是"率由旧章,不愆不忘"的进路,实际上是一种诉诸权威的进路。我只要,且完全可以,列数自古以来的伟大学者如何使用文学作品研究了历史的问题,就可以了。这种例子是无数的,尽管往往被学界忽视了;因为那都是些伟大的学者,他们的这类研究已经消除了后辈学人的怀疑,或者说已经将这些"文学作品"转变为"史料"或"史实"了;他们的累积起来的智识权威已经足以令他们的实践抵御任何可能的怀疑。躲在前人的后面,这总是一条最便利和安全的进路。

但这不是一条坚实的、令人信服的进路，至少在我看来如此。因为说穿了，这只是一种枚举法，是一种学术上的"遵循先例"。枚举法最多只能说明有人这么做，因此我也可以这么做，但是没有说明为什么这么做是好的，是对的，是有道理的。前人的做法并不是我们今天应当这么做的充分理由——想想孔子！更重要的是，学者们完全可以举出更多的反例，同样用枚举法来反击这一进路。因此，这种战术最终会导致用某种民主的方式，即哪一方的支持者多、权威多或权威大，来决定是否可以和应当使用文学作品进行历史的研究。尽管人文学界的许多定理实际就是在时间中这样确定下来的。但直接诉诸这一原则作为辩解却是一条学术政治的进路，而不是诉诸知识和理性的进路，至少在今天的学术界已经不再是一条有理论说服力的进路。最重要的是，这是一条没有推进我们理解的进路。

因此，我不满足于指出有相当数量的历史研究是依据文学的、准文学的"作品"展开的，或利用了"文学"中的材料。我希望从理论层面分析论证，为什么这种研究具有历史研究所要求的真实性，以及我们所说的历史真实性的意义何在？此外，由于任何进路都不是万能的，为了防止这一进路的滥用，我还试图限定这类研究的一些条件。

我将不时回溯我前面的研究，特别是《梁祝》那一章，既作为理论解说的例子，也作为对这些例子的理论解说。这个说法似乎有点"套套逻辑"，但是在具体层面，读者应当发现，我会避免这种毛病。

由于不是从史学进入，而只是讨论与史学有关的问题，因此我肯定会错过许多历史学家洞识的深刻问题，同时又有可能以某种方式重复一些史学的常识。我希望得到学界的理解。第一不要指责我没有提出或回答史学家的某些基本问题，即使这些问题与本研究的基本问题有关。我的目的并不是回答史学家的问题，而只是试图回答我在这一研究中可能与史学有联系的问题。我读书不多是肯定的，但读书不多并不是不能参与讨论问题的根据。第二，我可能会无意中重复了（但决不是抄袭了）一些史学的常识命题，还可能自以为是新发现。但不要指责我没有遵守史学的道德，未能以引证来表示对前人学术的尊重。对此，是有学术辩解的。[4]

但我也不认为,也不指望,我的分析论证会改变学者对通过文学来研究历史的观点。多年来学界生活的经验之一就是,永远不要以为能说服人。因此,我本文的最低追求只是,从理论层面上基本融贯地指出,即使是纯虚构的文学作品(至少就古代的作品而言)也可能为我们提供有关历史的知识。至于学人和读者能不能在情感上和实践上接受,那不是我所关心的问题。许多问题的真正化解必须有待实践和时间,有待于历史慢慢形成的实践以及实践中隐含的那个共识。

文学与历史

虽然主要借助了历史上的一个戏剧故事,但《梁祝》一文的关注点却是中国古代社会中的婚姻制度,以及诸多社会条件对这种制度的形成和制约。如果读者能接受或部分接受我对这个戏剧故事的解说,认为大致合乎情理,那么,本书第二章就可以说辨识了关于中国传统社会中婚姻制度的某些"事实",以及这些事实之间的某些因果联系。

但是,如果说《梁祝》这一章确认或辨析了某些事实,这似乎很荒谬——怎么可能从一个虚构的戏剧故事中发现和确认一个或一些"事实"呢?这个问题也可以反过来思考,如果读者认定这一章确实研究了或解说了一个或一些有关历史事实问题,那么关于历史事实的传统理解就有被瓦解的危险,甚至什么是历史的定义也得有所修改。

另一点奇怪的是,亚里士多德认为,历史意在记录个别事实,而诗(文学)意在描述普遍性的实践,[5]但这两种说法在这一章中都被颠覆了。如果这一章关于中国古代结婚制度、特别是以包办婚姻为核心的一

---

[4] 这一辩解,请看,William M. Landes and Richard Posner, "An Economic Analysis of Copyright Law," *Journal of Legal Studies* vol. 18, 1989, pp. 325—363,特别是关于"公平使用原则"的分析。

[5] 亚里士多德:《论诗》,《亚里士多德全集》,卷9,苗力田主编,中国人民大学出版社,1994年,页654。

系列制度实践的分析结论能够成立,那么这一研究在一定层面上就不是在记录个别事实(不是关于梁山伯与祝英台的婚姻),而是在重构一个当时或类似社会条件下人类繁衍中存在的一个普遍问题,在描述和重构人类对这个问题的一种普遍实践回应——中国古代社会普遍采纳的结婚制度;同时,我还试图理解这样一种常规的结婚制度与当时社会的某个实在的或可能的具体婚姻事件(以梁祝这个虚构特例为代表)之间的冲突。当然,换一个层面看,如果将"传统中国社会"或是更扩大一点"传统农耕社会"作为其分析单位,我仍然可以说,该章是在记录个别事实,而不是讨论一般的婚姻实践(包括传统的、现代的和未来的,或者农业的、牧业的、工业的和后工业的)。更奇怪的是,如果说,历史研究的是历史中实际发生了什么,文学叙述的是可能发生了什么,那么,这一研究却是通过"可能发生的"(梁祝故事)来概括地重构历史上实际发生了什么(传统结婚制度)。文学与历史的边界完全混乱了。

而且,这个戏剧故事真的如同我们今天所确信的那样仅仅是文学吗?注意,梁祝的故事或传说在历史上很长时间内其实并不是"文学",它曾是"野史"。它成为"文学作品"只是 20 世纪之后,这时对文学的定义已经改变了。因此,我们可以看出,这个故事是作为文学,还是作为其他什么,这些都是一个历史的以及这个历史之中的知识体制的构建。而从野史到文学,再在我的笔下重返历史;这一变迁又说明了什么?

第三,从这一研究中,我发现通常作客观化、绝对化、唯质主义(essentialism)理解的"史料"概念可能也有问题。根据本研究的经验,我要说"史料"在一定意义上也是一种构建,是史学研究者依据他的知识(包括常识和想象力)对昔日以任何形式遗留的某些信息的一种构建。《梁祝》是一部文学作品,是虚构的,在这个意义上,它通常不能作为"史料"。但是如果稍微细心一点,我们就发现它其中还是包含了一些当时社会的真实信息。例如当时普遍实行的包办婚姻和媒妁之言、包办婚姻对人们的强大影响并为人们自觉和普遍遵守(包括梁祝两人)等;它还包含了其他信息:关于求学,与求学者相伴的书童,关于文化的普及,关于婚姻的门当户对,关于婚姻中的财富,关于当时的经济文化中心杭州等等因素。它还告诉我们中国传统社会中人们的一些想象,例如与爱情相关的想象,鸳鸯、并蒂莲以及月下老人;这些想象显然不同于西方社会的想象(爱情天使、爱情之箭),也在一定程度上不同于今天中国城市人的想象(玫瑰花、婚纱、结婚合影、戒指等);还有古代人的承诺以及对承诺的自觉信守(一般来说超过了今天,因为今天有了更多的法律)。这些难道不都是《梁祝》隐含的有关历史和文化的一些可靠的信息吗?确实,它没有告诉我们梁祝的准确年龄,但是它还是——如同我分析的那样——在无意间泄漏了他/她们,与同时代的其他婚配者一样,年龄很小,并且和我们这个时代的少年一样,充满激情和幻想。我们从中知道了那个年代的人们的某些心态、情感以及情感表达方式,可以从此推测当作为作品时当时观众的艺术趣味和想象力,他们的无奈和追求等等。

当然,这些信息都"不完整",因此不准确,也不可靠。但什么信息是完整的呢?完整在这里是什么意思?完整是一个自然的存在吗,或只是相对于我们的要求和研究的问题而言呢?在特定情况下甚或是相对于研究者而言呢?就理解古代社会来说,或就理解古代文字的发生和演化来说,一片残损的甲骨文肯定是不完整的,但对于确认有文字这一点来说,在其他相关的知识背景下,这片甲骨文也许已经足够完整;或者说,对于我这样的人希望了解的问题来说,它肯定是不完整的,但是对于已经具备了其他相当多的知识的某些考古学家、古文字学家希望回答的某个问题来说,它可能已经足够完整了。按照哲学阐释学的观点,没有任何信息本身是完整的;任何信息只有在一个知识的传统中,一个语境中,才能被理解,才能有意义,才可能变得"完整"。因此,如果我们需要的只是理解古代社会条件以及当时结婚和婚姻制度所要解决的问题的一般、基本或理想型,辅以其他信息,难道这个剧本提供的信息不就是比较完整的了?

有许多"完整"本身是今天构建的。比方说,梁祝究竟多大岁数?剧本确实没有告知。但是,只有当我们追求理解的是文本作者心目中(无论是虚构的还是真实的)梁祝的精确年龄,甚或追求我们心目中的那个精确年龄时,剧本中隐含的信息才似乎不完整。但是,这个精确的年龄本身就是我们这个时代的构建。因为在作者的时代,几乎所有的人都没有一个精确的年龄,作者可能也不关心他的主人公的精确年龄,因为他的关注点是这个故事,年龄对于他来说也许不那么重要。也许《梁祝》就没有一个作者,它的作者是历代的艺人的汇聚,包括文本作者、记录者甚或演员,是一个集合体。也许,在那个时代,除了达官贵人之外,普通人一般都没有精确的年龄记录,也无需精确的年龄记录。普遍的精确年龄记载不但必然是现代的文字发达社会的产物,是严格的年龄记录和保存制度的产物,更是一个基于这种制度而运作的现代社会的产物。想一想,古代社会没有今天的那种以严格年龄为基础的入学、招工、结婚、惩罚、投票等问题,征兵、上学、结婚都不会查户口本,只是看着他或她是否"大了"而已,身高几"尺"了,有必要记录精确的年龄吗?普通人,除了刚好出生在某个特殊年份的某个节日外,恐怕他们最亲的家人也无法记忆其生日,更不用说社会了。今天的人口普查一般都不相信那些自称上了百岁的老人的年龄。我们不应当把今天条件下形成的"自然"自然地延伸到梁祝的时代。梁祝的年龄问题并不是究竟其真实年龄如何,而是这些隐含在文本中有关梁祝年龄的信息对于我们理解那个时代人们的婚龄以及梁祝式婚姻是否真实、是否可靠,对我们理解某个历史事实或一般状况是否有所帮助并令人信服。换一种说法,我们甚至可以说,这些信息对于我们重构历史是否有帮助。

　　许多今天我们坚信不移的历史事实也都是由许多零散的信息构建出来的,而不是历史本身,也不是历史的记录。我们相信孔子有"弟子三千、贤人七十",固然是因为有这样的史料,但这个史料是后人的记录,只是我们相信记录者是可靠的,才相信这个具体的记录是可靠的;当然还有其他史料。正是许多诸如此类的材料和信息,我们构建了一个关于孔子是伟大教育家、思想家这样一个历史的事实。其实这还是一个判断。人类社会其实并没有单独的脱离一个人之外的"教育家"这样一个实体,也没有单独的"伟大"这个实体;或者说没有这样的两个模子,我们可以把孔子或有关孔子的历史记录放进去,量一下。教育家和伟大这个事实是后来人对诸多信息的一个判断,是构建出来的。

所谓可靠的信息也有不可靠的一面。几乎所有的历史学家都指出,司马迁的《史记》是信史,可靠的。然而,只要稍微注意一下,我们就会发现《史记》中有太多虚构的地方。《史记》中不但记载了大量的神话传说,例如刘邦出生的传说;[6]并且在《五帝本纪》这样的篇章中,司马迁明确告诉读者:儒家并不太相信有关五帝的记载,只是他司马迁"择其言尤雅者"编著的。甚至在一些距司马迁时代并不遥远的人物传记中,我们也明显看到了司马迁或前人的"创作"。《史记》记载说,陈胜年轻时曾说过"苟富贵,无相忘"以及"燕雀安知鸿鹄之志哉!"[7]项羽、刘邦看到秦始皇出游,也分别发出"彼可取而代也"和"大丈夫当如斯也"的感叹。[8]这样的言辞和感叹显然是一种杜撰,尽管是符合人物性格的杜撰。我们不可能想象,他们当年说这话时,会有任何记录(甚至不可能被他人听见),或者司马迁或他所引用的资料编撰者访谈了当年的听众。这样的"史记"显然是不真实的,至少不可能证明是真实的。我们仍然坚信《史记》是信史。我们仍然会基于这些虚构来解释一些历史事件,例如用陈胜的话来解释为什么是他率先揭竿而起,为什么刘邦、项羽会如此雄才大略。其实,这些解说的可信性未必高于我借助《梁祝》对中国古代结婚制度之问题分析的可信性。这甚至可以解说为什么《史记》的某些篇章,例如"鸿门宴"、"负荆请罪"、"狡兔三窟",今天常常被用作中小学语文教材。当然,我并非指责司马迁,这种情况也并非中国古代历史著作所独有。西方早期学者的历史著作也不例外。例如,修昔底德的《伯罗奔尼撒战争》一书引证荷马史诗时也常常有类似的问题。[9]

---

[6] 《史记·高祖本纪》第8。
[7] 《史记·陈涉世家》第18。
[8] 《史记·项羽本纪》第7;《高祖本纪》第8。
[9] 例如,修昔底德用荷马史诗中没有提到"希腊人"证明特洛伊战争时期还没有一般意义的希腊人概念(I.3);用荷马的诗句证明阿伽门农是"许多岛屿和全阿尔哥斯之王"(I.9);用荷马史诗中有关舰船和士兵的数目来推断希腊军队的总数(I.10);用诗人曾经称科林斯为"富庶的"来证明此地"拥有巨大的财源"(I.13);用荷马的诗句来推断和证明"提洛岛上有大规模的集会和庆节"(3.104)。请看,修昔底德:《伯罗奔尼撒战争史》,徐松岩、黄贤全译,广西师范大学出版社,2004年。

我们之所以相信——例如——《史记》的这些部分以及其他部分的真实性,部分是因为任何历史研究都必须有一个作为历史考察的立足点(因此是基于信仰和功用上的,而不是基于"真实"),没有这个立足点,就无法进行历史的考察;部分则是因为,这是我们唯一可能占有的、相对完整的、在我们看来是比较可靠的资料;但更重要的是因为《史记》提供了一个与我们今天的理论和想象大致兼容的理论框架,可以比较有效地吸纳和解说其他一些资料,并保持了解释的自洽。

想象、理论与历史

我提到了想象。事实上,许多我们确信的历史事实确实有(而不是"是")基于当今一些假定的我们的想象。美国历史学家卡尔·贝克尔就分析过"恺撒渡过卢比孔河"的历史记载,认为这其实必定是恺撒和他的军队渡过了卢比孔河,否则没有意义。[10] 但是为什么这么判定呢——这里的文字并没有(当然其他文字有)这样记录他的军队,而只是记录了恺撒? 这个结论其实就有我们的想象或联想的介入,因为只有这样想象才是合乎情理的,才可能是更真实的。关于陈胜、刘邦、项羽等年轻时的对话,关于公孙杵臼和程婴的对话(请看本书第一章),也同样因为这些对话符合我们关于这些英雄豪杰的想象或概括。又比如,我们相信中国古代有关太阳黑子或日食月食的文字,[11] 认为这是历史记录,却不相信同样见诸于史书的有关"天有十日"[12] 或"女娲补天"[13] 的文字,认为这是

---

[10] 卡尔·贝克尔:"什么是历史事实",载于《历史的话语》,汤因比等著,张文杰编,广西师范大学出版社,2002年,页282—299。

[11] 例如,"河平元年……三月己未,日出黄,有黑气大如钱,居日中央。"《汉书·五行志》。

[12] "尧之时十日并出,焦禾稼,杀草木,而民无所食,羿上射十日,万民皆喜,置尧以为天子"。《淮南子·本经训》。

[13] "天地亦物也,物有不足,故昔者女娲氏炼五石以补其阙,断鳌之足以立四极。"《列子·汤问》;又请看,《淮南子·览冥训》卷六。

神话。为什么？是什么让我们对同样来自古代的文字作出了不同取舍呢？这些文字本身并没有告诉或暗示我们哪一条是忠实的观察记录，哪一条是神话（而且，即使是神话，难道不也可以视其为对神话创作者的思想情感和想象力的忠实或不忠实记录吗？）。当作出这种分殊时，我们其实是根据了一些假定：天文现象的活动是有规律的，而且我们认为这四千年的天文现象不会有极大的异常（不会"天有十日"）。因此，当我们相信古代那些关于太阳有黑子或日食月食的文字是历史记录时，首先是因为我们有了并相信了今天的天文学研究成果，而不是因为有那些记录！正是基于这种现代的成果，基于我们已经接受的并可以想象的太阳系运行规律以及天文学的理论，我们才认为这些文字是历史的真实记录。而"天有十日"的文字之所以成为神话，最根本的在于我们无法根据今天的科学知识和理论体系来安排、想象和整合这种古代的"记录"。由此，我们看到，所谓的历史事实竟然是同我们今天的知识、信仰、理论相联系的，有我们的想象力的介入。同样，在《梁祝》一文中，我的分析也都是基于一系列今天我们关于"人性"的假定：人大了，就会有对异性的好奇和敏感；男女的爱情表达方式不同（女性一般比较委婉，往往希望男性来主动表示，用俗话来说，"喜欢被追"）等等。而且我想象或推定我今天观察到的这种普遍现象在古代也是如此，是"天不变，道亦不变"的（可是我这种想象或推断的根据何在？）。没有这样一些基本的假定，我们就无法认定哪些是而哪些又不是"历史真实"。

　　甚至，我还要说，有许多历史真实既可能是想象的产物，有时还是某种概念体系——理论——的产物，并且这种看似矛盾的修辞其实是可以高度统一的，是相互强化的。例如，几乎所有的传记中，英雄和领袖人物在少年时代就有某些非同寻常的言行，无论中外，无论古今。我并不是要否认，他/她们确实有过这样的言行；问题在于，他们幼年或少年时，决不仅仅有过这样的言行，其生活中也必定主要不是这样的言行，只是作者在写作传记之际认为这样的言行才重要，有意记录（甚或杜撰）了这样的言行，并且得到了我们的认同。因此，这种传记既是作者与我们读者想象力的产物，但另一方面又因为我们预先已经有了一种关于人的"从小一看,到老一半"的相对稳定的人类行为发展模型。事实上,从中国古代的人物传记中,我们大致可以看出两种基本的人物叙述模型:"自古英雄出少年"的模型(以及隐含的好中坏三类人"始终如一"的次型),浪子回头模型(或相反的"王莽模型")。[14]至于更多的普通人,由于在这些史家那里乏善可陈,则不可能进入他们眼中的历史。但是,哪个人少年时代没有一两件光辉事迹?或是一生中没有落魄的时刻?因此,只要作者努力,历史上的任何人都可以很容易地先后或同时装进这些两个基本模型之一。在这个意义上,这样的人物传记既是概念体系的产物,同时又是想象——当选择哪一个生活事件来体现这种模型时——的产物。这里的想象力是在概念体系中展开的,而展开的想象力在掩盖这种模型的同时也强化了这一模型。

事实上,仅仅在选择记录谁的历史之际,就总是会伴随一些先期判断。例如,广义的"结果好,一切都好"的判断。因此,进入司马迁笔下的人物,往往都是英雄豪杰(刘邦、项羽等),是在某些方面很杰出的人(例如《滑稽列传》中东方朔以及《游侠列传》中的各位侠客),甚至坏也要坏得很不一般。韩信只有成了一代名将,他之前的落魄生涯才可能在司马迁和我们的理解中具有了意义;否则,韩信所受的胯下之辱或漂母之恩又有什么值得记录的呢?这种事情在古今中外可能到处都曾发生过——想想你在街头遇到的乞讨者!陈胜也只有后来领导了秦末农民起义,他之前的、很可能是虚构出来的言辞"苟富贵、勿相忘"才变成了他素有大志的一个标志,否则,这岂不是人人都曾有或会有的"等咱有了钱"的夸口?!

与上一点相联系的自然就是英雄史观。从《史记》中,我们就可以明显察觉到,司马迁显然把关注点更多放在了帝王将相以及其他社会活动的显要人物。这其实隐含了司马迁的一个基本判断,历史是英雄(重要人物)写的。这是以重要历史人物或人物集团为中心的历史观,这种历

---

[14] 我曾对《史记选》中的人物传记进行了初步分析,传主基本全都落入"自古英雄出少年"和"浪子回头"两种模式。前者如《陈涉世家》、《项羽本纪》,后者如《陈平列传》。

史观往往更强调这些显赫个人的能力、道德、政策措施对社会变迁的影响,也力求凸显重大政治事件对社会的影响。因此,《史记》以广义的人物传记为中心并不是偶然的,中国传统史学也一直坚持了《史记》开拓的传统也不仅仅是"萧规曹随"或"遵循先例"的产物,而完全可以视为是一种世界观、一种理论(历史哲学)的产物。依据这种世界观和历史哲学产生的历史必然主要以杰出个体为中心交往编织起来的,突出了个体在历史中的作用,而自然(包括地理)和社会生产力这样一些长时间发挥作用的因素在这样的历史中是相对退隐的。

我只是指出《史记》中的这种世界观和历史哲学,我并不是而且也不会批评司马迁。我同情理解这种世界观和历史哲学的发生。在古代社会,由于信息交流不畅,不存在今天的史学家可能获得的大量和各类信息、各类知识。对于一位哪怕是最具有历史眼光、最有见解、最敏感于史料和社会的学者来说,给他印象最深刻的,并且在他的短暂生涯中可能感知和察知的也主要是重大的政治社会事件,是一些杰出人物的活动。而自然、地理、气候、人性这些长期稳定的因素,恰恰因为其太"自然"了,是包括普通人在内的特定文化中的人们普遍分享的基本参照系,历史学家则可能甚至必须忽视或忘记这些长时段起作用的变量。此外,在开始复数的"文明比较研究"之前,研究者也不可能有其他的参照系。没有分歧,没有新的可能的参照系,即使伟大如司马迁也不可能看到和理解其他可能的历史,不可能把一些我们今天看来不可忽略的变量纳入他的历史思考。在这个意义上,中国传统的历史不仅是传统史学构建的,也是传统史学得以发生的那些社会条件的构建,无论其对错优劣都不仅仅是史学家的智力问题。也在这个意义上,我们才可能理解,马克思、布罗代尔、福柯等人笔下的那种历史无论如何都只能发生在近现代,而不可能发生在古代;他们的历史研究成果并不仅仅因为他们的天才,更因为他们时代的社会和学术条件。

第四,如果历史是后代思想者对诸多信息的创造性理论构建的话,我们就可以看出中国传统史学研究,或更准确地说,当代中国历史研究可能存在的一些弱点。在我看来,当代中国的历史研究最缺乏的并不仅仅是材料和信息,而是理论(模型)和思想;缺少想象力,缺乏新的视角,缺少社会科学理论,缺少对社会科学的因果律的追求和理解,因此才会缺少"史料"和"历史"。

这似乎是一个历史唯心主义的观点。其实不是。诸多史料都只是历史留下的一个痕迹,本身没有意义,只有在一个关于世界如何联系的意义网络(理论模型)中,它才可能获得意义,只有当人们对这些材料以及它们之间的联系达成了某种共识,才可能变成一个与历史有关的"事实"。在没有充分理解古代中国社会的一系列基本制约之前,有关梁祝的女扮男装等情节几乎就只是一个趣谈,只是当我们把这些许痕迹放在古代社会人类生活的场景中,放在我们基于今天的常识、现代社会科学对古人生活的其他因素的理解中,放在我们的想象和一系列当今"发现的"关于人与自然、社会的因果律中,我们才发现《梁祝》的故事居然隐含着一些有关古代婚姻的"事实"。不但他们的年龄问题凸显出来了,而且他/她们爱情故事的悲剧性也可以被重构,我们对古代社会结婚制度的一般特点和弱点也有了另一种也许是更深刻的理解和把握;《梁祝》也就从一部"小资"钟爱的古代言情剧变成了一部有助于理解历史的真正悲剧。历史和文学(诗)在这里的边界完全模糊了。

我说它模糊了,是因为,如果历史真如亚里士多德所言是关于个别事实的,而诗是关于一般的,那么我们从《梁祝》中获得的关于传统社会结婚制度的特点,相对于现代社会、相对于人类诸多社会的各种婚姻制度而言,相对于汤因比的复数的"文明研究"而言,可以说是个别的;但是相对于中国传统社会各朝各代的婚姻制度而言,相对于每个社会中大量个别的婚姻而言,它仍然是一般的。个别和普遍只是相对于分析单位而言,在《梁祝》这部戏剧上同时附着了个别和一般。在这个意义上,历史和诗也是相通的。

诗史互证?

也许有人说,你的这个观点并不新奇,不过是陈寅恪先生的"诗史互证".[15] 如果仅仅是作为一种概括,我并不反对。但是严格说来,我不认为我的分析与对陈寅恪先生史学实践之概括是一致的。我读过的陈寅恪先生的著作不多,但从所读到的而言,我认为陈先生对文学作品之史学运用基本是将之作为比较传统的"史料",为发现和印证更为具体的历史事件,仍然属于传统理解的"人的历史"(我会在下面再谈这一点);有些则过于强调诗的历史写实,忘记了文学作品的虚构和夸张特点,[16] 从思路上看,与郭沫若先生晚年根据"恶竹应须斩万竿"考证杜甫经济状况[17] 如出一辙。而我在《梁祝》一文以及本书对有关文学作品的分析考察更强调现代社会科学理论对历史材料的重新解读和组合,试图重新发现隐含在这些文本中的一些更为宏观的历史事实。我更看重理论和视角对事实的构成作用。在先前的研究中,我就曾从一些非常不起眼的"史料"中开掘出一种有关历史的想象。例如我对"法"的解读,[18] 对"奸宄杀人历人宥"的解读。[19] 这些史料,只有在一种对社会或理论的宏大把握下才具有活力,并产生新的结论。

---

[15] 《元白诗笺证稿》、《论再生缘》、《柳如是别传》(均由上海古籍出版社出版)是陈寅恪创造的、以诗文为主要研究材料的史学代表作。他的方法大致属于他为王国维遗书作序时认为中国现代学术史应取的研究方法,"可举三目以概括之","一曰取地下之实物与纸上之遗文互相释证","二曰取异族之故书与吾国之旧籍互相补证","三曰取外来之观念与固有之材料互相参证"。陈寅恪:《陈寅恪史学论文选集》,胡守为编,上海古籍出版社,1992年,页501。这三种方法主要强调的都有比较强的传统的"朴学"的味道,他说的"证"还不是"论证",关注的都更多是史料,所谓"外来之观念"在陈寅恪学习的时代,还主要不是社会科学的理论。当然他的某些分析,例如对《莺莺传》的分析,也有超越,已经触及到"唐代社会承南北朝之旧俗",在这个意义上也算是触及到了社会制度问题,但它基本上还是将之作为一种文化或社会思潮来考察的。在《柳如是别传》中,陈寅恪的这种文化史、心态史研究的倾向则更为显著。
[16] 例如考证白居易《长恨歌》中所说的"七月七日长生殿,夜半无人私语时"。陈寅恪以大量史料证明唐明皇不曾在夏日去过华清宫,而且华清宫的长生殿也不是皇上下榻的地方,因此"据唐代可信之第一等资料,时间空间,皆不容明皇与贵妃有夏日同在骊山之事实"(陈寅恪:《陈寅恪史学论文选集》,同上注,页637—639)。
[17] 郭沫若:《李白与杜甫》,《郭沫若全集》历史编,卷4,人民出版社,1982年,页395。
[18] 苏力:"'法'的故事",《读书》,1998年7期。
[19] 苏力:"法律与科技问题的法理学重构",《中国社会科学》,1999年5期,第一节。

许多学者出于种种原因对于陈寅恪先生的研究及其"诗史互证"的研究方法给予了极高的评价和广泛赞赏。[20]但第一,这一方法并非他首创,在中外历史上都可谓由来已久,[21]本章题记则或许是最早的对这一方法的理论概括。陈寅恪先生只是更积极、更自觉也更娴熟地使用这一方法。第二,更重要的问题是,他的研究还基本是传统的。[22]所谓传统的,我是说他的主要思路是传统的,即基本以"人事"和朝代为中心,以传统的中国人文学科即"国学"为基础,而不是以现代的社会科学为基础。在陈寅恪先生的著作那里,很难感受到现代的社会理论。仅就这一点而言,他对中国历史某些问题的理论理解,在我看来,可能远不如钱穆先生的《中国历代政治得失》和《国史大纲》。[23]所谓以"人事"中心,一般说来,时间跨度比较小,往往以个体生命周期或最多以朝代为分析单位;以人事为中心,则势必注意狭义的政治和所谓的文化,缺乏一种对"长时段"的把握。他的历史研究之精确和深入是相对于个体或一个集团或最多一个朝代的政治活动,但是这些对于理解大历史有时则未必精确,有些甚至是可以省略的,例如李唐王朝的血缘关系和政治斗争,对于理解古代社会的经济社会的一般状况也许是可以省略的。

我又必须对上一段文字予以限定。以人事为中心,以国学为基础,这倒也并不是说,在这些研究中,在陈寅恪这些学者那里就没有大的历史观了。如同我在前面隐含的,研究历史,完全没有历史观、没有理论是不可能的。他们有,但是相对于我们今天的知识和判断来说,比较单一,例如

---

[20] 可参看,王永兴:《陈寅恪先生史学述论稿》,北京大学出版社,1998年。
[21] 例如,在《孟子》中,孟子就引用《诗》中有关周文王的记载要求梁惠王"与民偕乐、故能乐也"(《梁惠王章句上》第二章);又引用《诗》来证明"文王一怒而安天下之民"(《梁惠王章句下》第三章);还引用《诗》"雨我公田,遂及我私"证明周代有政府救济私人的公田制度(《滕文公上》·第三章)。在西学中,则见前注9所引文献。
[22] 王永兴先生曾经对此有细致分析,请看《陈寅恪先生史学述论稿》,同前注20。
[23] 钱穆:《中国历代政治得失》,三联书店,2001;《国史大纲》上下册,商务印书馆,1996年。这也可以解说为什么尽管陈先生得到的学术评价很高,普通读者却很少(从书籍销量上判断);甚至,在我了解的一些学者中,许多人尽管高度赞扬陈先生,却也无法读完他的名著《柳如是别传》,更不用说普通读者了。

他们可能理解王朝有"兴衰"、"五百年必有王者兴"、"天下大势,分久必合,合久必分"以及兴衰中的个人命运等。但这些基本是一种经验命题,虽然有某些归纳,但在今天受社会科学影响的历史研究者来看,这种"理论"缺乏解说力,甚至会认为这种研究缺少某种社会历史观。但这里面还是隐含了某种历史观,即以重要历史人物或人物集团为中心的历史观,强调个人的能力、道德、某项政策措施对社会变迁的影响。以《史记》为代表的以传记为中心的中国传统史学,就是典型之一。陈寅恪先生的研究,尽管有种种重要的发现,也运用了某些现代方法,但在这个意义上,却仍然属于比较传统的史学。我想任何一位读过中西历史著作的学者并能感到差异的人应当会感受到这一点。

现代社会的转型,现代社会科学的发展,关于不同人类社会文化的现代知识累积,不仅对传统中国史学提出了挑战,而且为我们研究历史提供了新的可能。其中可能有两个重要的因素被纳入了新的参照系。一是在国际比较视野中凸显出来的自然地理、气候等因素。这些因素先前是被当作"天的"因素,因此,"天不变,道亦不变"。但一旦置于国际视野中,这些被预定不变的因素就变成了一个重要的变量,对历史,特别长时段的历史,很有解释力。另一个重要因素是社会转型,它改变了我们的一些最基本的参照系,农业社会/工商社会,传统国家/民族国家等,这些基本参照系的改变使得人们有必要重新考察以前被当作不变的"天"和"道"了。这种社会转型以及相应的知识转型,已经颠覆了那些曾被认为定数的社会历史变量,要求我们重新考察自然、社会与人的互动,重新理解塑造人的活动的社会和自然条件。

也正是在这种社会变动和知识转型中,我们才会发现,近代以来史学研究有了不少重大转变,史学研究已经不仅需要读传统的史书了,也不只是发现新史料(例如基于新出土史料的研究,那基本上是一种基于信息垄断的研究,并且绝大多是传统的),更重要的是——在我看来——是知识框架的变化(对社会科学的了解),由此带来了对于史料的重新发现和界定,以及对史料中蕴涵的信息的敏感、新的历史想象力和整合能力。

这就回到了《梁祝》一章的第二个方面,即历史变迁对文学和历史文本的重塑。历史变迁使我们有了新的参照系,有了现代的科学技术和知识,改变了历史文献的阅读者,这些都会在某种程度上重塑历史文本。历史文献的概念其实已经极大地扩展了。如果说梁启超时代的"新史学"还只是一个口号,那么今天的社会科学的发展已经真正创造了新史学,一个已经不必定以史书(包括正史和野史)为中心的史学已经出现。针对研究的问题、作者欲求得出以及实际得出的结论,在一定的限度内,文学文本甚至其他文本可以是且完全就是历史文本。作品内容的虚构性甚至也不能剥夺其内容的史料性质,因为它同样可以提供某些有关历史的信息。王乾荣发现甲骨文其实并不只是发现了新的文字史料,而是发现了新的关于历史的信息,考察历史文献的方式,以及在此基础上的一系列历史事实的重构之可能。

甚至,《梁祝》一章的第三个论题其实也是有意义的,而不仅仅是一个粗鄙的多愁善感的历史哲学反思,或人类的自恋;而是,放在当代的社会科学的背景下,我们必须思考的历史的、社会的以及人的问题。

前几天,我在网上看到一篇文字,尖锐地指出当代历史学研究的一个问题,文字如下:

> 我敬重我的老师,他为人谦和,兢兢业业做学问,他是学历史的,古代史。他每年都有文章在核心期刊上发表。他看我没心思做学问,便说:学文科其实是一个饭碗,人人都要吃饭,但吃饭的途径不同。研究宋徽宗是否嫖过李师师,有何意义,意义就在于你能够体面的吃饭,而不必像民工一样。把这篇文章发表在刊物上,有何意义呢?意义就在于你可以评上教授,因为学校把这作为评审的标准,如果学校把模仿狗叫是否逼真作为评审的依据,我明天就买条狗放家里,天天练习狗叫。……我懂了,因此我还在继承他,我也要吃饭,于是我在研究杨玉环在进宫之前是否是处女。

这些文字并不是反讽,骨子里是一种批评,而且非常刻薄,更深的是一种对史学的困惑。但是目前中国的史学研究确实有这种情况,甚至更糟的伪劣产品(这段文字中提到的这两个研究,尽管有些"下流",但如果真正是基于史料的研究,也未必不是一个好的研究;如果研究结论能令人信服,其研究方法也必有其所长)。我认为,历史研究是要有所分工的,有些人可能就是要,也只能,研究一些非常琐碎乃至看起来没有什么意义的事情。由于我们不可能事先确切知道哪个研究是有意义的——意义不是其本身内在的,而是意义之网的产物;因此,即使是像这段引文中提到的两个"研究",以及研究这两个问题的成功——如果能成功的话——方法,也未必真的没有意义。学术的检验标准是时间。但是,我想说,就历史学作为整体、作为一个学科对于人类的关系而言,研究历史并不只是了解过去有些什么事,不仅仅是为了满足人类的好奇心,不是试图从历史中寻求历史的必然的规律——无论是为了固守传统还是为了搭乘历史的班车。这都是对历史的误用或滥用。[24]在尼采看来,人类研究历史仅仅是并最终是为了创造未来,理解人类在历史之中的位置。人对于历史的好奇心最终说来来源于他对当下和未来的关切,对于自身生命的思考。我同意尼采的观点,而我的论文的最后分析也许就是这样一种努力。在这个意义上,即使历史哲学的思考也属于史学研究,尽管似乎不大属于中国的史学传统。但它不在意是否属于这个传统,而在意它是否创造、充实了这个传统。

而且,《梁祝》一文真的是那样反叛吗?在这一章中,以及上面的分析中,我自己不也正在对中国学术传统——"文史哲不分家"——的肯定,并给予了某种程度的学术论证吗?!尽管是在另一种非传统的意义上。

这是一篇史学的论文!

2002年7月12日草,2002年7月17日改于北大法学楼

---

[24] 尼采:《历史的用途与滥用》,陈涛,周辉荣译,上海人民出版社,2000年。

第九章　自然法、家庭伦理和女权主义？

——《安提戈涅》重新解读及其方法论意义

> 我的悲剧是在知识面前失去了自我。
>
> ——王朔[1]

本章从两个方面看都似乎是本书的一个异端。放弃了对中国传统戏剧的分析，突然转向分析古希腊伟大剧作家索福克勒斯的一部著名悲剧《安提戈涅》。并且，尽管这一章归在"方法问题"之下，而读者很快会发现，大量的分析似乎不是在讨论方法。但这些安排既非随兴，也非随意；我将在本章结尾处，也是全书的结尾处，给出我的一些考量，给读者一个说法。

《安提戈涅》的故事梗概如下：

底比斯王俄狄浦斯得知自己弑父娶母，罪孽深重，因此去位，并客死

---

[1] 王朔："不是我一个跳蚤在跳"，《无知者无畏》，春风文艺出版社，2000年，页108。

他乡;留下均为孪生的二子二女。二子争夺王位,刀兵相见,一子波吕涅刻斯率岳父城邦的军队攻打底比斯,另一子厄特俄科勒斯率底比斯军抵抗;两人都战死沙场。克瑞翁,俄狄浦斯王之母/妻的弟弟,继任底比斯城邦的王位。为惩罚叛徒,克瑞翁下令(一个实在法)不许安葬波吕涅刻斯,违者处死。俄狄浦斯之女安提戈涅挑战克瑞翁的政令,认为兄弟即使是叛徒,也应当得到安葬,因为人死了入土为安是天神制定的永恒不变的不成文法。克瑞翁判安提戈涅死刑——将安氏关进墓室,让其自然死亡。安提戈涅的未婚夫、克瑞翁之子海蒙为了爱情而自杀,导致其母即克瑞翁的妻子自杀。克瑞翁陷入极度的痛苦。[2]

三种解读

这就是古希腊剧作家索福克勒斯的著名悲剧《安提戈涅》的故事梗概。西方学者对这部文学经典有很多法理学的或有法理学意义的解释;在当代中国比较有影响的大致有三种。

第一是一种自然法或高级法的解释。即认为安提戈涅挑战克瑞翁的法令,代表了永恒不变的、普遍的自然法或高级法(higher law,准确翻译应为"更高的法律")对实在法的挑战。这种观点的今日流行主要是随着改革开放后一批西方法学著作的中译,其中影响比较大的是1987年博登海默《法理学》的解释,[3]此后在中国法学界一直占了主导地位。在这一传统中,通过某种程度的解释,《安提戈涅》被视为反映自然法思想的

---

[2] 索福克勒斯:《安提戈涅》,《索福克勒斯悲剧四种》(《罗念生全集》卷2),世纪出版集团/上海人民出版社,2004年。本文中所引《安提戈涅》的原文均出自此书,并在引文后标记页码,不另作脚注。

[3] 可见的中文译著,例如,博登海默:《法理学》,邓正来、姬敬武译,华夏出版社,1987年,页2—3;亚里士多德:《修辞学》,罗念生译,三联书店,1991年,页62;波斯纳:《法理学问题》,苏力译,中国政法大学出版社,2001年,页11(原版1994年);考文:《美国宪法的"高级法"背景》,强世功译,三联书店,1997年,页1—2;波斯纳:《法律与文学》,李国庆译,中国政法大学出版社,2002年,页131—135;莫里森:《法理学——从古希腊到后现代》,李桂林等译,武汉大学出版社,2003年,页25—26。

最早历史标志之一。[4]

尽管同样作自然法解释,但一般说来,外国学者更多强调此剧展现了自然法(或高级法)与实在法的冲突与张力——一个描述性命题,即使最后的结论不同,但他们都做出了比较细致的理解和分析。而中国学者在介绍、引用或概括此剧时,则总是倾向于结论认为自然法高于或应当高于实在法——一个规范性命题;并因此,中国学者一般倾向认为,安提戈涅是道德上、道义上高于克瑞翁的英雄。[5]即使有些中文论文对该剧作了比较细致的制度文化背景分析,但还是可以看出受制于这一命题和概念的痕迹。[6]

第二种法理学解释反映在黑格尔的《美学》等著作之中。[7]黑格尔认为古希腊悲剧常常反映了"城邦政权所体现的带有精神方面普遍意义的伦理生活和家庭所体现的自然伦理生活"这"两种最纯粹的力量"之间的矛盾,而《安提戈涅》是反映这一主题的"最优秀最圆满的艺术作品"。在黑格尔看来,克瑞翁和安提戈涅的主张都有正当的理由,并且都是"绝对本质性的"主张。作为国王,克瑞翁有义务维护城邦的安全、维护政治权力的权威和尊严,必须惩罚叛徒,保证法令的统一执行;而安提戈涅感到自己有义务履行当时同样神圣的且有自然血缘关系为支撑的家庭伦理

---

[4] 例如,杨云彪:"法的分裂与嬗变——自然法与实在法的二元结构渊源及其演变",《淮阴师专学报》,卷19,1997年1期,页38;徐忠明:"古希腊法律文化视野中的《安提戈涅》",《钟山大学学报》(社科版),1997年4期,页47;李道军:"古代思想家对法的应然与实然问题的追寻",《比较法研究》,2001年2期,页17注4;陈林林:"从自然法到自然权利——历史视野中的西方人权",《浙江大学学报》(社科版),2003年2期,页82;葛洪义:"法理学基本问题的形成与演变——对法理学知识谱系的一种考察,"《法制与社会发展》,2004年2期,页63。

[5] 同上注。

[6] 例如,强世功倾向于否认这一自然法与实在法之争的解说,而接受一种更为情境化的解说;但是,他"并不排除法学家们将此作为自然法思想的早期代表,因为自然法概念本身就是一个含糊不清的东西"。请看,强世功:"文学中的法律:安提戈涅、窦娥和鲍西娅——女权主义的法律视角及检讨",《比较法研究》,1996年1期,页34。

[7] 黑格尔:《美学》,卷3下册,朱光潜译,商务印书馆,1981年,页284以下。在其他著作中(《精神现象学》下卷,贺麟、王玖兴译,商务印书馆,1979年第2版;和《法哲学原理》,范扬、张企泰译,商务印书馆,1961年),黑格尔也多次明确或隐含地讨论了《安提戈涅》中提出的一系列与法律、伦理相关的问题。

责任。在《法哲学原理》中,黑格尔明确声称这种对立和矛盾"是最高的伦理性的对立,从而也是最高的、悲剧性的对立"。[8]

黑格尔的解释体现了他一贯的哲学思想,强调对立统一,强调否定之否定等等,着重思辨。由于他的分析主要围绕一系列美学问题特别是悲剧的定义展开,因此,这种解说在中国文学戏剧界影响较大;[9]在中国法学界,至少到目前为止,几乎没有什么回声。[10]

第三种思路是女权主义法理学解释。这一思路其实——至少——也可以追溯到黑格尔,并且在我看来,后代女权主义对该剧的解说就总体而言没有超过黑格尔。[11]这种解说进入中国是经由美国的女权主义法学和法律与文学这两个运动(其中也往往伴随着自然法思想的讨论)。首先是90年代中期以来波斯纳著作的中文翻译,[12]此后有个别中国学者再次介绍了这一分析思路,[13]但影响同样不大。这一思路强调安提戈涅与

---

[8] 黑格尔:《法哲学原理》,同上注,页183。
[9] 参看,例如,袁洁灵:"从黑格尔的悲剧范式看悲剧的审美实质",《贵州师范大学学报》(社科版),2003年5期;肖四新:"理性主义绝对化的悲剧——论《安提戈涅》的悲剧实质",《戏剧》(中央戏剧学院学报),2003年2期;张旭:"黑格尔艺术哲学研究方法概观",《安徽大学学报》(社科版),1998年4期;王国绪:"简论黑格尔的悲剧冲突理论",《河北师范大学学报》(社科版),1997年2期。
[10] 我查询了1994年以来《中国期刊网》上讨论或提及《安提戈涅》的法学论文,都没有引用过黑格尔的分析。
[11] 例如,"作为姐妹的女性,对伦理本质具有最高度的预感";"[伦理的实体]自身分裂为两个力量,这两个力量被称为神的法则和人的法则或者下界法则和上界法则——前者是支配家族,后者是支配国家的法则——两者中前者带有女性的性格,后者带有男性的性格"(原作者的着重号)。《精神现象学》下卷,同前注7,页14,220。又请看,"家礼(piety,通常译为虔诚。——引者注)主要是妇女的法律;……是'永恒的法律,谁也不知道它是什么时候出现的';这种法律是同公共的国家的法律相对立的。这种对立是最高的伦理性的对立,从而也是最高的、悲剧性的对立;[《安提戈涅》一剧]用女性和男性把这种对立予以个体化了"。《法哲学原理》,同前注7,页183(译文根据剑桥大学1991年英译本略有改动)。
[12] 波斯纳:《法理学问题》,同前注3,页504以下;波斯纳:《法律与文学》,同前注3,页131—133;以及莫里森:《法理学》,同前注2,页25—27。
[13] 例如,强世功:"文学中的法律:安提戈涅、窦娥和鲍西娅——女权主义的法律视角及检讨",同前注6。

克瑞翁的冲突既是一种男权与女权之间的冲突,也体现了女权主义法理学与男性实证主义法理学之间的冲突;基本理由是,从法律思维方式上看,女性更关心家庭亲人,强调对具体的人的关切,而男性则更注意抽象的规则,往往陷于法条主义。

从思维类型的角度来看,第三种思路与前两种思路没有根本性的冲突。[14]女权主义思路的特点在于它的一个基本前提:法律判断或思维的差别不是来自思维方式的差别或知识的差别,而是来自思维主体的差别;由于与男性相比其他种种生理心理的差异,女性天生更关注家庭(黑格尔的家庭伦理思路),或者总是更注意以天理人情来挑战或制约或平衡实在法(自然法思路)。

这三种法理学理解都是可以接受的,也都有一定的文本根据。由于人们的前见和当下关切不同,由于人们的阅读方式和阅读情境不同,自然会对《安提戈涅》概括不同。在这个意义上,任何解读都注定是地方性的,甚至是高度个人性的;只有人们更愿意接受的理解,而没有一个唯一真确的理解。

但是,在中国语境中,直接接受或诉诸西方学者的这类概括或解读是有问题的。因为对作品主题的抽象概括总会带来简单化,因此会忽略了文本许多细节可能具有的某些特殊的或/和一般的法理学寓意。与这一点关联,中国学者匆忙和草率接受西方学者的这类概括判断,常常还会带来另外两个问题。一方面可能用中国的习惯性思维充实西方学者的这些抽象概括,因此导致一种明显的误解。例如,把自然法与实证法有冲突这一描述性命题解读为自然法高于实证法的规范性命题,就明显带有浓重中国传统思维印记的、简单的善恶判断。另一方面,匆忙接受会令中国学人忽略了基于中国人思维习惯或进路对作品的其他可能的解读。

针对上述三种有影响的思路,这一章坚持语境化进路,反对本质主义的解读,试图展现和论证《安提戈涅》本身蕴涵的丰富性。细密的细节分析将表明,该剧蕴涵的冲突要比任何抽象概括都更为复杂和深厚。因此,在诉诸经典时,在可能的条件下,中国理论法学的学者应当直接面对文

---

[14] 波斯纳至少在一定程度上就持这种观点,请看,《法理学问题》,同前注3。

本,关注细节,进行多视角的理解和反思,不能仅仅借助第二手资料作出一种教义化的概括。

本章还有另一个追求。在作为本书诸多章节的法律与文学的论文[15]中,我一直努力用主要来自西方的现代社会科学理论思路来考察研究中国传统戏剧的法律问题,力求作出更为现代的和"西化的"解说。在这些研究中,我的思路和进路都更多是西学的,只是材料是中国的。我不想给人留下一个印象或误解,中国学术研究的唯一出路就是西化,中国传统的学术视角和思路在现代对于这个正在全球化的世界已经没有任何意义了。除了进一步展现我在本书中追求的历史的研读方法,本章希望用普通中国人的眼光和很少的一点儒学眼光来考察《安提戈涅》这部西方的经典,希望通过这一努力能够展示中国传统学术的认知潜力,引发更多的学术自信和自觉。

什么样的自然?——情境化的解读

抽象来看,上述三种解读都言之成理。但是如果放到文本以及与这个故事相关的事件脉络和时代背景中来看,自然法的解说和女权主义的解说显得有点牵强,黑格尔的解说则过于思辨且概念化。

首先,严格说来,在反抗克瑞翁之禁葬令时,安提戈涅并没有引证"自然法"概念。无论是《安提戈涅》的中、英文译本都没有使用相应的或诸如 natural law 或 law of nature 或 norms 之类的概念。文本中,安提戈涅几次明确提的都是"神制定的法律"。[16]

从思想史上看,也不可能。最早提出自然法的思想是斯多亚学派;即使从其创始人芝诺(公元前 350—前 260)起算,距离安提戈涅事件发生

---

[15] 例如,苏力:"历史变迁中的行动者",《比较法研究》,2003 年 2 期;"窦娥的悲剧",《中国社会科学》,2005 年 2 期;"复仇与法律",《法学研究》,2005 年 1 期。

[16] "我遵守神圣的天条而犯罪","你就蔑视天神所重视的天条吧","因为向我宣布这法令的不是宙斯,那和下界神祇同住的正义之神也没有违反天神指定这样的法令;我不认为一个凡人下一道命令就能废除天神制定的永恒不变的不成文律条……"《安提戈涅》,页 298,307—308。

的英雄时代(公元前1400年—前1100年之间)最少有约8百年之久,距离索福克勒斯写作《安提戈涅》时(公元前441年左右)也有100多年。因此,从发生学的视角看,安提戈涅以自然法抵抗实在法的说法只是后人对这一故事的一种解释和追认。

由此,我们可以理解为什么诸如美国学者考文以及其他人要提出"高级法"(higher law)的概念:一方面可以避免这种时间错位的尴尬,二来可以用这个模棱两可的概念把安提戈涅同之后的自然法传统联系起来——毕竟,安提戈涅主张了神定法高于实在法。而且从知识谱系的观点看,现代的学者也的确可以把自然法思想的脉络向前延伸,认定这是自然法思想的最早萌芽;[17]或者——为了法学分析研究的必要——基于建构的法律思维类型,将安提戈涅的主张归类为自然法。[18]

但是,这两种努力都没有认定,也不试图认定,神定法或自然法或高级法一定高于实在法;而只是指出了,在人类有关法律问题的思考中,一直有自然法与实证法的冲突,这在抽象的理论层面构成了法理学的一个久远的问题。这些学者都没有简单赞赏或认可安提戈涅的观点和实践;甚至有学者认为,自然法思想只是一种法学的元理论,与具体的法律实践并无直接联系,因此很难作为具体法律适用的稳定基础。[19]

第三,从实践上看,自然法概念对于理解安提戈涅的行动并不重要。即使安提戈涅提出了自然法高于实在法的命题,也不等于安提戈涅是在自然法的推动下或是因为有自然法支持才去违抗禁葬令的;安提戈涅只是用自然法来为自己的行动辩解,是一种说辞,一种正当性的论证。我们不能混淆了行动的原因(cause)、动机(motivation)和为行动辩解的理由

---

[17] 例如,Lloyd L. Weinreb, *Natural Law and Justice*, Harvard University Press,1987.
[18] 这样一种法学理论的建构在波斯纳那儿相当明显,请看,波斯纳:《法理学问题》,同前注3,页14;波斯纳还细致分析了自然法概念在使用中的多种用法和不确定意涵,指出在一定意义上,边沁的功利主义原则,达尔文的生物进化原则,都具有自然法的意义。在《法律与文学》中,波斯纳干脆认为,如果说《安提戈涅》中有自然法的思想,那也体现为兄妹之间的血缘纽带,而不是所谓来自上天的叛徒也应"入土为安"的古希腊习俗。请看,《法律与文学》,同前注3,页132。
[19] 请看,波斯纳:《法理学问题》,同前注3,页298以下。

(reason 或 argument)。安提戈涅只是渴望如此行为,无论是基于亲情还是其他;有或没有自然法或其他的理由,有多大理由,对于安提戈涅都是次要的,都可以找出来。将安提戈涅的动因归结为自然法,这种看法夸大了理论的作用。[20]

索福克勒斯刻画的安提戈涅等人物的性格、言行以及其他一系列细节的安排都证明了这一点。如果自然法真的是动因,那么安提戈涅的妹妹(有研究认为她俩是孪生姐妹)伊斯墨涅的判断或行动就会或应当与安提戈涅基本一致。但剧中,在聆听了安提戈涅有关神定法更高的论证之后,伊斯墨涅完全不为该逻辑打动,她拒绝参与安提戈涅违反禁葬令的行动。伊斯墨涅的言行因此表明:即使是在当时、在底比斯城邦,安提戈涅也并非必须或只能如此行动;神定法的说辞不是规定性的,是安提戈涅自我选择了这一行动、这一命运,她是自由的。当然也正因为这种自我选择,至少从康德哲学来看,才凸现了安提戈涅的自由意志、个人英雄主义和整个事件的悲剧色彩。

更具体的情境分析会进一步展示索福克勒斯认为这个事件与"自然法"无关。

从安提戈涅这一方来看,基于亲情,她确实希望安葬哪怕是已成为叛徒的兄弟,这确实是自然的。许多人在类似的情境下都会有这种倾向。但倾向不必定导致行动。促使安提戈涅行动的有一系列非常个性化的因素。首先是安提戈涅的父母和兄弟的死亡。安提戈涅本来生活在王室,生活非常美满,突如其来的灾难,在短短的时间内,令她的母亲自杀,父亲自我流放死亡,兄弟为了王位刀兵相见,双双身亡,只剩下她和她妹妹在这个世界上。这些至亲至爱的人的突然离去,在一定意义上,完全摧毁了

---

[20] 当然,这不是否认有一种基于血缘关系的自然情感推动了安提戈涅的行动,但这不等于是自然法。自然法是规范性的,自然本身却不必然具有规范的意义。在有些情况下,社会或国家有可能出于诸多考量赋予这种或那种自然情感一定程度的规范意义,但这主要是因为社会(或通过国家)认为这种自然情感的某些表达是可以接受的,而不是因为其是"自然"的。"食色,性也"。基于此,我们会称那些不让人们结婚的法令违反了自然法;但我们并不因此认为强奸行为,哪怕是基于最强烈的自然冲动,具有了正当性。

她原先的具体生活世界。

与之相伴的还有社会地位的变化。由于父亲和兄弟相继去世,由于克瑞翁的继位,安提戈涅的社会地位发生了急剧变化。先前她是公主,哪怕在国王面前,她也可以娇纵;而现在她永远不再是公主,她是臣民了,必须学会服从。这种转变发生在很短的时间内,安提戈涅不但在行为上而且在心态上也很难调整过来。特别是她与克瑞翁的关系:原先主要是亲缘关系,而现在主要是政治关系。在禁葬令问题上的冲突,就凸显了这种关系之改变。

第三可能更为重要,由于父亲俄狄浦斯王弑父娶母的真相暴露了,安提戈涅的整个生活世界的坐标系、参照系和秩序都崩溃了,且处于高度不确定之中。如果以她的母亲作为生物参照系的起点,她的父亲可以算作她的兄长,而这样一来,她的母亲在文化坐标系中也可以算作嫂子;如果以她的父亲作生物参照系的起点,她的母亲又可以算作她的祖母。不仅如此,这也带来了安提戈涅与包括克瑞翁(既是舅舅,又是舅公)、恋人海蒙(既是同辈,又是长辈)以及她所在血缘群体或城邦(在城邦之初,这两者几乎重叠)内的几乎所有他人之间在生物和文化坐标系上的不确定。唯一确定的关系只剩下她与妹妹以及死去的兄弟的关系。由于妹妹拒绝参与安提戈涅的行动——这意味着妹妹选择接受这种改变(这可以视为,作者暗示了,面对这一突变仍然有另一种可能的生活以及安提戈涅悲剧的非必然性),因此,真正分享安提戈涅的世界且不会改变的唯有她死去的兄弟。先前的学者从来没有从这个视角理解安提戈涅;而我认为,这一点也许可以解说安提戈涅为什么固执地要安葬兄弟:这隐含了她与先前那个物质世界、文化世界和符号世界的唯一不会改变的联系。[21]因此,

---

[21] 对此,黑格尔也提出了一种思辨的、给人启发但并不令人信服的解释:"兄弟与姐妹之间的关系,则是一种彼此毫无混淆的关系。他们同出于一个血缘,而这同一血缘在他们双方却达到了安静和平衡。因此,他们并不像夫妻那样互相欲求,他们的这种自为存在既不是由一方给予另一方的,也不是一方得之于另一方的,他们彼此各是一个自由的个体性。……弟兄,对姐妹说来,则是一种宁静的等同的一般本质,姐妹对他们的承认是纯粹伦理的,不混杂有自然的[快感的]关系;……所以弟兄的丧亡,对于姐妹来说是无可弥补的损失,而姐妹对弟兄的义务乃是最高的义务"。黑格尔:《精神现象学》,同前注7,页14—16。

在这里,我们还可以发现安提戈涅的另一个困境,而与一般的成年男子或与现代的高度流动的人不同,年幼的安提戈涅还只能继续生活在这个社区(城邦)中,而这意味着,安提戈涅永远无法恢复、重建甚至是逃避这个混乱了的坐标系。[22]

面对突如其来的巨大灾变,任何人,特别是个性特别强烈的、敏感的人,都会感到挫折、烦躁、孤独,感到社会和人生的无常,他/她会渴望挑衅或接受某种挑战,这往往会带来或大或小的破坏性。值得注意的是,尽管父母兄弟的死亡是物理性的灾难,但安提戈涅面临的最大问题并不是这个物理性灾难,而是一个文化的灾难,即生活世界的秩序紊乱;这是无法通过她个人努力来改变的,除了像她妹妹一样接受这个灾难。由于引发这一灾变的是一个真相的暴露,不是某个具体的恶人恶行,因此她眼前甚至没有一个可作为对手的人。在这种境地下,人很容易且只能借题发挥,走极端。在这个意义上,挑战禁葬令不过是一种安提戈涅排解和发泄内心痛苦,重新证明、肯定和界定自我的一个行动。正如安提戈涅在剧中所言,她要通过这样的行为来表示自己"不愧为一个出身高贵的人",而不是一个贱人(页297—298);她想"永远得到地下鬼魂的欢心,胜似讨凡人欢喜"(页298),因为"像我这样在无穷尽的灾难中过日子的人死了,岂不是得到好处了吗?"(页308)这些话流露出强烈深厚的痛苦和厌世的倾向。安提戈涅行为的真正目的因此已不是安葬自己的兄弟——安提戈涅曾两次给波吕涅刻斯的尸体"盖上了[一层很细的沙子],不是埋下了"(页303)。安葬只是一个手段,安提戈涅追求的是违法犯禁,更追求违法被人发现、抓获,追求引人注目,追求轰轰烈烈,追求"光荣的死"(页299)。这是证明她的高贵血统、重新获得社会关注和荣誉的唯一途径——"我除了因为埋葬自己哥哥而得到荣誉之外,还能从哪里得到更大的荣誉呢?(页309)也因为安葬不是目的,安提戈涅才会对拒绝参与行动但承诺保密的妹妹伊斯墨涅缺乏起码的理解和宽容,甚至到了不近人情的地步,称如果伊斯墨涅"保持缄默,不向大众宣布[安葬是安提

---

[22] 安提戈涅的父亲俄狄浦斯王选择了自我流放或自杀,这是逃离的另一条出路。

戈涅所为],那么我就更加恨你"(页299);她认为伊斯墨涅拒绝参与行动因此不再是王室的成员,而只有她自己是"王室剩下的唯一后裔"(页320)。

我提到了安提戈涅"年幼"。尽管索福克勒斯没有说明,但依据古希腊的婚姻习俗,也根据安提戈涅恋人海蒙后来的自杀行为等细节,学者推测,索福克勒斯笔下的安提戈涅的年龄大约是在十多岁,[23]正处于青春的敏感、多情并因此自恋和自怜、渴望荣誉、容易幻灭也容易反叛的时期。克瑞翁颁布的本是一般性的禁葬令,但安提戈涅却认为"特别是针对着我的"(页297);父母和叛徒哥哥的婚姻也使她对婚姻和爱情感到幻灭(页318);这都是青春期因自我重要而产生的自恋和敏感。一方面是自恋和幻灭感,另一方面则是青春期的英雄主义冲动。许多西方的悲剧故事中都曾一再出现这样的主题,青年人渴望着荣誉和永生,期待以壮烈的死亡获得永恒,使生命更具有尊严和价值;[24]青春的安提戈涅也是如此。尽管年龄以及与年龄相伴的这些因素并非推动安提戈涅反抗的决定性力量(否则如何解释伊斯墨涅?),但这些因素显然要比一个不着边际的自然法论点更能影响她如何行动,促使她更容易走极端。

而在另一方,刚刚继承王位的克瑞翁则很难以一种绝对不发生悲剧同时又对城邦有利的方式来应对安提戈涅的决绝。首先,克瑞翁获得王位几乎是一种偶然,仅仅因为俄狄浦斯及其两个儿子的意外离世。在这

---

[23] 关于古希腊时期的婚龄状况,我没有查到有关当年的第一手可靠资料。典型的状况是,10多岁的女孩与30岁上下的男子(波斯纳:《性与理性》,苏力译,中国政法大学出版社,2002年,页53);另据达勒斯式等的《希腊司法碑志集》考证在有早婚习俗的克里特城邦,男儿婚年在18岁以上,女儿嫁年在12岁以上;亚里士多德则建议妇女出嫁年龄应规定在18岁,男子的成婚年龄则应该是37岁前后(均见于,亚里士多德:《政治学》,吴寿彭译,商务印书馆,1965年,页397—398)。因为"根据自然规律,女人比男人衰老的速度更快,所以特地要让新娘比新郎年轻许多。"利奇德:《古希腊风化史》,杜之、常鸣译,辽宁教育出版社,2000年,页42,19。因此,有学者推测认为,安提戈涅最大不超过15岁,甚至只有12—13岁。请看,英文"经典网站"中"安提戈涅的年龄"的讨论,http://www.users.globalnet.co.uk/~loxias/antigone02.htm,2004年8月31日访问。

[24] 请看,波斯纳:《法律与文学》,同前注3,页97,118—119。

个意义上,克瑞翁的权力既不来自子继父业(传统方式),也不来自选举或其他程序(法定方式),他的权力缺少足够政治合法性;在古希腊的君主分类中,他因此一般被认为是一位僭主(以非合法形式获得王位的君主)。克瑞翁自己完全意识到这一点,他必须采取一定的措施来确定或巩固自己的权力,积累自己的合法性。不仅作为城邦的领袖他希望自己的政令畅通,令行禁止,他更必须通过自己的政绩,通过保证城邦的安全和繁荣,来赢得城邦民众的认同,重建自己权力的合法性。

但克瑞翁面临巨大挑战。底比斯当时正经历了重大的内乱和战乱,可以说是百废待兴,非常需要政权稳定、城邦和谐、人心团结和政治权威。面对为夺取王位、率领他邦军队攻打底比斯城——"想要放火把他祖先的都城和本族的神殿烧个精光,想要喝他族人的血,使剩下的人成为奴隶"(页301)——的波吕涅刻斯的尸体,克瑞翁为了城邦的利益怎么样也不可能、也不应当将他同"为国捐躯"的厄特俄科勒斯的尸体同等对待。如果对叛乱者不予严惩,那么如何震慑今后城邦内其他人可能的叛变呢?如何确立城邦至上的观念呢?克瑞翁知道,在利益的诱惑下,任何人都可能效仿波吕涅刻斯;而"背叛是最大的祸害,它使城邦遭受毁灭,使家庭遭受破坏,使并肩作战的兵士败下阵来"(页313)。因此,从政治上,从城邦利益上,以及从克瑞翁本人的权力有效行使来看,都必须惩罚叛徒。

问题是该如何惩罚?波吕涅刻斯已经死了,任何通常的惩罚都已经没有意义了。也不可能连带责任惩罚其家人,例如安提戈涅,因为后者同时也是保卫城邦的英雄的妹妹。克瑞翁只能借助一种因社会共识而形成的象征性惩罚,将波吕涅刻斯暴尸荒野。在当时相信血缘关系神圣性的那些普通民众看来,这是相当严厉的,对他们已习以为常的家庭伦理和神秘信仰确实构成了一种挑战,可以说触犯了涂尔干所说的那个"集体良知"。[25] 克瑞翁的决定因此是越轨的,从一开始就有一定的风险。

但不必定。因为随着城邦的建立,这一神定法的观念已经逐步失去

---

[25] 可参看,涂尔干:《社会分工论》,渠东译,三联书店,2000年。

了其规范支配力。在剧中，克瑞翁敢于颁发禁葬令，且毫无顾忌，就表明关于这一神定法的神圣性已经弱化；如果克瑞翁自己也真的确信这一神定法，或者是生活在一个为神定法绝对掌控的社区，克瑞翁无论是出于个人信仰或政治权谋都不可能颁布这样的禁葬令。事实上，作为民意之象征的剧中的歌队长从一开始就至少是默认了克瑞翁的这一法令（页302）。更强有力的证据是，年轻的伊斯墨涅也完全没有为安提戈涅的神定法的论点打动，因此拒绝参与安提戈涅的神圣反叛。这都表明，这一神定法在当时的底比斯城已经不是那么神圣了。如果承认这一点，我们就可以看到，克瑞翁的这一法令并非冒天下之大不韪。如果想到中国春秋时代伍子胥为父兄报仇而对楚平王掘坟鞭尸，想到抗战胜利后国民政府炸开汉奸汪精卫的坟墓焚尸，就可以看出，仅就做法上看，克瑞翁其实已经是比较节制的。但是，即使这一比较节制并因此民众不难遵循的法令，也被人公然违反了，且来自内部；这恰恰表明克瑞翁权力的合法性基础很不稳固。无论是从克瑞翁的角度还是从城邦的角度来看，都需要强化政治权力。克瑞翁处在矛盾的极端，他已经很难在这一挑战面前退却。

还应当注意的是，克瑞翁在颁布禁葬令之际，没有而且也不可能想到挑战者会来自自己的亲属，来自他想象中的同盟军。例如，当得知有人安葬波吕涅刻斯之后，他首先问的也是"哪一个汉子敢做这件事"（页303，着重号为引者所加），他根本没想到是安提戈涅。他也曾一再指出，该法令指向的是那些贪图利益的人，被金钱收买的人（页302，304），因为克瑞翁认为人们可能为了利益金钱而使城邦毁灭（页302）。安提戈涅在他身后的意外出现带来了意想不到的麻烦。但此时的克瑞翁已经不能收回成命了，否则只会给他自己和城邦带来更大的危险。这里有一个事先和事后的问题，有一个立法者无法预料和控制自己的法令之最终后果的问题。在这一点上，观看全剧并了解全部事件演变过程的读者或观众与克瑞翁处在一个相当不同的时间位置上，对这个问题的评价自然会有不同。但如果从该法令颁布时的情形来看，以及从法令必须执行的特点来看，我们就会对克瑞翁多一点理解和同情。

第九章 自然法、家庭伦理和女权主义？ *335*

克瑞翁并非女权主义指责的那种(男性的)僵化的法条主义者,而是一个务实的重视后果的政治家。危机出现后,克瑞翁立即采取了控制措施,试图在维护政令的前提下通过妥协来化解危机。当先知告知他可能有不利后果之际,他立刻改变了自己的命令,采取措施挽救局面,尽管这时已经太迟了。在讯问安提戈涅时,克瑞翁首先了解的是士兵是否亲眼看见安提戈涅埋葬尸体。随后,他又给了安提戈涅一系列可能的台阶,"承认不承认这件事是你做的?""你知道不知道有禁葬的命令?"以及"你真敢违背法令吗?"只要安提戈涅否认其中的任何一个,那么克瑞翁都可以通过"区分技术"来对安提戈涅从轻发落。但这能否有效完全取决于安提戈涅有没有合作的意愿。在安提戈涅"天性倔强"、"傲慢不驯"(页308)和以死亡争取荣誉的决心面前,克瑞翁再一次失算了。安提戈涅甚至公然夸耀自己的行为,提出了几个更激烈、更极端的命题:我服从的法律是更高的永恒的法律(因此在规则的合法性上,我比你更高);我不会因为害怕你的反对而放弃自己的责任(因此在道义上,我也比你高);你认为我干了傻事,其实你才是真正的傻子(因此在智力上,我还是比你高)(页307—308)。她不仅逼迫克瑞翁尽快处死自己(页309),而且声称自己的做法得到民众的普遍支持(页309)。这种不合作,这种嘲弄,这些威胁,这些刺激,都把克瑞翁逼到了一个政治的、法律的死角。克瑞翁只能依据实在法严惩安提戈涅。

双方的特殊关系和关系距离也在一定程度上加剧了冲突,而不是如同在其他境况下可能缓解这一冲突。眼前是只能按照政治关系来处理的冲突;但克瑞翁和安提戈涅之间却有一层舅舅与外甥女的关系。这种关系是亲近的;加上安提戈涅的"公主"身份,都会使此前安提戈涅与克瑞翁的对话更为随便,可以"耍赖",并得到普遍的接受和认可。习惯于先前生活环境和两者关系的安提戈涅很容易将她先前的"习性"带进这个冲突中来,用舅甥之间的坦诚取代了国王与市民之间必须有的克制和保留。其次,也正是他们之间先前的亲近关系,更可能"亲人眼里无伟人","近则不逊","曾经沧海难为水",安提戈涅很容易轻视或鄙视克瑞翁和他代表的政治权力。伟大的反叛者常常来自上层社会或衰落的上层社会的家庭,而不是下层社会,[26]这种人类社会中的普遍现象并不是偶然的。第三,在安提戈涅毫不妥协的情况下,克瑞翁的任何法外开恩,都可能引发民众指责克瑞翁徇私枉法、无能、朝令夕改,会进而危及他权力的合法性和城邦的安定。亲情关系在这里反而变成了克瑞翁决心处死安提戈涅的一个因素。

由于这种种因素的会合,更由于安提戈涅的个性,在这种情境下,可以说,悲剧已不可避免。不错,安提戈涅的情感确实是自然的,但自然的并不因其自然就必然具有正当性;而且,这种情境下克瑞翁的反应不也是自然的吗?

最高的伦理?——历史变迁的解读

仅仅是情境化的阅读还不足以充分理解这一悲剧,如果今天回头来看,我们会发现一些宏大的历史因素也催生了这一悲剧。黑格尔指出,《安提戈涅》的悲剧在抽象层面是"最高的伦理性"的对立,即国家法律与家族伦理之间的冲突。这种概括从理论层面看是深刻的,[27]但在经验上看是有问题的。因为,自有国、家之别以来,作为社会控制的机制,两者总是共存在于任何一个社会,但并不是每个社会都会发生《安提戈涅》式的冲突;即使偶尔发生,也不会这么强烈,这么令人惊心动魄。例如,中国传统社会的许多故事都表明,家族伦理与国家法律之间除了冲突之外,更有

---

[26] 在古希腊历史上最早的伟大反叛者,普罗米修斯,就是一个最典型的范例。根据埃斯库罗斯的《被缚的普罗米修斯》,他是宙斯所放逐的神祇的后裔,是地母该亚与乌剌诺斯所生的伊阿帕托斯的儿子。

[27] 在另一个地方,黑格尔隐含地对《安提戈涅》中各方的责任提出过另一个解说,大致是,一个人活着的时候是公民,因此属于城邦,而不属于家庭;但他死了之后,就不再是公民了,他又从政治领域完全回到了家庭领域。因此,安提戈涅安葬兄弟完全符合家庭伦理,是高尚的行动;这一说法隐含的是,克瑞翁的行动则违背了黑格尔划分的领域。这种分析在逻辑上很有点道理,但在经验上是行不通的。并且,如果黑格尔的这一论证是对的,那么安提戈涅的悲剧就应归罪于克瑞翁的一个错误,而不再是黑格尔所谓的城邦法律与家庭伦理的冲突。黑格尔的分析,请看,黑格尔:《精神现象学》,同前注7,页10。

一种互补关系;在近现代中国,家族伦理自清末以来不但日益衰落,而且基本被主流意识形态视为封建余孽而受到贬斥;在现代社会,国家法不允许家庭包庇罪犯,只是在某些刑事案件中允许豁免某些作证的义务。总之,家庭伦理在今天任何现代国家,都不再是最高的伦理力量了,有时甚至不能算是受法律保护的"私隐"。因此,我们无法断言,国家法律和家庭伦理的对立是必然的,或这种对立在本质上具有最高的伦理性。

但黑格尔仍然可能是对的,因为在安提戈涅悲剧发生的年代,国家法律与家族伦理确实可能是双雄并立的基本伦理力量。黑格尔以自己哲学思想在思辨层面上演绎了这一冲突,在形式上回答了这一冲突和悲剧的发生。但这种思辨却没有回答,为什么在历史的那一刻,会出现这种"双雄会",并且表现为如此激烈的冲突。本节试图从社会变迁的角度,一种大历史的角度来理解和丰富黑格尔的这一论断。我认为《安提戈涅》的悲剧,除了上述因素之外,在另一个侧面,反映了当时由于社会变迁带来的不同制度和观念的冲突:一方面家族伦理开始衰落,另一方面城邦政治正不可避免地兴起,但这两者之间的关系无论是在制度上还是在普遍的社会意识形态上均未最终形成稳定的格局。安提戈涅和克瑞翁则在无意中分别代表了这两种同样具有一定合理性的诉求。

安提戈涅故事发生在英雄时代。英雄这个限定词就表明,当时城邦还没有真正确立。[28] 人们还局限于他们的自然情感,即他们已经习惯的

---

[28] 但是已经出现了具有政治治理性质、开始理解和承担政治责任并作为城邦代表的大家族及其首领。一个具有强烈象征意味的故事是特洛伊王子帕里斯的故事,其母亲特洛伊王后赫卡柏在怀他时梦到了自己生下一柄火炬,焚烧了整个特洛伊城,预言家预言赫卡柏的新生儿将导致城邦的毁灭。在孩子帕里斯出生之后,赫卡柏出于对城邦的责任,经国王同意,将帕里斯弃置荒山,试图让他死去,以拯救城邦。帕里斯居然死里逃生,多年后长大成人,在一次运动会上,他的父母认出了帕里斯,忘记了当年预言家的警告,欢迎他重新加入王室的家庭。最终,帕里斯因诱拐海伦,引发了特洛伊战争,招来了亡国之祸。赫卡柏和国王普里阿摩斯将儿子抛弃,意味着他们懂得城邦高于亲情,而最后重新收留帕里斯,则象征着亲情最后又战胜了城邦利益,并最终导致城邦的毁灭。从特定角度看,这个故事如同《安提戈涅》一样反映了城邦形成时期血缘亲情与城邦政治的反复较量。古希腊伟大剧作家欧里庇德斯将帕里斯的故事写成了著名的悲剧三部曲《阿勒克山德罗斯》、《帕拉默得斯》和《特洛伊的妇女》。

家庭伦理,还没有也很难接受大约一千年后亚里士多德的观点,一种城邦确立之后的社会政治意识形态:人是城邦的动物,城邦不但有别于而且在本性上先于包括家庭在内的任何其他社会团体。[29]英雄时代的政治权威往往来自那些勇武高尚的人格和他的家族,政治权威和行使政治权威的人是混在一起的。但是城邦,一种政治性的权威体系,也正在这时悄悄地、逐步地形成,往往借助着一些重大的政治事件、军事冲突或其他意外事件。最著名的如大致与安提戈涅同时的特洛伊战争。[30]在荷马史诗《伊利亚特》中就可以清楚地看出这一点。希腊联军的总司令阿伽门农,在《伊利亚特》中文译本中,被称为"人民的国王",但他的军队其实是各个城邦的军队的组合,他并非全希腊的国王;[31]此前希腊也从来没有过这样的各城邦的联合行动。[32]在特洛伊一方也是如此。为了抵抗希腊联军,特洛伊军队和政治结构由"国王"普里阿摩斯和他的50个儿子和12个女婿组成。[33]战争是政治的继续,它需要一个有效的政治和军事权威结构体系,在一定程度上也促成了这样一个权威体系的建立,但在当时首先借助的就是家庭血缘关系。在这样的一个尚未脱胎于家庭的社会的和准政治的结构中,对家族的忠诚,以及个人的荣誉,对于这一制度的形成和运作都非常重要。在人类社会早期,这种情况其实是相当普遍的;中国古代的周朝就是这样一种以血缘关系为基础的"国家"。

以家族伦理作为政治秩序的替代有利也有弊。除了有其他问题外,在

---

[29] 亚里士多德:《政治学》,同前注23,页1—10。
[30] 据罗念生和王焕生的《伊利亚特》(人民文学出版社,1994年)的《前言》,特洛伊战争大约发生在公元前12世纪初,页3。
[31] "通常都是把 basileus 翻译为国王,这种译法令人误解。在荷马时代,basileus 更像中世纪英国的男爵。在一个地区里,他是老大,他的家族(oikos)最大,如果要出去劫掠,或受到攻击,他就是统帅,并由他来分配任何战利品。但是在正常情况下,他并不履行什么治理职能,因为在荷马时代的世界中,通常也没有什么职能可履行的。"波斯纳:《正义/司法的经济学》,苏力译,中国政法大学出版社,2002年,页128。
[32] 修昔底德:《伯罗奔尼撒战争》,徐松岩、黄贤全译,广西师范大学出版社,2004年,页2。
[33] 《伊利亚特》,陈中梅译,北京燕山出版社,1999年,页127。

一定条件下,家庭伦理不利于甚至迟滞了纯粹的政治性秩序的建立和稳定,会影响理性的政治决策以及决策的有效执行。同样以特洛伊战争为例。特洛伊战争的导火线是特洛伊王子帕里斯诱拐了斯巴达国王的妻子海伦(其实是海伦自愿与之私奔)。尽管这一行为在当时雅典人和特洛伊人看来都是不道德的,违反了习惯法,帕里斯不够"义气"。但是雅典国王阿伽门农就为了这样一件"儿女私情",为了家族(海伦是他的弟媳妇)的荣耀,动员了古希腊各城邦的军队,发动了规模浩大、耗时10年的战争,无数的战士失去了生命,无数的家庭破碎了。这样的决策和行动,若是从政治上看,显然太儿戏了——尽管有学者认为,这个决策的背后有阿伽门农统一希腊的政治考量。特洛伊一方也同样如此。国王普里阿摩斯的家族早就知道帕里斯会给城邦带来毁灭性的灾难,[34]也不喜欢甚至痛恨海伦——她使全国陷入了持久的战争,但由于帕里斯是国王的儿子,是特洛伊军队首领赫克托尔的兄弟,那么家族的忠诚就要求特洛伊人支持和保卫帕里斯。今天回头来看,这实际上是把家族伦理完全置于国家法律和城邦利益之上。

　　英雄时代还格外强调个人的荣誉。在古代没有强有力且普遍有效的政治法律秩序的条件下,这种高度个体化的人格所起的功能是作为政治制度的替代。但它同样可能与国家法律发生强烈的冲突。首先,强烈的个人荣誉,或者英雄的个人,就排斥政治秩序和科层化制度的发生。在崇拜英雄的时代,激发人们支持的更多是血缘的神圣以及个人的勇武和魅力,这是一种古代的建立在家族之上的个人主义。[35]但还不仅如此,即使政治法律秩序已经初步形成,这种个人英雄主义的品格也会抵制、排斥和妨碍制度的有效运作。安提戈涅的英雄主义就印证了这一点。这一现象也屡屡见于荷马史诗《伊利亚特》。[36]在中国古代社会,特别是中国社会制度转型的春秋战国时期,这一点也非常明显。"侠以武犯禁",韩非子在《五蠹》中就尖锐指出了"侠客"是以牺牲政治秩序和权威为代价的;[37]而司马迁尽管赞美侠

---

[34] 见前注28。
[35] 波斯纳:《正义/司法的经济学》,同前注31,页143—145。
[36] 波斯纳,同上注。
[37] 《韩非子·五蠹》。

客的英雄主义个体人格,但也准确地指出这些人的做法"不轨于正义"——背离了社会中已经形成的维护社会秩序的政治制度和主流意识形态。[38]

安提戈涅和克瑞翁的冲突就发生在这样一个社会变迁的宏大背景下。戏剧一开始,安提戈涅的家庭就已经瓦解了。在一定意义上,俄狄浦斯王弑父娶母,意味着血缘社会已经"礼崩乐坏";而兄弟刀兵相见,更意味着血缘关系已无法解决政治冲突。这构成了全剧的一个背景,也是对那个时代的一个隐喻。但是,作为大历史中生命短暂的行动者,无论是安提戈涅还是克瑞翁都不可能清楚意识到他们正处在这一历史变迁中。历史变迁的力量作用于他们个体,他们却还以为自己的行动是清醒且自由的选择。从这个角度来看,克瑞翁代表的是正在形成、尚不稳固但必将在社会中扮演越来越重要角色的城邦政治制度,而安提戈涅代表的是正在衰落但影响仍然巨大且永远不会完全消失的、同样作为一种制度的血缘家族伦理。在这个意义上,克瑞翁代表的是一种变革的力量,而安提戈涅代表的是一种保守的力量;尽管变革与保守在此都不具有褒贬之义。

我说的是代表,并不是说他们对此有清醒的意识,也不是说他们主观上有进步或保守的意图。如前所述,他们的行为都是情境的产物,甚至是面对情境的必须。在克瑞翁一方看来,鉴于城邦面临的紧急状况,必须坚持一些新的原则,采取一些措施来防止其他可能的动乱。这些原则就是强调城邦的重要性,包括明辨敌友("不把城邦的敌人当作自己的朋友"),城邦至上("唯有城邦才能保证我们的安全"),以及韬光养晦("等我们在这只船上平稳航行的时候,才有可能结交朋友");这些措施包括禁葬叛徒,在城邦内法令严明统一,令行禁止。尽管这些原则和措施未必合乎习惯了血缘家族伦理的民心民情,其严苛程度也可争议,但今天回头来看,却大致符合城邦利益,甚至是必要的。哪怕是克瑞翁仅仅是为了应对危机,为了巩固自己的权威,这些原则和措施的实际功能都进一步强化了城邦作为制度的意义。值得注意的是,尽管后来安提戈涅的挑战使得克瑞翁的政治措施与家庭伦理发生了冲突,但至少从剧本中看不出克瑞翁有一般的废除家庭

---

[38] 《史记·刺客列传》。

伦理的意图。事实上,如果安提戈涅行动更审慎一些(不二次行动),或者是在被发现之后懂得下台阶,新旧制度的这种惨烈碰撞就可以避免。

因为安提戈涅同样没有看到,也不可能看到,历史的惯性和历史的变迁。她固守着她先前的生活环境和经历给与她的那种感受和责任,只是感到"我要对哥哥尽我的义务",感到"充其量是光荣的死",而"为此而死,也是件光荣的事"(页298—299)。她的关切完全是家庭伦理的,她沉浸于个人英雄主义的梦幻。她为家族伦理的原则而生而死,不认为应当关心自己的个体行为对于整个城邦的政治后果。这不仅是个人主义的,也是贵族的心态,而不是一个普通人可能具有的心态;也只有在她先前的生活环境中才可能培养出这种无视行为后果,无论是对人对己对社会的后果,目中无人的贵族心态。这是一种大无畏精神,当然激动人心,尤其当她的对立面是国王之际,但未必是明智的行动,尤其是对于成长中的城邦。

如果从这个社会变迁的层面上看,安提戈涅和克瑞翁其实都是悲剧性人物。悲剧并不是因为他们个人的痛苦或死亡,而在于在历史面前个人的渺小、无知和无奈。也是从这一层面来看,克瑞翁更是一个悲剧的人物。因为,从个体经验层面上看,安提戈涅仅仅是为自己的习性和感受所推动,是要对家人和传统负责;而克瑞翁则是为其所受到的社会变革压力的推动,是要对城邦和未来负责,尽管这种负责有利于他自己政权的合法性。在这个意义上,安提戈涅其实处于强势,因为她代表了传统,代表了首先爱自己的亲人这样一种人和动物普遍具有的生物本能,她的合法性在当时对于广大民众来说几乎是不证自明的;克瑞翁则是弱者,是挑战者,他必须挑战已经长久确立的家族伦理体制和意识形态,甚至他的挑战不可能寄希望于说服民众(因为无论问题还是回应都是在普通民众的日常经验之外的),他只能尽快通过自己行动的结果来赢得合法性,让民众通过经验来最终认同他的这些追求和努力;他承担着举证责任。甚至他不仅要赢得本城邦民众的同意,而且必须赢得其他城邦的认可。因此,尽管克瑞翁拥有政治权力,似乎很强大,但这种权力在这个转型时期是不稳定的。他只是一位僭主。他感受到了以城邦紧急事件表现出来的历史力量的压迫,但他无法预先了解自己的应对措施的结果终将如何。

因此,就《安提戈涅》一剧而言,黑格尔对安提戈涅的解释是自洽的,却不是充分的;在黑格尔那里,哲学思辨的逻辑遮蔽了社会历史变迁的逻辑。不错,确实是有两种几乎同样强大的力量在这一刻相遇了,但促使这两种力量碰撞的决定性因素之一是社会的变迁,是"历史的潮流"。[39]

此外,如果仔细阅读该剧中安提戈涅的家庭伦理的具体内容,而不是停留在抽象的家庭伦理这个概念上,我们还会发现安提戈涅所表达的那个家庭伦理既非自然的,也非通常的家庭伦理,而很可能只是前城邦时代遗留下来的,甚至是安提戈涅本人的,因此是为社会改造过的一种"家庭伦理"或"自然"。请看安提戈涅的这段独白:

> 如果是我自己的孩子死了,或者我丈夫死了,尸首腐烂了,我也不至于和城邦对抗,做这件事。……丈夫死了,我可以再找一个;孩子丢了,我可以靠别的男人再生一个;但如今,我的父母已埋葬在地下,再也不能有一个弟弟生出来。[40]

这一段文字完全可以解释为安提戈涅对自己的行为已经有所懊悔,试图为自己提出一个显然无力的辩解。但如果这真是安提戈涅的确信,那么这几乎是一个女性在重复中国古代百姓的一段俗语:"兄弟如手足,妻子如衣服,衣服破了尤可补,手足断了安可续?"——只是需要把妻子一词换成丈夫就可以了。如果说中国俗语或多或少还反映了男性对待异性有

---

[39] 必须说明的是,近代以来,至少在中国当下的语境中,"历史潮流"往往具有褒义,因此,学者很容易由此得出一个带有道德性的判断。这种思路实际上假定了历史发展的道德性,并因此隐含了历史的道德性就是历史的真理或答案。在安提戈涅和克瑞翁的悲剧问题上,我拒绝这种道德化的历史评价。因为"天地不仁";也因为我已经提到,在这样的历史变迁中,他们两人都不可能理解,也不曾追求自己在历史中的意义,这种意义其实是我们这些后来者基于前人所无法了解的信息作出的判断;从道德理论上看,若要对一个人作出合乎情理的道德判断,首先行动者必须有这种历史的道德意识,而我已经表明他们不可能有这种历史的理解。因此对安提戈涅和克瑞翁作这种历史道德的判断至少是牵强的。
[40] 有学者认为这一段文字不是索福克勒斯原著。请看,《安提戈涅》,同前注2,页337注110。

天生的薄情寡义的生物倾向,因此多少还有点"自然"的因素,那么至少从生物学上看,女性的这种倾向如果有,也不会那么强烈,更少一些自然的因素。安提戈涅有关丈夫的观点和论述,更可能是一种个人化的观点,而并非当时社会的普遍做法和看法。[41]至于安提戈涅对孩子的判断,无论是从经验上看,还是从生物学的倾向来看,也很难成立。从经验上看,女性对自己的孩子一般都会比对自己兄弟更亲密,寄托的感情更多。因为尽管兄弟和孩子同样分享了自己50%的基因,理论上讲同样密不可分,但由于养育孩子,女性会有更大的投入,而兄弟的养育主要是父母的投入,因此对于一位女性来说仍然会感到孩子更亲。黑格尔对安提戈涅的这一观点的思辨性解说缺乏足够的经验支持。[42]

因此,安提戈涅的这种个人伦理其实有点"变态"。对此更好的解释是,如前所言,在俄狄浦斯王弑父娶母的真相暴露之后,在她的妹妹选择了接受生活的彻底改变之后,安提戈涅与先前的生活世界、文化世界和符号世界没有而且不再会发生意义变化的唯一联系,就是与她的兄弟的关系了。因此,安提戈涅才可能发出这种不合时宜也非常奇怪的呼喊。这是一种为特定社会事件改造或扭曲的伦理。这就不仅表明黑格尔认为安

---

[41] 从相关的文献来看,安提戈涅的观点在古希腊社会中也并非典型。一个突出的反例是科尔克斯的公主美狄亚,她因为爱丈夫伊阿宋而背叛了城邦,杀死的恰恰是自己的弟弟;后来伊阿宋另有所爱,美狄亚为了惩罚丈夫,又杀死自己与伊阿宋所生的孩子(这种行为仍然可视为对丈夫的一种变态的爱)。而另一个著名悲剧的女主人公阿尔刻提斯为了救丈夫阿德墨脱斯宁可牺牲自己。请看,《美狄亚》和《阿尔刻提斯》,均见于《欧里庇德斯悲剧六种》(《罗念生全集》卷3),世纪出版集团/上海人民出版社,2004年。在《伊利亚特》中,当特洛伊最伟大的勇士赫克托尔上战场告别妻子安德罗马克时,安德罗马克深情地称年轻力壮的丈夫为"我的父亲,我的尊贵的母亲和我的兄弟"。《伊利亚特》,同前注30,页133;又可参看,《奥德赛》中奥德修斯的妻子裴奈罗佩对丈夫的持久、坚定和深厚的情感(《奥德赛》,陈中梅译,北京燕山出版社,1999年)。相反的著名例子也有,例如,引发特洛伊战争的著名希腊美女海伦背弃了丈夫,与特洛伊王子帕里斯私奔;又有阿伽门农的妻子、海伦的姊妹克吕泰涅斯特拉,她不仅有情人,而且在阿伽门农远征特洛伊归来之后,同情人共同谋杀了阿伽门农,尽管谋杀的最根本理由是阿伽门农曾牺牲了他们共同的女儿伊菲格涅亚。请看,埃斯库罗斯:《阿伽门农》,《埃斯库罗斯悲剧三种》(《罗念生全集》卷2),世纪出版集团/上海人民出版社,2004年。

[42] 对安提戈涅的这一观点,黑格尔曾有过他自己的思辨性解说。请看,前注21所引的文字。

提戈涅代表了家庭伦理的概括有点粗疏,而且也进一步表明对《安提戈涅》的自然法解读,就"自然"的本来意义上讲,也不成立。

为什么"女性"？——社会分工的解读

如果说当时的历史变迁是必然的,城邦制度强化,逐步取代家庭伦理,成为社会的基本制度是当时的历史趋势或潮流,那么为什么身处同一时代的克瑞翁和安提戈涅感到的责任和义务会不同,为什么会对家庭伦理和城邦政治伦理有如此不同的感受？而如果同一时代的人的感受都如此不同,我又凭什么说城邦才是当时的历史趋势或潮流呢——哪怕是我说的历史潮流并不具有道德上的褒贬？

这确实是个很严肃的问题。对此的一种回答是试图用个体的偏好和认知差别来解说,例如安提戈涅作为英雄所具有的特质；或者,用个别人的先知先觉来解说。我承认个体偏好和认知差别的存在,否则如何解说伊斯墨涅？我也承认某些先知先觉的存在,因此在一定程度上接受以此为基础的其他人文解说。但是,这种解说是一种特别（ad hoc）解说,不是社会科学的因果解释,因此说服力不强。

另一种回答是女权主义的,也是黑格尔的解说,即强调作为女性,安提戈涅对家庭伦理感知的特殊性和先验性,并且常常还伴随了或隐含地强调这种女性感知的道义优越性。这种解说看起来具有一般性,因此有社会科学的影子。

但仅仅是影子。

首先,因为,严格说起来,至少在传统社会中,安提戈涅的言行至少在许多方面都是男性化的,而不是女性化的。她的固执、她的率性、她的个人英雄主义、上一节所引她对配偶的评价以及她对海蒙的态度,都是证据。如果该剧作者改换一下安提戈涅的性别,我觉得观众和读者不但完全可以接受,而且全剧也不需要重大修改。剧本中也有一些文字暗示了安提戈涅性格的男性化或他人对安提戈涅性格男性化的评价。例如,克瑞翁就说过,"要是她获得了胜利,不受惩罚,那么我成了女人,她反而是男子汉了"(页308)。

其次,剧中以各种方式对安提戈涅表示同情理解的其他人,无论是克瑞翁的儿子海蒙,剧中提到的民众,还是由15位底比斯城长老组成的歌队,[43]都主要是或都是男性。他们同情安提戈涅就表明所谓家庭伦理是女性的、国家法是男性的说法不能成立。

第三,女权主义还无法解说该剧中与安提戈涅对立的女性伊斯墨涅。后者并不分享安提戈涅的判断和处世风格,她的言行具有更典型的女性意味:她不主动挑衅,因此拒绝参与安提戈涅的安葬行动;但她也不怕事,不推诿责任,在安提戈涅要被处死的时候,她主动要求与姐姐一起去死;她会有委屈,当安提戈涅嘲笑她的时候,她会责问"你为什么这样来伤我的心";甚至,直到最后,尽管伊斯墨涅理解安提戈涅的行动,却坚持认为安提戈涅不应当这样行动——她对安提戈涅说,"并不是我没有劝告过你"(页309—310)。在我看来,这是一种更看重后果、注重分寸的也更常见的女性行动和思考问题的方式,而不是那种一味坚持原则至上的(男性的)思维方式。事实上,伊斯墨涅是古希腊人更为欣赏的贤淑女性形象。[44]当然,女性的性格是多样的;在女性这个范畴里,完全可以同时包

---

[43] 在古希腊剧作中,歌队的组成并非固定不变的,《安提戈涅》一剧中由该城15位长老组成,而在同一作者的另一剧作《特剌喀斯少女》中,歌队由特剌喀斯城的15位少女组成。黑格尔对歌队的解释是,"合唱队实际上就是人民,也就是一种精神性的布景","合唱队的任务就是对悲剧整体进行冷静的玩索","代表一种较高的实体性意识"。请看,黑格尔:《美学》卷3下册,同前注7,页303—304。

[44] "作为索福克勒斯描写的角色,[伊斯墨涅]是安提戈涅正面个性的反面(或许更好的表述是安提戈涅的反面个性的正面)。她是标准的——伊斯墨涅是符合人们想象中的古希腊女孩(安提戈涅则不是)。"http://www.users.globalnet.co.uk/~loxias/ismene.htm,2004年8月31日访问。并且尽管人们总是强调中西之间的差别,但是至少对女性的评价,古希腊与中国传统社会似乎差别并不大。例如,索福克勒斯认为,"娴静就是妇女的服饰"(转引自,亚里士多德:《政治学》,同前注23,页40及注4);伯利克里认为:一个妇女的最大荣誉就是没有男人议论她,无论说她好还是坏(修昔底德,《伯罗奔尼撒战争》,同前注32,页103,不过该书这一段译文显然有重大错误,我参照了英文版作了校订);在《奥德赛》中,长大了的儿子忒勒马科斯让母亲裴奈罗珮回到自己的房间做自己的事情,因为讨论问题,"那是男人的事情"(《奥德赛》,同前注41,页13)。

容安提戈涅和伊斯墨涅。我并不认为只有伊斯墨涅才是"真正的"女性。但也就在这里,女权主义或黑格尔用女性特点解读安提戈涅遇到了无法自洽的困难。这种解释骨子里更多是思辨的、猜想的,而不是经验的、实证的。

我的质疑并不导致否认男女感知法律有差别。我承认这种可能的差别,但我不想把这种差别仅仅或完全归结为性别本身,而是试图提出一种基于劳动分工理论的回答。我试图把个体同时也把男性和女性对"历史潮流"的感知以及对具体法律问题判断上的差别同这些个体(包括特定历史时期作为群体的男性和女性)在社会分工体制中的位置联系起来。这种解说也许更有说服力。需要限定的是,我并不认为这种处理方式对所有此类问题都将有效,我只是认为,至少就分析《安提戈涅》的冲突而言,这种思路会更有说服力;并在一定条件下或许可以展开来,适用于分析其他事件或社会格局。

在古希腊社会,甚至直到亚里士多德时代,妇女都不是公民,因此不参与城邦的政治活动;不仅如此,女性还被认为是不完全的人,同孩子、奴隶和财产归为一类,[45]可以被男子随意处置,包括父亲处置女儿。[46]我在此暂且不讨论这种做法在政治上、道义上的对错,我想指出的是,这种基于性别的社会分工可能会给男性和女性在感知世界、处理政治法律和家庭伦理问题上带来什么样的差别。

最大的差别首先会是男性和女性一般说来关注的问题不同。男性作为公民,经常参与城邦的活动,自然会更多关心城邦的政治问题,也会或多或少地培养他们从城邦的角度、从政治的角度来考察问题。而被局限在家庭中的女性,无论是成年还是年轻女性,首先没有机会接触城邦问题、政治问题,自然相对于经常接触政治的男性而言,更缺乏这方面的能力,缺乏对这方面问题的兴趣。

---

[45] 亚里士多德:《政治学》,同前注23,页4—7。
[46] 最典型的范例就是阿伽门农为出发远行攻打特洛伊,为了安抚大海,居然牺牲了自己的女儿伊菲格涅亚。请看,埃斯库罗斯:《阿伽门农》,同前注41;又可参看,斯威布:《希腊的神话和传说》,楚图南译,人民文学出版社,1958年,页304—315。

但是世界上的问题并不是能够界定清楚的。许多问题并不只属于家庭,或只属于城邦,而往往会涉及到不同领域。男性女性至少在某些时候会关注同一个问题。而这时,劳动分工带来了一些麻烦,一些遮蔽。它令分工不同的人关注问题的视角不同,提出的解决办法有不同,评价的标准也不同,因为人们在遇到新的、不熟悉的事件时,总是习惯于首先从自己已有的经验、视角和感受出发。许多时候,这些不同的判断并不必然不兼容,激烈冲突,相反,在一定条件下,有可能互补;但至少在某些特殊情况下,主要为自己的经验、视角所支配的人会排斥其他人对同一问题作出不同的理解、判断和行动。有可能导致"汉贼不两立"的对峙,发生或大或小的悲剧。

阿伽门农牺牲女儿伊菲格涅亚就是一个典型的例子。阿伽门农也非常心疼女儿,但是他考虑到希腊军队的利益,希腊城邦的利益,一种政治利益,因此牺牲了自己的亲生女儿。而阿伽门农的妻子克吕泰涅斯特拉则为此完全不能宽容阿伽门农,她看到的只是自己永远失去了孩子,她的丈夫葬送了她的幸福。乃至于当阿伽门农从特洛伊凯旋之后,克吕泰涅斯特拉密谋并亲手杀死了阿伽门农,为女儿报了仇。[47]

《安提戈涅》则是另一个例子。安提戈涅不仅是女性,而且还是一个更为年轻的女性,甚至就是一个孩子。她长期生活在王室,家庭关系和睦,不仅作为女人她无需操心政治,作为孩子她也无需关注城邦。优越的家庭使她无法直接感受到现实且残酷的政治和城邦,她直接感受到的全部都只是家庭和亲情。这不仅注定了她没有关于政治和城邦的经验,甚至注定了她只习惯于从亲情和家庭伦理来看待和处理那些哪怕是涉及政治和城邦利益的亲情关系问题。还值得注意的是,在这种环境中,她与世界的所有关系都是具体的、活生生的,而不是抽象的、一般的和冷酷的,因此,她对世界的理解一般也都是具体的。因此,我们才可能理解,为什么一个显然是一般性的禁葬令在安提戈涅看来会是"特别是针对着我"的命令。

---

[47] 同上注。尽管这个故事中,还有克吕泰涅斯特拉有了新情人这一因素。

这并不意味着克瑞翁更高明,他面临着同类性质的局限。克瑞翁不仅是成年男人,而且作为国戚和摄政长期参与了城邦重大政治问题的决策和处理,他执过政,立过法,经受过城邦的各种重大危机,他已经习惯于把城邦的繁荣和安全置于与城邦有关的一切问题之上。在这个意义上,长期的城邦政治生活已经将他异化。他不能细致地理解女性的和许多普通人的感情世界和生活世界,[48]而且政治责任要求他避免如此。他要求,也以为所有的人都会像他那样首先效忠于城邦,城邦至上,至少会因为城邦的政治威慑而不敢公然违反城邦的法令。他可能完全没有想到挑战会来自一位年轻的女性,因为在当时的城邦政治生活事务中,女性是没有位置的;女性作为政治个体的存在,女性的可能挑战,成了他政治决策和决断中的一个盲点。但是,你可以在规则上或概念系统上把女性从政治生活世界中排除出去,却无法在实际政治生活中把女性完全排除出去,特别是当一位女性决心要进入这个政治与伦理交错不清的生活世界之际。第三,克瑞翁作为摄政和国王,他的世界常常必须是抽象的、一般性的,他所思考的人民常常是抽象的,他很容易忽视那些具体的问题。他已经理性化了,尽管生活常常是感情的。他以城邦为要,但家庭毕竟仍然是城邦的一个最基本组成部分。立法的抽象性要求以及政治的强力已经在一定程度上使他忘记了要预先细致考虑许多具体问题的处理和人情的存在;他颁布的法令是仓促的,不谨慎的,尽管在当时的紧急情况下这种仓促可以理解。"社会存在决定社会意识",不仅是一个有关事实的命题,而且隐含了人的某种宿命。

　　正是由于社会劳动分工带来的个体的视野狭窄,因此在社会层面就一定会出现"井蛙不可以语于海,夏虫不可以语于冰"的问题。[49]而且一旦发生了争执,各方都会觉得自己的问题最重要,自己的视角是最正确的,并且是天经地义的。换位思考和因此带来的妥协都不再可能。最终

---

[48] 《安提戈涅》一剧中不时流露出民众对安提戈涅的一定程度的同情,对克瑞翁禁葬令的不理解;作为人民之代表并且由15位长老组成的歌队也表达了对安提戈涅的同情,认为克瑞翁行为"不谨慎"。

[49] 《庄子·秋水》。

社会陷入了两败俱伤的境地。

这种因分工,无论是现代更为社会的还是基于自然的(例如年龄或性别),带来相互的不理解和不宽容是一种普遍的现象。在年轻人与老人之间,甚至每一代人之间都会产生或大或小的代沟;而在一个激烈变动发展迅速的社会中,这种代沟往往格外明显。因此,在现代社会分工越来越细密,社会分层越来越明显的情况下,多元化,或社会的异质性,或社会共识的碎裂也就日益突出。这是现代社会中日益突出的一个重大难题,一个几乎无解的难题。涂尔干的社会连带试图回答这个问题,[50] 尼采的"上帝死了"提出了这个问题,[51] 麦金太尔等社群主义理论家的德性理论试图回答这个问题,[52] 哈贝马斯也试图用交流理性而不是实质理性来回答这个问题;[53] 而事实上,这是一个无法回答的问题。这也是为什么罗尔斯的正义理论最终只能求助于当代的"重叠共识"的一个最根本原因。[54]

从这个角度来看,也仅仅在这个意义上,我们可以说,《安提戈涅》的悲剧也许是第一次戏剧化地同时也是抽象地提出了人类的这种悲剧性的生存状态问题。

也是从这个意义上看,仅仅从性别的角度来对《安提戈涅》作女权主义解说注定缺乏说服力。从这一剧本来看,安提戈涅的自然法思想或伦理高于实在法的观点并不来自作为女性的安提戈涅,也不必定为女性所独享(例如,作为反例的伊斯墨涅),而在很大程度上,是为当时的城邦大批民众分享的(例如,海蒙和歌队)。这种分享,恰恰是因为海蒙以及其他民众,即使是城邦的公民,也并不直接参与城邦的最高政治决策;他们

---

[50] 涂尔干:同前注 25。
[51] 尼采:《权力意志——重估一切价值的尝试》,张念东、凌素心译,商务印书馆,1994 年。
[52] 麦金太尔:《德性之后》,龚群、戴扬毅等译,中国社会科学出版社,1995 年。
[53] 哈贝马斯:《交往行为理论:行为合理化与社会合理化》,曹卫东译,上海人民出版社,2004 年。
[54] 罗尔斯:《政治自由主义》,万俊人译,译林出版社,2000 年。

不必承担这种重大决策错误的后果,他们与克瑞翁的位置、职责、经验和判断都有明显的差距。而这也进一步表明了社会分工的解读要比女权主义的解读更有解释力。

"中国的"解读?

上述的解读或多或少地或主要是受了西学解读传统的影响。无论是否认"自然法"解读的合理性、反思黑格尔的"最高伦理性的对立"还是用社会分工替代女权主义的解读,其实我都还是在同这些传统解读纠缠、作战,沿着这些既定的解读思路前进,尽管其中已经加入了一些新的学科的知识。西学传统已经成为我们理解今日问题,包括解读西学经典的一些无法摆脱的基本前见了。

但对《安提戈涅》也许并不只有这些解读的进路。理论在促成理解之际完全可能限制人的理解,在扩展人们的视野之际也可能限制人的视野。成型成套的理论往往会把我们害得很苦。因此,在这一节,我试图"悬置"或暂时不管这些已有的理论进路,力求更多地基于一个普通中国人的文化直觉,来看看《安提戈涅》的悲剧。我并没有预先确定有什么"中国的"解读,我也不认为有一种唯质主义的大一统的中国文化视角,或我自己或某个人能够"真正"代表普通中国人的观点,我只是希望当忘掉这些现成的理论之际,我会如何感受《安提戈涅》,会看到些什么。我还希望在这种准思想实验中,也许会发现在现有的思路中被忽视的某些东西(尽管未必是更好的),也许会发现不同的文化传统对于该剧不同解读之间的张力。

说是"悬置",说是"不管",但我知道,这也只是说说而已,完全做到是不可能的。真正的学习常常是一条不归路:一旦某种思路融入了思考者的日常思考,在一种比喻的意义上,就如同一旦输入了他人的血,你就不可能回过头来将之"悬置"起来。因此,在什么意义上,我可以大言不惭地说上面的分析主要是西方的,而下面的分析是"一个普通中国人"的思考呢?或者,就算这一回我努力从普通中国人的角度思考,我又能凭什么来判定这样思考就是普通中国人的,而那样思考就不是普通中国人的?这些问题都是叫起真来就没有办法回答的。批评者会说我的这些设问都是"矫情"。语言表达永远是无能的。那么就让我退一步吧,我只是回忆一下当年我最初阅读《安提戈涅》的经验和感受,想象一下我的父母兄妹朋友可能会如何讨论这个问题,并将之设定为"普通中国人的"。至于它是不是,以及在多大程度上是,就暂时存而不论了。

如果是今天的一位普通中国人,遇到了《安提戈涅》的问题,在了解了整个故事的前提下,首先,他一般不会把这个问题如此抽象化,抽象化为一个法律(或伦理或主义)位阶的问题。他根本不会去想自然法(高级法)、家国伦理冲突或女权主义,哪怕他了解这些理论。这些理论一般是保留用来讨论西方问题的或者被界定为"学术"问题的。在日常生活中,我们不这样讨论中国的问题。我们是另一种路子。

一般说来,普通中国人会理解安提戈涅对亲兄弟的这种感情,但不会认同或完全接受。一个最基本的判断和原则是,鉴于当时的情况,每个人都应当识大体,顾大局。一个普通中国人不会笼统地在一般意义上说安提戈涅的自然情感或家庭伦理高还是国家的法律高,但会考虑,在当时的情况下,对于维护城邦(或社区或国家)的所有人的利益来说,谁应当让步或让位。在这种以大局为重的分析框架下,普通中国人一般会认为安提戈涅是"头发长,见识短",因为她几乎是要以牺牲城邦的(社区的或国家的)利益来满足她个人的自然情感需求。不错,底比斯城邦的内乱已经过去,外敌已被击败,叛徒波吕涅刻斯已经死亡,城邦已没有迫在眉睫的危险,但是城邦还是需要分清敌我,必须惩治叛徒,需要有坚强的领导人和严格畅通的政令来维系稳定,防范危机,这是关系更为长远涉及更为广泛的重大的整体利益。在这个时候,安提戈涅明知故犯,一再挑衅,逞强固执,普通中国人一般会认为她太自私,太任性,会认为她过于依仗那已经谢世的父亲的权势,是不守本分、不识时务的娇小姐。

这不意味着普通中国人就一定完全赞同克瑞翁。沿着上面的思路,普通中国人仍然很可能会认为克瑞翁的法令过于严酷,特别是针对安提戈涅的情况而言。毕竟安提戈涅遭遇了重大不幸;毕竟她只是埋葬了一个死人;毕竟安提戈涅与被埋葬者之间有着亲情;毕竟安提戈涅本人不是叛徒,除了任性外,她无直接伤害城邦的恶意;毕竟安提戈涅也没有直接伤害城邦的明显重大的后果,如果有,也是间接的,是潜在的;等等。既然有这些区别,克瑞翁就完全有理由至少是减轻对安提戈涅的惩罚,而同时在一定程度上维系禁葬令和城邦的权威。克瑞翁没有充分利用这些可能的借口,因此他的行动(而不是他的法令)至少是不明智的。也因此,尽管禁葬令是正当的,但是禁葬令的这一具体执行却由于分寸感不够而失去了正当性,而这最终还反过来损害了克瑞翁个人的努力和城邦的权威。此外,克瑞翁也没有必要那么着急将安提戈涅处死。因此这一执法从后果上看是不好的,没有达到动机和效果的统一。

总之,一个普通中国人会在考虑该事件的总体后果的前提下来考虑各方的对错,并且最终会这样给安提戈涅和克瑞翁各打五十大板。他/她不会争论谁的"权威"(法律位阶)大,谁的原则(意识形态)响,他/她会不习惯于、也反对在抽象的原则层面和演绎层面讨论具体的问题,认为这样的讨论于事无补;他/她会认为,由于法令已经颁布,并且原则上也对,因此在这个具体的问题上,操作层面的恰当要比各方声称遵循的那个原则的正当更为关键。换言之,他/她不会提出这种类似司法审查的问题。事前,他/她会努力避免"不好"的后果出现;但一旦不好的后果出现,他/她又会步步设防防止更坏的后果出现。比方说,他/她会在安提戈涅行动之前严责安提戈涅,要求她不要行动;但是,一旦安提戈涅行动后,他/她就不再过多指责安提戈涅(因为"泼水难收",已经有了"沉淀成本"),而是会提出种种理由("区分技术"),认定这是一个必须具体问题具体分析的特例,为安提戈涅开脱,要求克瑞翁不处死安提戈涅。即使是全部悲剧都发生后,他/她也会总结出"要中庸"之类的经验,但重点也不是批评安提戈涅和克瑞翁(同样是"沉淀成本"的问题),而是为了未来的人们不重蹈覆辙。这是一种非常实用主义的,后果主义(面向未来的)、经验主义的进路,一种中国式的实用理性的进路。

这并不意味着普通中国人没有原则,没有价值判断。事实上,普通中国人完全会、并很自然地会考察克瑞翁和安提戈涅的意图及其善恶。例如,普通中国人会追问,克瑞翁颁布禁葬令时的动机究竟如何,仅仅是为了强化他自己的权力,还是为了城邦的利益,或者两者兼有?克瑞翁的这一禁令是否真的如安提戈涅所说是专门针对安提戈涅的?如果没有这些道义上的恶,那么克瑞翁即使有错,过分了,也可以原谅。对于安提戈涅,普通中国人也会提出类似的道德动机的拷问:安提戈涅是否知道城邦面临的危机,究竟是为了满足个人的荣誉追求,还是自然感情的冲动?她的年龄有多大?对城邦的相关事情是否有基本的了解等。甚至普通中国人还会考虑到她的家庭悲剧,因此原谅她的冲动。但是这些对当事人的品行道德动机的追问,第一,都不是为了得出一个"正确的"或"更高的"道德原则,展开道德或伦理的原则论战,而只是把这些道德因素作为具体评价利害的一个考量,最终都要落实到在经验层面上对利益的更精细处理。第二,判断道德善恶的实体性原则仍然是要以大局(总体后果)为重,因此既非个人至上,也非法律规则至上。

　　这种视角、这种思路在中国人中相当普遍,似乎很自然,但它也并非天然的。这种视角其实有中国传统文化(主要是儒家传统)的塑造。它强调家国在总体上是统一互补的;一旦家国冲突,优先的利益是整体的重大利益,而不是个体的利益,因此必要时一定要舍小我为大我。值得注意的是这个"大我"。这是基于"差序格局"的分析框架。它预先承认个体与整体的同构,两者不仅在根本利益上一致,而且都是"我",因此可以相互认同;但两个"我"又不完全相同,至少边界不同,利益也会冲突。只是这个"大我"永远不是他者,不是"客体",而是"小我"的外展,是想象的扩大了的自我。据此,当"忠"(对国家和社会的义务)"孝"(对家庭和家族的义务)不可两全之际,应当首先尽忠,首先要履行个体对于国家和社会的义务,而不是对于家族或家庭的义务。只有在极其特殊且个别的情况下,才允许特例,允许在国家制定法之外采取措施(例如昏君奸臣当道的情况下,允许忠臣复仇)。君君臣臣(政治)的关系在政治和意识形态的重要性上仍然先于父父子子(家庭);尽管从有关这种关系的共识之发生学角度来看,后者是前者得以发生和维系的前提和基础。

　　普通中国人的这种视角和思路显然是秦汉之后长期公共选择的体

现,是封建时代已经成为正统的意识形态。这就如同到了柏拉图、亚里士多德的时代那里,城邦已经当然成为个人和家庭的先在一样;因此,即使面临的是死亡,苏格拉底也决心服从雅典的不公正判决。[55] 因此,我既不打算神话中国人的视角和思路,将之视为一种非语境的产物,也不打算把它抬高到一种不恰当的地位,认为其高于或优于自然法或家庭伦理的观点。我只是试图指出,普通中国人的视角从总体来看是一种非教条的、反概括的,是实用主义的(哪怕是考察动机善恶和人品好坏)、后果主义的。这种视角和思维方式容易导向解决冲突的"具体问题具体分析"的思路,而不是冲突解决的规则思路。同时,又恰恰因为这不是一种自然的思路,才表明了即使是普通中国人的视角和思路是一种文化的产物,而不是愚昧无知的、非理性或落后的;这种视角和思路同样可能用来有效解决重大的社会冲突,因此今天仍然具有现实的和潜在的学术意义。

但是,普通中国人真的只会这般分析、理解和处理《安提戈涅》的问题吗?难道这样的分析不是受了西学影响的我的想象和创造吗?而且,这岂不是说,如果在中国,安提戈涅就基本不会被处死,因此就不会有安提戈涅和克瑞翁的西学意义上的悲剧?真的会是这样吗?中国文化在理解这些问题上真的就一定那么合情合理吗?

并不一定。让我们考虑一下中国人的另外两种可能的戏剧化解释,就可以发现,即使普通中国人对这个问题的理解和解释也不是那么稳定的,而是流变的,甚至可能是完全相反的。一种可能的改编是,大大提升安提戈涅道德地位及其行为的正当性,降低克瑞翁的行为的正当性并贬低克瑞翁的人格,同时省略原剧本的大量细节和社会背景,从而使安提戈涅成为一种抽象的完美道德的形象代言人,而克瑞翁成为一个谋国篡权的奸臣和暴君。因此,全剧会形成一种"汉贼不两立"的善恶忠奸的人格对立和道德对立。结局大致是安提戈涅虽然死了,但克瑞翁也因孩子和妻子自杀而"恶有恶报",真善美最终获得了道义上的胜利。值得注意的是,不仅安提戈涅的一些情节完全提供了这种改编的可能性,而且,我在

---

[55] 《克里托篇》,《柏拉图全集》,卷1,王晓朝译,人民出版社,2002年。

其他地方对元杂剧《窦娥冤》、《赵氏孤儿》中的分析中,特别是对故事原型和其后的一些文本的分析中,就展现了这种道德化指导下戏剧改编和解释的历史演变。[56]这同样会为许多普通中国人所分享。而这样一来,这种对《安提戈涅》的理解,就可能比上述三种西学思路更加概括,更加抽象,更加对立,并从而把这个悲剧变成一个悲苦剧。

还一种可能,同样是高度道德化、抽象化的戏剧性解释,则是突显克瑞翁的"大义灭亲"。这种做法一方面会突出强调安提戈涅的前公主身份、无知且桀骜不驯,强调她的哥哥是可耻的出卖城邦或国家利益的叛徒;另一方面,则会突出克瑞翁是深明大义利害的前朝重臣和老臣,展现他时时处处以城邦国家为重,在历史的危急关头,挽狂澜于既倒,不惜牺牲了自己的亲情;最终他获得了人民的支持。此外,也许还会捎带着谴责海蒙的儿女情长、恋爱至上。这种解释也是完全可能的,安提戈涅的故事同样提供了基本的素材和可能。而这样一来,《安提戈涅》就会变成一个类似《杨家将》、《李陵碑》之类的宣扬忠义教化的戏剧。

我似乎陷入了一种悖论:一方面,我强调了普通中国人的实用主义和具体问题具体分析的特殊主义倾向,另一方面,我又强调了普通中国人有强烈的道德化和高度简单化(抽象化)的倾向。但是,两者可以并存,同样是对《安提戈涅》的可能解读。前一种倾向往往发生在身临其境的对这类问题的具体处理上,其基础是对事件的前因后果有比较细致的理解;而后一种倾向则往往发生在对历史事件或故事的解释(戏剧改编就是一种解释),其前提是对情节的简化和对善恶忠奸这种传统主流意识形态的套用,并在集体无意识中,这种解释也强化了传统社会主流意识形态对民众的控制力——这就是冯象指出的文学在传统社会中强烈的政治功用。[57]

必须指出,后一种道德化和简单化倾向在今天中国法学界仍然存在。事实上,法学界之所以普遍接受且看重《安提戈涅》的中国式自然法解读,恰恰是因为,特别是在理论法学界,自然法普遍被理解为代表了善法

---

[56] 参看本书第六章。
[57] 冯象:《木腿正义》,中山大学出版社,1999年。

(良法)或法律的道德性,而国家的实在法往往代表了恶法或法律的技术性。因此,借着这对自然法/实在法的范畴,传统中国社会的善/恶、忠/奸的对立范畴又回来了,并且湮灭了自然法解读中原来隐含的西学学理分析的框架和思路(法律规则之间的冲突,而不是法律规则之间的善恶高下)。

儒家的思路及其原生意义

如果用一种更为儒家的并略微抽象的思路,一种在今日中国普遍受到谴责因此已经近乎绝迹的思路,来考察《安提戈涅》,我们还会发现儒家历来强调的人伦纲常对于人生和社会,特别是对于传统社会中关系紧密的小社区的成员的重要性,从而重新理解儒家思想及其制度化的重大历史意义。

从这一传统来看,《安提戈涅》的所有冲突和悲剧都始自人伦的混乱,即俄狄浦斯王的弑父娶母以及这一真相的暴露。[58] 正是这一点完全颠覆了社区/城邦的一系列基本结构,从而引发了城邦/社区内的一系列动荡,不仅是权力的,而且是伦理的;不仅是社会的,而且是个人的;不仅是制度的,而且是情感的;不仅是内部的,而且是外部的。即使是政权重建了,但也还是一个影子,政权的合法性仍然不够,还需要时间积累,同时还需要应付前代政权的遗老遗少问题。而由于政权的合法性不足,为此采取的许多看来精心策划的政治措施也都高度地不确定。事实上,这一

---

[58] 正如《安提戈涅》一剧中的歌队所唱的:"一个人的家若是被上天推倒,什么灾难都会落在他头上,还会冲向他的世代儿孙……"(页311—312,着重号为引者所加)看来这也是作者索福克勒斯和当时民众的感叹之一。欧里庇德斯也曾指出"兄弟相争,其为悖戾也更严重"(转引自,亚里士多德:《政治学》,同前注23,页263)。这都表明,古希腊思想家也都看出了人伦对于社会秩序维护的重要性。甚至,我们可以说,古希腊曾有过儒家所试图解决的问题,古希腊的思想家也曾有过类似孔子之思想的萌芽。

再进一步看,现代中国剧作家曹禺的话剧《雷雨》也许并不完全像人们所说的那样就是在批判封建礼教,也可以理解为揭示了"封建"礼教对于家庭和个人生活的重要性。这里无法展开分析,但请注意:该剧中的死者都是乱伦者,并且这也发生在一个社会变迁的时代。

第九章 自然法、家庭伦理和女权主义?

事件使整个城邦的性质都发生了变化:从君主政治转向了僭主政治,从更多的伦理治理转向了更多的政治治理;许多人的生活坐标系统和意义参照系都因此改变了。

这些变化,特别是城邦的兴起,如果从亚里士多德的目的论来看,从今天中国知识分子已普遍接受的社会进化论和人类进步观来看,都是正当的,进步的。作为一个已经为今天的制度和知识规训的现代人,我完全接受这一点,也欢迎这种社会的变迁。但是值得我们注意的是,作为普通人来说,他/她的生活意义并不来自宏大的历史叙事,不在他们的经验世界之外,而是在眼下的日常生活、日常的人伦之中。特别是对于传统社会中生活在小社区的人们来说,父母、兄弟、姊妹以及其他沾亲带故的邻居,这才是他/她真实世界和生活意义的最基本的坐标系,构成了个体生活的立体空间,这是他/她努力的起点和边界,是个体生活的全部意义的存储处。追求超越的生活其实不是普通人的存在方式。

在这个意义看,儒家之所以强调纲常人伦就是一种非常面对实际的学说,它既不高深,也不神秘,相反在经验上是同普通人的存在直接相关的。为什么"六合之外,存而不论"?最重要的是要努力保证一个人生活世界和生活参照系的基本稳定和安详("三年无改父道","天不变,道亦不变")。因此,尽管五四以来中国学者一般都大力批判儒家提出的人伦纲常,但若是从《安提戈涅》的悲剧进入,我们或许可以重新理解儒家思想对于农耕社会中基本上以家庭为基础发展起来的小共同体和其中的个体的重要性。而一旦各个小共同体都能保证稳定有序,就为社会的和平安详奠定了一个基础,对于一个古代的"国家",特别是像传统中国这样的大国,具有极其重要的意义。可以说,为了社区的安定平和,小共同体一定要产生儒家这种高度重视纲常人伦的学说;而在以此为基础的国家中,就一定要强调"齐家治国平天下";并且这些思想原则在传统社会一定要成为主导的意识形态并得到制度化,一定要在民间的繁复礼节中具体体现出来。由于社会的变迁,由于基本生活于都市或城市,生活于相对较大的陌生人社会中,生活在信息和交通相对发达、因此至少可能象征性"超越"其具体之存在环境的今天的许多学者,甚至五四时代的学者,已经很难真正感受到儒家思想的意义以及传统社会对于这些思想和制度的需要。只是当我们反观《安提戈涅》的世界,努力体验安提戈涅的痛苦,努力体验安提戈涅与克瑞翁的激烈冲突以及他们各自的悲剧,才可能偶然有所感触。

据此,儒家思想在传统中国社会中,就总体而言,并不是人为地制造出来,也不是为了压迫人、"吃人",而是功能性地源于小共同体中普通人的日常生活。[59] 对于大量长期生活在传统社会而又不可能看到新的生活方式的普通人来说,这至少是回应他们之需求而发生的一个伟大的制度创造。对于传统的文化中国来说,尽管它还不具有构建强大的上层政权的力量(那主要来自法家的思想),但它至少是保留了沟通小共同体与国家的某些渠道,使在小共同体中具有意义的一些基本人伦关系有可能转而成为支持国家政治的政制(constitutional)原则和意识形态。因此,在自秦汉之后的传统中国,至少就文字记载的历史而言,家族伦理纲常与国家政治法制之间,就记载的文献来看,没有发生过突出如《安提戈涅》所展示的那种巨大的和毁灭性的冲突;相反,在长达两千多年的历史中,它们之间基本维系了一种互补的态势。

我们还必须感叹,在传统中国,通过民间与儒家学者之间的长期互动,民间社区对儒家纲常伦理的具体化、礼仪化和符号化,并且让这个系统完全渗透了平民百姓的日常生活。那种繁复的称谓系统、复杂的日常生活中个体行为规范、婚丧嫁娶等各种社会礼仪(包括序列、座位、方位等)以及家谱和祠堂等,如果从这一角度来考察,我们会发现都是些非常微观、系统且具体的制度。它们在不同场合都随时提醒一个具体个体在一个关系紧密的小社区中的位置以及与他人的关系位置,它们持续地规训着自然的人和他们自然的冲动,将之整合进入一个不断传承的天人合一的系统,并赋予他们生活和努力以意义;也因此,它们在一定程度上减

---

[59] 章学诚认为,古代的礼是"贤智学于圣人,圣人学于百姓",周公只是集大成者;刘师培则认为"上古之时礼源于俗"。请看,李泽厚:《中国古代思想史论》,人民出版社,1986年,页11和注2。

少了传统中国基层社会对以国家强力表现的正式政治制度的需求,节省了整个社会的治理成本。

我并不是在赞美儒家的纲常伦理,更不试图将之神化、固化、绝对化和永恒化。前面的分析已经指出,从今天回头看,重视纲常伦理的前提并不是某个圣人的"文化"偏好,而是当时每个人都无法摆脱的小共同体,以及与之相伴的社会非流动性。而至少在今天的中国的广大地区,高度的工业化、商业化、城市化和陌生人化已经改变了这一前提,儒家纲常伦理作为整体的制度已经不再有效,而更多成为学者书柜中的"文化";即使是在如今仍然广大的农业社区来说,就整体而言,在中国当代社会变迁的背景下,也失去了其存在的基本根据和合理性。

还必须指出,即使在传统中国的小社区中,儒家注重纲常伦理以及这一制度实践的合理性和正当性也是以牺牲一些在今天看来也许同样具有正当性和合理性的利益为代价的,它的一些具体实践以及制度沾染了许多人的血和泪,湮灭了一些也许并不亚于安提戈涅之痛苦的呼号。如果从长时段来看,用历史目的论或进步论的观点看,我甚至无法说儒家的纲常伦理的这种历史语境的正当性或合理性就大于历史目的论或进步论意义上的正当性和合理性。这是一个说不清,无法完全明晰地予以经济分析的问题。因此,我从儒家进路来解读《安提戈涅》,只是试图指出儒家纲常伦理在特定时空的社会功能,促使人们去同情地理解并欣赏(而不是赞赏)儒家的这一制度贡献,理解其发生、存在和延续的意义,并且不是作为一种文化思想残迹的意义,而是作为一种曾经是活生生的制度对于人类生存的意义,理解它发生的社会因果关系和功能关系。

可以肯定,不同的读者,基于他们的前见和所关注的问题,会对儒家的纲常伦理有相当不同的评价。但这其实并不重要。因为就现实的中国而言,这种制度已经不再系统存在了,恢复该制度的基础和社会条件也不存在了,它对中国当代社会已经缺乏实际的影响。因此,哪怕是我在此对儒家的纲常伦理给予了过高的学术和社会评价,都不会对已经和正在形成的当代中国以工商社会为基础的基本社会政治法律制度有实质性的影响。我的分析更多是追求智识性的启示,而这是学者的目标之一。

结语

作为本章同时也是本书的结语,我还试图对本研究作一点方法论的反思。其中有些可能是老生常谈,我将不予展开论述,但对于当代中国法学界,甚至一般的学界,仍然可能是有意义的。

首先,精读经典文本的重要性。近代以来,随着西学东渐,许多西方的文献已经进入中国,甚至成了中国相关学科的经典文献或范例。《安提戈涅》就是其中之一;詹姆斯国王与柯克大法官的论争,[60]马伯利诉麦迪逊案[61]也都已经成为中国法学教育中的一些常见的范例。但是,尽管是引进了,介绍了,许多学者却没有仔细阅读这些文献或案例,往往是借助于一些二手文献的概括和归纳,或者简单地用下意识的中国传统范畴系统将之格式化。因此在实际教学研究中,或者为西方学者之概括主导,或者由于粗略的中国式简单化阅读,这些具体、生动、复杂的故事往往只是一个概念、一个符号、一个命题,有的甚至被严重的意识形态化了,失去了其揭示法学理论问题、人类制度和智识难题的潜在意义,也因此失去了其学术的活力及其在中国本土的繁殖力。我们必须改变这种状况。精读相关文献,在一个学术传统和构建的社会语境中,仔细研究其中的隐含的学理和实践问题,包括西方学者已经概括和阐述的问题,因此非常重要;这是真正开启我们心智、增加我们对西学乃至一切未知学问的前提。

也不限于西学。其实,除了在法条上还有一点"抠字眼"外,今天我们许多学者对中国传统的或当代的文献阅读也很粗略。[62]由于没有这种

---

[60] 可参见,萨拜因:《政治学说史》下册,刘山等译,商务印书馆,1990年,页509以下。
[61] Marbury v. Madison, 1 Cranch 137 (1803). 可参看,苏力:"制度是如何形成的?"《制度是如何形成的?》,中山大学出版社,1999年。
[62] "抠字眼"也可以算是一种精读,但仅仅是一种。其最大区别是,"抠字眼"着重理解的不是事件,而是案件的处理结果。"抠字眼"利用的是语词与其指涉的不确定性,而精读强调的是理解得合情合理。这是文学解释方法不能适用于法律解释的最根本的因素。对此,可参看,波斯纳:《法律与文学》,同前注3,特别是第7章。

精细的阅读,在这个意义上,无论中西文献,在当代中国都只有被标签的"古典",而实际上没有"经典"。也因此,传统的精读技能和标准,除了在传统的文史哲领域外,大致已经遗失;并且也还没有系统开发出现代的精读技能,没有这方面的知识和技能传授。这种情况事实上已经影响了法学的发展和司法的发展,也影响了中国法学的理论提升。因此,在这个学术背景下,重提精读中学和西学文献,对于中国法学的发展就不仅仅是一个一般的技巧问题,而是具有基础性意义的问题。甚至,这种态度、能力的培养对于其他人文社会科学都具有意义。

然而什么是精读?在我看来,最主要的可能有两点,首先是,"我们思考的是事而不是词"(霍姆斯语)。文字是一个迷宫,人在其中很容易走失,忘记了人物、事件、情境和由此产生的情理,或者说忘记了生活本身的逻辑。正如王朔所言:那些貌似形象、生动的文字概念往往会因其言之凿凿、确有深意而被读者轻易地接受了,当作生活本质牢固树立在头脑中;却对生活本身失去了热情,甚至产生轻视的情绪。"概念这东西有它很鲜明的特性,那就是只对概念有反应,而对生活、那些无法概念的东西则无动于衷或无法应付。从概念出发划出的曲线是一路向下的,最终到达下流。"[63]这是一个作家对自身阅读经验的反思,却也是值得任何读者注意的。此外则是细致,就是对于文本所描述的事件、人物或所讨论的问题的仔细的、设身处地的体会,要重视总体的和互文的理解,不能只关心梗概、要点,不关心细节。否则,就只能人云亦云,从概念出发,从命题出发,从流行的意识形态出发,并且终结于此。

其次,在接受和继受西学传统和学术思路的同时,我们也有必要和有可能与之进行某种程度的对话,展开分析批评和讨论,并在某些时候予以推进和拓展。在本章中,我就针对目前在中国有影响的三种西方学者的《安提戈涅》的解读,提出了自己的一些分析和批判。可以肯定,就总体而言,中国学者可能还没有甚至永远没有能力同西方学者在西学领域中一争高下;但是,这并不是绝对的。因为,首先许多西学今天已经不再仅

---

[63] 王朔:"不是我一个跳蚤在跳",《无知者无畏》,同前注1,页107—108。

仅属于西方;中国当代的学术,至少就自然科学和许多社会科学学科而言,已经是高度"西化"了。因此,在某些问题上,哪怕是在最为经典的西学领域,基于我们的智力和智性追求,基于我们的经验,不但有可能进入传统西学的领地,也有可能在边际上丰富和扩展这类分析。其次,由于学科的发展、交叉研究的兴起和信息的流通,我们今天的研究实际上也有了更多的新知识基础。

这一点的重要性必须强调。因为在当代中国,不少西学研究基本上是停留在对西学的介绍,缺乏学术自信力,也缺乏学术的创造力,有的还不善于吸收新学科的研究成果。介绍工作无疑具有重大的价值,但是这永远不能是我们作为学者的目标。佛学的引进最终通过中国学者的创造而获得了其新生,并促成了中国学术的发展;对中国传统文化的研究,一些外国学者同样做出了重要的贡献。中国古代和当今世界的这些历史应当令当代中国学者基于自己的勤奋、敏感、想象力而重新获得学术自信心,哪怕是在传统的西学领域。

第三,在注意关注西学的研究进路的同时,中国学者必须注意而且可以借助中国人的眼光和如今已所剩不多的中国传统学术的眼光来考察西学提出的问题或西学中的一些经典文献或事件。我们应当追求一种更为地方性的阅读,一种虽然是地方性但在智识形式上是普遍性的、可交流的阅读。

这种地方性阅读也是完全有可能的。太阳底下无新事;在一定意义上,所有的知识产品在很大程度上都是不断重复书写和阐述了人类的一些基本经验,其中有许多是相同的或相通的,因为我们作为人的"性相近";但由于人的个体性,人的经验的潜在的独特性和单一性,中国学者的个体经验不会只是重复外国人、古人或他人的经验,因为毕竟还有一个"习相远"的文化传统问题。在中国文化中,或者在中国人的感知中,至少从理论上讲,完全有可能发现西学的某些为其传统遮蔽的盲点或弱点。因此,在一定的程度上,自觉中国文化的某些视角和思路,自觉运用这种视角和思路,完全有可能给西学带来一些新鲜活泼的东西,或者是给中国学者目前理解的西学带来一些新鲜活泼的成分。

第四，无论是自觉西学还是中学，我们都必须注意不同文化或学术视角和思路之间的紧张关系，善于从中感受和发现问题，予以反思。这既是借助西方文化对重新解读和理解中华文化某些问题的一种必要，也是借助中华文化重新解读和理解西方文化某些问题的必要。由此不但可能发现传统解读的某些问题，而且可能发现今天解读的某些问题。在这种地方性的个性化的但并非私人化的解读中，我们完全可能发现中西解读的某些差异，从而在阐释学的意义上拓展我们的视野。

例如，从本章分析中，我们就可以看到中国当代法学界对《安提戈涅》的自然法解读其实很有点自相矛盾。在这种解读中，学者们接受西方学者的概括，认定安提戈涅基于血缘亲情关系的主张是一种高级法或自然法的观点，并认为这种法应当高于或至少是限制国家法。但是，而另一方面，我们会发现，在处理中国传统社会甚至某些当代问题之际，中国法学家常常坚持的是一种现代化的话语，反对"封建"的家族主义，反对儒家的纲常伦理，主张用国家的制定法来严格限制甚至消灭这种血缘亲情的地方性规则，而后者在这些学者眼里是"封建主义的"，最多也是习惯法。对此，我并不打算作判断，特别是无意把儒家的纲常伦理提升到"自然法"的地位。事实上，上面的分析已经表明，自然法不过是一个提升规则之权威位阶的一种技术性辩论手段，没有必要将这个概念看得太重。我只是试图指出，中国学者的这种不遵守形式逻辑的歧视待遇是一个问题。不只是逻辑问题，更深的是一种非理性的迷信和专断，是应当予以纠正的。

又比如，从《安提戈涅》的比较阅读中，若从司法上看，我们发现安提戈涅挑战克瑞翁的做法隐含的是一种类似"司法审查"的进路，一种审查抽象行政行为的进路；而中国的那种"具体问题具体分析"或更强调执法的分寸的做法隐含的或许可以说是一种审查具体行政行为的进路。当然这个例子显然还太单薄，还不能充分说明什么问题，但至少它可以给我们某些启发，深入研究。

* * *

从中国传统戏剧开始,却终结于对一部西方古典戏剧的分析;这一章号称要讨论方法问题,却似乎总是在讨论《安提戈涅》的文本和解释。不仅如此,本章的第五、第六节,也与本书的基本学术取向——用"西学的"、社会科学的思路来研究中国传统戏剧——形成了一个几乎是彻底的反转。因此对这一研究以及我的学术追求都构成了一个反讽。

难道我在语词和文本的丛林中迷失了方向和道路?

这样的处理和安排有诸多考量,其中绝大部分都有关学术研究的方法论问题;许多也是对本书第八章的一个展开或延伸。

在第八章中,我大胆地因此很可能是错误地提到,中国历史研究目前最缺乏的是理论,而现代的主要来自西方的社会科学的理论会有助于我们重新理解、组织和整合我们现有的资料,进而可能对中国社会的许多问题,包括各个学科的问题,作出就目前我们的知识背景来看更有说服力的但肯定不是最终的解说。这就意味着,从我的研究经验来看,我不认为有什么作为抽象理论和方法上的"中学"和"西学"之分。有的,只是有说服力的或没有说服力的,好的或不那么好的学术之分。因此,用于分析中国传统戏剧的那些思路和方法,一定可以而且也应当用来解说西方的经典。基本的原理和方法是一样的,也应当是一样的。如果有"中学"和"西学"之分,那只是材料、关注的问题上的差别,只是概念和术语的差别,以及进路和理论视角上的差别,也许还有社会生活塑造的想象力的差别。

这就意味着,同时也是对读者的一个提醒,组构本书的并非中国学者更习惯使用的那种学术专著的框架:时间(例如,朝代)、材料(例如,中国戏剧)、学科领域(例如,法律或文学)或其他"天然的"分类;而是理论的线索,是一种思想的力量,整合了这些研究的资料,而无论它是来自中国还是来自外国。在这个意义上,本书不是一般意义上的"法律与文学"的交叉学科著作,而是一本法学理论的著作。

因为中国的学术一定要也一定会走向或走进世界(但我拒绝"接轨"

或"融入"之说)。你就不应当自说自话,用所谓的"国学"这个围墙来把自己封闭起来。那样的话,你也许可以获得一席之地,但那最多也只是"印第安人的保留地",一个仅仅是为了保护生态多样性而留给人们偶尔拜访的保护区;而在这样的一席之地或"文化多元"的背后,则是强势文化对弱势文化的施舍和——更多的是——支配。

这不是真正的世界,也不是我想要的学术世界。真实的世界是一个生存竞争的世界,一个爪子里有血、牙缝里有肉的世界。学术世界也不例外。任何学术都必须在这样一个世界中展开竞争,才可能作为知识和力量贡献给全人类。当然,这不意味着你只要竞争就一定成功。我可以接受失败。当我们走进这个竞争的场地,就已经准备接受失败。而且若是放在人类历史的长河中,失败是绝大多数人,更悲观一点说,是我们所有人的命运。但只有这样,中国的学术才有可能最终走进世界,而不是一般地融入——其实被湮灭也是一种融入——世界。

只是我不想给人留下一个印象或误解,中国学术研究的唯一出路就是"西化",中国传统的学术视角、思路和判断在现代社会,对于这个高唱全球化的世界,已经完全没有任何意义了。诸多社会科学理论尽管大多来自西方,却既不是"西方的",也不是只有西方学者才能有所贡献。因此,除了进一步展现我贯穿本书的主要是来自社会科学的研读和解说方法,我在本章希望用普通中国人的眼光以及我的那一点点儒学知识和眼光来考察《安提戈涅》这部西方经典作品,努力把这种解读的论述和表达现代化,希望能为更多的中国读者所理解和欣赏。这种解读会令我们重新发现,当年儒家思考的某些问题对于本章中以安提戈涅作为代表的全体人类的生存曾经具有,而如今也未必全然丧失了,核心意义甚至普世意义,而不仅仅只曾在中国有意义;尽管我承认,儒家解决这一问题的想象是地方的。我相信这一努力至少能够让部分读者重新冷静地理解和反思中国学术传统的巨大认知潜力,引出更多的学术自信和自觉。而这与全书的方法和追求是一致的,在中国思考法律与文学,追求重新发掘中国学术的现代意义。

这个努力是否成功,甚至是否有道理,都可以争论。我准备接受各方的批评。但是我的最低追求是表明这种可能性是存在的,并且因为我的努力,已然存在。哪怕是这一努力由于没有获得真正值得称道的结果,最终被认为毫无价值,但是这种努力和挑战,而不只是姿态,本身仍然可能是有价值的——至少对于我来说,是如此。失败者仍然可以是骄傲的。

也许这也是一种安提戈涅式的挑战?但我更希望它是克瑞翁式的!

2004年8月6日星期五于北大法学楼

附 录

附录1 秋菊的困惑和山杠爷的悲剧

> 法的关系……不能从它们本身来理解,也不能从所谓人类精神的一般发展来理解,……它们根源于物质的生活关系,这种物质的生活关系的总和……
>
> ——马克思[1]

一

我从近年中国的两部颇为上座的、反映当代中国农村法治建设的电影谈起。

第一部电影是《秋菊打官司》,讲的是西北农村中的一个纠纷处置(而不是解决)。为一些并不很紧要的事,一位农民同村长吵起来了,骂村长"断子绝孙"(村长的确只生了四个女儿)。这种话在中国的社会背景(尤其在农村)下是非常伤人的。愤怒的村长和这位农民打了起来,向村民的下身踢了几脚。村民受了伤。村民的妻子——秋菊为此非常愤怒。她认为,

---

[1] 《〈政治经济学〉序言·导言》,中共中央马恩列斯著作编译局译,人民出版社,1971年,页2。

村长可以踢她的丈夫,但"不能往要命的地方踢"。她要讨个"说法",大致是要上级领导批评村长,村长认个错。由于这种纠纷在中国农村并不少见,而且伤害也不重,因此乡间的司法助理员没有给这位村长正式的处罚,而是试图调解一下。调解不能令秋菊满意,于是她先后到了县城、省城讨"说法"。经过种种努力,最后在一位律师的帮助下,上级派来了公安人员调查,发现该村民受到了轻伤害(但不是下身受到伤害),加害人应当受到治安处罚。村长被处以15天的行政拘留。但在告知秋菊这一决定、村长被带走之际,秋菊说,怎么把人给抓了,我只是要个说法。她站在村头的公路边,看着远去的警车,满脸的迷惑不解:为什么法律是这样运作的?

第二个电影是《被告山杠爷》。简单说来,山杠爷是一个非常偏远的、据说治安秩序很好的山村(县乡的治安人员都从来没有来过)的村党支部书记。他个人品质很好,非常受人尊敬,但他的职责和品性也使他与村里的一些人不时发生冲突,有时他甚至采取了一些不合法的手段、强迫村民。村里有个年轻媳妇虐待婆婆,甚至打伤了婆婆,受到了全村人的谴责。山杠爷看不过,在该媳妇屡次打骂婆婆的情况下,命令人把这个媳妇抓了起来,游了村。游村是一种非常严厉的民间惩罚方式。羞愧和愤恨之下,青年妇女跳河死了。事情捅到了上级司法机关,公安人员逮捕了山杠爷,指控他非法拘禁、侵犯了公民人身自由权。

这里的介绍当然是大大简略了,电影本身包含了更多的关于当代中国社会和中国农村的信息。对于这两部电影,不少中国法律人和评论家的解释是,它们反映了中国正在走向法治,人民群众已开始越来越多地运用法律来维护自己的权利。[2]然而,这两部影片(尤其是《秋菊打官司》)

---

[2] 例如,"影片深刻地反映了90年代中国农民法制观念的萌芽,农村中新的人际关系的出现"("张艺谋和他的电影",《瞭望》,1992年35期,页46);"影片向我们展示了改革时代觉醒之后的农民形象"(李彦生:"喜看秋菊民告官",《人民司法》,1993年2期,页46);秋菊代表了"由传统人格向现代人格转变"(刘峰:"现代化进程中的农民问题研究"《求索》,1993年4期,页32);"秋菊……体现了中国农民在90年代法制观念与民主平等意识的萌动"(徐越化:"论电影的细节艺术",《人民大学复印报刊资料》,1995年2期,页63)。

提出的问题很多,底蕴很丰富,显示出"形象大于思想"的特点,因此任何理性的解释在对于形象的直觉感悟面前往往显得简单、枯燥和拙劣。尽管如此,理智的、叫真的追问却可以使那些不明确的、也许是一闪即逝的感触得以明确和确定,使那些让我们动情的东西以思辨的形式昭示于人间。

当然,本文不可能、也不准备对影片的内涵作全面分析。本文将集中讨论:当我们看到一种据说是更为现代、更加关注公民权利保障的法治开始影响中国农村时,究竟给农民带来了什么,这种"现代的"法治在他们那儿能否运行,其代价是什么?

二

就本文的实质性问题而言,这两部电影提出的第一个问题是,是否存在一种无语境的、客观普遍的权利,可以毫无疑问地据此建立一个普适的法律制度来保护这种权利。通常的观点,以及这两部电影所展现的法律实践中隐含的观点,都是一种普适的观点。这种观点认为,存在这种普适的权利界定,特别是在一些西方学者通常称之为基本性的权利上:安全、自由和财产权。尽管这种基本和非基本的权利分类在理论上早就受到质疑,[3] 但在实践上仍然很有影响,包括在当代中国。在一定程度上,当代中国的正式法律和法律运作都受到了这种意识形态的重大影响。

但是,就秋菊的案件来看,这种观点有很大缺陷。例如,秋菊说,村长可以踢她丈夫,但不能踢她丈夫的下身,这种关于权利的界定明显不同于

---

[3] 例如关于罗尔斯的《正义论》中关于两类权利的论争,可参见,Alan Ryan,"John Rowls",in *The Return of Grand Theory in the Human Sciences*, ed. by Quentin Skinner,Cambridge University Press,1985,特别是页 111 以下;又请看,Ronald L. Cohen, ed.,*Justice: Views from the Social Sciences*,New York: Plenum Press,1986;特别是第 1 章。

法学界的权利界定。[4]又例如,尽管正式的法律没有规定,但在中国农民和许多城市公民心目中,都会认为骂别人断子绝孙(哪怕说的是事实)也是对他人的严重伤害,这种伤害甚至要比某些身体伤害更为严重,是对公民"权利"的一种侵犯。然而,我们的正式法律制度没有考虑到这些因素,是依据那种进口的观点构建起来的,因此,身体的伤害是伤害,而语言、至少"断子绝孙"这样的语言不构成伤害。

当然如果仅仅是伤害分类不同,或这一分类仅仅停留在语言的层面,那也无所谓。重要的是语言具有构造现实、影响现实的力量,特别是法律的语言。伴随这种定义和分类而来的是一个正式法律的运作逻辑及其带来的社会效果。在《秋菊》的纠纷中,当司法机关没有发现秋菊丈夫受到身体伤害时,正式法律就将这一纠纷推开;而一旦证实有较为严重的身体伤害时,伴随的则是法律上的行政拘留——行政拘留被认为是恰当的、合理的解决纠纷的方式,而没有给予秋菊所要求的"说法"。甚至这个正式的法律制度无法理解、也没有试图理解什么是秋菊要的"说法"。我说的是这个正式的法律制度,而不是这个制度中的运作者;其实这个制度中的绝大多数人,如果不是全部的话,都知道秋菊的"说法"大致是什么;仅仅因为在这个法律制度的设计和安排上没有这个"说法"的制度空间,因此无法理解"说法"这一不合所谓的现代法治模式的请求。[5]换言之,只有符合这一法治模式的请求才构成诉讼请求,才能进入这一程序。在这里,制度的逻辑限制了一种人人知道的知识以及其他可能性。如果不是将法治理想化、甚至乌托邦化的话,应当说,在这里,实际就是法治——规则在统治,而不是人们以他的私人知识根据具体的情况作出裁决,即使这样的

---

[4] 参见,"《走向权利的时代》讨论会纪要",《中国书评》,1995年11期,赵晓力的发言,页42—43;又见,高鸿钧:"中国公民权利意识的演进",《走向权利的时代》,夏勇主编,中国政法大学出版社,1995年,页43。

[5] 影片多次显现了司法程序的这一问题:首先是乡司法助理员的调解(调解现在是国家正式司法程序的组成部分),秋菊不满意;其次是律师要秋菊对公安局提出行政诉讼(因为乡司法助理员的行政处分不当),秋菊拒绝了,因为公安局长是好人,帮过秋菊的忙;最后对村长的行政拘留,更是让秋菊于心不安和迷惑不解。

裁决是合乎情理的。[6]

必须承认这种法律运作作为制度的合理性。我并不仅仅因为这一个案子的得失就主张回到那种由某个圣明智慧、公正廉洁的个人依据个人洞识恰当处理个案的人治模式;那样的人治可能会产生完美的结果,但——即使裁决者个人品质无可指摘——也完全可能产生暴政。从长远看来,从发展趋势和社会条件来说,中国都必须建立制度化的法律,建立法治。但我们知道,任何制度性法律都不可能完满地处理一切纠纷,都必然会有缺憾之处。从这个角度看,这一法律制度具有总体上的合理性。

的确,对于许多受过正式法律教育的人(包括我自己)来说,可能都会认为,正式的法律制度更为正义,更具合理性。但是,这并不意味着正式的法律制度没有改进之处。因为正义和合理性并不是大写的。借用麦金太尔的一部书名,那就要问一问"谁家的正义?何种合理性?"。如果按照那种普适的、客观的权利观和法律制度,权利和权利保护都将以一种外来的观念来界定,而对于人们的"地方性知识"(再借用吉尔兹的一部书名)却没有给予多少重视。

必须指出,我并不反对吸取西方的观念和法律制度,我主张对任何观点都保持一种开放的心态。然而我的确对那种大写的普适真理持一种怀疑,因为这种大写的真理有可能变得暴虐,让其他语境化的定义、思想和做法都臣服于它。在近现代历史上这种经验教训并不少见。[7]

就秋菊的情况来看,秋菊的要求更为合乎情理和可行,而且其社会后果也更好一些。因为在我看来,任何法律制度和司法实践的根本目的都不应当是为了确立一种威权化的思想,而是为了解决实际问题,调整社会关系,使人们比较协调,达到一种制度上的正义。从这个角度看,界定权利和建立权利保护机制的权力应当是分散化的,在可能的情况下应更多

---

[6] 尽管我们习惯赋予法治褒义,但从经验层面上看法治本身是中性的,法治并不能保证每个案件的具体结果都是合乎情理的。关于法治的经验性分析,在我看来,最经典的仍然是韦伯的分析。参见, Max Weber, *On Law in Economy and Society*, ed., by Max Rheinstein, Harvard University Press, 1954。

[7] 参见, E. W. Said, *Orientalism*, Penguin Books, 1978。

地考虑当事人的偏好,而不是依据一种令人怀疑的普遍永恒真理而加以中心化。因此,至少从秋菊的困惑来看,我们应当说,中国当代正式法律的运作逻辑在某些方面与中国的社会背景脱节了。

持这一立场并不必然意味着我完全同意秋菊的权利界定。我可能不同意。但假如可以发现我的观点更接近那个大写的真理的话,也许可以把我的观点强加他人,但问题是至少目前的研究表明不存在这种符合论意义上的真理,[8]那么,也许我们应当考虑的就是在特定的文化语境中,哪一种定义和权利保护机制更有利于社会发展和社会和谐,均衡了相关各方的利益。

三

所谓关注结果,并不仅仅是指这个纠纷的解决,而必须考虑长远。如果仅仅是考虑秋菊纠纷的解决,那种正式法律的解决办法在我看来也无可非议。但至少有一些法律纠纷的解决并不只是"一锤子买卖",而是涉及到长远的关系和利益。在秋菊的案件中,尽管正式的法律干预似乎更符合那种被认为是普适且客观的权利观和权利保护,似乎是"与国际接轨",但它不仅没有令当事人满意,而且带来了更为严重的后果:损害了社区中原来存在的尽管有纠纷但能互助的社会关系,损害了社区中曾长期有效、且在可预见的未来村民们仍将依赖的、看不见的社会关系网络。

例如秋菊案中,尽管村长踢了秋菊的丈夫,但就在这之后,当秋菊难产有生命危险时,就是这位村长组织村民并亲自抬着秋菊在大雪封山的夜晚,跋山涉水将秋菊送到几十里外的县医院。村长的这种做法并不是因为他是西方文化中的"善良的撒马利亚人",而是他作为村长的义务和

---

[8] 这类研究很多,可参见,戴维森:《真理、意义、行动和事件》,牟博编译,商务印书馆,1993年。

职责。由此我们可以从另一侧面理解,为什么秋菊认为村长可以踢其丈夫——也许这是一种权利和义务的交换,是一种社会生活的"共识"。[9]

甚至这种解释也许都不是根本性的。更重要的,在我看来,是因为在农村这样一个人际关系紧密、人员较少流动的社区中,村民必须相互依赖、相互帮助才能克服一些无法预料的事件。在长期的共同生活中,在无数次的小摩擦里,它们陶炼出一种熟悉,建立了这样一种相互的预期。[10]因此,他们并不是如同近代以来西方文化中占统治地位的学说所假定的那样,是分离的、原子化的个体,而是因生活之需要紧密联系在一起的,在一定意义上,他们是"一损俱损,一荣俱荣"。因此那种基本上是基于个体化的法律制度和法律理论不可能在这样的社会中有效运作。这也就是为什么,尽管有种种不满,秋菊却从不曾试图将村长送进监狱。

至少在这个"案件"中,正式法律制度的干预破坏了这种社会关系和这个社区中人们之间的默契和预期。似乎法律得到了执行,似乎公民权利得到了保障,似乎正义战胜了谬误,但秋菊和村长最终还得在这个村庄中生活下去。他们从理论上讲,还必须相互依赖,可是进过"局子"的村长和村长一家还能与秋菊一家保持那种关系吗?保持那种尽管有摩擦、争执甚至打斗但仍能相互帮助的关系吗?我并不是说这种关系永远破坏了,时间和另一个偶然的意外事件可能会恢复他们之间的关系,但毕竟需要时间和机会。至少在一段时间内,他们的关系可能是一种虽无争执但极为冷淡的关系。一个"伊甸园"失去了,能否回来,难以预料。

即使从公民"权利"保护来看,效果也未必好。这种正式的法律干预,也使秋菊一家在村里处于一种极其尴尬的地位,使秋菊在家庭中处于一种极其尴尬的地位。尽管秋菊从来也没有试图将村长送进"局子",但事实是村长因为秋菊的所作所为而进了"局子"。在村民看来,在秋菊的家人看来,秋菊"过分"了,她"不近人情"。[11]既然她的行为违背了涂尔

---

[9] 同前注3,赵晓力的发言,页43。
[10] 参见,费孝通:《乡土中国与乡土重建》,风云时代出版社,1993年。
[11] 这一点电影中已有流露,秋菊的家人、村子的一些人以及村长在此前就已经对秋菊一级一级地讨"说法"表示讽刺,认为秋菊太"倔","没完没了"。

干所说的那种由"社会连带"(social solidarity)而产生的集体良知,她就会在无形中受到某种非正式的社会制裁;[12]在一定期间内,她将在一定意义上被"流放"(人们不愿同她交往,她同其丈夫的关系也可能因之紧张)。因此,我们要问,这种正式法律的干预究竟是对秋菊的权利保护还是对她的更大伤害?在这以后,在下一次类似的纠纷中,秋菊还会诉求正式法律吗?

四

　　这两部电影还揭示了中国当代法治建设的另外一个问题。由于种种因素,中国农村社会在一定程度上、在一定领域内是超越正式法律控制的,因为政府还不能提供足够的"法律"服务来保持这些社区的秩序。

　　《被告山杠爷》就是一个例子。这是一个极其偏远的小山村,从来没有司法人员来到。在这个意义上说,它是一个被正式法律制度遗忘的山村。但如果不是过于天真,或者仅仅把成文法典视为法律的全部,我们应当认识到只要有人生活的地方,就会发生各种纠纷和冲突,即使像这样偏远的小山村也需要"法律"服务。但在农村,由于种种限制(例如财力、人员),政府往往没有提供或不能提供足够的这类服务。[13]那么谁来提供,谁来解决诸如婆媳之间的家庭纠纷?当社区需要的制度供给不足时,社区内部就必然会产生这样的机制和权力行使者,这就是为什么在中国,特别是在农村,长期以来,除了重大的纠纷外,一般都是乡间自己解决问题,并因此产生了许多规则、习惯、风俗,在这个意义上,即使这样的社区中,也

---

[12] Emile Durkheim, *The Division of Labor in Society*, trans. by W. D. Halls, Free Press, 1984.

[13] "现在许多农村地区几乎没有合格的律师。乡一级虽有法律服务所,但据调查了解,法律服务所基本上徒有虚名。乡司法助理员一个人身兼数职,应付差事,并不能真正为农民提供什么法律服务"。刘广安和李存捧:"民间调解和权利保护",《走向权利的时代》,同前注4,页311。

存在着地方性的"法律"。这种地方性"法律"也许不符合那种被认为是普适的客观真理,但也绝不是人治的暴政。执行这种"法律"的人尽管可能违反了正式的国家制定法,但他的行为一般说来必须获得村民的欢迎和认可,即具有某种合法性。

但当正式的法律来了之后,这些地方性的"法律"就处于一种极其艰难的局面。一方面,正式的法律制度没有或者没有能力提供村民需要的法律服务,而另一方面又禁止那些与正式法治相违背的"法律"实践。乡民们就面临着这样一种困境。虐待婆婆要管,可正式的法律又管不到,无法管,同时还不许乡民管。这岂不是要破坏人们社会生活所必需的秩序吗?我们应当责备山杠爷不懂法。可为什么他要懂那些与他们的日常生活相距遥远的正式法律呢?这些正式法律给予过他们什么利益呢?

秋菊的困惑从另一个角度说明了制度供给的问题,制度供给的不适用,"产品"的不对路。她仅仅是尝试性地诉求了正式法律,但她不仅没有获得她所希望的"说法",而且无法理解正式法律运作的结果;她无意伤害他人却事实上伤害了他人,原来她有理现在却似乎她亏理,[14]她今后的境况甚至可能比以前更加不利。"一次遭蛇咬,十年怕井绳",她和无数个他或她怎么可能很快接受这种令他(她)们尴尬的正式的、据说会保障他(她)们的权利并带来实际利益的现代法律制度呢?

因此,有必要重新反省一下一些中国学者对中国传统法律文化的一种概括。他们在指出中国司法传统不发展、人们不习惯上法庭诉讼之特点的同时,习惯性地将原因之一归结为中国人有"厌诉"或"耻讼"的传统价值观。[15]这种以观念来解释行为模式的文化解说是完全站不住脚的。这种解说也许只是一种变化语词的同义反复,而没有告诉我们任何新的东西,不具有经验上的可证明性。因为,所有能证明中国人有厌讼观点的只是他们很少诉讼的行为,而之所以这样行为的原因据说又在于他们有

---

[14] 显然,我这是从观察者的立场所作的评价性描述,而从秋菊的主观上看,她会认为自己就是亏了理,而不是似乎亏了理。

[15] 即使一些比较好的实证性研究,也偶尔流露出这种痕迹,例如,郑永流、马协华、高其才和刘茂林:《农民法律意识与农村法律发展》,武汉出版社,1993年,页17。

厌讼的观念。这样的解释只是使人们得到一种似是而非的满足。而从这两部电影,尤其是从《秋菊打官司》来看,"厌讼"作为一种社会现象不是一种观念的产物,而是在一定的制约条件下形成的趋利避害的行为态势或行为习惯。[16]而要改变这种社会法律现象,使人们能够而且愿意诉求正式的法律制度,重要的也许不是不少法学家主张的提高公民的权利意识,不是所谓的普法宣传、告知公民他们有什么的权利,而是要提供一种诉求的途径,更重要的是要提供功能上可以替代原先的纠纷解决方式的法律制度,包括正式的诉讼机制和其他非讼机制,来实际获得或享有这种权利。

五

这两部电影都揭示出,中国当代法律正日益西化,即强调正式法律制度,强调西方式的纠纷处理办法,强调西方的那种权利观念,强调国家对司法权的垄断性控制。

近代以来,许多中国学者都倾向于主张法律移植。他们以西方的法治为标准,认为中国是一个没有法治传统的国家,并认为这是导致中国经济不发达的一个重要原因。他们将西方的法治理想化,并构建了一个法治与经济发展的因果关系。在这种观点以及法律工具论和法律普适论的指导下,近代以来许多中国学者都认为中国应当大量复制和移植西方发达国家的法律。尽管事实一次次对这种观点提出挑战,[17]但近年来这种

---

[16] 关于这些制约条件的实证调查研究,可参看,刘广安和李存捧:"民间调解和权利保护",同前注13,页309—311;又见郑永流等:《农民法律意识与农村法律发展》,同前注15,页17。

[17] 参见费孝通:《江村经济》,江苏人民出版社,1986年,页56—57;又见《乡土中国与乡土重建》,同前注9,特别是"礼治秩序"和"无讼"两节。

观点在法律移植和法律同国际接轨的口号下又流行起来。[18]在这种思想指导下,在过去的近十几年里,中国开始了一个以大量立法、强调正式法律制度为标志的法制建设。尽管中国法律与西方的法律仍然有许多差异,但无论在理论层面还是在实践层面上,中国当代的正式法制都更多受到西方法制模式的影响。

这种努力应当说取得了一定的成就,而且我也承认在今日之世界,没有任何国家可能或有必要完全依靠本国的法治,因此法律移植不可避免。[19]但我认为,首先要问的问题不应是我们是否应当移植西方的法律,而是我们应当在什么基础上才能成功移植西方法律,为了谁,又对谁有利。

当代的许多实证研究都表明,不考虑社会背景、不关注人们的物质生活方式,而仅仅从需要或从抽象"正义"出发的法律移植都失败了。历史的经验固然仅仅说明昨天,不能规定今天和明天,但它至少应当使我们重新反省一下我们的理想主义和工具主义的法律观。这种法律观在我看来不仅在于天真——如果仅仅天真倒也问题不大,更重要的是它可能对中国的现代法治建立和发展有害,不是增进了人们的利益,而是可能损害人们的利益。没有任何社会是如此可塑,可以随意捏造。如果仅仅为了"法制现代化"而按照一种所谓的通行模式立法和司法,我们就会发现这种通行的法律难以通行(例如已经颁布试行十年的《破产法》)。更重要的是,由于这种观点倾向于将法律仅仅理解为国家的正式法典、法律组织机构和司法人员,而必然忽略了对这种制度的有效运作起决定作用的那种非正式的规则。[20]任何法律和政令的贯彻,如果没有习惯的支持,就必

---

[18] 例如,钟建华:"按国际标准完善我们的经济立法",《中国法学》,1993年2期,页18—23;张文显:"世纪之交的中国法学发展趋势",《中国法学》,1994年2期,页4;范健:"法的国际化与21世纪中国法学",《中国法学》,1994年2期,页31—36。
[19] 甚至历史上许多被认为是具有地方性色彩的法律体系,也都是历史层积和多种文化融合的产物。请看,吉尔兹:"地方性知识:事实与法律的比较透视",《法律的文化解释》,梁治平编,三联书店,1995年,页138—141。
[20] 参见,诺斯:《制度、制度变迁和经济绩效》,刘守英译,上海三联书店,1995年。

然需要使用更大的国家强制力。[21]而且即使如此,也未必能够贯彻下去。如果美国人不具有托克维尔在《论美国的民主》中分析的那种对司法程序的高度尊重的习惯,[22]辛普森的判决会带来什么样的社会后果?

由此,我们再回来理解中国当代法治建设,就可以理解其复杂性了。中国有久远的、相对独立的发展史,并演化了自己的法律制度,尽管这些法律制度依据西方标准看来未必是"法律的",从今天中国的社会变迁来看,也已经不很完善,甚至过时了,但它毕竟在中国人的生活中起过、并在一定程度上仍然在起着作用。它就是人们生活的一部分,保证着他们的预期的确立和实现,使他们的生活获得意义。这是不可能仅仅以一套书本上的、外来的理念化的法条所能替代的。除非能得到某种功能上的替代品,中国人也不会放弃这些习惯、惯例,而除了立法或移植的法律能与传统习惯惯例之间有某种兼容,这些法律就无法在功能上逐步替代传统的习惯和惯例。无论立法者或法学家如何精心设计,无论理论上一个移植的法律是如何之好,都可能因为其是外生物而不能被接受。真正的法可以说是"道常无为,而无不为","大象无形,道隐无名",[23]它在每个人的生活中起作用,但却被认为理所当然,天经地义。而一旦有人想强加一种外在的秩序时,这无为的法就会"无不为",显示出其强劲的抵抗力。正因此,在中国的法治追求中,也许最重要的并不是复制西方法律制度,而是重视中国社会中的那些起作用的,也许并不起眼的习惯、惯例,注重经过人们反复博弈而证明有效有用的法律制度。否则的话,正式的法律就会被规避,无效,而且可能会给社会秩序和文化带来灾难性的破坏。

与这种观点相一致,我对中国的法治建设持一种比较"消极的"态度:应当尊重人们的原创性。这并不意味着我力图保持现状,而是因为中国正在变化,市场经济的力量正在重新塑造中国社会的结构,法律规则作为社会生活的一维也必定会经历重大变化。但谁也没有能力预见并规定

---

[21] 参见,哈耶克:《个人主义与经济秩序》,贾湛、文跃然等译,北京经济学院出版社,1991年,页23及其注2。
[22] 托克维尔:《论美国的民主》上卷,董果良译,商务印书馆,1993年,页274。
[23] 《老子》,章37,41。

其未来,除了一个全知全能的上帝。而上帝死了。

这也并不意味着我会放弃作为当代中国人的责任。我所采取的立场是一个温和的罗蒂式种族中心论。[24] 我将依据我的知识从我的传统来作出判断,但保持一定的灵活性和自我反思,用孔夫子的话来说,就是"毋必毋固"[25],不把自己的观点视为一种永恒的最终的真理,因此总是希望为他人立法。

事实上,过去的十几年来,中国最重要的、最成功的制度和法律变革在很大程度上是由中国人民,特别是农民兴起的,[26] 而那些比较成功的法律大都是对这种创新的承认、概括和总结。相反一些精心策划、设计的立法或复制外国的立法很少获得重大成功;一些曾被某些法学家寄以重大希望的立法甚至还没有得到全面实施就不得不重新修改。[27] 这种鲜明的对比难道不应当使我们的法学家警醒?

1996 年元月 20 日初稿
1996 年 3 月修改于北大蔚秀园

---

[24] 参见,Richard Rorty,"On Ethnocentrism",*Objectivity, Relativism, and Truth*,Cambridge University Press,1991,pp. 203ff。

[25] 《论语·卫灵公》。

[26] 这主要是农村的土地使用改革和乡镇企业的出现,后者的出现对中国市场经济的发展具有重要的作用。当然这并不否认中央政府的决策重要性。而在这一变革中,法学家的作用几乎微不足道。近年来,中国公民权利的发展,其中最重要的也许是择业自由带来的,可这一变化至少主要不是因为法学家的工作或某个立法,也不是某种西方思想的影响,而是因为农村土地制度和市场经济的变革。法学家和法律家直至目前所作的工作也许仅仅是这一变革巨著中的一个小小的注。

[27] 最突出的例子是 1985 年通过、1986 年元月开始试行的《破产法》,此法从来没有也无法全面施行,但如今已在重新修改。关于破产法是理念主义之立法的讨论,见,苏力:"市场经济与立法原则",《中国法学》,1996 年 3 期。

附录2　从文学艺术作品来研究法律与社会?

也许有必要从方法论的角度简单论述一下以文学艺术作品为素材进行法社会学研究的可能性,因为一些读者可能对此有怀疑,并进而怀疑本文的基本论点。

法学,尤其是法社会学研究是对社会现实的研究;因此,从这个意义上看,《秋菊的困惑和山杠爷的悲剧》一文似乎违背了法社会学研究的基本要求。其实并不必然。首先,这两部作品都属于文学中所谓的现实主义流派。尤其是《秋菊打官司》,似乎只是将一幅中国北方农民的生活展示给人们看,如果说有什么倾向性或判断的话,也没有过分张扬;《被告山杠爷》有较为明显的"普法教育"倾向或痕迹,有些地方"煽情"。尽管如此,还是可以很容易地从中国农村发现这两部影片的背景和人物。

其次,本文关注和研究的并不是作品中的人物和事件本身是否真的发生过,而是事物显示出来的逻辑关系和普遍理论意义,以及这种逻辑关系是否与生活的逻辑关系相一致。在我看来,真实性并不等于真实发生过的某个事件;从哲学上看,任何对真实的再现(包括法律认定的事实)都是一种创造出来的真实。人不可能研究现实生活中真实发生过的一切事,必定要有选择,要有描述和抽象,而任何选择、描述或抽象的同时也就是对研究对象的"物自体"的构建,也即"扭曲"(不带贬义)。这就是"道可道,非常道;名可名,非常名"的道理。[1]然而,如果抓住了生活的逻

---

[1]《老子》,章1。

辑,这种构建则具有其独特的分析意义。

第三但并非最不重要的是,以文学作品来进行法学和其他学术研究(包括自然科学)的事例并不少。在自然科学上,我国著名科学家竺可桢曾以中国古代诗歌为基本史料研究了中国过去几千年的气候变化。[2]在社会科学上,恩格斯曾经说过,他从巴尔扎克的《人间喜剧》中获得了许多有用的资料,"甚至在经济细节方面(如革命以后动产和不动产的重新分配)所学到的东西,也要比从当时所有职业的历史学家、经济学家和统计学家那里学到的全部东西还要多"。[3]列宁曾称列夫·托尔斯泰的小说是俄国革命的一面镜子,[4]显然,托尔斯泰的小说成了列宁研究俄国社会的素材。以文学艺术作品进行法学研究的也有不少例子。在法学上,林耀华先生曾以小说体完成了一部出色的人类学和社会学研究著作《金翼》,其中第三章就包括了对当地的司法诉讼制度的分析和解释;[5]波斯纳就曾有专著《法律与文学——被误解的关系》;德沃金也曾从文学现象中提出过他的法学研究主张。[6]

更有一些学者从理论上论证了以文学艺术作品为素材进行社会科学研究的可能性。亚里士多德曾经指出,"诗(即我们今天的文学艺术作品。——引者注)比历史更富有哲理、更富有严肃性,因为诗意在描述普遍性的实践,而历史则意在记录个别事实。所谓'普遍性的事件'是指某

---

[2] 竺可桢:"中国近五千年来气候变迁的初步研究",《考古学报》,卷2,1972年,页15—38。

[3] "恩格斯致玛·哈克奈斯",《马克思恩格斯选集》,卷4,中共中央马恩列斯著作编译局编,人民出版社,1972年,页463。

[4] "列夫·托尔斯泰是俄国革命的镜子",《列宁全集》,卷17,中共中央马恩列斯著作编译局编,1988年第2版,页181—188。

[5] 林耀华:《金翼》,庄孔韶、林宗成译,三联书店,1989年。

[6] Richard A. Posner, *Law and Literature, A Misunderstood Relation*, Harvard University Press, 1988;德沃金:《法律帝国》,李常青译,中国大百科全书出版社,1996年,页204以下。还可参见庞德为之作序的一本英文研究文学作品中的法律的文学作品选集,*Law in Action, An Anthology of the Law in Literature*, ed. by Amicus Curiae, Crown Publishers, 1947。中国学者的一个初步研究,可见,强世功:"文学中的法律:安提戈涅、鲍西娅与窦娥——女权主义法律观及其检讨",《比较法研究》,1996年1期。

种类型的人或出于偶然,或出于必然而可能说的某种类型的话、可能做的某种类型的事……".[7]林耀华的小说《金翼》也是一部社会学研究著作,王俊敏在一篇书评中曾就这部小说讨论了社会科学研究的真实性、有效性以及方法论问题,作出了相当细致、精到的理论分析。[8]这表明无论是以小说为研究的表现形式,还是以小说为研究对象,只要恰当,都是可能且可信的。尽管这一分析并不是针对法学的,但其中某些分析,可以延展到法学、特别是法社会学的研究领域。

最后,从方法论上看,围绕故事进行分析研究法律问题的最大优点之一也许是故事的开放性、可解释性。与当下中国法学界主导的从概念和法条切入的理性思辨分析方法不同,故事提供了一个人们从不同视角考察问题、自由进入对话的场域,故事的解释是无法、至少是难以垄断的,是一个更具包容力的空间。因此,以文学艺术作品作为素材来进行法社会学研究不仅完全可能和可行,而且具有一些独到的优点。

---

[7] 《论诗》,《亚里士多德全集》,卷9,苗力田主编,中国人民大学出版社,1994年,页654。亚里士多德的这一观点与韦伯的"理想型"以及维特根斯坦的"家族相似"都有相通之处,而"理想型"和"家族相似"如今被人文学者普遍认为是人文学科研究中现实且有效的工具。关于"理想型",可参见,马克斯·韦伯:《社会科学方法论》,朱红文等译,中国人民大学出版社,页88以下;尼尔·丁·斯梅尔塞:《社会科学的比较方法》,王宏周、张平平译,社会科学文献出版社,1992年,特别是第5章;关于"理想型"和"家族相似",可参见,张志林、陈少明:《反本质主义与知识问题》,广东人民出版社,1995年,页102以下。

[8] 王俊敏:"在文学创作和社会学研究之间",《中国书评》,1996年2月总第九期。

附录3 孪生兄弟的不同命运

——波斯纳《法律与文学》代译序

一

　　1973年,芝加哥大学法学院的波斯纳教授在著名的小布朗出版公司出版了一本教科书,《法律的经济学分析》,[1]标志着法律经济学运动的正式起步。也在这一年,在同一个出版社,一位年龄与波斯纳几乎相同,也曾毕业于英文系,并很快成为波斯纳同事的另一位法学教授,詹姆斯·伯艾德·怀特,也出版了一本教科书——几乎同样引人注目——《法律的想像》,[2]标志着法律与文学运动的正式起步。[3]

---

[1] Richard A. Posner, *Economic Analysis of Law*, Little, Brown, and Company, 1973.
[2] James Boyd White, *The Legal Imagination: Studies in the Nature of Legal Thought and Expression*, Little, Brown, and Company, 1973.
[3] 波斯纳出生于1939年元月,怀特出生于1938年;波斯纳本科毕业于耶鲁大学英文系,怀特则研究生毕业于哈佛大学英文系;出版了《法律的想像》后,怀特就来到芝加哥大学法学院任教(现在密西根法学院任教),而波斯纳自1969年起至今仍在芝加哥法学院任教或兼职。虽然这两本书都是教科书(textbook),但两书实际上很不相同。波斯纳的属于treatise,专著型教材;而怀特的属于case book,案例型教材。其实,这也许就可以暗示这两个学派对于当时美国法学院主流教科书的不同关系——前者的创造性更大,后者的依附性更大。

然而,这对孪生兄弟似乎不那么友好。事实上,法律与文学这个交叉学科的出现,从一开始就被视为甚至被作为对抗法律经济学的一个堡垒,要用文学的"想像"来抵抗经济学的"分析",抵制经济学和其他社会科学进一步蚕食作为一个自给自足学科的法律。这是一场竞争,法律究竟属于、并且应当属于谁:社会科学(经济学)?还是人文学科(文学)?

30年过去了,法律经济学不但已经在美国法学院占据了无法撼动的地位,作为学派,作为话语的实践,在美国法学界几乎可以说是"独孤求败";[4]更重要的是,作为一种实践的话语,它改变了美国的法律实务、法学教育甚至法院系统。[5]法律与文学运动则相形见绌,至今没有一位专攻法律与文学的法律人出任法官。当然,法律与文学也有了长足的发展,形成了法律中的(in)文学、作为(as)文学的法律、通过(through)文学的法律以及有关(of)文学的法律四个分支;至少一些主要的法学院也开设了相关课程;也有一批重要的法律与文学的著作出版。但是,就总体而言,它仍然处于比较边缘的地位,就影响而言,它根本无法同法律经济学抗衡。一个很能说明问题的具有象征意义的标志是,波斯纳的《法律经济学分析》到2003年,已经由法律教科书出版社发行了第6版,不但开本更大了,正文篇幅也从1973年版的415页增加到了747页;[6]而《法律的想象》只是在1985年由另一家大学出版社发行了一个删节版,正文篇幅从1973年的986页减到了302页。[7]

但最为奇怪的是,波斯纳这位法律与文学运动集中抨击的对象之一,后来也正式加入了法律与文学的运动,并于1988年在哈佛大学出版社出版了《法律与文学——一场误会》。数年之后,反客为主,鸠占鹊巢,李代

[4] 关于法律经济学在美国法学院的地位和影响,可参看,Anthony T. Kronman, *The Lost Lawyer*: *Failing Ideals of the Legal Profession*, Harvard University Press, 1993, pp. 167ff.

[5] 在美国法律实务界,法律经济学分析已经成为律师的常规武器,一大批法律经济学教授出任了各级法官,其中包括联邦最高法院大法官斯戈里亚和布拉尔,法律经济学则成为所有法学院的必修课程之一。

[6] *Economic Analysis of Law*, 6th ed. Aspen Law & Business, 2003.

[7] *The Legal Imagination*, University of Chicago Press, 1985.

桃僵,波斯纳竟成了法律与文学运动的领军人物之一。在诸多法学院的这类课程中,教员最(而且不是之一)常指定或推荐的非文学的著作竟然不是怀特或其他人的著作,而是波斯纳的这本《法律与文学》。

战斗似乎是一边倒的。但决定性的战场并不在学界,决定性的人物也不是学者,不是学者个人的才华和能力。"功夫在诗外"。正如霍姆斯在纪念马歇尔的一篇文章所说的,"思考之空洞与思想之抽象成正比。把一个人同他周围的环境——事实上这就是他的环境——分割开来,这是最无聊的"。[8] 同样,把一种社会现象同其环境分离开来考虑,强调所谓的人的主观能动性,也是无聊的。法律经济学的胜利在更大程度上是由于社会的需要,由于法律经济学的进路和工具碰巧是处理制度问题最强有力的工具,这就如同敲钉子最方便的工具是榔头,而不是扳手一样——尽管偶尔你也可以用扳手敲钉子。在这个意义上,理论是没有最正确的,也没有放之四海而皆准的;其正确与否取决于与其处理的问题是否相称。但这也不是"相对主义",不是"什么都行";只是在一定的语境中,理论才有正确与不正确之分。还是霍姆斯的话:"所有的思想都是社会的",而不是个人的。放眼看来,甚至法律经济学、法律与文学以及其他"法律与XX"运动本身也都是 20 世纪 60 年代以后美国法律进入"乱世"的产物;是法学院越来越学术化、法学院教职的高收入引发其他学科的学者纷纷进入法学院的产物。[9]

因此,如果抛弃个人的成败得失,而是从社会和法律学术发展的层面上看,法律与文学运动作为一种法律理论的出现,甚至它的"不成功",也还是有社会意义的。它的出现不仅在一定程度上丰富了美国的法学领域,扩展了法学研究的视野;而且它的"失败"也指出了文学与法律关系之限度,展示出相对于与文学的关系而言,法律与经济学关系更为强劲,更具亲和力。它并没有表明法律与文学对法律"没用",或如同波斯纳当

---

[8] Oliver Wendell Holmes, *The Mind and Faith of Justice Holmes, His Speeches, Essays, Letters, and Judicial Opinions*, sel. and ed. by Max Lerner, Transaction Publishers, 1989, p. 383.
[9] 参看,波斯纳:《超越法律》,苏力译,中国政法大学出版社,2001 年,第 2 章。

初认为的那样,仅仅是"一场误会"。也许它没有改变美国的法律和司法,但它还是改变了人们对法律的一些理解,它的在场(presence)本身就已经改变了法学理论的格局。

甚至——在一定程度上——也改变了波斯纳。

二

十年之后,波斯纳对1988年版的《法律与文学》作了重大修改、扩展,重新出版。[10]不仅全书从原来的3编7章扩展到了4编11章,篇幅增加了1/7,而且保留的内容也有重大的修改。特别是"与时俱进",增加了第三编,考察了"通过文学的法律"这一新的分支。最重要的当然是,波斯纳删去了第一版的副标题"一场误会"——表明了波斯纳思想有了不小的变化。

变化必须有参照。仅读这一版,我们不可能了解以前的波斯纳,而且我不可能、也没有必要将1988年版的《法律与文学》全都翻译过来,供有心者对照。好在1998年我曾为其他目的选译过1988年版,翻了一小半,一位在哈佛学习的学生告诉我波斯纳出了增订版,让我辛勤劳动的成果付之东流。但是,学习上的任何努力都不是虚妄的。当年的译稿正好可以用作参照——当然只是概略的。

我们可以从两版著作的绪论一开始就看出一个明显的变化。

在1988年版中,波斯纳一上来就拿法律与文学同法律经济学相比,并结论认为"法律经济学有一个实证的和一个规范的纲领",而"法律和文学运动没有一个中心的、突现的纲领,无论是实证性的还是规范性的都没有";并且法律与文学"不像法律与经济学之间的关系,是从经济学(理论)到法律(对象)。……结果是在法律和文学之间有一个丰富但混乱的

---

[10] 波斯纳:《法律与文学》,增订版,李国庆译,中国政法大学出版社,2002年。

潜在关联。其中有些也许是表面的或误人子弟的"。[11]这些话,足以表明波斯纳撰写此书第一版时的立场、出发点和视角,表明了他评价法律与文学时所使用的基本标准。波斯纳是要同法律与文学运动作战。

但在1998年版的绪论中,波斯纳一上来就分析了福斯特的长篇小说《霍华德别业》中一些根本不是审判或法律的场景,将之同法律人的推理和修辞勾连起来;进而强调,法律人的洞察力也许有助于揭示文学作品中表面上与法律无关的意义。他认为法律的技巧和想象从一开始就弥散在西方文化中。波斯纳的立场显然发生了某种偏移:他现在不是首先拿着社会科学或经济学的尺子来比量文学,而是具体地并深入地看一看,文学中有没有什么东西与法律是有关的。他至少首先是站进文学的领域中来讨论法律与文学的问题,多了一份理解,多了一份设身处地,不再像当年那样从一开始就想在这两个学科中比一个高低。

不是"从一开始"而已,比还是要比的,而且也不可避免。应当说,波斯纳对法律与文学的许多基本判断没有什么变化。在1988年版中,尽管列举了一系列法律与文学的相关性,[12]但波斯纳强调说:法律和文学相互启发的程度是有限的;这一领域中的一些实践者夸大了这两个领域之间的共同性,对两者的深刻差别关注不够;他们为使文学看上去与法律相关而曲解了文学理论或某个文学作品,也为使法律看上去与文学相关而曲解了法律。1998年版中,波斯纳仍然认为法律与文学这个领域仍然"充满了虚假的起点、夸张的解释、肤浅的争论、轻率的概括和表面的感悟"。[13]并且在两本书中,波斯纳都一贯运用了大量的法律经济学分析。

---

[11] Richard A. Posner, *Law and Literature: A Misunderstood Relation*, Harvard University Press, 1988, p. 1.

[12] 波斯纳指出,除了法律写作中充满了文学也使用的隐喻、律师强调类比推理与诗人使用比喻相近、法律人使用了文学作品中使用的形象化语言等表面的联系外,法律与文学的联系还有,1.有数量惊人的文学作品中涉及到法律甚至是正义的一般问题;2.法律和文学都关注文本的含义,解释是一个中心争议;3.法律文本,特别是法院的意见,很像文学文本,有很多修辞;4.文学是法律规制的一个传统对象,并且文学作品有时会引出诉讼;以及5.法律程序,特别是英美的陪审抗辩制,有重要的戏剧化向度等。

[13] 同前注10,页6。

但是,对于一个实用主义法律家来说,重要的也许不是法律与文学运动的一些命题是否正确,而是这个运动是否给法律带来了些什么。在1998年版中,波斯纳承认,正是有关文学解释与法律解释的争论才使学界对在法律中运用文学解释方法的兴趣消失了,人们已经越来越清楚感到,解释是相对于目的的,因此不同的解释对象提出的解释问题也是不同的。波斯纳本人的解释观也在这个过程中有了变化。此外,在这十年间,法律与文学还提出了法律的叙事问题,发展出了"通过文学的法律"这样的一个分支,这都迫使波斯纳必须做出回应。因此,波斯纳认为,对于法律与文学运动的恰当视角是批评加同情。[14]大约因此,他删去了原版的副标题法律与文学是"一场误会"。

必须指出,尽管许多人把法律与文学同法律经济学对立起来,也尽管波斯纳明确拒绝了以法律与文学的名义提出的一些最为宏大的主张,但,波斯纳从一开始就不拒绝法律与文学运动。在第一版中,波斯纳就曾对如何把法律与文学领域更好地整合进入大学教学提出了一些建议。他提出,法学院应当开设法律与文学的课程;法律与文学可以也应当提供不同视角,从外部也从内部来考察法律;可以为法律史、法律人类学和比较法提供一个入门,并同其他法律交叉研究一起引导学生进入这些研究领域;可以为法理学等课程研究的一些传统专题,例如法律与衡平的矛盾以及规则与裁量的矛盾,提供一个全新的角度;可以培养学生的阅读能力,使他们成为法律文本的更好读者和作者;并且可以传输法律辩论和法律写作的技巧等等。在这一版中,他更是强调可以从某些文学作品中学到大量的法理学知识,甚至认为好的选本可以成为传统的法理学论著(discursive works)的很好(close)替代。他还强调,他支持法律与文学,希望看到它的繁荣,即使不是按照他的想法。[15]

不仅文学对法律能有所贡献,尽管有限,而且波斯纳认为,法律家的视角也可能有助于文学的研究。例如,可以使读者更好理解和欣赏某些

---

[14] 同前注10,页6。
[15] 同前注11,p.353ff.

文学作品；法律批评家还可以对文学研究有所贡献，即提出一些重复出现的文学作品处理法律问题的特点等等。所有这些，对中国法学界也都是有意义的，也支持了此书的翻译。

三

不打不成交。从"一场误会"到消除误会，甚至反客为主，这种变化似乎为我国的学术发展提供了某些启示。

在中国法学界，跑马占地是一种普遍的现象。各人自我界定，划一个圈子，不容别人——弟子除外——染指，最严重的是别人也自动地谢绝染指。结果是一个个学术领域的垄断，形成了一种联合定价的学术卡特尔，大家相安无事，和平共处，学术上没有竞争，最多只有对峙。法律经济学同法律与文学的交往发展史告诉我们，真正的学术竞争并不仅仅是各人坚守自己的阵地，而是要敢于"深入敌后，开辟根据地"，要勇于正面交锋。只有在正面的交锋中，学术才有可能发展，甚至会根本改变学术的格局；不仅学术界和社会因此受益，而且会改变学者本人的观点。经济学家进入法学的反垄断法领域带来了一场革命，波斯纳进入法律与文学的领域也同样带来了变化。学术领域就是这样扩展的。在这个意义上，没有哪一个个体的学术研究会生产"真理"，学术研究更多是一种竞争；如果说有真理，那只是竞争的意外产物。

但是，能否进入一个学术领域并不取决于是否有决心，是否勇敢，是否有"舍得一身剐，敢把皇帝拉下马"的勇气；那是红卫兵精神，而不是学术精神。如果不读书、不会读书或不认真读书，因此没有足够的学术准备，仅仅是凭着一腔热血，满腔热诚，甚至仅仅是为了证明自己的勇气，那么也只是"掺和"，而不是参与，不可能推进学术的发展。

波斯纳进入法律与文学的领域是有相当充分的学术准备的。波斯纳本科就在耶鲁大学的英国文学系（而耶鲁大学是文学批评中"新批评"学派的老家),并且以最优秀的成绩(*summa cum laude*)毕业于该校。从本书中特别是第2编关于解释理论,以及波斯纳的其他著作中,我们也可以看出,他对形式主义、"新批评"、哲学阐释学、接受美学、读者反应理论、文学解构理论等文学批评理论都非常熟悉。不仅是理论,他对欧美文学作品无论是诗歌还是小说还是戏剧,无论是古典还是现代的,也都非常熟悉,几乎是信手拈来,并且恰到好处。他不仅对文学保持了一种美学的欣赏,而且由于作为法学家、经济学家以及对其他社会科学的熟知,他也善于发掘这些文学作品的主题甚至寓意,能够并善于把这些作品放到具体的历史语境中来考察,展现出一种开阔的社会科学视野。事实上,在撰写此书之前,波斯纳就已经在《正义/司法的经济学》中,牛刀小试,以荷马史诗为材料分析了荷马时代古希腊社会的制度结构以及其他一些相关的法律问题;[16]那可以说是波斯纳对法律与文学的第一次短促突击,是一种学术的准备。

当然,我还要强调,并不是有了这些理论装备或对文学作品的熟知就足以保证一个人成功进入法律与文学领域。进入文学还需要其他一些要素,甚至可以说是天分,例如对语言的敏感,对细节的直觉把握等等,而不能只是为"故事"所感动。这些特点在波斯纳自己的写作中,可以说比比皆是(例如"剪不断理还乱的色情","语词而已"。——均见于《超越法律》),而且体现在他对文字所表达意象特有的敏感和洞察上。在批评一位黑人女性法学教授帕特里夏·威廉姆斯的法律与文学著作时,我们就可以看到一个非常典型的例子。[17]

威廉姆斯用近乎白描的手法描述了自己一次在购买商品时遭遇的未明言的种族歧视的经验:

> 我看见一家橱窗中有一件毛衣,想送给我母亲。我把我的棕色的圆脸紧贴窗口,指头摁着门铃按钮,想进去。一位眼睛很窄的十多岁的

---

[16] Richard A. Posner, *The Economics of Justice*, Harvard University Press, 1981, ch. 5.
[17] 同前注10,第10章。

白人,穿着一双跑鞋,嘴里嚼着泡泡糖向外看了看,用他最大的社会理解力评价我,打量我。大约 5 秒钟后,他开口说:"我们关门了。"并对我吐出粉红色的泡泡糖。这是圣诞节两周前的周六,下午 1 点;商店里有几位白人,似乎正在为他们的母亲选购什么东西。

对于这样一段似乎平淡无奇的文字,波斯纳以同样凝练的语言表达的感受和分析,点出了作者的寓意以及作者的才能:

这一勾勒的力量在于其凝练,在于其棕色圆脸与销售店员狭窄双眼以及粉红色泡泡糖之间的生动对比,在于其用物理排斥作为社会排斥的隐喻,在于其暗示一个最不重要的白人(这个嚼着、吐着泡泡糖的十多岁的销售店员)完全心安理得地对一个更年长、也更有成就的黑人行使权利,以及在于对这位店员对她之反应的精致概括("用他最大的社会理解力评价我,打量我")。

这里有欣赏和理解,但也就在这种理解和欣赏中,波斯纳才提出了质疑:

但是,也就在威廉姆斯艺术手法的最顶端,细心的读者会开始感到一种不安。威廉姆斯是否真的把自己的脸紧贴在窗口——即,她的脸是否实际触到了玻璃窗?或者她是在渲染这一事实,以获得戏剧性效果?……还有,她何以知道这个销售店员拒绝她进店就因为她是黑人?她所引用的唯一证据就是,圣诞节就要到了,这个商店不大可能关门,商店里有其他购货者……

这种对作品文字细节的艺术直觉感受力和反思能力都是极为出色的。而且,要知道这是波斯纳法官在平均每年撰写一部专著、十篇论文和约九十篇司法判决意见以及其他大量行政、教学工作之余的阅读!而且这种阅读和分析在波斯纳的每一本著作中都是大量的。

这也许就是才华和天分?不仅仅如此。更重要的是,在这背后,我们还可以体会到波斯纳对被批评者及其作品的实实在在的尊重,表现为认真系统地阅读,理解作者要处理的问题,努力体会作者选择的每个文字和意象。波斯纳没有笼而统之,概括一下作者或作品的要点(记住:"思想的空洞与思考的抽象成正比"),更不是把作者及其作品当作任自己宰割甚或阉割的傻瓜,断章取义地摘一句话、半个标题甚或一个词,造出一个批评的靶子,为自己创造某种夸张的成就感。这才是认真对待(take it seriously)。这种严格的学术批评中体现了双重的人文精神;而只有这种双重的人文精神才能造就和支撑严格的学术批评。

四

前面已经提到,1999 年我就曾选译过此书的 1988 年版,并且已经翻译了一小半;增订版的出版令我多少有些懊恼。有些而已,是因为我当初翻译时,还没有强烈的出版欲望,更多的是为了精读,为了养成自己的文字阅读和表达上的敏感、准确和精微。

但在这一翻译过程中,我也确实感受到了许多新的东西,不仅是法律的或理论的,而且有文学的和美感的。例如,就是在翻译中,我才感受到叶芝的诗——例如《1916 年复活节》——之美,以及为什么美?感受到密尔顿《失乐园》中那段描述撒旦失败后的诗歌之壮美(1998 年版删去了这一段)。感受到美国一些著名法律家的修辞和风格,他们的差异。以及其他。在这个意义上,波斯纳也是我文学的教师之一。

我很珍惜这种经验。文学作品的美学欣赏力大多是在青少年时期的阅读中培养起来的;人大了,由于专业工作忙,家庭负担重,文学作品阅读就少了,也很容易大而化之——往往只关注作品"讲了什么"。除了少数专门研究文学并且喜好的人外,大多数人的美学欣赏能力都只是停留在青少年时期;或者仅仅是随着年龄增长、随着性情爱好改变而略有变化而已。因此,在美学欣赏上,如果没有很好的传承,不同年龄段的人之间会出现很深的代沟。

我们这代人,由于"文革",对文学艺术作品的欣赏能力基本上都是个人在大量杂七杂八的阅读中逐步形成的,从来或基本没有得到老师的点化,走的是"野路子",可以说是"先天不足"。而且,似乎中国传统的文学作品欣赏(而不是中国文学),至少先前,也往往不大讲道理,只是用某种诗化的语言表示赞赏;或者是道理讲得让人倒胃口,而不是让人豁然开朗,更少对作品的结构、隐喻等因素进行点拨和分析。这一点,似乎到今天也没有多少改变。只要看看那么多人,包括一些甚至是中文系教授,都喜欢金庸就可以证明这一点了。我说这话并不是贬低金庸,或是指责金庸迷。每个人都可以选择他自己的偏好,这一点道理我还是懂的。我也不是故作高雅,其实我就很喜欢王朔——包括他的口语化的表达。而且我也知道文学作品的最终评判者是时间和读者,而不是任何其他。我想说的只是,喜欢金庸的读者大多是着迷于其故事,即所谓"成年人的童话"。这表明,至少就叙事作品而言,中国读者的阅读方式是比较单一的。而艺术欣赏是有多个层面的,包括故事结构、叙述方式和语言,甚至是纯形式的:韵律、节奏、色彩甚或仅仅是那种氛围——请想一想中国唐诗宋词的美感,想一想李商隐的《锦瑟》和《无题》。因此我很高兴,作为一个忙碌的法律人,在四十岁以后,在这个普通人都认为只是赚钱但非常枯燥的法律专业工作中还能获得这样一种多少扩展自己艺术欣赏能力的机会,少许地感受了一下英美的一些经典文学。这是幸福的。

当然,对于法律家来说,这种艺术欣赏能力并不非常重要,最重要的可能还是判断力和权衡的能力。但是,对于文字的敏感,对于细节之意义的把握,仍然是法律家必备的能力之一。事实上,英美法先例制度中的"区分技术",在很大程度上,需要的就是对细节的把握,对细节之意义的阐明;至于英美式判决书之写作,更要求对文字的驾驭。至少,具备艺术能力不是一件坏事;中国人说,"艺多不压身"。而现代的专业化的法律教育弄不好就会削弱这种能力的培养。

只是,这本书我是无法翻译了。因此,我很羡慕李国庆君能有这样一个翻译的机会,甚至,我很妒忌他,尽管更多的是感谢他的努力。我希望而且也相信这本书的翻译不仅会给中国的一些法律人带来某些启示,而且会给中国的一些文学人带来某些启示,发现他们可能施展才华的另一些地带。说不定,中国也会出现一些有价值的法律与文学研究,尽管可能还不会形成一个"运动"。

而且,我也正在努力。

2002 年 2 月 15 日于北大法学院

参考文献

中　文

A

埃尔斯特,斯莱格斯塔德[编](1997),《宪政与民主》,潘勤、谢鹏程译,北京:三联书店。

埃里克森(2003),《无需法律的秩序——邻人如何解决纠纷》,苏力译,北京:中国政法大学出版社。

埃斯库罗斯(1999),《埃斯库罗斯悲剧集》,陈中梅译,沈阳:辽宁教育出版社。

——.(2004),《埃斯库罗斯悲剧三种》(《罗念生全集》卷2),上海:世纪出版集团/上海人民出版社。

B

贝卡利亚(1993),《论犯罪与刑罚》,黄风译,北京:中国大百科全书出版社。

博登海默(1987),《法理学》,邓正来、姬敬武译,北京:华夏出版社。

博尔赫斯(1996),《博尔赫斯文集》全3册,王永年、陈众议等译,海口:海南国际新闻出版中心。

波斯纳(2004),《法律与社会规范》,沈明译,北京:中国政法大学出版社。

波斯纳(1994,2001),《法理学问题》,苏力译,北京:中国政法大学出版社。

——.(2001),《超越法律》,苏力译,北京:中国政法大学出版社。

——.(2002),《正义/司法的经济学》,苏力译,北京:中国政法大学出版社。

——.(2002),《性与理性》,苏力译,北京:中国政法大学出版社。

——.(2002),《法律与文学》,增订版,李国庆译,北京:中国政法大学出版社。

伯格曼、艾斯默(2003),《影像中的正义:从电影故事看美国法律文化》,朱靖江译,海口:海南出版社。

柏拉图(2002),《克里托篇》《柏拉图全集》卷1,王晓朝译,北京:人民出版社。

C

陈顾远(1937,1998影印),《中国婚姻史》,北京:商务印书馆。

陈广忠(1990),《淮南子译注》,长春:吉林文史出版社。

陈林林(2003),"从自然法到自然权利——历史视野中的西方人权",《浙江大学学报》(社科版),2003年2期。

陈平原(1998),《文学史的形成与建构》,南宁:广西教育出版社。

——.(2003),《中国小说叙事模式的转变》,北京:北京大学出版社。

陈山(1992),《中国武侠史》,上海:上海三联书店。

陈中凡(1961),"从历史素材到《赵氏孤儿》杂剧",《戏剧报》,15、16期。

陈寅恪(1992),《陈寅恪史学论文选集》,胡守为编,上海:上海古籍出版社。

谌洪果(2005),"秋菊在路上——也说《秋菊打官司》",网址,见第2页。

程维荣(2004),"论中国传统财产继承制度的固有矛盾",《政治与法律》,1期。

程毅中(1982),《古典戏曲小说谈艺录》,天津:天津人民出版社。

《春秋公羊传》(1997),沈阳:辽宁教育出版社。

《春秋左传》(1997),沈阳:辽宁教育出版社。

D

戴维森(1983),《真理、意义、行动和事件》,牟博编译,北京:商务印书馆。

德沃金(1996),《法律帝国》,李常青译,北京:中国大百科全书出版社。

德肖微茨(1994),《最好的辩护》,唐交东译,北京:法律出版社。

邓绍基(1991),《元代文学史》,北京:人民文学出版社。

——.[主编](1998),《元代文学史》,北京:人民文学出版社。

狄更斯(1993),《双城记》,石永礼、赵文娟译,北京:人民文学出版社。

窦仪等[撰],吴翊如[点校](1984),《宋刑统》,北京:中华书局。

段宝林(1999),"关于包公的人类学思考",《光明日报》,5月6日,版7。

F

《法国刑事诉讼法典》(1997)余叔通、谢朝华译,北京:中国政法大学出版社。

范健(1994),"法的国际化与21世纪中国法学",《中国法学》,2期。

费什(1998),《读者反应批评:理论与实践》,文楚安译,北京:中国社会科学出版社。

费孝通(1986),《江村经济》,南京:江苏人民出版社。

——.(1993),《乡土中国与乡土重建》,香港:风云时代出版社。

——.(1998),《乡土中国·生育制度》,北京:北京大学出版社。

冯梦龙(1998),《醒世恒言》,海口:海南出版社。

冯达甫[译注](1991),《老子译注》,上海:上海古籍出版社。

冯象(1997),"生活中的美好事物永存不移",《读书》,2期。

——.(1998),"秋菊的困惑",《读书》,1期。

——.(1999),《木腿正义》,广州:中山大学出版社。

——.(2000),"法律与文学",《北大法律评论》,2卷2辑,法律出版社,页687—711。

——.(2003),《玻璃岛——亚瑟与我三千年》,北京:三联书店。

——.(2004),《政法笔记》,南京:江苏人民出版社。

福柯(2000),"法律精神病学中'危险个人'概念的演变",苏力译,《北大法律评论》,2卷2辑,法律出版社,页470—495。

——.(2003),《规训与惩罚:监狱的诞生》,第2版,刘北成、杨远婴译,北京:三联书店。

傅学斌[编绘](2000),《脸谱钩奇》,北京:中国书店。

G

[晋]干宝(2002),《搜神记》,北京:华龄出版社。

高道蕴,高鸿钧,贺卫方[编](1994),《美国学者论中国法律传统》,北京:中国政法大学出版社。

高浣月(2000),《清代刑名幕友研究》,北京:中国政法大学出版社。

高明[原著],黄仕忠[导读],(2001),《琵琶记》,合肥:黄山书社。

葛剑雄:《重读〈明史·海瑞传〉》,http://218.21.62.195/sx/000722/10.html。

葛洪义(2004),"法理学基本问题的形成与演变——对法理学知识谱系的一种考察",《法制与社会发展》,2期。

葛兆光(1998),"一般知识、思想与信仰世界的历史——思想史的写法之一",《读书》,1期。

古桥主人等(1976),《梁祝故事说唱合编》,台北:祥声出版社。
《古希腊悲剧经典》(1998)全2册,罗念生译,北京:作家出版社。
顾学颉［选注］(1956),《元人杂剧选》,北京:作家出版社。
——.(1979),《元明杂剧》,上海:上海古籍出版社。
——.［选注］(1998),《元人杂剧选》,北京:人民文学出版社。
辜正坤(1998),"外来术语翻译与中国学术问题",《北京大学学报》(社科版),4期。
《广东省高级人民法院刑事裁定书,(2004)粤高法刑二终字第24号》。
郭建、殷啸虎、王志强(1998),《中国文化通志·法律志》,上海:上海人民出版社。
郭沫若(1982),《李白与杜甫》,《郭沫若全集》历史编,卷4,北京:人民出版社。
郭英德(1999),"元杂剧:中国古典戏曲艺术的奇葩",《光明日报》,5月10日,12版。
郭预衡［主编］(1998),《中国古代文学史》全4册,上海:上海古籍出版社。

H

哈贝马斯(2004),《交往行为理论:行为合理化与社会合理化》,曹卫东译,上海:上海人民出版社。
哈耶克(1991),《个人主义与经济秩序》,贾湛、文跃然等译,北京:北京经济学院出版社。
《汉书》(1962),北京:中华书局。
荷马(1999),《伊利亚特》,陈中梅译,北京:燕山出版社。
——.(1999),《奥德赛》,陈中梅译,北京:燕山出版社。
贺卫方(1990),"中国古代司法判决的风格与精神——以宋代为基本依据兼与英国比较",《中国社会科学》,6期。
——.(1999),"关于审判委员会的几点评论",《北大法律评论》,1卷2辑,法律出版社。
——.(1961),《法哲学原理》,范扬、张企泰译,北京:商务印书馆。
——.(1979),《精神现象学》,全2册,第2版,贺麟、王玖兴译,北京:商务印书馆。
黑格尔(1981),《美学》全3卷,朱光潜译,北京:商务印书馆。
华世忠(1986),"《窦娥冤》第四折析疑",《阜阳师院学报》,1期。
黄克(1984),《关汉卿戏剧人物论》,北京:人民文学出版社。

J

姜文/等(1997),《诞生》,北京:华艺出版社。

蒋子龙(1979),"乔厂长上任记",《人民文学》,7期。

金丹元(2004),"试论元曲中的民间因素对传统儒家伦理的冲击",《云南大学学报》(社科版),5期。

K

考文(1997),《美国宪法的"高级法"背景》,强世功译,北京:三联书店。

L

里德雷(2004),《美德的起源:人类本能与协作的进化》,刘珩译,北京:中央编译出版社。

利奇德(2000),《古希腊风化史》,杜之、常鸣译,沈阳:辽宁教育出版社。

李春祥(1983),"附录:元代包公戏新探",《元代包公戏选注》,郑州:中州书画社。

李道军(2001),"古代思想家对法的应然与实然问题的追寻",《比较法研究》,2期。

李梦生(1998),《左传译注》,上海:上海古籍出版社。

李乔(1997),《中国的师爷》,北京:商务印书馆国际出版公司。

李修生(1990),《中国文学史纲要·宋辽金元文学》,北京:北京大学出版社。

——.(1996),《元杂剧史》,南京:江苏古籍出版社。

李彦生(1993),"喜看秋菊民告官",《人民司法》,2期。

李泽厚(1986),《中国古代思想史论》,北京:人民出版社。

《礼记》(1997),沈阳:辽宁教育出版社。

梁启雄(1960),《韩子浅解》,北京:中华书局。

梁治平(1992),《法意与人情》,深圳:海天出版社。

——.[编](1995),《法律的文化解释》,北京:三联书店。

——.(1996),《清代习惯法:社会与国家》,北京:中国政法大学出版社。

《列宁全集》,(1988),中共中央马恩列斯著作编译局编,北京:人民出版社。

林耀华(1989),《金翼》,庄孔韶、林宗成译,北京:三联书店。

凌斌(2004),"普法、法盲与法治",《法制与社会发展》,2期。

刘大杰(1982),《中国文学发展史》,全2册,上海:上海古籍出版社。

刘峰(1993),"现代化进程中的农民问题研究",《求索》,4期。

刘向[编著],赵仲邑[注](1999),《新序详注》,北京:中华书局。

刘向(1999),《说苑》,北京:中国文史出版社。
刘星(1998),《西窗法语》,广州:花城出版社。
龙宗智(1994),"英国限制刑事沉默权的措施",《相对合理主义》,北京:中国政法大学出版社。
鲁迅(1995),《且介亭杂文2集》,北京:人民文学出版社。
罗尔斯(2000),《政治自由主义》,万俊人译,南京:译林出版社。
罗广斌、杨益言(1963),《红岩》,第2版,北京:中国青年出版社。
洛地(2000),"中国传统戏剧研究的缺憾",《社会科学研究》,3期。
洛克(1982),《政府论》,瞿菊农、叶启芳译,北京:商务印书馆。
骆正(2004),《中国京剧二十讲》,桂林:广西师范大学出版社。
吕薇芬[选编](1999),《名家解读元曲》,济南:山东人民出版社。

M

马尔克斯(1994),《百年孤独》,高长荣译,北京:中国文联出版公司。
马积高(1994),"清代雅俗两种文化的对立、渗透和戏曲中花雅两部的盛衰",《西北师范大学学报》(社科版),3期。
马克思(1971),《〈政治经济学〉序言·导言》,中共中央马恩列斯著作编译局译,北京:人民出版社。
《马克思恩格斯选集》(1972),全4卷,北京:人民出版社。
麦金太尔(1995),《德性之后》,龚群、戴扬毅等译,北京:中国社会科学出版社。
麦克里兰(2005),《意识形态》,第2版,孔兆政、蒋龙翔译,长春:吉林人民出版社。
茅盾(1962),《关于历史和历史剧:从〈卧薪尝胆〉的许多不同剧本说起》,北京:作家出版社。
毛泽东(1991),《毛泽东选集》,全4册,北京:人民出版社。
《美国联邦刑事诉讼规则和证据规则》(1996),卞建林译,北京:中国政法大学出版社。
孟德斯鸠(1961),《论法的精神》,张雁深译,北京:商务印书馆。
米勒,戴维,韦农·波格丹诺[主编](1992),《布莱克维尔政治学百科全书》,邓正来等译,北京:中国政法大学出版社。
莫里森(2003),《法理学——从古希腊到后现代》,李桂林等译,武汉:武汉大学出版社。

N

尼采(1994),《权力意志——重估一切价值的尝试》,张念东、凌素心译,北京:商务印书馆。

——.(2000),《曙光》,田立年译,南宁:漓江出版社。

——.(2000),《历史的用途与滥用》,陈涛,周辉荣译,上海:上海人民出版社。

宁宗一(1982),"谈《窦娥冤》的悲剧精神",《语文教学通讯》,2期。

诺斯(1992),《经济史上的结构和变革》,厉以平译,北京:商务印书馆。

——.(1995),《制度、制度变迁和经济绩效》,刘守英译,上海:上海三联书店。

O

奥尔森(1995),《集体行动的逻辑》,陈郁、郭宇峰、李崇新译,上海:上海三联书店、上海人民出版社。

欧里庇德斯(2004),《欧里庇德斯悲剧六种》(《罗念生全集》卷3),上海:世纪出版集团/上海人民出版社。

P

浦安迪(1996),《中国叙事学》,北京:北京大学出版社。

Q

齐思和(2000),《中国史探研》,石家庄:河北教育出版社。

钱穆(1996),《国史大纲》,全2册,北京:商务印书馆。

——.(2001),《中国历代政治得失》,北京:三联书店。

强世功(1996),"文学中的法律:安提戈涅、窦娥和鲍西娅——女权主义的法律视角及检讨",《比较法研究》,1期。

邱树森(2001),"元代的反贪文化",《暨南学报》(社科版),23卷1期。

瞿同祖(1984),《中国法律与中国社会》,北京:中华书局。

——.(2003),《清代地方政府》,范忠信、晏锋译,北京:法律出版社。

阙真(1991),"元代四大悲剧的审美特征",《广西师范大学学报》,4期。

R

人民文学出版社编辑部[编](1958),《元明清戏曲研究论文集》,北京:人民文学出版社。

S

萨拜因(1990),《政治学说史》,全2册,刘山等译,北京:商务印书馆。

[清]沈德潜[编](1963),《古诗源》,北京:中华书局。

莎士比亚(1978),《哈姆莱特》,朱生豪译,《莎士比亚全集》,卷9,北京:人民文学出版社。

"三大问题质疑各版本《赵氏孤儿》热"(2003),http://www.qianlong.com/11—11。

上海文艺出版社[编](1962),《越剧丛刊》第1集,上海:上海文艺出版社。

申丹(1998),《叙述学与小说文体学研究》,第2版,北京:北京大学出版社。

[宋]司马光(1939),《司马文正公传家集》,全6册,长沙:商务印书馆。

司马迁[著],王伯祥[选注](1982),《史记选》,第2版,北京:人民文学出版社。

——.(1992),《史记》,北京:中华书局。

斯蒂恩(2001),《DNA和命运:人类行为的天性和教养》,李恭楚,吴希美译,上海:上海科学技术出版社。

斯梅尔塞(1992),《社会科学的比较方法》,王宏周、张平平译,北京:社会科学文献出版社。

斯密(1995),《道德情操论》,北京:商务印书馆。

斯威布(1958),《希腊的神话和传说》,楚图南译,北京:人民文学出版社。

[宋]宋慈(1999),《洗冤集录》,北京:中国文史出版社。

宋耕(2003),"元杂剧改编与意识形态——兼谈'宏观文学史'的思考",《二十一世纪》,5月。

苏关鑫[编](1989),《欧阳予倩研究资料》,北京:中国戏剧出版社。

苏力(1996a),"现代法治的合理性和局限性",《东方》,3期。

——(1996b),"市场经济与立法原则",《中国法学》,3期。

——(1998),"'法'的故事",《读书》,7期。

——(1999a),《制度是如何形成的》,广州:中山大学出版社。

——(1999b),"法律与科技问题的法理学重构",《中国社会科学》,5期。

——(2000a),《送法下乡》,北京:中国政法大学出版社。

——(2000b),"语境论——一种法律制度研究方法的构建",《中外法学》,1期。

——(2001),"判决书的背后",《法学研究》,3期。

——(2003),"历史变迁中的行动者",《比较法研究》,2期。

——(2005a),"复仇与法律",《法学研究》,1期。
——(2005b),"窦娥的悲剧",《中国社会科学》,2期。
隋树森[编](1959),《元曲选外编》,全3册,北京:中华书局。
孙歌、陈燕谷、李益津(1999),《国外中国古典戏曲研究》,南京:江苏教育出版社。
索福克勒斯(2004),《索福克勒斯悲剧四种》(《罗念生全集》卷2),上海:世纪出版集团/上海人民出版社。

T

谭帆、陆炜(1993),《中国古代戏剧理论史》,北京:中国社会科学出版社。
唐德刚(1999),《史学与文学》,上海:华东师范大学出版社。
汤因比/等[著],张文杰[编](2002),《历史的话语》,南宁:广西师范大学出版社。
涂尔干(2000),《社会分工论》,渠东译,北京:三联书店。
涂石(1996),"叛逆与秩序——谈中国古典文学中的两种精神兼与西方文学比较",《西北师范大学学报》(社科版),5期。
托克维尔(1993),《论美国的民主》,全2册,董果良译,北京:商务印书馆。

W

王国维(1997),《宋元戏曲史》,《王国维学术经典集》,全2册,南昌:江西人民出版社。
王国绪(1997),"简论黑格尔的悲剧冲突理论",《河北师范大学学报》(社科版),2期。
王季思[主编](1993),《中国当代十大正剧集》,南京:江苏文艺出版社。
王景兰(1994),"窦娥形象浅议",《辽宁师范大学学报》(社科版),1期。
王俊敏(1996),"在文学创作和社会学研究之间",《中国书评》,9期。
王丽娜(1994),"元曲在国外",《首届元曲国际学术研讨会论文集》,石家庄:河北人民出版社。
——.(1988),《中国古典小说戏曲在国外》,北京:学林出版社,1988。
王蒙(1993),"躲避崇高",《读书》,1期。
王齐(1997),《中国古代的游侠》,北京:商务印书馆国际出版公司。
王起[主编](1998),《中国戏剧选》,全3册,北京:人民文学出版社。
王实甫(1995),《西厢记》,张燕瑾校注,北京:人民文学出版社。
王世德(1981),《〈十五贯〉研究》,上海:上海文艺出版社。

王朔(1997),《王朔文集》,北京:华艺出版社(光盘版)。
——.(2000),《无知者无畏》,沈阳:春风文艺出版社。
王永兴(1998),《陈寅恪先生史学述论稿》,北京:北京大学出版社。
汪世荣(1997),《中国古代判词研究》,北京:中国政法大学出版社。
韦伯(1992),《社会科学方法论》,朱红文等译,北京:中国人民大学出版社。
——.(1997),《经济与社会》,全2册,林荣远译,北京:商务印书馆。
——.(1998),《论经济与社会中的法律》,[英]埃德华·希尔斯、[英]马克斯·莱因斯坦英译,张乃根译,北京:中国大百科全书出版社。
魏明伦(1988),《潘金莲:剧本和剧评》,北京:三联书店。
温凌(1978),《关汉卿》,上海:上海古籍出版社。
吴敢有(1996),"《赵氏孤儿》故事的发展与流传",《曲海说山录》,北京:文化艺术出版社,页1—19。
吴梅(2000),《顾曲麈谈·中国戏曲概论》,上海:上海古籍出版社。
吴小如(1995),《吴小如戏曲文录》,北京:北京大学出版社。

X

奚如谷(1992),"臧懋循改写《窦娥冤》研究",《文学评论》,2期。
夏勇[主编](1995),《走向权利的时代》,北京:中国政法大学出版社。
肖四新(2003),"理性主义绝对化的悲剧——论《安提戈涅》的悲剧实质",《戏剧》,2期。
谢桃坊(1997),《中国市民文学史》,成都:四川人民出版社。
修昔底德(2004),《伯罗奔尼撒战争史》,徐松岩、黄贤全译,南宁:广西师范大学出版社。
许逸之(1987),《怀梨偶寄》,北京:宝文堂书店。
徐扶明(1981),《元代杂剧艺术》,上海:上海文艺出版社。
徐树恒(1986),"关于元人杂剧的宾白",《中国古代戏曲论集》,北京:中国展望出版社。
徐越化(1995),"论电影的细节艺术",《人民大学复印报刊资料》,2期。
徐征等[主编](1998),《全元曲》,石家庄:河北教育出版社。
徐忠明(1992),"从薛蟠打死张三命案看清代刑事诉讼制度",《法学文集》(4),中山大学学报丛书。

——.(1994a),"从《乔太守乱点鸳鸯谱》看中国古代司法文化的特点",《历史大观园》,9期。

——.(1994b),"武松命案与宋代刑事诉讼制度浅谈",《历史大观园》,11期。

——.(1995),"《活地狱》与晚清州县司法研究",《比较法研究》,3期。

——.(1996a),"从明清小说看中国人的诉讼观念",《中山大学学报》(社科版),4期。

——.(1996b),"《窦娥冤》与元代法制的若干问题试析",《中山大学学报》(社科版增刊),3期。

——.(1996c),"包公杂剧与元代法律文化的初步研究(上)",《南京大学法律评论》,秋季号。

——.(1997),"古希腊法律文化视野中的《安提戈涅》,"《中山大学学报》(社科版),4期。

——.(2000),《法学与文学之间》,北京:中国政法大学出版社。

——.(2002),《包公故事:一个考察中国法律文化的视角》,北京:中国政法大学出版社。

薛安勤、王连生(1991),《国语译注》,长春:吉林文史出版社。

薛亚芳(2004),"学历与工资成正比",《人才市场报》,4月20日,1版。

Y

亚里士多德(1965),《政治学》,吴寿彭译,北京:商务印书馆。

——.(1991),《修辞学》,罗念生译,北京:三联书店。

——.(1994),《论诗》,《亚里士多德全集》卷9,苗力田[主编],北京:中国人民大学出版社。

严北溟(2002),《列子译注》,上海:上海古籍出版社。

[南宋]严羽(1999),《沧浪诗话》,北京:中国文史出版社。

杨伯峻[译注](1960),《孟子译注》,北京:中华书局。

——.[译注](1980),《论语译注》,第二版,北京:中华书局。

杨念群、黄兴涛、毛丹[主编](2003),《新史学——多学科对话的图景》,全2册,北京:中国人民大学出版社。

杨云彪(1997),"法的分裂与嬗变——自然法与实在法的二元结构渊源及其演变",《淮阴师专学报》,卷19,1期。

幺书仪(1997),《元人杂剧与元代社会》,北京:北京大学出版社。

姚文放(1997),《中国戏剧美学的文化阐释》,北京:中国人民大学出版社。

叶长海(1986),《中国戏剧学史稿》,上海:上海文艺出版社。

伊维德(2001),"我们读到的是'元'杂剧吗?",宋耕、李国芳译,《文艺研究》,3期。

由嵘[主编](1992),《外国法制史》,北京:北京大学出版社。

游国恩等[主编](1964),《中国文学史》,全4册,北京,人民文学出版社。

游宗蓉(1999),"元杂剧上下场诗探究",《中国文学研究》,13期,台湾大学中文所编,5月。

俞大纲(1969),"从另一角度看元杂剧《梧桐雨》和《汉宫秋》",《戏剧纵横谈》,台湾:传记文学出版社。

余晓明(2004),"文学与法律之间——以《白毛女》的文本演替为例",《南京师范大学文学院学报》,1期。

余宗其(1995),《法律与文学的交叉地》,沈阳:春风文艺出版社

——.(1998),"两位美国法学家的文学论据的得与失——《法理学问题》和《美国法律史》管窥",《国外社会科学》,4期。

——.(2001),《法律与文学漫话》,北京:华艺出版社。

——.(2002),《中国文学与中国法律》,北京:中国政法大学出版社。

——.(2003),《外国文学与外国法律》,北京:中国政法大学出版社。

袁洁灵(2003),"从黑格尔的悲剧范式看悲剧的审美实质",《贵州师范大学学报》(社科版),5期。

《元史》(1976),北京:中华书局。

Z

[明]臧晋叔[编](1958),《元曲选》,全4册,北京:中华书局。

张大新(1999),"农家善恶义利观的素朴显现——张国宾杂剧的文化意蕴",《平顶山师专学报》,1期。

张庚、郭汉城[主编](1980),《中国戏曲通史》,北京:中国戏剧出版社。

张国华(1998),《中国法律思想史新编》,北京:北京大学出版社。

张金铣(2001),《元代地方行政制度研究》,合肥:安徽大学出版社。

张维迎、邓峰(2003),"信息、激励与连带责任——对中国古代连坐、保甲制度的

法和经济学解释",《中国社会科学》,3期。
张维迎(2004):"法律与社会规范",《比较》,辑11,北京:中信出版社。
——.(2003),《信息、信任与法律》北京:三联书店。
张文显(1994),"世纪之交的中国法学发展趋势",《中国法学》,2期。
"张艺谋和他的电影",(1992)《瞭望》,35期。
张旭(1998),"黑格尔艺术哲学研究方法概观",《安徽大学学报》(社科版),4期。
张燕瑾(1983),"《赵氏孤儿》的脚色安排和戏剧结构",《光明日报》,3月1日。
张月中[主编](1999),《元曲通融》(上、下册),太原:山西古籍出版社。
张志林、陈少明(1995),《反本质主义与知识问题》,广州:广东人民出版社。
长孙无忌等[撰],刘俊文[点校](1983),《唐律疏议》,北京:中华书局。
赵景深、胡忌[选注](1957),《明清传奇选》,北京:中国青年出版社。
赵晓力(1999),"中国近代农村土地交易中的契约、习惯与国家法",《北大法律评论》,1卷2辑,北京:法律出版社。
——.(2005),"要命的地方:《秋菊打官司》再解读",《北大法律评论》,6卷2辑,北京:法律出版社。
赵毅衡(1998),《当说者被说的时候:比较叙述学导论》,北京:中国人民大学出版社。
郑传寅(1998),《中国戏曲文化概论》(修订版),武汉:武汉大学出版社。
郑永流/等(1993),《农民法律意识与农村法律发展》,武汉:武汉出版社。
郑振铎(1938,1998),《中国俗文学史》,北京:商务印书馆。
《中国大百科全书·法学卷》(1984),北京:中国大百科全书出版社。
钟涛(2003),《元杂剧艺术生产论》,北京:北京广播学院出版社。
周传家(1996),《中国古代戏曲》,北京:商务印书馆。
周枏(1994),《罗马法原论》,全2册,北京:商务印书馆。
周恩来(1980),《关于昆曲〈十五贯〉的两次讲话》,《文艺研究》,1期。
周先慎(1992),"《赵氏孤儿》的审美特征",《文史知识》,7期。
——.(1992),"《赵氏孤儿》对历史素材的改造",《文史知识》,11期。
周贻白(2004),《中国戏剧史长编》,上海:上海书店出版社。
钟建华(1993),"按国际标准完善我们的经济立法",《中国法学》,2期。
朱素臣[原著],陈静等[整理](1956),《昆曲十五贯》,香港:三联书店。
朱素臣[原著],张燕瑾、弥松颐[校注](1983),《十五贯校注》,上海:上海古籍出版社。

竺可桢(1972),"中国近五千年来气候变迁的初步研究",《考古学报》,卷2,页15—38。

祝肇年(1998),《祝肇年戏曲论文选》,北京:文化艺术出版社。

《圣经》
《古兰经》

英 文

A

Abraham, Henry J. 1980. *The Judicial Process, An Introductory Analysis of the Courts of the United States, England, and France*, 4th ed., New York: Oxford University Press.

Althusser, Louis. 1969. *For Marx*, trans. by Ben Brewster, London: Allen Lane.

Atiyah, Patrick S. 1988. "Judicial-Legislative Relations in England," in Robert A. Katzmann ed. *Judges and Legislators: Toward Institutional Comity*, Washington, D. C.: Brookings Institution.

Atiyah, P. S., and Robert S. Summers. 1987. *Form and Substance in Anglo-American Law: A Comparative Study of Legal Reasoning, Legal Theory, and Legal Institutions*, New York: Oxford University Press.

Axelrod, Robert M. 1990. *The Evolution of Cooperation*, N. Y.: Penguin Books.

B

Becker, Gary S. 1968. "Crime and Punishment: An Economic Approach," *Journal of Political Economy*, vol. 76, pp. 169—217.

——. 1981. "Imperfect Information, Marriage, and Divorce," *A Treatise on the Family*, Enlarged ed., Cambridge, Mass.: Harvard University Press.

——. 1996. *Accounting for Tastes*, Cambridge, Mass.: Harvard University Press.

Bourdieu, Pierre. 1984. *Distinction, A Social Critique of the Judgment of Taste*, trans. by Richard Nice, Cambridge, Mass.: Harvard University Press.

Brooks, Peter, and Paul Gewirtz 1996. *Law's Stories, Narrative and Rhetoric in the Law*, New Haven, Conn.: Yale University Press.

C

Cardozo, Benjamin N. 1947. "Law and Literature," in *Selected Writings of Benjamin Nathan Cardozo*, ed. by Margaret E. Hall, Fallon Publications.

Cohen, Ronald L. ed. 1986. *Justice: Views from the Social Sciences*, New York: Plenum Press.

Curiae, Amicus ed. 1947. *Law in Action, An Anthology of the Law in Literature*, New York: Crown Publisher.

D

Durkheim, Emile. 1984. *The Division of Labor in Society*, trans. by W. D. Halls, Free Press.

E

Evans-Pritchard, Edward Even. 1965. *Theories of Primitive Religion*, Oxford: Clarendon Press.

F

Farber, Daniel A. and Suzanna Sherry 1993. "Telling Stories Out of School: An Essay on Legal Narratives," *Stanford Law Review*, vol. 45.

Fish, Stanley. 1980. *Is There a Text in This Class?* Cambridge, Mass.: Harvard University Press.

Foucault, Michel. 1977. *Discipline and Punish, the Birth of the Prison*, trans. by Alan Sheridan, N. Y.: Vintage Books.

——. 1980. *Power/Knowledge: Selected Interviews and Other Writings, 1972—1977*, trans. by Colin Gordon et al., N. Y.: Pantheon Books.

——. 1984. "Nietzsche, Genealogy, History", *The Foucault Reader*, ed. by Paul Rabinow, N. Y.: Pantheon House.

Fuller, Lon 1969. *The Morality of Law*, rev. ed., New Haven, Conn.: Yale University Press.

H

Hart, H. L. A. 1994. *The Concept of Law*, 2nd ed., Oxford: Clarendon Press.

Hayek, Friedrich A. 1973. *Law, Legislation, and Liberty*, vol. 1, Chicago, Ill.: University of Chicago Press.

Holmes, Oliver Wendell, Jr. 1897. "The Path of the Law," 10 *Harvard Law Review* 457.

——. 1948. *The Common Law*, Little, Brown, and Company.

——. 1989. *The Mind and Faith of Justice Holmes, His Speeches, Essays, Letters, and Judicial Opinions*, sel. and ed. by Max Lerner, New Brunswich, N. J.: Transaction Publishers.

J

Jordan, William S., III, 1994. "Legislative History and Statutory Interpretation: The Relevance of English Practice," 29 *University of San Francisco Law Review* 1.

K

Kronman, Anthony T. 1993. *The Lost Lawyer: Failing Ideals of the Legal Profession*, Cambridge, Mass.: Harvard University Press.

Kuhn, Thomas. 1957. *The Copernican Revolution*, Cambridge, Mass.: Harvard University Press.

Kuper, Adam 1994. *The Chosen Primate, Human Nature and Cultural Diversity*, Cambridge, Mass.: Harvard University Press.

L

Landes, William M. and Richard Posner. 1989. "An Economic Analysis of Copyright Law," *Journal of Legal Studies*, vol. 18, 325—363.

Levinson, Sanford 1982. "Law as Literature," *Texas Law Review*, vol. 60.

Levinson, Sanford, and Steven Mailloux, eds. 1988. *Interpreting Law and Literature, A Hermeneutic Reader*, Northwestern University Press.

Liu, Tsui-jung. 1981. "The Demographic dynamics of Some Clans in the Lower Yang Tze Area, Ca 1400—1940," *Academic Economic Papers*, vol. 9, no. 1, pp. 152—156.

M

Mayr, Ernest. 1997. *This is Biology, The Science of the Living World*, Cambridge, Mass.: Harvard University Press.

Minda, Gary. 1995. *Postmodern Legal Movements, Law and Jurisprudence at Century's End*, New York: New York University Press.

P

Posner, Richard A. 1973. *Economic Analysis of Law*, Boston, Mass.: Little, Brown, and Company.

——. 1981. *The Economics of Justice*, Cambridge, Mass.: Harvard University Press.

——. 1988. *Law and Literature, A Misunderstood Relation*, Cambridge, Mass.: Harvard University Press.

——. 1990. *The Problems of Jurisprudence*, Cambridge, Mass.: Harvard University Press.

——. ed. 1992. *The Essential Holmes, Selections from the Letters, Speeches, Judicial Opinions, and Other Writings of Oliver Wendell Holmes, Jr.*, Chicago, Ill.: University of Chicago Press.

——. 1995. *Overcoming Law*, Cambridge, Mass.: Harvard University Press.

——. 1996. *Law and Legal Theory in England and America*, Oxford: Oxford University Press.

——. 1998. *Law and Literature*, rev. and en. ed., Cambridge, Mass.: Harvard University Press.

——. 1998. "Creating a Legal Framework for Economic Development", *The World Bank Research Observer*, Feb. vol. 13 no. 1.

——. 1999. *The Problematics of Moral and Legal Theory*, Cambridge, Mass.: Harvard University Press.

——. 2003. *Law, Pragmatism, and Democracy*, Cambridge, Mass.: Harvard University Press.

——. 2003. *Economic Analysis of Law*, 6th ed. New York, NY: Aspen Law & Business.

R

Rorty, Richard. 1991. *Objectivity, Relativism, and Truth*, Cambridge University Press.

S

Said, E. W. 1978. *Orientalism*, N. Y.: Penguin Books.

Sartre, Jean-Paul. 1988. *What is Literature? And Other Essays*, Cambridge, Mass.: Harvard University Press.

Schelling, Thomas C. 1980. *The Strategy of Conflict*, Carmbridge, Mass.: Harvard University Press.

Skinner, Quentin ed. 1985. *The Return of Grand Theory in the Human Sciences*, Cambridge University Press.

W

Weber, Max. 1954. *On Law in Economy and Society*, ed., by Max Rheinstein, Cambridge, Mass.: Harvard University Press.

Weinreb, Lloyd L. 1987. *Natural Law and Justice*, Cambridge, Mass.: Harvard University Press.

Wesberg, Richard H. 1984. *The Failure of the Word: the Lawyer as Protagonist in Modern Fiction*, New Haven, Conn.: Yale University Press.

White, James Boyd. 1973. *The Legal Imagination: Studies in the Nature of Legal Thought and Expression*, Boston, Mass.: Little, Brown, and Company.

——. 1985. *The legal imagination*, Chicago, Ill.: University of Chicago Press.

Williams, Patricia J. 1991. *The Alchemy of Race and Rights*, Cambridge, Mass.: Harvard University Press.

Wilson, Edward O. 1978. *On Human Nature*, Cambridge, Mass.: Harvard University Press.

——. 2000. *Sociobiology, The New Synthesis*, 25th Anniversary Edition, Cambridge, Mass.: Harvard University Press.

Cases cited

Standard Oil Company of New Jersey v. United States, 221 U.S. 1 (1911)

Marbury v. Madison, 1 Cranch 137 (1803).

Dred Sccott v. Sanford, 19 Howard 393 (1857)

索 引
（条目后数字指正文页码）

A

《阿伽门农》 43,46,293,344,347
埃斯库罗斯 43,46,63,107,293,336,344,347
《安提戈涅》 34,39,43,257,270,323-329,337,338,343,345-352,355-362,364-366
《奥德赛》 21,344,346

B

巴尔扎克 385
《白毛女》 6,34,44,74,75
柏拉图 139,355
班固 72,126,167,254-256
包办婚姻 37,90,91,95,97,99,101-103,105,107-109,111,248,308,309
包公、包拯、包待制 5,34,63,118,119,122,123,132,138,141,145-149,172,187,191-195,198,199,202-208,211,219,225-227,233,234,253,263,277,278,280,282,284-288,290
报复 48-54,56,58-63,69,74-77,209
悲剧 30,31,37,39,43,46,53,63,72,84,88-90,92,93,95,104,106-112,117,120-126,131,138,146,147,149-152,154,155,170,214,235,255-257,261-263,270,275,280,281,291,293,297-300,303,317,323-326,328,330,331,333,337,338,342-344,346,348,350,351,353-359,371,384
悲苦剧 30,31,121,149,356
贝卡利亚 69,135,145,152
贝克尔 313
比较制度能力 37,156,165,169,171,267
表演 31,32,121,202,232,273,275,283,288,290
波斯纳 12-14,38,39,46,100,134,

417

154,168,196,214,220,268-270,279,280,293,324,326,327,329,333,339,340,361,385,387-396

《不认尸》 179,186,193,198

布迪厄 282

C

财富 52,60,99-103,241,242,309

裁判者 37,68,126,130,133,135,136,140,142,144-146,154-157,160,161,164,167,193,195,200,210,213-215,224,238,261,266,267,269,270,279-282,292,294-296

常规 7,27,34,85,106-109,120,139,140,157,207,253,309,388

陈顾远 93

陈光中 131,135

陈平原 72,274

陈寅恪 303,317-320

《陈州粜米》 204,205,225

城邦 270,324,325,330-335,337-345,347-350,352-358

程序 24,37,44,45,86,91,126,128,132,135,139,145,146,153,154,175,176,187,189,204,206,212,295,334,374,382,391

程序正义 91,128,153,210,300

程婴 47,50,51,57,63-65,67,68,71,73,82,83,258,260,278,313

传统中国社会 34,35,46,84,96,119,170,171,179,214,223,232,236,239,248,264,273,304,309,357,359

春秋战国 70,259,340

刺客 43,64,65,71,341

错案追究 214,224

D

大众文学 231,245

戴维森 376

《单刀会》 275

刀笔 16,155,180,209,210

道德 8,14,35-38,46,50,51,57,58,72,77,97,99,102,125,126,129,143,146,150,151,153,154,156,165-167,169-171,176,181,182,184-186,189,191-198,202,207,208,210,212,213,215-220,223,224,232-239,242-245,248-251,253-256,258-271,273,280-284,288-291,294-300,307,316,320,325,340,343,345,354-357

德沃金 266,271,385

德肖微茨 134

德主刑辅 38,231,249,250,265,266

邓峰 27

邓绍基 118,119,124,147,151,180,238,247,258

《奠酒人》 46,293

东海孝妇 30,34,126,167,171,182,

206,254 – 256

窦娥 5,37,117,118,120 – 129,131, 132,135,138,140,146 – 152, 155 – 165,167,171,184,194,197, 215,232,235,236,240,253,254, 256,265,276,280,281,283,284, 287,290,297,298,325,326,328, 385

《窦娥冤》 5,30,31,33,37,120 – 126,128,132,135,138,142,146, 147,150,152,154 – 159,167, 169 – 171,182,184,192 – 195, 198,205,213,236,238 – 241, 246 – 248,253 – 257,263,265, 276,277,280,282 – 287,295 – 297,299,356

窦天章 120,121,123,135,147 – 149, 151,157,158,161,171,182,184, 185,193 – 196,198,205,215,235, 265,284 – 286,298

E

俄狄浦斯 323,324,331 – 333,341, 344,357

F

法官 11 – 13,18,23,24,46,119,130, 131,133,134,137 – 139,143,144, 153 – 157,160,162,165 – 168, 170,191,201,211,214,220,224, 267 – 270,294,295,361,388,395

法律经济学 13,14,19 – 21,29,387 – 393

法律与文学 3 – 9,12 – 22,25,26, 28 – 36,38,39,47,232,249,264, 272,273,283,324,326,328,329, 333,361,365,366,385,387 – 394, 398

法治 6 – 8,19,28,29,45,46,75,109, 145,185,213,214,224,241,243, 249 – 251,261,263,264,371 – 375,378 – 382

《绯衣梦》 182,193,194,198,282

费什 30,92

费孝通 99,377,380

冯象 1,2,7 – 9,28,197,249,264, 296,356

冯沅君 121,263,276

俸禄 122,180,181,210,239

福柯 12,62,128,139,146,206,316

腐败 78,121 – 123,125,129,138, 159,160,167,170,180,186,189, 190,195,224,225,231,242,267

复仇 34 – 36,43 – 47,49 – 79,85, 107,146 – 148,204,226,231,238, 249,257 – 261,291,293 – 295, 328,354

富勒 266,269

G

概念 10,12,15 – 20,27,32,34,36, 37,48,49,58,62,84 – 86,95,118, 119,139,145,153 – 155,182,183,

193,196,217,238,239,249,259,
263,266,267,270,273,276,278,
309,312,314,315,321,325,328,
329,343,349,361,362,364,365,
386

纲常 260,357-360,364

高浣月 178

葛兆光 30

公共空间 247,248

公权力 46,51,60,61,63,70,71,73-
75,239,241,258,259,293

公孙杵臼 47,57,63-65,67,68,71,
73,82,83,258,260,278,299,313

功利 146,258,289,329

勾践 43,62,85

辜正坤 30,31

《古兰经》 60

顾学颉 57,122,246,260,263,275,
286,287

关汉卿 118,122-126,132,138,147,
149,150,165,170,172,184,185,
194,202,236,241,251,253-257,
275,277,297,299

官员 118,120,123,129,139,141,
145,149,152,153,157-160,163,
164,166,168,170-172,174,176,
177,181,182,184-186,189-
199,204,206-208,211-226,
233,234,237,240,243,262,266,
280,282,285,287,290

郭汉城 260,289

郭沫若 318

郭英德 122,276

过于执 159,171,183,193,195-198,
208-210,212,284

H

哈贝马斯 271,350

《哈姆雷特》 21,34,43,257,291,
295,296,299

哈特 85,86,271

哈耶克 45,110,382

韩非 71,340

《汉宫秋》 275

《汉书》 25,30,72,167,254

合理怀疑 137,292

《合同文字》 63,141,205,225

荷马 12,20,312,339,340,394

贺卫方 5,135,142

黑格尔 325-328,331,337,338,
343-347,351

《红色娘子军》 34,44,74,75

后果主义 196,353,355

《后庭花》 205,226,282

《蝴蝶梦》 204,205,226,238,282,
285

怀疑主义 138,168,291,300

黄霸 34,199,203,205

《灰阑记》 141,145,152,173,186,
193-195,198,199,201-203,
205,211,213,225,240,246,248,
285-287

婚龄 85,93,96,107,311,333
霍姆斯 45,51,76,113,138,156,219,262,362,389

J

纪君祥 74,257-260
价值 15,21,109,133,160,180,201,275,350,353,363,367,379,398
监督 157,170,180,186,189,190,195,215,216,224,231,232,241,242,262,270
蒋爱珍 75
交易费用 33,97,99,242
经济学 1,4,12-14,19,27,29,35,79,101,110,180,181,214,339,340,371,381,385,387-391,393,394
精读 36,39,361,362,396
《救孝子》 141,180,213,282,284,285,287
剧场 121,248,278,280-282,289,299

Q

瞿同祖 63,74,85,240

K

《勘头巾》 171,173,177,178,182,183,186,190,193-195,198,205,207,282,285,287
科举 180
科学 14,27,28,30,37,92,108,131,142,144,153,154,168,178,218,219,244-246,251,262,286,304,306,314,317-321,328,345,350,362,363,365,366,385,386,388,391,394
科学技术 36,37,63,79,95,101,111,126,139,144,151-154,175,185,191,199,211,213,218,224,231,239,241,266,269,270,298,321
克瑞翁 270,324-326,328,331,333-338,341-343,345,346,349,351-356,359,364,367
空间 8,30,31,52,126,142-144,247,272,273,277,279,282,283,289,299,306,318,358,374,386
况钟 123,193,198,199,207-212

L

滥官 122,123,148,157,180,182-184,192,193,195,205,235,238,285
劳动分工 107,119,152,185,199,218,224,245,347-349
李修生 122,275,289
李泽厚 359
历史 3,5-7,12,14,17,24-27,29,30,32,35-38,43,46,58,60,61,63,64,66,71,72,75-77,84-86,90,92,93,95,97,99,101,104,107,108,110-113,117,122,123,125,128,134-136,141,142,145-147,158,167,168,170,171,

180,198,200,201,215,218,221,
232,239,246,249,250,252,253,
256-260,264,278,284,297,300,
303-322,324,328,336-338,
341-343,345,347,356-360,
363,365,366,375,381,385
利他主义 55,62,128,129,163,255
例外 6,19,27,45,72,106,108,119,
140,147,155,157,178,184,286,
290,312,366
脸谱 32,286-288,290
梁治平 5,30,381
《梁祝》 31,33,37,87,89,92,104,
108,109,112,248,303,304,307-
312,314,317,318,320-322
列宁 385
林耀华 385,386
凌斌 6
令史 173,174,176,179,180,184,
186-189,193-195,198,284,
285,287
刘向 73,123,126,254-256
刘星 5
《留鞋记》 98,205,226,282,285
龙宗智 145
《鲁斋郎》 98,178,204,205,207,
226,286
罗尔斯 266,350,373
洛克 166

M

马克思 14,19,35,112,146,316,371,
385
马歇尔 156,389
马致远 124,257,275
麦金太尔 350,375
毛泽东 279
媒妁之言 37,90,91,97,99,101,103,
107-111,309
《美狄亚》 344
门人食客 64-67
孟德斯鸠 165,166
民主 14,109,158,168,169,196,217,
262,263,307,372,382
《魔合罗》 141,152,171,173,177,
182-184,186,190,193-195,
198,204-207,213,240,248,253,
282,285-287

N

能吏 173,177-179,186,195,204,
238
尼采 261,262,322,350
女权主义 5,7,9,12,19,236,323,
325-328,336,345-347,350-
352,385
诺斯 63,71,232,233,249,336,381

O

欧里庇德斯 338,344,357

P

判断 10,11,24,37,58,62,95,101,
111,118-120,126,129-131,
133-135,137,138,140,141,144,

145,150,152-154,156,157,163,
164,167,169,171,174,182,194,
196,197,200-202,207,211,212,
216,218,226,233,249,251,255,
271,277,280,282,292-296,298,
299,305,311,315,319,327,330,
343,344,346-348,351-354,
364,366,383,384,391,397

《盆儿鬼》 202,205,227,282,285,286

《琵琶记》 243,252

Q

齐思和 65,66

钱穆 319

强世功 5,270,324-326,385

《墙头马上》 98,101

勤政 182,193,199,207,211-213,
215,219-222,243,282

清官 4,30,35,37,118,119,132,138,
141,146-148,152,159,164,171,
183,185,191-197,199,204-
208,212,213,223,233,238,248,
284,298

《秋菊打官司》 6,371,372,380,384

权力 12,24,45,46,57,65,70,73,74,
134,140,142-144,147,157,158,
162,165-167,178,182,186,192,
204-207,210,213,223,231,
240-243,258,270,282,325,
334-337,342,350,354,357,375,
378

权力技术 143

R

人治 37,139,145,213,214,217,375,379

人治模式 191,212,213,217,223,224,375

认识论 133,134,140,269,270,282,294,295,300

《三岔口》 280

《三滴血》 201

莎士比亚 16,20,43,257,291,292,295

商鞅 70,85

上场诗 122,284-286,288

上帝的视角 279,299

上诉 23,135,136,163,168,171,173,187,189,199,210,295

社会分工 28,55,153,161,162,281,334,345,347,350,351

社会生物学 4,35,55,97,100,101,255

社会学 11,13,19,20,29,180,214,249,265,266,384-386

《神奴儿》 152,186,190,193,198,205,213,225,240,282,284-287

审判 33,37,44,118-120,123,126,128-130,133,139-142,144,145,152,153,155,157,162,167,171-178,180,182,184-193,

195-204,206,207,211,213,216-218,220,224,231,233,238,263,266,273,277,279,281,294-297,391

《生金阁》 141,202,204,205,227,282

生物学 48,49,51,101,102,131,255,344

《圣经》 60,141,199,201

十恶 148,160,184,185,187,265

《十五贯》 33,34,119,155,158,159,171,183,193,195,198,199,207,208,211,212,248,250,282,284,295

实践理性 17,138,178,181

实证 24,77,141,154,165,167,168,214,246,249,262,265-270,285,327,329,347,379-381,390

实质正义 38,91,204,279,300

《史记》 25,30,43,57,63,64,67,68,72,74,256,258,278,299,312,313,315,316,320

事实问题 202,298,308

势剑金牌 147,148,183,184,205,207,285

熟人社会 300

S

司法部门 152,170,185,214,218,266,269

司法独立 37,156,165,167-170,182,214,267

司法改革 77,153,154,170,191,214,267

司马迁 25,43,57,63,67,68,71-73,81,256,258,259,278,299,312,315,316,340

私休 120,127,152,173,240

死刑 77-80,120,128,130,131,162,199,204,207,219,223,226,284,324

《宋刑统》 85,128,132,145

《搜神记》 72,255

俗文学 245,246

隋树森 32,172,190,275

所罗门国王 141,145,201-203

索福克勒斯 270,323,324,329,330,333,343,346,357

T

贪官 73,119,121,123,145,147,180,186,192,194-196,207,208,223,225,241,248,263

《唐律疏议》 128,132,145

桃杌 121-124,126,127,131,138,140,151,155-157,159-164,167,171,193-198,213,216,235,239,256,280,283-285,287,290,298

特洛伊 46,293,312,338-340,344,347,348

《铁拐李》 173,178,179,182,186

铁证如山 129-131
《同窗记》 87-90
屠岸贾 47,51,56-59,61-64,74,79,81,82
涂尔干 162,281,334,350
托尔斯泰 20,385

W

汪世荣 5,142
王国维 256,257,260,277,317
王季思 251,289
王丽娜 257
王朔 28,48,59,245,251,323,362,397
王永兴 303,319
韦伯 122,267,268,304,374,386
文本 6,9-12,18,20-26,28,31-35,39,47,85,95,118,120,147,185,199,244,254,272,277,283,284,304,310,311,318,320,321,327,328,356,361,362,365,391,392
文学 3-16,18,20-32,34-36,38,39,44,46,47,57,64,67,72,84,87,92,117,118,121,122,124,136,146,147,158,180,181,192,194,204,231-233,236,238,243-247,251,253,256-258,260,262-264,272-276,281,283-285,292,296,299,306-309,314,317-321,324-326,339,347,356,361,365,384-386,388-394,396-398
吴梅 251-253,289
吴小如 147,236
《梧桐雨》 275
五声听狱 140,142-144

X

《西厢记》 84,98,101,275
奚如谷 246,247
戏剧 17,25-27,30-36,38,44,47,50,75,86-89,92,93,95,97,101,118,119,121,123,128,132,145-147,150-152,156,158,159,165,171,173,177,179,182,185,186,193-197,199-201,203,204,207-212,214,216,232-234,236-238,241,244-249,251-253,257,258,260-263,266,272-279,281-292,294-300,303-305,308,309,317,323,326,328,341,350,355,356,364,365,391,394,395
戏曲 121,123,147,186,194,195,201,202,245,246,251,252,256,257,260,275-277,284,287,289,296
侠 65,66,68,71,72,259,315,340
先斩后奏 119,183,205-207,282
心理学 125,211,289
信息 6,26,27,35,37-39,88,91,92,

94,95,97,99,107,108,110,111,
126,128,129,139,140,144,153,
161,165,180,194,210,211,215,
216,224,232,237,239,241,242,
245,262,280,281,288,290,294,
295,309-312,316,317,320,321,
343,358,363,372

信息费用 38,63,65,97,98,139,170,
215,216,220,221,224,231,239,
242

刑名幕友 155,178,218

刑讯逼供 121,128,131,132,138,
139,145,146,152,194-196,204,
211

行政官员 155,157,161,162,166,
168,179,185,197,208,210,211,
214

修昔底德 312,339,346

胥吏 155,170,173,176-182,184-
187,190,195,240,287,290

徐树恒 246

徐忠明 5,121,324

许逸之 288

叙事 4,7,8,10,25,30,31,34,35,
121,257,260,273,274,276-279,
283,296,299,300,358,392,397

叙事方式 7,232,273,274,277-279,
295,299,300

血缘 55,62,64,65,85,97,99,104,
108,129,201,319,325,329-331,
334,338-341,364

Y

亚里士多德 308,317,324,333,339,
346,347,355,357,358,385,386

严格责任 62,63,215-221,223,224,
262,290

严刑峻法 44,265

姚文放 248

叶长海 244

《伊利亚特》 339,340,344

伊维德 35

意识形态 7,14,17,28,37,38,44-
47,50,62-64,67-70,72,77,78,
85,103,129,135,138,151,176,
181,182,185,210,226,231-233,
235,238,239,242-253,256,257,
259-261,263,264,273,338,339,
342,353-356,358,359,361,362,
373

应劭 199

游国恩 233,238

游宗蓉 285

有罪推定 131,133-138,145

于定国 123,254

余宗其 6

俞大纲 275

《遇上皇》 284

《冤家债主》 150

元杂剧 30,32,34,35,47,57,63,67,
87,98,100,101,118,121,122,
128,132,138,141,145,146,148,

150,151,172,177 – 180,182,186,190,192,193,195 – 197,202,204 – 208,211,213,216,233,234,237 – 241,245 – 247,249,252,253,256 – 258,265,273 – 278,280,282,284 – 287,289,296,298,356

Z

臧晋叔　32,47,87,118,120,181,192,203,233,236

早婚　95 – 97,101,107,110,333

张大新　238

张鼎　118,141,143,146,159,171 – 178,184,186,188,193,195,198,204,206,253,284,286

张庚　260,289

张国华　71,74,259

张金铣　177,182

张维迎　27,38

张燕瑾　84,155,199,208,260,289

张月中　4,180,276

赵景深　205,286

《赵氏孤儿》　30,33,50,56,57,59,61,67,74,75,238,246,248,253,257,258,260,261,356

赵晓力　6,19,373,377

赵毅衡　274

正义　7,12,16,28,32,45,50,58,60,71,72,75,76,126,153,154,169,193,249,261,264,272,273,280,285,296,328,339 – 341,350,356,373,375,377,381,391,394

正义观　30,38,50,232,258,273,296

证据　33,62,63,68,90,118,120,123,126 – 140,142 – 151,153 – 156,160 – 164,175,177,178,184,188,189,194,195,204,208 – 211,214,215,225,227,240,246,291,293 – 295,297,335,345,395

郑永流　379,380

郑振铎　245

政法　5 – 9,12,16,30,38,45,84,100,133,135,137,142,145,168,178,196,197,215,220,231,232,249,260,263 – 265,268,270,279,296,324,333,339,373,389,390

政治　10 – 12,14,17,20,28,29,35,38,45,46,60,65,70 – 72,85,87,92,104,118,120,126,129,134,135,138,153,156 – 160,162 – 164,168 – 170,175,176,179,181,182,184,185,191,192,196 – 198,203,205,208,210,214,217,220,226,231,232,238,240,243,245,247 – 253,260,261,263,265,266,269,270,272,282 – 284,289,296,300,306,307,316,319,325,331,334 – 342,345,347 – 350,354,356 – 361,371

《政治学》　333,339,346,347,357

制度变迁　26,27,36,37,46,84,88,

381
制度角色　37,155,156,164,170,171,
　　210
制度进路　30,191
制度经济学　14,19,35,46,232,249
治理　28,29,38,70,159,163,177,
　　182,185,198,215,217,224,231,
　　232,239-243,249,250,259,261,
　　263-265,289,338,339,358,360,
　　374,380
智慧　37,56,119,144,145,193,199,
　　200,202,204-207,211-213,
　　218,224,225,266,268,282,375
中央集权　46,70,71,77,249,259

钟涛　245,275
周传家　121
周恩来　250
周柟　99
周先慎　258,261
周贻白　121,246,289
朱东润　122,177,239
朱素臣　155,199,208
竺可桢　385
祝肇年　123,255
自然法　104,265-271,323-330,
　　333,345,350-352,355-357,364
《左传》　25,47,63,67,256

"当代学术"第一辑

美的历程
李泽厚著

中国古代思想史论
李泽厚著

古代宗教与伦理
陈 来著

从爵本位到官本位（增补本）
阎步克著

天朝的崩溃（修订本）
茅海建著

晚清的士人与世相（增订本）
杨国强著

傅斯年
中国近代历史与政治中的个体生命
王汎森著

法律与文学
以中国传统戏剧为材料
朱苏力著

刺桐城
滨海中国的地方与世界
王铭铭著

第一哲学的支点
赵汀阳著

生活·讀書·新知 三联书店 刊行